Maximilian Perty

**Über das Seelenleben der Tiere**

Maximilian Perty

**Über das Seelenleben der Tiere**

ISBN/EAN: 9783743369542

Hergestellt in Europa, USA, Kanada, Australien, Japan

Cover: Foto ©Andreas Hilbeck / pixelio.de

Manufactured and distributed by brebook publishing software (www.brebook.com)

Maximilian Perty

**Über das Seelenleben der Tiere**

Ueber das

# Seelenleben der Thiere.

## Thatsachen und Betrachtungen.

Von

## Maximilian Perty.

Leipzig und Heidelberg.
C. F. Winter'sche Verlagshandlung.
1865.

# Vorwort.

Die ursprüngliche Grundlage des vorliegenden Buches bildet eine Reihe von Vorträgen, welche dessen Verfasser in der hiesigen naturforschenden Gesellschaft, und einer, welchen derselbe im Saale des großen Rathes vor einem gemischten Publikum gehalten hat. Die Thierpsychologie ist hinter den anderen Disciplinen der Zoologie etwas zurückgeblieben, und das Bewußtwerden dieses Zustandes hat in den letzten Decennien eine ziemliche Anzahl von einschlägigen Werken in das Dasein gerufen. Demungeachtet lebt der Verfasser der Hoffnung, daß das gegenwärtige nicht überflüssig erscheinen und daß die große Zahl bemerkenswerther, aus einer weitläufigen Literatur systematisch zusammengestellter und unter allgemeine Gesichtspunkte gebrachter Thatsachen, so wie deren Verarbeitung und die auf sie gegründeten Betrachtungen demselben einigen Werth verleihen werden. Der Verfasser will hiebei nicht verschweigen, daß ihm neben der theoretischen Erkenntniß auch stets der praktische Zweck vorgeschwebt hat, durch eine erweiterte und verbesserte Erkenntniß der Thierseelen eine schonendere Behandlung der Thiere herbeiführen zu helfen, welche nicht nur durch materielle

Interessen, sondern eben so sehr durch die sittliche For=
derung humaner Bethätigung auch den Thieren gegenüber
geboten ist.

Wenigstens die Naturforscher werden es nicht übel
aufnehmen, daß neben der psychologischen Betrachtung manch=
mal auch Angaben über zoologische Verhältnisse haupt=
sächlich in den Anmerkungen eingestreut sind, welche doch
öfters in einem näheren oder ferneren Zusammenhange
mit den psychologischen stehen. Und so mögen denn die
Gelehrten vom Fache nicht minder als die freundlichen
Leser und Leserinnen weiterer Kreise dieses Buch, ein
Ergebniß vieljähriger Studien, günstig aufnehmen und
das Ihrige beitragen, es fruchtbringend für die vorge=
setzten Zwecke zu machen.

Bern, im Frühling 1865.

# Inhalt.

**Vorwort.**                                                              Seite

Historische Einleitung . . . . . . . . . . . . . . . . . 1
Die Thierseele und die Menschenseele . . . . . . . . . . 18
Der Verstand der Thiere . . : . . . . . . . . . . . . . 25
Das Gemüth und der Wille der Thiere . . . . . . . . . . 46
Die geselligen Verhältnisse der Thiere . . . . . . . . . 61
Die Mittheilung und die Sprache der Thiere . . . . . . . 71
Vom Instinkt und Kunsttrieb . . . . . . . . . . . . . . 84
Von den Wanderungen der Thiere . . . . . . . . . . . . 107
Von der Zähmung und Abrichtung der Thiere . . . . . . . 115
Die Stufenfolge der Seelenkräfte im Thierreiche . . . . 137
Der psychologische Charakter der einzelnen Thierklassen . . . . . 151
    Die Infusorien und Rhizopoden . . . . . . . . . . . 151
    Die Blumenthiere, Quallen und Stachelhäuter . . . . 152
    Die Mollusken oder Weichthiere . . . . . . . . . . 155
    Würmer . . . . . . . . . . . . . . . . . . . . . . 159
    Gliederthiere . . . . . . . . . . . . . . . . . . . 160
        Die Crustaceen oder krebsartigen Thiere . . . . 161
        Die Arachniden . . . . . . . . . . . . . . . . 165
        Die Insekten . . . . . . . . . . . . . . . . . 170
            Der Staat der Honigbiene . . . . . . . . . 183
            Die Ameisen . . . . . . . . . . . . . . . . 185

|                          |       | Seite |
|--------------------------|-------|------:|
| **Wirbelthiere**         | . . . | 195   |
| Die Fische               | . . . | 195   |
| Die Amphibien            | . . . | 199   |
| Die Reptilien            | . . . | 202   |
| Die Vögel                | . . . | 209   |
| Die Säugethiere          | . . . | 258   |
| Der Elephant             | . . . | 266   |
| Das Pferd                | . . . | 276   |
| Der Hund                 | . . . | 302   |
| Die Affen                | . . . | 320   |

# Ueber das Seelenleben der Thiere.

# Historische Einleitung.

Der wesentlichste Charakter dieses neunzehnten Jahrhunderts mit seinen staunenswerthen Fortschritten auf allen Gebieten des wissenschaftlichen und industriellen Lebens ist, den einseitigen Richtungen der Vergangenheit gegenüber, wohl die Universalität der Anschauung, vermöge welcher die Dinge nach all' ihren Seiten und Beziehungen erfaßt werden. Zugleich hiemit tritt überall das Bestreben hervor, die reine Objektivität und Wahrheit der Dinge zu begreifen und jenen beschränkten Standpunkt auf immer zu verlassen, welcher sie nur in Beziehung auf den Menschen und seine wahren oder eingebildeten Zwecke betrachten ließ. So wie ferner im politischen und religiösen Leben Duldung und Schonung verschiedenster Formen und Zustände wenigstens mehr als je früher sich kund gibt, so bricht sich auch eine gerechtere Würdigung der Thiere immer mehr Bahn und die Ueberzeugung wird weiter und weiter sich ausbreiten, daß die Thiere nicht bloß für den Menschen, sondern auch für sich selbst da seien, daß ihr Seelenwesen dem menschlichen viel verwandter sei, als die Vorzeit wußte, daß es den Menschen verwildere und entehre, schuldlose Geschöpfe zu mißhandeln und daß, wo seine Selbsterhaltung es nöthig macht, das Leben der Thiere zu opfern, dieses auf eine Weise geschehen solle, welche ihnen die Leiden des Todes möglichst wenig fühlbar macht.

Es ist nicht meine Absicht, in gegenwärtiger Schrift über das Seelenleben der Thiere auf die sogen. „Seelenfrage" einzutreten. Bekanntlich meinen viele jetzige Naturforscher und

auch einige Philosophen, daß die Seele nur ein Complex ge=
wisser Phänomene sei, von anderer Erscheinungsform als die
körperlichen, in Wahrheit doch nur ihr Spiegelbild, so daß
Seele und Leib nur verschiedene Erscheinungsweisen desselben
untrennbaren Wesens wären.    Leibnitz, Herbart und andere
große Denker halten hingegen Denken, Fühlen und Wollen für
so verschieden von den körperlichen Erscheinungen, daß sie erstere
in ein vorstellendes Centralwesen verlegen, wie dieses von den
Physiologen auch Hagen, Volkmann u. A. thun, so daß nach
des letzteren Ausdruck die Centralorgane des Nervensystems,
Hirn und Rückenmark, nur „regulatorische Apparate sind, welche
eine Vielheit vereinzelter Kräfte für einen organischen Zweck in
passende Verbindung setzen", während die Physiologen der Gegen=
partei die Geistesthätigkeiten für reine Hirnfunktionen halten,
die mit der Zerstörung des Gehirns nothwendig aufhören.    In
diesen Blättern wird die Seele einfach als das fühlende, vor=
stellende und wollende Wesen in uns und den Thieren ge=
nommen.

Viele alten Völker schrieben den Thieren Götter= und Dä=
monen=, wohl auch Menschenseelen zu, wie es noch die meisten
Naturvölker der Gegenwart thun.    Den Israeliten galten theil=
weise die Thiere als seelenlose Geschöpfe.    Wissenschaftliche
Gedanken über sie von einer bewundernswerthen Richtigkeit
finden sich erst bei Aristoteles†).    Er meint, die meisten Thiere
zeigten eine Spur von Seele, die jedoch nur beim Menschen
deutlich hervortrete.    Die Thiere, welche Leidenschaften, List,
Klugheit erkennen lassen, unterscheiden sich nur durch weniger
Seele vom Menschen.    Namentlich in der Jugend des Men=
schen unterscheide sich seine Seele gar nicht von der der Thiere.
Das Princip des Lebens steigere sich von den Pflanzen bis zu
den Thieren herauf unmerklich, so daß man im Verfolg jener
Reihen das Nächstverwandte und das in der Mitte Liegende
kaum zu scheiden vermag.    Die niederen, namentlich die fest=
gewachsenen Seethiere erscheinen mit den vollkommneren Thieren
verglichen wie Vegetabilien.    Einige Thiere möchten gleich den

---

†) De animalibus. L. VIII, c. 1.

Pflanzen kein anderes Vermögen als das der Vermehrung haben, bei den höheren kämen noch die Sinne dazu, die Begattung und Geburt und das Aufziehen der Jungen. Und in Buch IX, c. 1 führt Aristoteles an, daß besonders jene Thiere von einander wie vom Menschen lernen können, welche mit Gehör begabt sind. Durch das ganze Thierreich gehe ferner der Unterschied zwischen männlicher und weiblicher Gemüthsart, besonders bemerkbar beim Menschen und den Säugethieren; die weiblichen Thiere seien milder, schneller zähmbar, gelehriger, lassen sich eher berühren, aber sind weniger muthig als die männlichen, weichlicher, boshafter, voreiliger, mehr für die Jungen bedacht; die männlichen hingegen seien beherzter, wilder, einfacher, weniger hinterlistig. Am Menschen, dem vollendetsten Geschöpf, seien alle diese Eigenschaften am leichtesten wahrzunehmen.

Der älteste Schriftsteller der christlichen Aera, welcher sich der Thiere annahm und deren stark betonte Inferiorität dem Menschen gegenüber bestritt, dabei aber über das Ziel hinausschoß, ist Celsus. Es schwebten ihm ohne Zweifel die instinktiven Fähigkeiten der Thiere vor, wenn er behauptete, sie ständen eher über als unter dem Menschen, kennten besser als dieser Mittel gegen Gift und Krankheit, besser die Zukunft, ständen deshalb zu Gott in einem innigeren Verhältnisse, der sie mehr liebe als die Menschen. Celsus bekämpfte auch die Vorstellung der Christen, „daß Alles nur des Menschen willen geschaffen sei." — Das Mittelalter hindurch bewegten die Menschheit mächtige politische und kirchliche Interessen und Kämpfe und die Naturwissenschaften traten sehr in den Hintergrund. Im 16. Jahrhundert erschien das abentheuerliche Buch des spanischen Arztes Gomez Pereira: Antoniana Margarita, in welchem behauptet wird, daß die Thiere weder seelisches Gefühl noch Denkvermögen, daß sie überhaupt keine Seele besäßen und nur Maschinen seien, welche bloß durch die äußeren Umstände bestimmt werden. Aehnliche Ansichten sprachen die Franzosen b'Jlly d'Ambrun, le Grand und der große Philosoph Descartes aus. Für seinen Gegner Leibnitz sind die Thiermonaden im Vergleich zu den schlafenden Monaden der unorganischen Wesen

1*

und den schlummernden der Pflanzen zwar wach, aber vernunftlos. Es gab auch wieder Solche, welche der Philosophie des Cartesius in Hinsicht auf die Thierseele entgegentraten; de la Chambre in s. Traité de la connoissance d. animaux, Paris 1662, deutsch, Leipzig 1751, wollte bei den Thieren Alles aus ihrem Verstand und den ihnen eingeprägten Bildern erklären. Voltaire†) spricht von den Thieren bereits anders als Descartes. „Sie lernen und vervollkommnen das, was man sie lehrt, sie corrigiren sich, kennen die Freude, haben Gedächtniß und eine gewisse Zahl von Ideen." Vom Instinkt hatte Voltaire keine Vorstellung und macht sich — gegen seine Art ohne Geist und Anmuth — darüber lustig, verwechselt dabei auch Instinkt und Gefühl. Buffon wich in seinen Ansichten von der Thierseele nicht weit von der Wahrheit ab. Er stellt sie nicht zu tief, indem er ihr Empfindung, Erinnerung, Gewohnheit, eine Art Sprache zugesteht, aber auch nicht zu hoch, indem er die Kunsttriebe nicht den Thieren, sondern der „Natur" zuschreibt, welche die Bienen antreibt, ihre Zellen sechseckig zu machen, wie ja auch manche Fischschuppen und Mineralien eine regelmäßige geometrische Gestalt haben. Buffon hatte sich von der starren Vorstellung des Cartesius losgemacht, ohne deshalb den Umfang der seelischen Fähigkeiten der Thiere und das Wunderbare ihrer Instinkte und Kunsttriebe ganz richtig zu erkennen. Condillac beurtheilte die Thierseele noch günstiger als Buffon und bestimmte ihr Wesen richtiger und schärfer. Wie beim Menschen entstehe auch ihre ganze Vorstellungswelt aus ihren Bedürfnissen, obschon diese einfacher und ihre Mittel beschränkter seien. Sie seien organisirt wie wir, empfinden wie wir, könnten durch Erfahrung lernen, sich ihre Gedanken mittheilen, doch mangle ihnen vernünftige Ueberlegung und sie gelangten nicht über das Gefühl der Abhängigkeit von den nächsten Ursachen hinaus.

Einer der ersten Schriftsteller, welcher die Cartesische Ansicht der bête machine vollständig verließ und die Thierseele dem Wesen nach für gleichartig mit der Menschenseele erklärte,

---

†) Im Dictionnaire philos. Art. bêtes.

war der französische Forstinspektor Leroy †), der vermöge seines
Amtes in den Königl. Gärten und Forsten zu Marly und Ver-
sailles gute Gelegenheit hatte, besonders die Thiere des Waldes
und den Hund zu beobachten. Leroy's, der auch an der Ency-
clopédie mitgearbeitet hat, erste Briefe erschienen schon 1764
unter dem Namen eines „Nürnberger Physikers", weil Leroy
die Verfolgung der Sorbonne zu fürchten hatte, wenn er zu
erweisen suchte, daß die Thiere keine bloßen Maschinen seien,
alle Kennzeichen des Verstandes zeigten, eine ihrer Organisation
angemessene Perfektibilität besäßen, wenn auch Alles viel geringer als der Mensch. Als Leroy dem Grafen von Buffon
ein Exemplar seiner Briefe überschickte, sagte dieser: „Es ist
allerdings ein großer Unterschied, die Thiere in Paris oder in
Nürnberg reden zu lassen." Man machte ihm den Vorwurf,
er sei Materialist. — Leroy schrieb den Thieren hauptsächlich
Empfindungsvermögen und Gedächtniß zu; die Fleischfresser
seien intelligenter als die Pflanzenfresser. Die Thiere befänden
sich in zweierlei Zustand; im ersten in unbewohnten oder nur
schwach bewohnten Ländern, im zweiten in stark bevölkerten, wo
ihr Zustand viel thätiger, voll Sorge, Furcht und Bewegung
sei. Mit der Uebung wachse der Verstand der Thiere und die
Fähigkeit, ihre Sinne zu gebrauchen; es sei ein großer Unterschied zwischen einem jungen oder alten Wolf oder Fuchs. Der
Verfasser betrachtet hauptsächlich den Wolf, Fuchs, Hund, Hirsch,
Damhirsch, das Reh, Kaninchen, den Hasen, und sein Buch ist
reich an speciellen Beobachtungen über deren Seelenleben. —
Leroy hält es für kaum erwiesen, wenigstens nicht für die
Regel, daß die Wölfe einen verwundeten Wolf tödten und verzehren, was vielleicht nur im äußersten Hunger geschehe, indem
die Wölfe nicht grausam gegen einander seien. Er ist geneigt,
den Thieren außer der Sprache durch Geberde und Handlung
eine Lautsprache zuzugestehen, deren Töne zwar wir nicht, aber
die Thiere unterscheiden. Dieselben empfinden, vergleichen,

---

† ) Philosophische Briefe über die Verstandes- und Vervollkommnungsfähigkeit der Thiere s. einigen Briefen über d. Menschen. Uebersetzt von
Müller. Nürnberg 1807.

urtheilen, denken nach, die meisten vermögen auch organisch verbundene Töne hervorzubringen. Leroy, den Instinkt ganz igno-
rirend, will fortwährend Alles auf den Verstand zurückführen
und spricht manchmal scharfsinnige und weit führende Gedanken
aus, unter anderen den, „daß Alles, was wir bei den Thieren
bloß für blind mechanisch halten, vielleicht die Folge schon vor
langer Zeit angenommener Gewohnheiten sei, die sich von
Generation zu Generation fortgepflanzt haben.“ Bei Jagd-
hunden hat er direkte Beobachtungen über die Vererbung
erlangter Fertigkeiten gemacht und er weiß auch, daß unter veränderten Umständen manche angeborenen Fertigkeiten verloren
gehen. Was den Menschen vorzüglich vor den Thieren aus-
zeichne, meint Leroy, sei das Mitleiden, wofür ich lieber
Geselligkeitstrieb und Gemeingeist setzen möchte.

G. F. Meier†) trat als Anhänger von Leibnitz gegen
Descartes' Ansicht von den Thierseelen auf, schrieb diesen einige
Vernunft zu und ließ sie sogar nach diesem Leben zu vollkommneren Geistern werden. Wenn man der Erfahrung zum Trotze
den Thieren allen Verstand absprechen wolle, so getraue er sich
auch, die meisten Handlungen der Menschen aus den unteren
Seelenkräften, ohne Annahme eines Verstandes zu erklären;
daraus folge aber eben so wenig, daß die Menschen keinen Verstand hätten. Die Thiere besäßen auch eine Art Sprache, sie
hätten ferner Aufmerksamkeit und deshalb klare Vorstellungen.
Durch das Wachsen der Aufmerksamkeit könnten aber alle
Grade von Verstand und Vernunft entstehen. Man sieht, daß
Meier die Thierseelen nur für unentwickelter, zeitlich auf einer
tieferen Stufe stehend als die Menschenseelen annimmt. Er
meint ferner, Gott habe sein Universum nicht für sich selbst
geschaffen, indem Er es ja vor der Schöpfung schon so vor-
gestellt, sondern er habe es für denkende Geister geschaffen.
Offenbar könnten die Menschen nicht alles Erschaffene denken und
genießen, darum seien auch die Thiere da, die unendlich Vieles
genießen und vorstellen, was dem Menschen unzugänglich bleibt,
was sie nur könnten, wenn sie Seelen hätten. Dieses ist ein tiefer

---

†) Versuch e. neuen Lehrgebäudes v. d. Seelen d. Thiere. Halle 1750.

und fruchtbarer Gedanke Meier's. — Der Däne Smith ließ die Thiere Vorstellungen, Einbildungskraft, Bewußtsein und Willen haben, wie die Menschen. Er behauptete, die Thiere hätten Rechte gegen den Menschen und es sei Pflicht des letzteren, diese Rechte zu achten, den Leib und das Leben der Thiere und auch ihre Seele zu schonen, sie nicht zu unnatürlichen Künsten abzurichten, sie nicht mit Arbeit zu überbürden, ihnen genügende und angemessene Nahrung zu geben, sie nicht für Handlungen hart zu strafen, die in ihrer Natur begründet sind. Anatomische und physiologische Versuche an lebenden Thieren nennt er eine grausame Ungerechtigkeit und ein unverzeihliches Unrecht, welcher Ansicht auch Bonnet, Lavater, Winkler und viele Andere gewesen sind. Thiere, welche uns schädlich oder nothwendig zu unserer Erhaltung sind, dürfen wir allerdings tödten.

Ein noch immer unübertroffener Schriftsteller über das Seelenleben der Thiere mit dem wesentlichen Verdienst, den Unterschied von Verstand und Instinkt klar erkannt zu haben, ist der ältere Reimarus†). Er versteht unter Trieb „alles natürliche Bemühen zu gewissen Handlungen" und unterscheidet mechanische Triebe, Vorstellungstriebe, willkürliche Triebe. Die Vorstellungstriebe gehen theils auf das Gegenwärtige, theils auf das Vergangene; die willkürlichen Triebe entspringen sämmtlich aus Lust oder Unlust, sind aber entweder bloß natürliche oder abartende Triebe. Die natürlichen willkürlichen Triebe theilt er wieder in den allgemeinen Trieb der Selbstliebe und in die besonderen Triebe, welche letztere theils Affekten- theils Kunsttriebe sind. Alle Kunsttriebe zielen auf Erhaltung und Wohlsein jedes Thieres und seiner Art und dem Individuum sind die geeignetsten Mittel hiezu eingeboren, welche nicht durch Erfahrung und Verstand erworben werden, sondern aus den „determinirten Naturkräften" der Thiere entstehen. Es sind ihnen einmal besondere Werkzeuge zu besonderen Verrichtungen

---

†) Allgem. Betrachtungen über die Triebe d. Thiere, hauptsächl. über ihre Kunsttriebe. 4. Ausgabe. Hamburg 1798. Ein Anhang hiezu unter d. Titel: Angefang. Betrachtungen über d. besond. Arten der thierischen Kunsttriebe.

gegeben und dann geschärfte sinnliche Empfindung und Vorstel=
lung, so daß ihnen z. B. zuträgliche Dinge angenehme Gefühle
des Geruches und Geschmackes erregen, Bestimmungen, „die
nur von dem allerweisesten und allergütigsten Urheber der Natur
herrühren können.“ Reimarus bestreitet die Ansichten von
Leroy, der alle wunderbaren Thätigkeiten und Produktionen der
Thiere aus Verstand, Uebung und Erfahrung erklären wolle,
während doch die Vögel ihre Nester schon zu Aristoteles' Zeit
eben so bauen konnten und die Insekten, die ihre Eltern nie
gesehen, ihre Kunstwerke gleich vollkommen machten und die
eben ausgekrochene Biene schon Alles kann, was sie soll. Leroy
wolle lieber Alles, was der deutsche Professor aus Thatsachen
darlege, übergehen und nicht in Erwägung ziehen.

Nicht ohne Einfluß der französischen Philosophie begann
schon in jener Zeit ein Kampf gegen die Vernunft in der Natur
und gegen einen zwecksetzenden Schöpfer. „Es ist“, schreibt
Reimarus, „seit einiger Zeit Mode geworden, Zwecke oder
Endursachen in der Betrachtung der Natur zu verwerfen; man
sagt, sie erklären uns nicht, wie die Erscheinungen hervorgebracht
werden. Wer hat aber je gesagt, dadurch, daß das Licht
solche Regeln hat, ward das Auge so gebildet? Was wird
aber durch den Zweck anders verstanden als der Nutzen, der
aus dieser oder jener Einrichtung erfolgt? Und diesen nehmen
wir doch wahr . . . Alle Wesen haben ihren Ursprung von
Gott, nicht aus der Nothwendigkeit seiner Natur, sondern aus
seinem freien Willen . . . . Uebereinstimmende Thatsachen mit
weisester, zweckmäßigster Einrichtung weisen nicht auf blinde Zu=
sammenfügung, sondern auf einen Schöpfer.“ Streng bewiesen
könne derselbe allerdings nicht werden, meint Reimarus, aber
so lasse sich auch das Dasein keines Dinges, selbst des Men=
schen nicht beweisen. — Bei den Thieren, sagt er, sind die
Kräfte des Körpers und der Seele, sowohl was die Gegenstände
als die Art ihrer Wirkung betrifft, genauer begrenzt als beim
Menschen. In ihrem Benehmen ist nichts, was die Grenzen
einer undeutlichen, verworrenen Vorstellung überstiege und uns
nöthigte, eigentliche Begriffe, Urtheile und Schlüsse bei ihnen
vorauszusetzen, hingegen Vieles, woraus gerade das Gegentheil

erhellt; die Thiere denken alſo nicht eigentlich. Alle thieriſchen Kunſttriebe ſind in den Bedürfniſſen und der Lebensweiſe jeder Art begründet und jede hat ihre beſtimmten Fertigkeiten hiezu. Eine erſte Klaſſe der thieriſchen Kunſttriebe betrifft die Bewegung, eine zweite das Suchen des geeigneten Klima's, der angemeſſenen Gegend, eine dritte die Nahrung, eine vierte eine Abwendung des Verderblichen von lebloſen Dingen, eine fünfte die Vermeidung der Gefahr von anderen Thieren, eine ſechste die Paarung, eine ſiebente die Sorge für Brut und Junge, eine achte die Kunſttriebe der Jungen, eine neunte die geſell-ſchaftlichen Triebe bei Bienen, Ameiſen ꝛc., eine zehnte die weiteren Beſtimmungen und Abänderungen der natürlichen Triebe. Die Natur habe aber die Kunſttriebe der Thiere nicht ſo ganz determinirt, daß ihnen nicht Eines oder Anderes durch ihr eigenes Erkenntnißvermögen nach den Umſtänden zu beſtim-men übrig bliebe. Verſtand im höheren Sinne oder angeborne Bilder im Gehirn geſteht Reimarus den Thieren nicht zu, noch weniger zieht er Gottes außerordentliche Wirkſamkeit in das Spiel; die Thiere hätten bloß Empfindung und einen mit ihrer Art zu leben harmonirenden Mechanismus, eine Seele mit Senſation und verworrener Erinnerung, aber auch eine innere Empfindung von ihrer und ihres Körpers Natur und Kräften und ein eingepflanztes „Bemühen zu naturgemäßen Handlun-gen“.... „Einer meiner Recenſenten fordert“, ſagt Reimarus, „„ich ſolle die Determination der thieriſchen Kräfte aus der Natur der Thiere begreiflich machen.““ Als ob die Leibes-und Seelenkräfte mit ihren weſentlichen Determinationen nicht ſelbſt die Natur der Thiere ausmachten und als ob zu deren Begriff und Beweis etwas Mehreres nöthig wäre, als daß man ſie aus den Erſcheinungen a posteriori darthue!“ Leben, Empfindung und Bewußtſein aus bloßen Hirn- und Nerven-funktionen ohne Annahme einer Seele herzuleiten, gehe nicht an, meint Reimarus.

Flemming†) behauptet, daß den Thieren ſo gut wie den Menſchen eine Seele zukomme, deren urſprünglichſte Manifeſtation

---

†) Beiträge z. Philoſophie der Seele. 2 Thle. Berlin 1830.

auch bei ihnen die Empfindung sei. Er untersucht das
Wahrnehmungsvermögen, das Gedächtniß, die Einbildungskraft
der Thiere, ihre Affekte und Leidenschaften, ihren Willen, ihr
Bewußtsein und ihre Besonnenheit und bejaht die Frage, ob
sie klüger werden könnten? Er spricht ihnen Mitgefühl nicht
ab und kommt zum Schluß, daß die Thierseele dieselben Kräfte
wie die Menschenseele besitze und daß die letztere keine anderen
Fähigkeiten, sondern die thierischen nur in gesteigertem Maaße
habe und daß nur hierin und in der vorzüglicheren Organisation
die höhere Vervollkommnungsfähigkeit der menschlichen Seele
begründet sei, nicht etwa im ursprünglichen Besitz „einer Idee
des Göttlichen", die nur Produkt einer gewissen Entwickelungs-
stufe des Menschen ist. Die Thiere haben Sprache, wenn auch
keine artikulirte, weil eine solche ihre Organisation nicht gestattet, sondern nur die durch Stimme, Blick und Geberde und
können sich mittelst derselben ihre Empfindungen und Zustände
mittheilen. Vorstellungen und Begriffe kommen den Thieren
ebenfalls zu. Wenn z. B. ein Hund seinen Herrn verloren
und dessen Spur nicht hat und es begegnet ihm eine Heerde
Schafe und ein Trupp Menschen, so wird er seinen Herrn
nicht bei den Schafen, sondern bei den Menschen suchen; er
hat also den Begriff „Mensch", schließt Flemming. Die Thiere
haben Verstand, Scharfsinn, aber der Witz fehlt ihnen, weil sie
kein Bedürfniß einer spielenden Thätigkeit des Verstandes haben.
Vernunft hingegen haben die Thiere nach Flemming's Definition
der Vernunft, welche ihm „das Urtheil über den ursächlichen
Zusammenhang und die Einsicht in denselben, das Absehen des
Erfolges ist." Den Thieren kommt ferner Gedächtniß und
Erinnerung zu, so daß sie die früheren Eindrücke wiederholen
können. Für Flemming sind alle Seelenthätigkeiten bei Thieren
wie bei Menschen nur Weisen und Zustände der Empfindung
und bei beiden der Qualität nach gleich und nur nach der
Quantität (Intensität, Klarheit) verschieden. Wenn z. B. ein
Hund, obschon hungerig, das erbeutete Wild nicht anrührt, indem ihn die Furcht vor der Strafe zurückhält, so überwiegt
das geistige Gefühl über das physische; es ist Alles Empfindung, auch der Wille. Flemming stellt das Gesetz auf: „Bei

jedem Thiere entspricht die Summe seiner Wahrnehmungen
und Gefühle dem Kreise der für dasselbe möglichen Eindrücke."
Moralische Begriffe kann das Thier nicht haben, da es nur
das Angenehme und Unangenehme kennt; hingegen hat es Bewußtsein seiner Persönlichkeit und Selbstbewußtsein oder nicht,
je nach dem Begriffe, den man sich von letzterem bildet. Die
Thiere haben ferner den Begriff der Zahl, sind des Mitgefühls
fähig, und äußern Neugier und Wißbegier, obschon nur für
niedere Gegenstände. Den Instinkt faßt Flemming viel zu
eng, nämlich (im Menschen und Thiere) nur als die abwei-
sende oder begehrende Richtung des physischen Gefühlsvermögens,
als den Trieb zu Selbsterhaltung und Wohlbefinden. Er hat
sich eben nur mit den höheren Thieren beschäftigt, in welchen
die Instinkte zurücktreten, deren tiefere Bedeutung ihm verborgen geblieben ist, so daß er nur Verstandeskräfte in den Thieren
sieht, welche durch Ueberlegung und Erfahrung ausgebildet werden und irrig die Möglichkeit instinktiver Handlungen vor der
Erfahrung und die Möglichkeit gewisser Funktionen vor dem
Dasein der Organe läugnet, während doch der Instinkt der
Bildung der Organe vorausgeht. Flemming gehört wie Leroy
zu einer auch in der Gegenwart ziemlich zahlreichen Partei von
Thierpsychologen, welche, wie Gleisberg†), Reclam u. A. keine
principielle, sondern nur graduelle Verschiedenheit der Thier-
und Menschenseele lehren.

Der große Philosoph Fichte hat in seiner 1796 erschienen
„Rechtslehre" vieles Unrichtige und Unhaltbare über den Menschen
und das Thier gesagt. Der Mensch habe keine Kunsttriebe, wie das
Thier (man weiß aber, daß gerade die höchsten Thiere keine Kunsttriebe haben); eben deßhalb wäre er ein unvollkommenes Thier und
ist beshalb kein Thier. Er habe frei den Tastsinn in die Finger-
spitzen gelegt, frei den aufrechten Gang gewählt, was ebenfalls
unrichtig ist. Der Mensch sei Herr und solle es sein, weil nur er
frei, Person und ein Rechtswesen ist, das Thier hingegen nur
Sache, nur Materielles, ohne Vernunft und ohne Recht. Fichte
hat nicht gewußt, daß alle fühlenden und bewußten Wesen ein

---

†) Das Seelenleben d. Thiere u. d. Menschen. Leipzig 1861.

Recht auf Achtung ihrer Existenz haben. — F. W. Schelling†) hat richtig erkannt, daß die Kunsttriebe und Instinkte in das allgemeine Naturleben gehören oder wie er es nach damaliger Fassung ausdrückt: „Es ist eine und dieselbe Kraft, welche von der Sensibilität an erst in die Irritabilität, von da in die Reproduktionskraft und in den Kunsttrieb sich verliert. Der Kunsttrieb hört also auf, ein besonderer Trieb zu sein und ist bloße Modifikation des allgemeinen Bildungstriebes." Wenn er ferner meint, die unübertreffliche Vollkommenheit der thierischen Kunstprodukte gestatte nicht den Schluß auf Vernunft in den Thieren, so hat er darin Recht, daß hier nicht die bewußte, sondern die den Thieren unbewußte Vernunft der Natur wirksam ist, vergißt aber dabei, obschon Reimarus, den er mit Unrecht tadelt, lange zuvor auf den richtigen Weg hingewiesen hat, daß neben den instinktiven die Thiere eine Menge Handlungen mit Bewußtsein und Verstand verrichten. Unkunde der Thatsachen veranlaßt ihn zu dem Ausspruch: „die Thiere hätten kein eigenes besonderes, sondern nur das allgemeine Leben der Natur" und seine Definition vom psychischen Leben der Thiere mußte nothwendig mangelhaft werden, weil er nur deren instinktives Leben kannte.

Pierre Prevost††) findet den Unterschied der Thiere vom Menschen darin, daß die Abstraktionsfähigkeit ersterer viel geringer ist, besonders das Vermögen zu generalisiren ihnen fehlt; sie können keine abstrakten Zeichen schaffen, haben daher keine Sprache. Grund ihres geringen Abstraktionsvermögens sei die Schwäche der Aufmerksamkeit. — Ein Buch, welches in Frankreich mehrere Auflagen erlebt hat und sich durch wissenschaftliche, oft geistvolle Behandlung unseres Gegenstandes auszeichnet, hat zum Verfasser den bekannten Anatomen Flourens, Sekretär des Instituts†††). Es fällt in demselben die Inconsequenz auf, daß Flourens von Buffon und Frederic

---

†) Ueber d. Kunsttriebe d. Thiere, in s. ersten Entw. eines Systems d. Naturphilosophie, 1799.

††) Biblioth. univers. de Genève, mars 1838, No. 27.

†††) De l'instinct et de l'intelligence d. animaux. Paris, 3me édit. 1851.

Cuvier beistimmend hervorhebt, daß sie den Thieren keine Ueberlegung zugestanden haben, während er selbst sich wieder zur
Ansicht bekennt, daß sie bis zu einem gewissen Grade über die
empfangenen Eindrücke reflektirten. — Fée unterscheidet Instinkt, Verstand und Vernunft. Manche Thiere hätten nur
Instinkt, andere besäßen Verstand (intelligence), nämlich das
Vermögen, ihren Handlungen eine bestimmte Richtung willkürlich zu geben, Vernunft (raison), nämlich die Fähigkeit, sich
selbst zu erkennen, zu beurtheilen und zu leiten, habe nur der
Mensch. Maquart, der bekannte Entomolog, stößt sich an
dem Worte intelligence und will dafür discernement setzen.
Obschon er mit Flourens behauptet, daß der thierische und
menschliche Verstand sich durch die Reflexion unterscheiden,
„daß der Mensch den Geist durch den Geist erforsche", findet
er doch den eigentlich wesentlichen Charakter des Menschen in
dem „göttlichen Hauch", der seinen Geist durchweht. Der Verfasser behandelt die sämmtlichen Klassen der niederen Thiere,
von den Infusorien aufwärts, schildert aber mehr ihre Organisation und Lebensweise, als ihr psychisches Verhalten†).

Der schweizerische Prof. Scheitlin††) unternahm es, ein
umfassendes Werk über die Psychologie der Thierwelt zu schreiben, in welchem auf jeder Seite eine fast schwärmerische Liebe
zu den Thieren durchleuchtet. Der Verfasser hat das Aller-
meiste über den Gegenstand seiner Arbeit gelesen, auch manche
eigene Beobachtungen, die ihm gestatteten, eben so originelle
als ins Einzelne gehende Charakteristiken namentlich der Hausthiere zu geben und gebietet über eine Masse von Stoff, die
ihn manchmal fast überwältigt und zuweilen auch Wiederholung
derselben Gedanken und Betrachtungen herbeiführt, Mängel,
welche man bei den in den meisten Fällen wohlbegründeten
Ueberzeugungen desselben und seinem löblichen Streben, die
Vorurtheile zu beseitigen und eine milde, menschliche Behandlung der Thiere nach Kräften herbeizuführen, gerne entschuldigt.

---

†) Facultés intérieures d. anim. invertébrés. Lille 1850.
††) Versuch einer vollständ. Thierseelenkunde. Stuttg. u. Tübingen.
2 Bde., 1840.

„Ich wollte", schreibt er, „durch meine Ansichten nicht den Men=
schen erniedrigen, jedoch das Thier höher stellen und den Men=
schen näher bringen, die zu groß gemachte, widernatürliche,
unwahre Kluft zwischen Thier und Mensch kleiner machen und
Achtung und Liebe für die niedrigeren Wesen lehren." Ger=
lach†) unterscheidet eine instinktive und eine freie sinnliche
Thierseele, welche letztere nur in den höheren Thieren vorhan=
den ist; sie sei sinnliches Erinnerungs= und Erkenntnißver=
mögen, Gefühl und freie Willenskraft. Etwas Uebersinnliches,
Metaphysisches, ist in keinem Thiere da; nur der Mensch hat
eine vernünftige Seele, kann Uebersinnliches betrachten, hat
Gotteserkenntniß und Glauben; „die Thiere sind alle gottlos."
Der Mensch, der bloß dem Körper nach Thier, psychisch von
den Thieren ganz verschieden ist, hat allein Selbsterkenntniß,
Gewissen und unbeschränkt freien Willen. Die Thiere sind
wegen ihrer beschränkten Freiheit ungemein abhängig von sinn=
lichen Eindrücken und Gelüsten. Der allmächtige Schöpfer hat
den Menschen als Herrscher auf die Erde gesetzt; er soll den
Thieren gegenüber seine Humanität bethätigen; Thierquälerei
muß als Gewissenssache betrachtet werden. — Fuchs††) meint,
die Intelligenz des Menschen und der Thiere sei wesentlich die=
selbe, beim Menschen nur umfangreicher und intensiver. Sie
erreiche aber eine höhere Entwicklung durch Zutritt der Re=
flexion, der Mensch kann denken, daß er denkt. Wenn der
Verfasser sagt, die Thiere hätten nur Instinkt und Verstand,
der Mensch habe aber auch Vernunft, das Vermögen der Ideen,
durch welches seine Seele zum Geist werde, so stellt er sich
auf die Seite Derjenigen, welche eine principielle Verschieden=
heit der Thier= und Menschenseele anerkennen. Mit Recht be=
hauptet er, die Seelenthätigkeiten seien nicht gesonderte, neben
einander befindliche Kräfte, sondern vielmehr wie Kanten, Flächen
und Winkel einer Gestalt aufzufassen, ohne welche diese gar

---

†) Die Seelenthätigkeiten der Thiere.  Berlin 1859.  A. d. Magazin
f. Thierheilkunde, Jahrg. 25, H. 2.
††) Das Seelenleben der Thiere in Vergleich mit dem Seelenleben d.
Menschen.  Erlangen 1854.

nicht wäre und mit deren nur theilweiser Aenderung eine ganz
andere würde. Freude und Trauer der Thiere hätten stets eine
nur sinnliche Beziehung, beim Menschen gerade die lauterste
Freude und tiefste Trauer eine übersinnliche. Die Behauptung,
daß geistige Liebe und Reue bei den Thieren sich durchaus nicht
finden, kann man dem Verfasser nicht so unbedingt zugeben.

Waitz†) nimmt als Herbartianer ein geistiges Centralwesen
im thierischen und menschlichen Organismus an, überall, wo
sich ein centralisirtes Nervensystem findet, und außer diesem
noch andere Centralwesen niedrigerer Ordnung, welche z. B.
die vegetativen und Reflexfunktionen reguliren. Die vollständige Gesetzmäßigkeit der Naturerscheinungen gilt ihm auch für
die psychischen und freier Wille im strengen Sinn wäre ein
unlöslicher Widerspruch der Natur gegen sich selbst. Die Centralwesen der Thiere, wie die Seele des Menschen, im Anfang
zunächst an den Organismus gebunden, erlangen später eine
bedingte und beschränkte Unabhängigkeit von demselben; der
Beschaffenheit der Seele entspricht die höhere oder niedrigere
Bildungsstufe des Nervensystems. Nicht alle Thiere besitzen
e i n e Seele als höchstes Centralwesen ihres Organismus, sondern in den Thieren, deren Körper theilbar ist, gibt es entweder mehrere coordinirte Wesen oder es kann eines von
diesen bei der Theilung den Charakter des Centralwesens annehmen, den es vor derselben nicht hatte. Das Centralwesen
im menschlichen Organismus hat ein bedeutenderes Uebergewicht
über die untergeordneten Wesen, als dieses bei den Thieren
der Fall ist, was bei der Erklärung der Instinkterscheinungen
sehr ins Gewicht fällt. Bei den Thieren sind nur wenige,
sämmtlich auf die Selbsterhaltung bezügliche Vorstellungen vorhanden, welche aber das ganze Vorstellungsleben so vollständig
beherrschen, daß alle anderen, welche sich etwa geltend machen
wollen, leicht und schnell unterdrückt werden, woher die unbe-
zähmbare Leidenschaftlichkeit vieler Thiere, wenn etwa in ihnen
die Vorstellung der Beute rc. sinnlich angeregt wurde. Weil
der Mensch, selbst der Wilde, immer noch mehr Bedürfnisse

---

†) Grundlegung z. Psychologie. Hamburg u. Gotha 1846.

hat als das Thier, deren Befriedigung er auf künstliche Weise
erlangen, auch mehr Noth leiden muß als das Thier, wird er
nothwendig zur höheren Ausbildung und zum vielseitigeren Gebrauch seiner Sinne und natürlichen Werkzeuge gezwungen.
Sehr richtig ist die Erkenntniß von Waitz, daß die Instinkt-
verrichtungen die Wirksamkeit eines unbewußten Willens vor-
aussetzen, was die Hauptschwierigkeit bei ihrer Erklärung ist,
indem wir nur von einem bewußten Willen eine Vorstellung
haben.

Obwohl Reclam †) zu Denjenigen gehört, welche ein selbst-
ständiges Seelenwesen bei Menschen und Thieren läugnen, gibt
er doch einigermaßen zu, daß in den höchsten Fragen keinesweges die Naturwissenschaft allein zu entscheiden habe. Sie
könne bis jetzt weder direkt beweisen, meint er, daß alle Thätigkeit des Menschen nur durch die Summe seiner Theile zu
Stande komme, noch, daß über diesen kein Ganzes, keine Seele
sich befinde; Jene aber, welche ein solches annehmen, vermöch-
ten es auch nicht zu beweisen. Reclam meint aber, auf dem
Wege der Analogie nachgewiesen zu haben, daß die Annahme
eines solchen Ganzen unnöthig sei, welches von der Summe
der Theile verschieden wäre, und hofft, die Zukunft werde den
direkten Beweis hiefür geben können. Wolle man Empfindung,
Willen, Gedächtniß und Urtheil Seele nennen, so hätten auch
die Thiere eine Seele. Unter dem Worte Instinkt versteht der
Vfr. mit Anderen die aus unbekannten Ursachen entstehende
Nöthigung eines Thieres zu zweckmäßigem Handeln ohne Erkenntniß des Zweckes. Indem er versucht, manche instinktive
Handlungen und Kunstprodukte der Thiere mit mehr oder
weniger Glück aus mechanischer Nöthigung zu erklären, worauf
später zurückgekommen wird, legt er doch das Bekenntniß ab,
daß jene Ursache, welche dem Mechanismus den ersten Anstoß
gibt, uns noch eben so verborgen sei, als sie es der Vorzeit war.

Wundt ††), der in seinem unten angeführten Buche sehr

---

†) Geist und Körper in ihrer Wechselbeziehung. Ein Versuch wissen-
schaftl. Erklärung. Leipzig u. Heidelberg 1859.

††) Vorlesungen über die Menschen- und Thierseele. 2 Bde. Leipzig
1863—1864.

bedeutende Verdienste um die Erforschung des Seelenlebens sich erworben hat, namentlich auch durch sinnreiche Anwendung des Experiments, nimmt zwischen Thier= und Menschenseele keinen principiellen Unterschied an und sucht Vieles, was man bei den Thieren sonst dem Instinkt zuschrieb, durch die Thätigkeit des Verstandes zu erklären. Er erweist näher und genauer als es bis jetzt geschehen ist, die Bedeutung des unbewußten Seelenlebens, in welchem die Grundlagen und Vorbedingungen für das bewußte gegeben sind und gründet seine Theorie des Willens vorzüglich auf die instinktiven Handlungen. Es sollen bei diesen und den Thierstaaten manche Ansichten und Ausführungen dieses Forschers näher betrachtet werden.

# Die Thierseele und die Menschenseele.

Seele überhaupt nennen wir bekanntlich das, was in uns empfindet, denkt und will, Verrichtungen, welche von den körperlichen verschieden sind und das eigene Leben der Seele ausmachen, die aber mit dem Körper aus einem gemeinschaftlichen Grunde sich entwickelt, und in ihrer sinnlichen Erscheinung und räumlich-zeitlichem Leben an ihn gebunden ist. Jede Seele ist ein einheitliches, in sich geschlossenes, specifisch und individuell charakterisirtes Wesen. Man kann nicht läugnen, daß der Seele ein Vermögen der Selbstbestimmung zukommt, daß sie von sich aus Empfindungen, Bewegungen, Vorstellungen hervorrufen kann. Lassen wir bei der innigen Verbindung, in welcher das geistige und leibliche Leben stehen, die Annahme gelten, daß was im Leibe als organischer Proceß vor sich geht, daß die Zustände der Organe, die Stimmung, Bewegung und Beschaffenheit des Blutes und Nervenprincips sich in der Seele als Empfindungen und Vorstellungen abspiegeln, so bleibt immerhin noch dem Seelenleben ein besonderes Gebiet, das unabhängig vom Körperleben ist und in dem die Seele ihre eigentliche Heimath hat. In ihrer höchsten Energie kann die Seele dem Verlangen des Körpers widerstehen, ihn sogar für sittliche Zwecke opfern oder seinem Dasein ein Ende machen, wenn vermeintliche oder wirkliche Leiden das Leben unerträglich erscheinen lassen. Von unserem Standpunkt aus können wir auch das thierische Seelenleben nicht vollkommen im Körper aufgehen lassen, oder lediglich nur als das Produkt oder als die bloß nach innen gewandte Seite des letzteren ansehen. Stimmen

Thier- und Menschenseele aber in diesem Grundverhältniß zusammen, so bestehen immerhin zwischen beiden sehr wesentliche
Unterschiede, die so in die Augen fallend sind, daß es wenig
darauf ankommt, ob man sie von einer principiellen oder nur
gradweisen Verschiedenheit beider ableiten will. Wenn nämlich
diese Verschiedenheit so bedeutend ist, daß sie beim Menschen
unvergleichlich höhere Erscheinungen zu bewirken vermag als
bei den Thieren, so kommt sie, wenn auch nicht der logischen
Bestimmung, doch dem Werthe nach einer principiellen Differenz gleich. Auch jene Fassung, nach welcher die Thiere nur
weniger entwickelte Wesen sein sollen als der Mensch, ändert
das thatsächliche Verhältniß nicht. Und wenn gesagt wird,
Thier- und Menschenwelt zusammen bildeten eine lückenlose
Kette und der Unterschied zwischen Thier und Mensch sei nicht
größer als unter den Thieren selbst, es bestehe keine Kluft
zwischen beiden, so müssen wir diesem Ausspruch den anderen
entgegensetzen, daß allerdings eine solche Kluft besteht und daß
auch bei den rohesten Völkern Thatsachen vorkommen, die zu
der Annahme berechtigen, daß mit dem Menschen zugleich ein
neues Princip in das System der Schöpfung eingetreten sei.
Wenn es an Zügen der Aehnlichkeit und Gleichartigkeit zwischen
dem thierischen und menschlichen Seelenleben nicht fehlt, so
kann man noch zahlreichere anführen, welche ihre Verschiedenheit erweisen.

In der That nimmt man bei den Thieren die meisten der
Gefühle und Leidenschaften wahr, welche der Mensch
hat; Freude, Schmerz, Zorn, Eifersucht, Stolz, Großmuth,
Mitleiden und Dankbarkeit sind auch bei den Thieren unverkennbar vorhanden. Der allgemeine Unterschied des Geschlechtes geht auch durch das ganze Thierreich, so daß die
Vorzüge und Mängel, welche beide Geschlechter im Menschenreiche charakterisiren, in ähnlicher Weise auch bei vielen Thieren
vorkommen. Manche Thiere träumen, wie man dieses am
häufigsten beim Hunde bemerkt, der durch Töne und Bewegungen sehr deutlich die verschiedenen Traumvorstellungen zu
erkennen gibt; Pferde, Katzen, Vögel, sogar das Schnabelthier
und den Daman sah man träumen. Aether und Chloroform

2 *

wirken auf die Thiere ähnlich wie auf den Menschen; Hunde, welche Dr. Sandras Chloroform athmen ließ, stießen Geschrei aus, träumten, delirirten†). Zustände, denen des Blödsinns und Cretinismus ähnlich, fehlen auch im Thierreiche nicht. Die Thiere können auch verrückt werden und nach Nasse††) sind die wesentlichen Erscheinungen des Irrseins bei Menschen und Thieren gleich. Auch Robet macht auf Uebereinstimmung des thierischen und menschlichen Irrseins aufmerksam und erzählt zwei erläuternde Fälle. Ein Kavalleriepferd gerieth bei Erblickung eines ungewohnten Gegenstandes, bei Mißhandlung eines anderen Pferdes 2c. immer in die äußerste Furcht und Verwirrung, zitterte am ganzen Leibe, suchte sich loszumachen und verfiel, wenn dies nicht gelang, in einen Zustand äußerster Wuth, welcher in Zuckungen überging, worauf dann wieder Ruhe folgte. Sonst war es fast ununterbrochen unruhig, mit einem Ausdruck von Verwirrung und psychischer Stumpfheit. Vor all' diesen Zufällen, die Jedermann für wahres Irrsein hielt, war es sanft und ruhig gewesen; es hatte einem sehr groben Herrn angehört, der es oft auf den Kopf schlug; — Robet's äußerst sanfte Behandlung konnte keine Besserung mehr bewirken. Ein anderes Pferd des Regiments hatte ähnliche Zufälle aus derselben Ursache, die nur aufhörten, wenn es sich losgerissen und hinten überschlagen hatte. Ein Unterofficier heilte dieses Pferd durch Geduld, Aufmerksamkeit, Liebkosungen und sanfte Behandlung vollkommen. Oft gehen der Wuth der Hunde und Stätigkeit der Pferde psychische Aufregungen vorher. Robet meint, die seltsame Wuth, in welche manchmal sonst sanfte Thiere jedesmal beim Anblick eines bestimmten Gegenstandes gerathen, sei wohl zuweilen ein fixer Wahnsinn. Auch könnte die Gier, womit manche Thierweibchen plötzlich durch seltsamen Wechsel ihren Jungen feindlich werden, sie verfolgen, selbst zerfleischen, im psychischen Erkranken begründet

---

† ) Revue des deux mondes t. 25, p. 696, 1860.

†† ) In seiner Zeitschrift für psychologische Aerzte 1820, Heft I, Seite 170—224. Zeitschr. f. Anthropologie 1525, III, 177 ff.

sein †). — Votter berichtet, daß Bougainville's Papagei, der Liebling der ganzen Mannschaft, in Folge eines Seegefechtes verrückt wurde und dumm um sich blickend, auf alle Fragen, das Getöse, das ihn so sehr erschreckt hatte, nachahmend: Bum, Bum, Bum! antwortete. Zwanzig Jahre hernach noch wiederholte der Vogel, unter schreckhaftem Zittern des Kopfes und der Flügel, seine ewige Kanonade. — Endlich spricht sich auch in den Thieren die Individualität mehr oder minder deutlich aus, so daß ein Hirt, der lange eine zahlreiche Heerde gehütet hat, jedes Individuum an den Gesichtszügen und anderen natürlichen oder zufälligen Merkmalen erkennt, wie denn Smellie einen Schafhirten wußte, der nicht nur unter mehr als 200 Schafen jedes einzelne unterschied, sondern auch jedem einen besonderen Namen gab ††). Ein Schäfer merkt auch bald, wenn einem seiner Thiere etwas fehlt.

Neben diesen und manchen anderen Uebereinstimmungen bestehen zwischen der Thier- und Menschenseele sehr bedeutende Unterschiede. Bereits Pierquin (l. c. I, 175) macht darauf aufmerksam, daß schon die Sinne bei den Thieren in einer anderen Rangordnung stehen, als beim Menschen; bei den Säugethieren sei der Geruch der wichtigste Sinn, dann folgen Geschmack, Gesicht, Gehör, Getast; bei den Vögeln ist die Reihe so: Gesicht, dann folgen Gehör, Getast, Geschmack, Geruch. Ich stimme Waitz bei, wenn er in beiden Classen den Geschmack als einen ganz untergeordneten Sinn ansieht und bei den Vögeln den Geruch dem Getast voranstellt. — Beim Menschen ist jedenfalls der Sehsinn der bedeutendste, welcher die schärfsten und bleibendsten Gedächtnißbilder zurückläßt. Haben aber auch die Vögel ein sehr scharfes Gesicht, so trägt es doch zu ihrer höheren seelischen Entwickelung wegen der Beschränktheit ihres geistigen Horizonts, der hauptsächlich nur

---

†) Dictionnaire d. sciences médicales und Journal complémentaire desselben, Octobre 1823. Vergl. noch Pierquin, traité de la folie d. animaux, de ses rapports avec celle de l'homme et les législations actuelles. 2 vol. Paris 1839.

††) Philosophie d. Naturgesch. II, 228.

Nahrung und Geschlecht umfaßt, nicht viel bei, denn es kommt nicht allein darauf an, wie, sondern eben so sehr was gesehen wird. Wenn vermöge der Grundbeschaffenheit der Seele der Kreis der Interessen nur klein ist und diese hauptsächlich nur der leiblichen Nothdurft dienen, so werden sich in der Seele nur wenige und nur hierauf bezügliche dauerhafte Vorstellungen bilden. Die Thiere verhalten sich auch im Sinnensystem mit dem Menschen verglichen dürftig und einseitig; der Hund z. B. faßt die Welt vorzugsweise nur mit dem Geruchsorgan auf, gewinnt daher von Gestalten und Farben nur mangelhafte Vorstellungen. „Der Thierwelt", sagt Lotze†), „scheint sowohl die scharfe Unterscheidungskraft für die meisten Unterschiede der Töne, Farben u. s. w. als das Gefühl für den Werth derselben versagt zu sein; selbst der Gesang der Vögel, obwohl einige von ihnen Tonintervalle unterscheiden, sie im Gedächtnisse behalten und nachahmen, bewegt sich doch von selbst nicht in ihnen, sondern drückt nur in steigenden oder sinkenden Tönen überhaupt, ganz eben so wie in der regellosen Mannigfaltigkeit spielender Körperbewegungen, die Größe und Lebendigkeit ihrer Gemüthsregungen aus; darin allein und in der Klangschönheit ihrer Stimmen liegt der Reiz ihrer Lieder . . . . So wie ein Kupferstich nur Licht und Schatten, aber nicht die Farben eines Bildes wiedergibt, so mag in der Empfindung der Thiere das Mehr oder Minder der Lust und Unlust vorherrschen und das eigene Colorit der Reize zurücktreten, die beide Gefühle erwecken."

Die Thiere werden körperlich und geistig früher reif als der Mensch. Die meisten größeren Landsäugethiere sind in wenig Jahren ausgewachsen und fortpflanzungsfähig; die meisten kommen in Uebereinstimmung hiemit in viel kürzerer Zeit auch in den vollen Besitz ihrer seelischen Kräfte, zum Theil weil die körperlichen Bedingungen, namentlich die Ausbildung von Hirn-, Nerven- und Sinnensystem früher vollständig gegeben sind als im Menschen. Dafür ist aber auch ihre Vorstellungswelt früh abgeschlossen und damit die Größe der mög-

---

†) Mikrokosmus II, 186, 177.

lichen Vervollkommnung sehr beschränkt. Die meisten Vor=
stellungen der Thiere beziehen sich auf das eben Gegenwärtige
und die Zahl ihrer Erinnerungsbilder ist nur klein. Das
Thier verhält sich etwa wie ein Kind oder ein ungebildeter
Mensch, indem es leicht aber nur vorübergehend durch sinn=
liche Interessen aufgeregt wird und nach deren Befriedigung
wiederum in seine Gleichgiltigkeit zurücksinkt, ohne daß Erre=
gung und Befriedigung ein Nachdenken hierüber veranlaßten
und eine Erhöhung seines geistigen Wesens anbahnten. —
„Darin hauptsächlich beruht der Unterschied menschlicher Ent=
wicklung von dem Dasein der Thierwelt, daß die thierische
Seele durch wenige Wahrnehmungen aus dem Stegreif zu
plötzlicher und fragmentarischer Regung gereizt wird, während
der menschliche Geist, weit weniger von der Natur mit ihres
Zieles gewissen Trieben ausgerüstet, eine reichhaltige Menge
von Erfahrungen zuerst lernend in sich aufsammelt und aus
ihrer ruhigen Verarbeitung sich allmälig die Beweggründe zu
einem zusammenhängenden Handeln bildet †).“ Die Vorstel=
lungen der Thiere sind nur eine Abspiegelung der sinnlichen
Dinge und sammeln sich, wie im Menschen zu einer inneren
Welt, die in jedem Thiere nach seiner Beschaffenheit und der
Natursphäre, in die es gebannt ist, sich anders gestaltet, immer
aber verglichen mit der Vorstellungswelt des Menschen eine
arme und beschränkte ist; das Thier nimmt nur einen kleinen
Theil der äußeren Welt in seine innere auf, der Mensch in
gewissem Sinne das ganze Universum.

Die Thiergattungen erscheinen auch in morphologischer und
physiologischer Beziehung mit dem Menschen zusammengehalten,
der was sie sind und haben, in sich vereint oder vereinen
kann, als fragmentarische Wesen. Weil in den Thieren nur ein
kleiner Theil der äußern Welt sich spiegelt, so fehlt ihrem
Seelenleben auch der Charakter der Allgemeinheit, indem sie
nicht zu umfassenderen Begriffen fortschreiten, überhaupt nicht
im höheren Sinne denken, daher auch nicht sprechen können.
Die Thiere haben wohl das Gefühl ihrer Existenz, aber es

---

†) Lotze, Mikrokosmus III, 175.

kommt in ihnen nicht zur Unterscheidung und Gegenstellung von Objektivität und Subjektivität und damit auch nicht zum Selbstbewußtsein, wie es der Mensch besitzt. Der Mensch kann ferner nicht nur allgemeine Vorstellungen bilden, sondern sie verbinden und über sie zur Idee des allgemeinen Zusammenhanges der Dinge, und von dem Zufälligen und Zeitlichen in ihnen zum Wesentlichen, Ewigen und Wahren sich erheben. Der Mensch weiß sich als freies Subjekt und hat innerhalb seiner Sphäre eine schrankenlose Perfektibilität. Das Thier hat kein Gefühl von der Schönheit eines Kunstwerkes, von der Weisheit einer menschlichen oder Natureinrichtung. Es fehlt ihm die Idee der Person, wie etwa Kindern vor dem dritten Jahre, wo sie noch nicht „Ich" sagen. Thiere endlich können vom Menschen mancherlei lernen, aber es fällt ihnen nicht bei, das Erlernte zur Verbesserung ihrer Lage zu benützen und sie sind durchaus nicht im Stande, es selbstständig fortzuentwickeln und auf seinem Grunde neue Ergebnisse zu erlangen. Der Mensch hingegen strebt über die erlangten Grundlagen hinaus und sucht in kleinerem oder größerem Kreise die Welt sich dienstbar zu machen.

Wäre der Mensch kein höher geartetes Wesen, wie könnten sinnenarme Menschen gleich Laura Bridgeman, James Mitchell und Andere zu solcher Höhe der Entwicklung gebracht werden, wie kein mit allen Sinnen ausgestattetes Thier, zu einer Höhe, auf der sie die feinsten und zartesten Gefühle verrathen und zum Begreifen selbst unsinnlicher Dinge fähig sind? — Wenn Manche, um zu erweisen, daß zwischen der menschlichen und thierischen Seele kein wesentlicher Unterschied bestehe, zugleich auf die höchsten Thiere und auf die niedrigsten Rassen oder geistig verkümmerte Menschen hinweisen, so begehen sie einen logischen Fehler, indem nicht das Vollkommene des einen Reiches mit dem Unvollkommenen des anderen, sondern nur das Vollkommenste im Thier- und im Menschenreiche mit einander verglichen werden darf, weil nur dieses das Wesen beider in seiner Vollendung darstellt.

# Der Verstand der Thiere.

Der Däne Smith hat bereits das Gesetz erkannt, daß je höher ein Thier und je näher es dem Menschen steht, um so mehr die Kunsttriebe zurücktreten und der Verstand sich ausbildet, und daß Spinnen, Bienen ꝛc., obschon sie Kunstwerke machen, wie Hund und Elephant nicht, auf der Stufenleiter der Intelligenz nicht über diese gestellt werden dürfen. Im Ganzen nimmt also der Verstand vom Menschen abwärts ab, jedoch keineswegs in einer stetigen Linie, sondern so, daß in tiefer stehenden Klassen oder Ordnungen öfters wieder einzelne Gattungen eine Intensität des Erkennens, Begreifens und Urtheilens zeigen, wie diese in den oberen allgemeiner vorkömmt. Obschon daher die Klasse der Säugethiere rücksichtlich ihres Verstandes über jener der Vögel steht, gibt es unter letzteren eine Anzahl von Gattungen, welche auf derselben Höhe sich befindet, wie viele Säugethiere und selbst höher als manche derselben.

Es ist eine sehr große Zahl von zuverlässigen Thatsachen bekannt, welche das Dasein des Verstandes bei den Thieren erweisen. Atkinson †) berichtet von einem Dachshunde, der, als er das Bett seines beim Lesen eingeschlafenen Herrn brennen sah, ihn durch heftiges Kratzen mit der Vorderpfote weckte; von einem anderen Dachshunde, der, als sein Kamerad so tief in einen Kaninchenbau gerathen war, daß er nicht wieder heraus

---

†) The Zoologist 1857 und daraus in: Der Zoologische Garten, Frankfurt 1861, S. 187 ff.

konnte, den Herrn durch Heulen und bedeutsame Bewegungen
herbeiholte, der dann den Gefangenen ausgrub. Nach Orphal†)
ließ die Hündin eines H. v. Bismark, einst äußerst erhitzt von
der Jagd heimkehrend, die ungestüm sie anfallenden Jungen
besonnenerweise nicht eher trinken, als bis sie sich abgekühlt
hatte. Noch bedeutender ist folgendes Beispiel von Selbstbeherrschung. Ein Freund eines Freiherrn von Rothberg
(Schwiegervater des Marschalls Rapp) besaß einen sehr großen
dänischen Hund. Der Freund wohnte nur eine Stunde von
Rheinweiler bei Basel, wo Hr. v. Rothberg lebte, und besuchte
diesen mit seinem Hunde fast täglich. Eines Tages kam der
Hund allein zur gewöhnlichen Stunde nach Rheinweiler und
sprang an Hrn. v. Rothberg, der ihm auf sein Kratzen die
Thür öffnete, hinauf, was er sonst nie that, legte seine Vorder-
pfoten auf dessen Schultern und sah ihn scheinbar bedeutend
an; dann wendete er sich von ihm und biß nun Alles, was
ihm in den Weg kam, nur Hrn. v. Rothberg nicht; man mußte
sich schleunig bewaffnen und ihn erschießen††). Alph. Decandolle ließ sich einst auf einer Exkursion an einem glühend
heißen Tage am Meerstrand von zwei Hunden begleiten, von
denen der eine sich eine Grube in der Düne bis zum Wasserspiegel wühlte, wo er es kühl und behaglich hatte, der andere,
eben so erhitzte, aber minder kluge, sich auf den heißen Sand
hinstreckte. Decandolle beobachtete einst eine Woche lang ein
halbes Dutzend Hunde, welche täglich zur selben Stunde auf
einer Wiese mit einander spielten. (Das Gleiche wie auf Ver-
abredung Beruhende habe ich selbst in München und Bern gesehen.†††) Ein Hund, der zum Besteigen einer Leiter dressirt
werden sollte, lief davon, kehrte aber am folgenden Tage allein
zur Leiter zurück und übte sich. Wenn Katzen etwas wünschen,
sehen sie die Person, von der sie es zu erhalten hoffen, lange
und nachdenklich an. Katzen, in ein Zimmer eingeschlossen,

---

†) Sind die Thiere bloß sinnliche Geschöpfe oder haben sie eine Seele?
Leipzig 1811, S. 200.

††) Blätter aus Prevorst XI, 190.

†††) Froriep's Neue Notiz. Nr. 60.

suchten ihre Befreiung manchmal dadurch zu bewirken, daß sie
an der Klinke drückten oder die Glocke zogen.

Pferde, eines Hufeisens ermangelnd, gingen von selbst zu
einer Schmiede, wo sie früher beschlagen wurden. Man weiß
ein Beispiel von einem Elephanten und einem Steinadler,
welche, nachdem sie wegen erlittener Beschädigung einigemal
verbunden worden waren, sich selbst zu neuem Verbande dar=
boten. Wird ein Ackerpferd von einem Distrikt Englands in
einen anderen gebracht, wo andere Worte zum Antreiben und
Lenken gebräuchlich sind, so lernt es diese sehr bald. Hunde
verstehen oft Worte, die sich auf Jagdpläne beziehen; auch
Schäferhunde verstehen Worte, die sich auf ihren Dienst be=
ziehen, selbst wenn man sie gar nicht gegen sie, sondern gegen
einen Menschen ausspricht; manchmal stehen Hunde, die sich
sonst nicht leiden mögen, gegen einen dritten sich bei, der sie
einmal übel zugerichtet hat. Ein angeketteter Fuchs streute
Kartoffelstückchen von seinem Futter rings um sich her und
sprang dann auf die Vögel los, die diese nehmen wollten; ein
Hund, der einmal gesehen, daß sein Herr ihm das Eis von
Pfützen durchbrochen, damit er saufen könne, that dieses künftig
selbst, wenn er durstig war. Füchse, Iltise, Katzen bissen sich
schon Beine ab, die in das Fangeisen eingeklemmt waren; ein
Fuchs biß sich nach Winkell schnell ein zerschossenes Vorder=
bein ab, das ihm um den Kopf schlug, und lief dann flink
davon. Eine Eselin, die von ihrer unbarmherzigen Frau mit=
telst eines Dornenstockes oft blutig geschlagen wurde, versteckte,
wenn die Alte nicht da war, den Dornenstock unter einem
Misthaufen oder trug ihn weit weg auf die Straße. Ein
Hund, der das Violinspiel nicht leiden konnte, kratzte den Spie=
ler am rechten Arme, um ihn zum Aufhören zu bewegen, und
versteckte einmal den Bogen unter ein Bett †).

Als Jemand ein Mäusenest mit neun Jungen und der Alten
gefunden, that er die ersteren in eine Mütze, gegen welche die
Alte ohne Furcht vor den Anwesenden emporsprang. Man
gab ihr ein Junges, das sie sogleich unter den Holzstoß barg,

---

†) Museum des Wundervollen 1, 292 ff.

worauf sie wieder kam und das zweite, dritte bis zum neunten in Empfang nahm, worauf sie nicht wieder erschien. Brehm berichtet von einer Katze, die ein Eichhorn aufgesäugt hatte. Eine Tochter dieser Katze erzog zwei eigene und ein fremdes Junges; eines Tages verließ sie selbe, um in der Scheune Mäuse zu fangen. Die erste Maus bekam ihr eines Junge, die zweite das andere, eine dritte das Pflegekind; als sie mit der vierten Maus wiederkehrte, gab sie diese dem Jungen, welches die erste, die folgende dem, welches die zweite erhalten, die sechste Maus dem Pflegekind, die siebente und letzte wieder dem .ersten Jungen. Brehm glaubte, sie würde die Reihenfolge, in welcher sie die Jungen gefüttert hatte, ohne Zweifel richtig eingehalten haben, wenn sie auch noch zweimal so viel Mäuse zu vertheilen gehabt hätte. Leroy†) hat oft den Versuch mit dem Zahlengedächtniß der Elster gemacht. Wenn diese schon einigemal gefehlt wurde, so kehrt sie nicht wieder zum Neste zurück, wenn sie Menschen zum Baume, worauf es ist, gehen sieht und wo man sie, als der Geflügeljagd schädlich, tödten will. Man muß sechs und mehr hinschicken, um sie zu verwirren; denn wenn fünf zurückgehen und nur einer auf dem Anstande verborgen bleibt, so merkt sie es doch noch öfters. — Lichtenberg besaß eine Nachtigall, die bis auf drei zählte; täglich zweimal fütterte er sie nämlich mit drei Mehlwürmern; hatte sie den dritten empfangen, so kam sie nicht wieder an die Thüre des Bauers. Eine Eule, die in einer Felsenhöhle nistete, unterschied genau, ob drei Freunde, welche die Höhle öfter besuchten, sie sämmtlich verließen; nur dann kehrte sie in die Höhle zurück, in deren Nähe sie während des Besuches verweilt hatte††).

v. Müller†††) sah im Abenddunkel die Schiffsratten die Fockmaststange erklettern, auf dem großen Stagen zum Hinterdeck laufen, auf dieses herabspringen, dann an den Eisenstangen, welche die Boote tragen, hinaufklettern, um in diesen das bischen an-

---

†) l. c. S. 108.
††) Lichtenberg, vermischte Schr. V, 461.
†††) Reisen in Mexiko I, 186.

gesammelte Regenwasser zu trinken und darauf wieder in der
Höhe zum Vordertheil des Schiffes zurückzukehren. Sie machten diesen beschwerlichen Umweg, um nicht auf dem Wege über
das Verdeck der Tödtung durch die Matrosen zu verfallen. —
Einem sehr wilden Büffel in der Menagerie von Kingston-Hill
hatte man einen eisernen Ring durch die Nase gelegt, mit einer
Kette daran, die in einen 4″ weiten eisernen Ring endigte.
Beim Weiden schleppte der Büffel die Kette nach; trat er nun
zufällig auf den Ring und hob dann den Kopf, so erhielt er
einen schmerzhaften Ruck in der Nase. Um diesem vorzubeugen,
steckte das Thier sein Horn durch den Endring und schüttelte
den Kopf, bis er am Horne herunter sank und nicht weiter be-
lästigte. Galton†) theilt mit, daß die Ochsen der beiden
Abtheilungen seiner Expedition einander vollkommen wieder erkannten, obgleich sie fast drei Monate getrennt waren, und die
Nacht auf die freundschaftlichste Weise zubrachten, statt mit einander zu kämpfen und mit ihren Hörnern zusammenzustoßen.
Er sagt, „der Sinn der Ochsen ist wunderbar.“ Tschudi††)
schreibt: „Der Hunger drängt das Alpenvieh oft zu den noch
unberührten, fetten aber gefährlichen Rasenstellen, und indem
sich die Kuh über die Geröllhalde bewegt, weicht der lockere
Grund und sie beginnt bergab zu gleiten. So wie das Thier
bemerkt, daß es sich selber nicht mehr helfen kann, läßt es sich
auf den Bauch nieder, schließt die Augen und ergiebt sich mit
wunderbarer Resignation in sein Schicksal, indem es langsam
fortgleitet, bis es in den Abgrund stürzt oder von einer Baum-
wurzel aufgehalten wird, an der es die hilfreiche Dazwischen-
kunft des Sennen abwartet.“ — Schafe haben sehr schwachen
Verstand; von Hunden getrieben, drängen sie sich so zusammen,
daß bisweilen einige erdrückt werden; aus einem brennenden
Stalle lassen sie sich nicht heraustreiben, drängen sich zusammen
oder laufen ins Feuer und rennen zwecklos hin und her. Auf
der Känguruh-Insel sah Cap. Flinders beim ersten Besuche
große Heerden von Känguruhs, die so wenig scheu waren, daß

---

†) Bericht e. Forschers im tropischen Südafrika S. 177.
††) Das Thierleben der Alpenwelt S. 527.

man sie mit Stöcken erschlagen konnte, außerdem viele Seehunde, die sich mit den Känguruhs gut zu vertragen schienen.
Die Seehunde waren aber viel scheuer und klüger als die
Känguruhs und mieden die Menschen; die Känguruhs vermoch-
ten die Matrosen nicht von den Seehunden zu unterscheiden,
die ihnen nichts zu Leide thaten. Gescheidtere Thiere unterscheiden den Beleidiger wohl, während dümmere den nächsten
besten Menschen angreifen, wie z. B. Nashorn und Wildschwein.
Lichtenstein erzählt, daß ein angeschossener Elephant zweien
Jägern nachjagte und nachdem er sie eingeholt, über den einen
mit dem Rüssel greifend, den anderen vom Pferde holte, den
er dann in die Luft schleuderte und zerstampfte. Von Elephanten und anderen Thieren weiß man, daß sie den rechten
Augenblick der Rache wohl abwarteten; Dugés berichtet aber
auch von einem Schwein, das ein Hund eines Bissens beraubt
und gebissen hatte, daß es sich nach einiger Zeit hinter ihn
schlich, ihn biß und schnell davon lief. Manche Thiere schätzen
die Entfernung sehr richtig, in welcher der Mensch ihnen
gefährlich werden kann, wie denn der Fischreiher den Menschen
schon in 700 Schritten Entfernung beobachtet und ihn nicht
leicht über 400 nahe kommen läßt.

Die höheren Thiere unterscheiden beim Menschen die
Geschlechter und sind gegen das weibliche weniger wild, sanfter,
lenksamer. Nach Pantoppidan befindet sich auf den kleinen
Alphütten in den Gebirgen Norwegens beständig eine Magd,
Bundhe genannt, um Butter und Käse zu machen und um das
Vieh gegen die Wölfe, Bären, Luchse zu bewachen, „die gemeiniglich ein so schwaches Werkzeug scheuen." Sehr viele
Thiere, namentlich Säugethiere und auch manche Vögel, unterscheiden die Kinder und die Erwachsenen unter den Menschen,
sie attachiren sich an sie, spielen gerne mit ihnen und lassen
sich viel von ihnen gefallen, unterziehen sich sogar ihrer schwachen
Leitung. — Alle Individuen einer Thierart kennen einander
und die Staaten bildenden Insekten, z. B. Bienen, Ameisen,
kennen sogar, ob ein begegnendes Individuum der gleichen Art
ihrem Gemeinwesen angehört oder einem anderen, ohne Zweifel
nicht an dessen Gestalt, sondern an dessen Benehmen, da eine

Raubbiene sich ganz anders benehmen wird, als eine Bürgerin des Stockes. Ein Hund sieht einen Hund ganz anders an als eine Katze oder sonst ein Geschöpf. Einige wenige Thiere, unter ihnen der Elephant, erkennen bisweilen ihnen bekannte Gegenstände auch in Abbildungen. Reimarus†) berichtet, daß nach der Erzählung eines Herzogs von Mecklenburg-Schwerin eine ihm gehörende Mandelkrähe durch Rösel's vortreffliche Abbildungen, welche so eben aufgeschlagen waren, sich verleiten ließ, das Bild einer Heuschrecke anzuhacken; sie hätte es zerstört, wäre sie nicht abgehalten worden. — Mit Ausnahme des Hundes können die Thiere nicht im Antlitz des Menschen lesen; sie sehen vom Menschen nur Gestalt und Kleidung, so daß eine geringe Aenderung schon hinreicht, den Herrn zu verkennen. Manche Thiere mit horizontalem oder schiefem Blick sehen den Menschen nicht an, aber hören auf dessen Stimme. Die Thiere sind der Vervollkommnung durch Erfahrungen fähig, haben also Gedächtniß und Erinnerung. Werden in einer Gegend Eisenbahnen angelegt, so gehen anfangs viel mehr Hunde unter den Rädern der Waggons zu Grunde, als später, wo ihnen der Unterschied in der Schnelligkeit einer Locomotive und eines Pferdefuhrwerks deutlich geworden ist. Die Nester der jungen Vögel sind nach Leroy's Bemerkung meist schlecht gestaltet und übel angebracht, und junge Weibchen legen manchmal Eier, ohne sich gehörig vorgesehen zu haben. Die Fasanen bemessen die Zahl ihrer Ausflüge aus den Schuppen ins Feld, um Nahrung zu suchen, ein- oder zweimal des Tages, so wie die Stunden der Ausflüge genau nach der Jahreszeit. Der Truthahngeier fliegt nach Audubon gleichgiltig über ein ruhendes oder schlafendes gesundes Thier weg, weicht aber nicht von einem kranken, verwundeten oder im Sumpfe steckenden, bis es todt ist. Die Kaninchen lehrt die Erfahrung des Vergangenen Kenntniß der Zukunft. Im Sommer gehen sie gegen 8—9 Uhr des Morgens und dann einige Stunden vor Sonnenuntergang auf die Aeßung. Sieht man sie aber schon um 2 oder 3 Nachmittags außen, begierig fressend, minder vorsichtig als sonst, so

---

†) Allgem. Betracht. üb. d. Triebe d. Th. 4. Ausg. S. 246.

regnet es ganz gewiß denselben Abend noch oder in der Nacht.
Der Rabe, welcher an sich oder anderen die Erfahrung von
der Wirkung einer Flinte gemacht hat, flieht sogleich, wenn
Jemand mit einer Flinte herankömmt, bleibt aber ruhig sitzen,
wenn Menschen mit Stangen, Reisigbündeln ꝛc. sich nähern.
Er unterscheidet die Flinte von einem Stocke oder einer Stange,
urtheilt aus Erfahrung, daß sie ihm Gefahr bringe, und flieht.
Manche behaupten, der Rabe unterscheide nicht die Flinte von
gefahrlosen Gegenständen, sondern er rieche das Pulver der
Ladung; dieses kömmt auf eines hinaus; immer muß Urtheil
und Schluß auf Erfahrung gegründet stattfinden, mag die ver-
anlassende Wahrnehmung durch den Gesichts- oder Geruchs-
sinn erlangt werden.  Die Rabenkrähe, Corvus cornix, läßt
die Schaalen der Kinkhornschnecke aus der Luft auf Steine
fallen, um sie zu zerbrechen und zum Thiere zu gelangen. —
Wenn Reclam behauptet, die Krähe habe aber keinen Begriff
von Kraft, Ursache und Wirkung, sondern indem sie einmal,
als sie die Schaale nicht öffnen konnte, mit ihr aufflog und
selbe zufällig herabfiel und zerbrach, habe sie die gemachte Erfahrung dann absichtlich benützt, entgegne ich: wenn diese Erscheinung allgemein ist, so müßte jede Krähe diese Erfahrung
„zufällig“ gemacht haben.  Eher würde ich noch annehmen,
daß sie es von einander absehen, nachdem die eine oder andere
die Erfahrung gemacht hat.  Die Silbermöve, Larus argen-
tatus, nistet nach Audubon zum Theil auf Bäumen und zwar
thun dieses die älteren Vögel auf White Head Island und
den Nachbarinseln, nachdem sie, welche früher im Sumpfe
nisteten, erleben mußten, daß ihnen dort alljährlich von den
Fischern die Eier genommen wurden; die jüngeren Vögel aber
nisten noch zum Theil in den Sümpfen daselbst.  Manche
Vögel, z. B. Rothkehlchen und Amseln, die man im Winter
im Käfig gehalten hat und im Frühling fliegen ließ, fanden sich
im Spätherbste wieder ein und verlangten Einlaß, und zwar
das von Göze beobachtete Rothkehlchen zwei Jahre nach einander.  Wo viele Schlangen sind, befestigen die gleichen Vögel,
die es in schlangenarmen Gegenden nicht thun, ihr Nest an den
äußersten Enden der Baumzweige.  In kalten Gegenden bedecken

dieselben Vögel ihre Eier, wenn sie sie auf kurze Zeit verlassen, mit Federn, was in wärmeren nicht geschieht. Eine Taube, welche ihr Futter in einer Küche zu erhalten pflegte, ließ sich (nach Alph. Decandolle) nie wieder in derselben blicken, nachdem sie dort hatte ein Huhn schlachten sehen. Es scheint mir etwas eigen zu sein, wenn Reclam dies nicht durch Ueberlegung motivirt ansehen will, „weil den Thieren der allgemeine Begriff des Todes fehle", als wenn nicht Anschauung und Gefühl eben so gut belehren könnten! Darum sträuben sich ja auch manche Thiere, die man zur Schlachtbank führt, und schaudern.

Bienen, auf Barbados gebracht, hörten nach einigen Jahren, weil sie das ganze Jahr hindurch Nahrung in den Zuckersiedereien fanden, auf, Honig einzutragen, während die auf Jamaika, wo die Regenzeit mehrere Wochen das Ausfliegen hindert, ihren Instinkt beibehielten. Nach Clarke soll die Rinderbremse mit größter Sicherheit die gesündesten und stärksten Thiere wählen, weßhalb die Gerber solche Häute mit Engerlingsspuren als die besten achten. Flinders†) berichtet von einer Art schwarzer Fliegen auf den Pellew-Inseln im Busen von Carpentaria, die anfangs, als er diese Inseln zuerst besuchte, sich so sorglos auf jeden Körpertheil der Engländer setzten, wie auf einen Baumstamm, nach einigen Tagen aber so scheu wie die europäischen Fliegen wurden. Lockt man die Scheibenmuschel aus dem Sande, in welchen sie sich eingebohrt hat, durch eingestreutes Salz hervor, und ist sie, nachdem sie die drohende Gefahr erkannt, wieder entschlüpft, so kommt sie nicht wieder aus ihrem Loch, mag man auch noch so viel Salz hineinstreuen.

Manche wilden Thiere, die den Menschen nie oder selten sahen, sind sehr neugierig und gar nicht scheu, werden es aber, nachdem sie seine Verfolgung erlitten haben. Auf der Insel S. Pedro bei Chiloe traf Darwin einen neuen seltenen Fuchs, Canis fulvipes, so eifrig mit Zuschauen beschäftigt, als die Officiere Winkel maßen, daß er sich hinter ihn schleichen und

---

†) Reise in die Australlande. Uebers. v. Götze. Weimar 1816, S. 405.

ihn mit dem geologischen Hammer erlegen konnte. Bei den
Chonosinseln sah Darwin Haufen von Robben eilig ins Wasser
stürzen, als das Boot vorbei fuhr, aber bald tauchten sie wieder
auf und folgten demselben mit ausgestrecktem Halse und dem
Ausdruck großer Neugierde und Verwunderung. Nach Cowley
waren 1684 die Turteltauben auf den Galapagos so zahm, daß
sie sich auf Hüte und Arme setzten. Auch auf den Falklandsinseln, wo es doch Füchse und Falken gibt, sind die Vögel so
zahm, nicht aber auf Feuerland, wo sie seit Jahrhunderten von
den Einwohnern verfolgt werden. Es ist bloß der Mensch,
welcher die Thiere durch seine Verfolgungen scheu und wild
macht. Falklands- und Galapagosinseln waren zur Zeit ihrer
Entdeckung von Menschen unbewohnt. Es dauert mehrere
Generationen, bis dann die Scheu und Furcht vor dem Menschen erblich wird; dann verrathen sie auch die ganz jungen
Vögel. Auf den Falklandsinseln war zu Perneth's Zeit,
1763, nur der schwarze Schwan scheu und wild, dieser, ein
Zugvogel, brachte die in fremden Ländern erworbene Weisheit
mit. Der Longivie, Lomvivie oder Storfuglen, einer der größten Seevögel, schwarz an Rücken und Flügeln, weiß am Bauche,
flieht den Jäger nicht, sondern läßt sich todtschlagen, wie Pantoppidan berichtet, so lang er ihn nicht kennt. Allmälig aber
erkennen die Thiere den Menschen als Tyrannen und gefähr-
lichsten Feind, fliehen ihn und die erblich gewordene Furcht
kann nur beim einzelnen Individuum durch liebevolle Behandlung wieder verscheucht werden. In einem Lande, wo die Fallen
noch unbekannt sind, gehen die Thiere, selbst die Füchse, leicht
ein. Mit der Zeit muß der Jäger auf viele neue Listen sinnen,
um die Thiere zu fangen. Ein in einer Falle gefangener Fuchs,
der, um sich zu retten, sich ein Bein abbeißen muß, wie dieses
nach Leroy sehr oft der Fall ist, nähert sich Jahre lang keiner
Falle mehr. „Ein alter Wolf", sagt derselbe Autor, „wird durch
den Geruch der Lockspeise angezogen, aber im Augenblick, da er
sich ihr nähern will, unterrichtet ihn seine feine Nase, daß ein
Mensch in der Nähe war. Es gelingt oft mit aller möglichen
Vorsicht nicht, ihn sicher zu machen." Alte Ratten vermeiden
den Köder, junge beißen unvorsichtig an und sind gefangen

Hat man Rattenfallen an einem Orte aufgestellt, so wirken sie anfangs gut, aber bald lernen die Ratten sie kennen, so daß man sie wieder für einige Zeit entfernen muß. Der alte Hase hat bemerkt, daß er im Gebüsch, wo von seinem Körper sich Theilchen abstreifen, immer hitziger und anhaltender von den Hunden verfolgt wird, als auf offenem Felde, daher läuft er immer den Wegen nach. Wird er hingegen von Windhunden verfolgt, so flüchtet er ins Gebüsch, weil ihm die Windhunde an Schnelligkeit überlegen sind.

Schon Buffon hat bemerkt, daß die Hausthiere Kennt- nisse erwerben, deren die wilden entbehren und seitdem hat man die Beobachtung gemacht, daß Kenntnisse und angelernte Fertigkeiten sich vererben können. Die Geschlechter der Hunde, welche man fortwährend zum Stellen und Herbeitragen des Wildes abrichtet, bringen diese Fertigkeiten zuletzt schon auf die Welt mit. Die Jungen vorzüglicher Jagdhunde haben vor anderen ungemein viel voraus und lernen gewöhnlich leicht und bald alle ihnen zukommenden Verrichtungen. Nach Oexmelin (hist. d. avanturiers) behalten sogar die spanischen, in Amerika verwilderten Hunde die vom Menschen erlangten Kenntnisse für die Jagd bei. Knight nahm einen Dachshund und einen Hühnerhund, beide noch ganz unwissend, mit ins Freie und stellte sie so, daß ihnen ein Iltis zu Gesicht kam. Der Dachs- hund zeigte alle Zeichen heftiger Aufregung, der Hühnerhund blieb gleichgiltig, aber schlug alsobald beim Anblick eines Reb- huhns an†). Der eigenthümliche Sprung des irischen Pferdes, den es sich im langjährigen Durchwandern eines sumpfigen Landes angewöhnt hat, setzt sich in die in England gezogenen Nachkommen fort††). In Columbien, wo die Pferde frühzeitig zum Paß-Gehen dressirt werden, ist eine eigene Rasse entstan- den, die von Natur aus im Paß geht. — Gewisse Fertigkeiten gehen unter veränderten Umständen verloren. Kanin- chen, in Häuser verpflanzt, verlieren noch Leroy im Laufe der Generationen den Trieb, sich in die Erde zu graben, und thun

---

†) Froriep's Neue Notizen Nr. 40.
††) Vestiges of Creation, Deutsche Ausg. S. 254.

dieses auch dann nicht, wenn man die Nachkommen in Gehege
setzt, bis oft wiederkehrende Bedürfnisse sie aufs Neue von der
Nothwendigkeit des Grabens überzeugen.

Es gibt auch in der Thierwelt einzelne hervorragende
Individuen, welche sich durch ungemeine Begabung, durch
Verstand und Willenskraft vor anderen ihrer Art auszeichnen
und oft überraschende Leistungen vollbringen und das Uebergewicht über andere Thiere gewinnen. Cuvier beobachtete dieses an einem Bocke, der nur ein Horn besaß; im Pariser Pflanzengarten hatte ein Pecari die Herrschaft über die Hunde erlangt; ein Orang hielt nach Grant die anderen Affen in Ordnung und drohte ihnen oft mit einem Stocke. Ein Spitzhund,
der den Postwagen heranrollen sah, trieb eine Anzahl Schafe,
die sich auf der Straße befanden, durch Beißen und Stoßen
von derselben, da sie auch im letzten Augenblick nicht Miene
machten, sich zu entfernen. Der Hirte, sein Herr, schlief während dem abseits†). Der Hirtenbube eines Pächters bei Loggan
in Schottland ließ in Folge seiner Schläfrigkeit oft die Heerde
auf ein Nachbarfeld hinüberschweifen; wurde er dann bestraft,
so rächte er sich mit seiner Peitsche an dem Vieh. Ein Stier
schien zu begreifen, wozu diese Ueberschreitung der Heerde führte,
und da er keine Hörner hatte, so stieß er jede Kuh, welche die
Marke überschritt, streng mit seiner harten Stirne, und stellte
sich drohend gegen jede, die Miene zur Ueberschreitung machte.
Diese verständige Wachsamkeit nützte so augenscheinlich, daß
man den Hirtenbuben zu anderen Geschäften verwenden konnte,
ohne bei seiner Entfernung eine schlechte Aufführung der Heerde
fürchten zu müssen. Troegel nahm einst an einem Curs der
höheren Reitkunst Theil; der Stallmeister übte eine sehr schwierige Quadrille ein. Ein Schüler begriff die Sache nicht und
richtete durch seine Ungeschicklichkeit beständige Verwirrung an.
Da er nach zwei Monaten nicht weiter fortgeschritten war,
rieth ihm der Stallmeister, sich ganz seinem Pferde zu überlassen, was er auch that. Dieses intelligente Thier führte
dann, ohne Leitung durch Hand oder Zügel, bloß durch den

---

†) Museum d. Wundervollen II, 14.

Befehl des Stallmeisters geführt, alle Entwicklungen bis auf das Kleinste mit seltener Genauigkeit aus. Ein schöner Elephant, einem Officier der Armee von Bengalen gehörig, wurde täglich in der Gegenwart des Herrn mit einer bestimmten Portion Korn gefüttert. Als der Officier verreisen mußte, verkürzte der ungetreue Wächter die Portion so bedeutend, daß der Elephant immer magerer und schwächer wurde. Bei der Rückkehr des Herrn bezeugte der Elephant die größte Freude; zur Fütterungsstunde legte ihm der Wärter die volle Portion vor. Das Thier aber sonderte diese in zwei Theile, verzehrte gierig den einen und ließ, auf die entgegengesetzte Seite des Stalles gehend, den anderen unberührt. Dieses auffallende Benehmen brachte den Herrn auf die Spur und der Cornac gestand seine Untreue †).

Als man die Zahl der Bären im Pflanzengarten zu Paris vermindern wollte, legte man einigen Kuchen mit Blausäure vor. Die klugen Thiere warfen sie bald eilig weg, da sie aber doch nicht darauf verzichten wollten, so wuschen sie sie und verzehrten sie dann zur großen Erheiterung der Zuschauer. Man erneuerte den Vergiftungsversuch nicht mehr. (Flourens.) Sogar unter den Schafen, Thieren, welche auf der Stufenleiter der Intelligenz sehr tief stehen, gibt es intelligentere und feiner fühlende Individuen, die dann große Anhänglichkeit an bestimmte Personen entwickeln. Ein äußerst kluger Kranich beherrschte nach Naumann's Bericht die sämmtlichen Hausthiere, trieb abirrende zur Heerde, ließ die angespannten Pferde, wenn eben Niemand bei ihnen war, nicht von der Stelle und schlichtete alle Streitigkeiten. Ein grauer Papagei des engl. Obersten O'Kelly, dessen Tod 1802 in der General Evening Post 9 Oct. angekündigt wurde und über den mehrere Berichte vorliegen ††), konnte nach Bingley „nicht bloß eine Menge Sprüche hersagen, sondern auch manche Fragen beantworten. Er besaß ein so außerordentliches Gedächtniß, daß er eine Menge Töne pfeifen konnte, hielt so genau Takt, als ob er die Sache

---

†) Miss Postans, Western India etc. London 1839.
††) S. Rennie, das Leben d. Vögel S. 383 ff.

begreife und schien ordentlichen Verstand zu besitzen. Hatte er
zufällig den rechten Ton verfehlt, so machte er sogleich seinen
Mißgriff wieder gut; er sang jedes Lied, das man verlangte,
und schien Alles zu begreifen, was man von ihm forderte."
Er mochte über 30 Jahre alt geworden sein; O'Kelly hatte
ihn für 100 Guineen gekauft und es wurden ihm öfter 500 Guineen jährlich von Leuten geboten, die den Vogel öffentlich
zeigen wollten, ohne daß er sich von ihm trennen mochte. Nach
Herbert sang dieses merkwürdige Thier etwa 50 verschiedene
Melodien (wobei er, wahrscheinlich in Folge der Lehrmethode,
mit dem Fuße den Takt schlug) verschiedenster Art mit deut-
lichster Betonung der Worte. „Wenn die Beistehenden einen
Theil des Liedes sangen, so schwieg er und begann hierauf da,
wo die Singenden abgebrochen hatten, ohne das bereits Ge-
sungene zu wiederholen. In der Mauser und wenn er keine
Lust hatte zu singen, antwortete er auf alle Bitten und For-
derungen damit, daß er den Rücken kehrte und wiederholt aus-
rief: Poll is sick (Poll ist krank)."

Der im 18. Jahrhundert lebende zürcherische Gymnasial-
rektor Heidegger erhielt einen aus dem Neste genommenen
jungen Raben, den er aufzog, um ihn dann fliegen zu lassen,
was aber der Vogel, Görgel oder Jerl genannt, nicht wollte,
und nicht vom Hause wich. Hatte er sich bei den Hühnern
sattgefressen, so kam er um die Stunde der Mahlzeit in das
Eßzimmer, postirte sich zwischen Hund und Katze und schnappte
diesen die zugeworfenen Bissen weg. Dann schrie er seinen
Namen Jerl her, bellte wie ein Hund, krähte wie ein Hahn
und machte allerlei Kunststücke, ohne je dressirt worden zu sein.
So oft Heidegger sprach: Jerl, mach Reverenz, duckte er nieder,
schlug die Flügel verliebt zu Boden und girrte aus aufgebläh-
tem Halse wunderlich. Als man einst erzählte, daß die türki-
schen Kirchendiener die Gemeinde von den Minarets herab mit
den Worten Akber — Allah — hoh zusammenriefen, war des
Raben Schlagwort lange Zeit Akber — Allah — hoh! Hatte
er etwas entwendet oder zerrissen und war gezüchtigt worden,
so machte er sich in die Weite oder unter das Dach und hungerte Tage lang, erkannte aber später schon aus den Mienen,

ob man nach dem Stöckchen suche. Bei seiner Rückkehr brachte
er ein Geldstückchen oder sonst was, das er entwendet und versteckt hatte, zurück. Er griff alle Thiere, selbst die Hunde an,
zog die Hühner am Schwanze zurück, wenn sie vor ihm fressen
wollten, stiftete auch Frieden unter ihnen, so daß ihn alle respek-
tirten. In besonderer Freundschaft stand er zum Haushund,
fing ihm die Flöhe, bellte mit ihm die Fremden an, verfolgte
und zerrte die Bettler und riß ihre Kinder zu Boden, schnappte
ihnen wohl auch das zugeworfene Geld oder Brod weg und
flog damit fort. Er half Unkraut jäten und die Wiegenkinder
hüten. Ausgeschlossen ahmte er das Pochen eines Bekannten
nach, bis man aufthat. Er wußte genau, was das Mittags-
läuten oder die Ankunft von Gästen bedeutete und kam dann
aus weiter Ferne herbeigeflogen. Er öffnete jedes Schloß, in
dem der Schlüssel steckte, den Deckel des Brodtroges und der
Tabaksdosen; den Fund legte er dann geordnet auf einer Bank
aus, wie ein Krämer. Mit fremden Raben biß er sich herum
und hielt sich zu den Menschen, denen er Alles nachmachte:
Kaffeetrinken, Schnupfen, Blättern in den Büchern, sogar das
Salus, wenn Jemand nießte. Heidegger†) meint, in Meister
Jerl sei ohne alle Dressur so viel Verstand, List und Schalk-
heit gewesen, wie in manchem 17—18jährigen Burschen nicht.

Eine weibliche Rabenkrähe bei Oberreuthendorf zeigte nach
Brehm (dem Vater), besonders wenn sie Junge hatte, stau-
nenswerthe Klugheit und Frechheit. War eine Gänseheerde
nicht gehörig beaufsichtigt, so tödtete sie mit wenig Schnabel-
hieben ein Junges, packte es beim Halse und flog damit fort.
War eben Niemand da, so raubte sie vom Rittergute die jungen
Enten und Hühner. Sie stahl der Magd im Garten, die ihr
Butterbrod auf das Gras gelegt, dasselbe trotz dem Geschrei
der Magd; den Knechten, die ihr Morgenbrod in den Taschen
ihrer Jacken mit sich führten, die sie auf einem großen Steine
ablegten, zog sie das Brod aus den Taschen, die erst sicher
waren, als sie mit Steinen beschwert wurden. Brehm war
öfters angegangen worden, diese allgemein gehaßte Krähe zu

---

†) Acerra philologica, edit. 2. Zürich 1735.

schießen, aber er wollte ein solches Genie, das so viele lustige
Streiche ausführte, nicht tödten und ließ es zehn Jahre hindurch sein Wesen treiben. — Ueberlegene Individuen können
andere wohl auch zu Handlungen bewegen, die sie sonst nicht
vornehmen. Wobzicki beobachtete zwei Ketten Rebhühner,
welche sehr gute Schwimmer waren; jede Kette folgte hiebei
dem alten Hahne ohne Furcht in das Wasser. W. sagt: „Bei
vielen Vögeln geht freilich die Erfahrung verloren, viele werden
durch die Gefahr nicht klüger, es treffen sich aber unter allen
Arten Individuen, die mit Verstand und Gedächtniß besonders
begabt, sich Alles gut merken und jeder Gefahr auszuweichen
wissen†)."

Außerordentliche Umstände, wie z. B. große Gefahr, auch große Freude können bei Thieren (wie bei Kindern)
überraschend richtige Handlungen veranlassen, die weit
über ihre sonstige Einsicht gehen. Ein Freund des Psychologen
Krüger ritt Nachts rasch durch einen Wald nach Hause, stieß
an einen Ast und stürzte bewußtlos vom Pferde. Dieses lief
nach dem Hause, wo es kurz zuvor mit dem Herrn gewesen
war, und klopfte so lange mit dem Hinterfuße an das Thor,
bis die Leute öffneten, dem Pferde folgten und so zum Herrn
gelangten. Hennings††) beurtheilt diesen Fall falsch, indem
er keine Ueberlegung des Pferdes zugibt, sondern ihn bloß
auf dessen Gedächtniß zurückführen will. Das Pferd lief aber
nicht nach seiner Wohnung, die wohl weiter entlegen war, sondern nach dem Hause, das es eben verlassen und klopfte dort,
bis man ihm öffnete. 1824 ritt ein Commis der Lederhänd-
lerin Leveque in Paris auf einem Pferde des Hauses nach der
Vorstadt St. Antoine, wo ihm eine Summe in Banknoten bezahlt
wurde. Auf der Rückkehr wollte er das Pferd tränken, stürzte
dabei in die Seine und ertrank. Das Pferd lief nach dem
Hause, wo der Commis die Banknoten erhalten, wo es wieherte
und scharrte, so daß endlich ein Diener es bestieg und ihm den
Zügel ließ, wo es bis zur Stelle trabte, wo der Commis er-

---

†) Naumannia, 1854, S. 84.
††) Ahndungen und Visionen der Thiere S. 403.

trunken war und man ihn fand. Im April 1794 wurde auf
der Elbeinsel Krautsand eine Pferdeheerde plötzlich von der
Springfluth überrascht; die Ochsen und Kühe schwammen nach
ihren Wohnungen, die Pferde hatten aber ihre jungen Füllen
bei sich. Da zogen sie sich wiehernd in einen engeren Bezirk
zusammen und je 2 alte Pferde drängten die Füllen zwischen
sich hinauf über das Wasser und so standen sie 6 Stunden
muthvoll und unbeweglich bis zum Eintritt der Ebbe. Ein
Hofhund in Cornwallis, 1845, sah das Dach des Hauses in
Flammen, stürzte mit schrecklichem Geheul hinein und zerrte an
den Kleidern der nichts ahnenden Bewohner, bis sie das Haus
verließen; ein anderer Hund lief Nachts unaufhörlich bellend
vor einer Postkutsche her und machte bedeutsame Bewegungen,
bis endlich der Conducteur die Kutsche halten ließ, abstieg und
dem Thiere folgte, wo er dann etwa 100 Yards weiter den
betrunkenen Herrn des Hundes, einen Pächter, mitten auf der
Straße liegend fand. (Atkinson.)

Eine Anzahl von Thieren verschiedener, auch unterer Klassen
zeigt List in mancherlei Formen, wobei es oft schwierig zu
entscheiden ist, ob dieselbe ihrem bewußten oder dem unbewußten
instinktiven Leben angehört. (Für Flemming ist List, Schlauheit „eine gesteigerte und geschärfte Ueberlegungskraft", welche
Definition das Wesen der List nicht wahrheitsgemäß ausdrückt,
da in der List mit dem Wollen eines bestimmten Zweckes sich
auch die Absicht der Täuschung Anderer verbindet, um jenen
Zweck zu erreichen.) Milne Edwards erzählt, daß ein
Haushund, der sehr blutdürstig war und Schafe erwürgte, alle
Nächte an die Kette gelegt wurde. Er vermochte aber sein Halsband über den Kopf abzustreifen, worauf er aufs Feld lief, ein
Schaf erwürgte, dann aber regelmäßig nach einem Bache lief,
um den blutigen Rachen abzuwaschen. Hierauf eilte er vor
Tagesanbruch auf den Hof zurück, wo er mühsam den Kopf
durch das Halsband zwängte und dann sich schlafen legte, damit
man nicht in ihm den Verbrecher entdecke. Ein Hund in Berlin
hatte besondere Neigung, im nahen Garten sein Wesen zu treiben, obwohl ihm verboten war, dahin zu gehen. Er ging nun
oft früh Morgens auf einem Umwege durch den Keller dahin;

wurde er gerufen, so kam er nicht durch die Gartenthüre herbei, sondern schlich durch den Keller nach seiner Hütte und aus derselben ganz langsam hervor, als wenn er eben erst vom Lager aufgestanden wäre†). Manche Thiere können sich gut verstellen und heucheln, wenn sie etwas Verbotenes thun wollen oder bereits gethan haben, die größte Unbefangenheit. War Rengger's Catz-Affe von Jemand beleidigt worden, so stellte er sich ganz freundlich gegen denselben, um ihn sicher zu machen, und erwartete den Augenblick der Rache. Ein Elephant im Pariser Pflanzengarten, der seinem Wärter sonst pünktlich gehorchte, wollte einst in die Heukammer gehen. Dieses wurde ihm verboten, er vielmehr angewiesen, die Thüre des Verschlages zu schließen, welchem Befehl er aber nicht gehorchte und bei dringenderer Wiederholung endlich, als hätte er den Befehl nicht verstanden, zu einer andern Thüre ging und diese verschloß††).

Der Mensch setzt der List der Thiere seine Listen entgegen und scheut grausame und perfide Mittel nicht: vergiftete Waffen, Vergiftung des Wassers und der Lockspeise. Um Fische zu fangen, streut man in Indien und anderwärts Gift in das Wasser; die Papuas vergiften die Quellen, an welchen die Paradiesvögel trinken, um diese mühelos zu erhalten. — Indianer maskiren sich manchmal mit großer Geschicklichkeit als Hirsche, um sich einem Rudel von Hirschen auf Schußweite nähern zu können; die Buschmänner maskiren sich zu gleichem Zweck in einen Strauß, und europäische Jäger in eine Kuh, um sich den Wildgänsen und Wildenten nähern zu können, welche sich furchtlos zwischen den weidenden Rindern niederlassen. Ein Herr Mabin†††), ein geschickter Jäger aus Verdun, hatte sich eine solche Verkleidung construirt, aber kaum hatte er seinen Fuß auf die von der Meuse bewässerten Wiesen gesetzt, als eine Kuh, erschreckt durch dieses phantastische Bild, zu brüllen anfing, worauf alle anderen Hörnerträger ihre Köpfe erhoben,

---

†) Bernstein, Ueber den Instinkt der Thiere. Berlin 1854.
††) Leuret, Anatomie comparative I, 529.
†††) Westermann's illustr. Monatshefte, März 1863, S. 636.

mit fürchterlichem Gebrüll antworteten und die Erde stampften. Die muthigsten bildeten einen großen Halbzirkel um den unglücklichen Jäger und setzten sich dann gegen ihn in Trab. Mabin wartete aber den Angriff nicht ab, sondern ließ sein Weidenruthengerippe mit Kuhhaut überzogen schleunigst fallen und nahm eiligst die Flucht. Die herankommenden Rinder stießen die Maske mit den Hörnern und zertraten sie unter ihren Hufen. — Wenn der Hirsch von der Aesung wieder in den Wald geht oder verfolgt wird, geht er auf der nämlichen Fährte wiederholt hin und her und entfernt sich an einer oder mehreren Stellen durch weite Seitensprünge von derselben. Manchmal flüchtet sich der gejagte Hirsch in ein Rudel anderer und verläßt dieses wieder, wenn es recht in Angst und Bewegung versetzt, dadurch Hoffnung gibt, die Hunde von der Fährte des Verfolgten abzuleiten, was eines seiner zuverlässigsten Rettungsmittel ist. Die Kaninchen machen so verwickelte Baue mit einer Menge Abtheilungen und gekrümmten Gängen, die alle unter sich zusammenhängen, daß das eindringende Frettchen oft dadurch ermüdet und zurückgeschreckt wird. — Wie oft, sagt Troegel†), habe ich gesehen, daß Jäger als Frauen verkleidet, eine Hutte auf dem Rücken, doch von den Elstern erkannt wurden, die, wenn nicht so scharfsichtig, ohne Zweifel wären getödtet worden! — Vögel steigen nie gerade aus der Luft zum Neste herab, sondern fliegen in das Gebüsch und laufen in selbem dem Neste zu; der Strauß läuft immer in einem großen Bogen zum Neste und der Kranich schleicht aus der Ferne gebückt und versteckt zu seinem Neste, das man nach Naumann kaum je auffinden kann. Manche Thiere flüchten sich in höchster Gefahr in ein anderes Element, z. B. Tauben von Falken verfolgt in das Wasser, wo sie untertauchen. Andere suchen den Angreifern durch Stellung, Geberde, Stimme Furcht einzujagen. Eine Maurerwespe verheimlichte nach Rennie ihr Nest, indem sie alle Stückchen, die sie aus einem Backstein ausgebrochen hatte, weit forttrug††). Allmälig

---

†) Causeries sur la psychologie d. animaux. Leipsic 1856.
††) Froriep's Notizen, Bd. 37, S. 289.

geht die List in organische Vorrichtungen zurück, wie z. B. die
Sepien durch die Ergießung ihres braunen Saftes, die Veilchen=
schnecke durch ihren blauen Saft das Wasser trüben, um sich
vor Verfolgern zu verbergen. Fuchs†) meint, der Thierarzt
habe eine leichtere Aufgabe als der Menschenarzt, denn die
Thiere verstellten sich nicht. Es könnte zwar manchmal so
scheinen, in der That sei es aber nicht der Fall, sondern sie
seien dann entweder wirklich leidend oder fürchteten bei der
lebhaften Rückerinnerung die Wiederkehr eines früheren Leidens.
So habe man z. B. beobachtet, daß ein Pferd, welches sich an
einem Ort ein schmerzhaftes Hinken zugezogen, welches beseitigt
wurde, immer wieder hinkte, so oft es an jenen Ort kam, was bei
der Entfernung hievon aber bald wieder verschwand. Ein an=
deres Pferd, welches Fuchs gehörte, bekam alle Zeichen der
Kolik, als sein geliebter Wärter abwesend war, die bei dessen
Rückkehr sogleich verschwanden. — Hiegegen muß ich bemerken,
daß Verstellung doch vorkömmt, wenn auch nicht bei kranken
oder krank gewesenen oder von einem Gefühl moralischen Lei=
dens ergriffenen Thieren, wohl aber bei gesunden, z. B. Hun=
den, Affen, Katzen, Reihern, wenn sie etwas Unerlaubtes thun
wollen oder bereits gethan haben.

Das sich Todtstellen mancher Thiere aus den Klassen
der Säugethiere, Vögel und Insekten beruht bei den einen auf
List, bei den andern auf Instinkt. Füchse, das Opossum, Kan=
schil (eine Art Moschusthier in Java), die Wachtel, der Berg=
fink stellen sich aus List manchmal todt und entfliehen eiligst,
wenn man, hiedurch getäuscht, die Falle oder Schlinge löst.
Das Opossum, von mehreren Hunden angegriffen (einem stellt
es sich), simulirt todt zu sein, auch unter den heftigsten Bissen
der Hunde und eben so, wenn es der Jäger aufnimmt und
hinwirft, erst in das Wasser geworfen oder im wirklichen Todes=
zucken zeigt es Bewegung. Manche Käfer stellen sich auch todt,
wenn man sie ergreifen will, oder sie auch nur die Annäherung
merken, ziehen Füße und Fühler an sich und fallen dann oft
vom Blatte, auf dem sie sitzen, herab; so namentlich die Sippen

---

†) l. c. S. 61.

Buprestis, Elater, Anobium, Cryptocephalus, was Rudolphi durch eine kurze Ohnmacht erklären will, während es offenbar ein Antrieb des Instinkts ist. Der Nachtreiher steht bei Annäherung eines Menschen gerade ausgestreckt still, einem spitzen Pfahl ähnlich; die Waldschnepfe drückt sich regungslos platt auf den Boden und zwar an Stellen, deren Farbe der ihres Gefieders entspricht. Die wilden Gänse legen sich bei Gefahr zur Zeit der Mauser, wo sie nicht fliegen können, starr und wie todt auf den Boden, so daß der ungeübte Jäger vorübergeht, weil er sie für bereits erschlagen hält†). Daß gewisse Thiere in solchen Fällen den Kopf verbergen, scheint mir weniger dadurch motivirt, daß sie sich dann für sicherer halten, sondern eher instinktiv begründet zu sein, in dem Sinne, daß das Thier, indem es die Gefahr nicht stets vor Augen hat, durch den Schrecken zu keiner Bewegung gereizt wird, die es verrathen könnte. Daß bei solchen Stellungen manche Thiere den Kopf verbergen, andere, wie die Waldschnepfe, der Alligator auf dem Lande ꝛc. nicht, letztere vielmehr die Augen scharf zur Beobachtung brauchen, ist wieder in der verschiedenen psychischen Natur begründet, die dem einen zuträglich erscheinen läßt, was dem andern verderblich würde. — Manche Thiere durchschauen die List anderer Thiere. Dugès††) erzählt, daß ein Hund, der sich vergeblich bemüht hatte, ein Kaninchen zu fangen, weil dieses, von ihm verfolgt, in einem großen Bogen zu einem alten Oelbaum lief, unter welchem es ganz gesichert war, am folgenden Tage den Jäger allein das Kaninchen verfolgen ließ und geradewegs zum Baume lief, wo er es packen konnte, als es ankam.

---

†) Wrangel, Reise längs der Nordküsten von Sibirien II, 105.

††) Traité de physiologie compar. de l'homme et d. anim. Montpellier 1838, I, 440.

# Das Gemüth und der Wille der Thiere.

Das Thier empfindet Freude und Schmerz, fühlt Liebe und Haß, ist der Dankbarkeit, der Großmuth, des Zornes, des Geizes, des Stolzes fähig und läßt demnach die meisten Affekte und Leidenschaften des Menschen erkennen. Wetzel meint, in der Liebe erhöhe, veredle sich das Leben der Thiere, werde voller und energischer; die Liebe sei bei ihnen nicht immer nur thierischer Trieb, sie sähen öfters auf Schönheit, gewinnende Eigenschaften des Gemüthes, äußerten öfter feinere Empfindungen und größeren Verstand. Jedes Thier habe sein eigenes Ideal der Schönheit, manche Arten hätten Verschönerungstrieb und den Thierweibchen sei auch Sprödigkeit und Koketterie eigen. Die Thiere kennten auch die Eifersucht und die Verschmähung der Liebe führe oft furchtbare Folgen, sogar Selbstmord herbei. Es ist bei Wetzel manches Uebertriebene und Phantastische, aber der Kern seiner Ansicht ist doch gesund und er hat das Verdienst, auf bis dahin kaum beachtete Seiten hingewiesen zu haben.

Bei manchen Thieren ist das Bedürfniß der Mutterliebe so groß, daß wenn sie selbst keine Jungen haben, sie andere übernehmen, selbst sich solcher zu bemächtigen suchen. Eine Henne pflegte Feldlerchen, Katzen säugten Ratten, Hasen, junge Hunde. Naumann beobachtete eine Bachstelze, die einen Kukuk in einem Baumloch ausgebrütet hatte, aus dem er herangewachsen nicht heraus konnte, die auch im Winter bei ihm blieb und ihn fütterte. Unter mehreren Jungen hat die Hündin immer eins besonders lieb; solche Lieblinge geben erfahrungsgemäß die besten Jagdhunde. Bei Pferden ist die Mutterliebe auch groß, sehr schwach bei Hasen, Schweinen, auch beim Elephanten, der sein Junges schon nicht mehr kennt, wenn er es zwei Tage nicht gesehen hat. In den ungeheuren Pferdeheerden Paraguay's hingegen kennen Mütter und Junge einander genau und wissen sich, wenn auch getrennt, schnell wieder zusammen zu finden. Eine Kuh setzte den Kampf mit einem Jaguar, der ihr Kalb rauben wollte, noch muthig fort, nachdem ihr dieser schon die Schnautze abgerissen hatte. Manchmal nehmen sich auch männliche Individuen der Jungen an, so Affen, dann Hähne, welche junge Hühner erzogen, wozu sich aber noch besser Kapaunen eignen. — Im Winter 1853—54 war die Kreuzberg'sche Menagerie in München, in welcher ein gewaltiges, herrliches Löwenpaar vom Atlas sich besonders auszeichnete und bei den Künstlern Münchens hohes Interesse erregte, welche erkannten, daß das bisherige Idealisiren in der plastischen und malerischen Darstellung des Löwen die Schönheit der Natur nicht erhöhe. Der berühmte Bildhauer Halbig unternahm es, den Löwen, Simson genannt, plastisch darzustellen, welcher von der Löwin getrennt und in Halbig's Atelier gebracht wurde. Die Löwin fügte sich endlich geduldig in die Trennung, der Löwe hingegen wurde äußerst wild und unruhig, so daß es Halbig nur mit Mühe gelang, sein Modell in Lehm darzustellen, welches später in Marmor ausgeführt die Einfahrt des Hafens von Lindau schmückt und sicher eines der schönsten und treuesten Löwenbilder Europa's ist. Als der Löwe wieder in die Menagerie gebracht wurde, schien die Löwin seine Ankunft schon von weitem zu wittern und gab ihre Freude durch Sprünge und Bewegungen des Schweifes zu erkennen, und als beide wieder im gleichen Käfig beisammen waren, wollte das Umhalsen und Belecken beider kein Ende nehmen. So furchtbar und großartig das Benehmen Simsons in seinem Grimm war, so mild und zärtlich erschien das Benehmen beider nun, als sie das Glück hatten, sich wieder zu besitzen†). Ein Storchmännchen suchte

---

†) Geschichten aus d. Thierleben, herausgeg. v. Münchner Thierschutzverein. München 1860.

sein Weibchen, welches wegen Verletzung eines Flügels nicht
wandern konnte, drei Frühlinge nacheinander auf und blieb in
den folgenden Jahren auch im Winter bei ihm.

Die Sphäre der Erkenntniß und des Gefühls ist bei Thie=
ren viel enger als beim Menschen, aber innerhalb derselben
kann ihm eine gewisse Freiheit der Wahl nicht abgesprochen
werden. Ein Thier kann sich besinnen, überlegen und dann
sich zu einer bestimmten Handlungsweise entschließen, wie man
an Hausthieren leicht beobachten kann. Hunde, Katzen 2c. kön=
nen sinnliche Triebe auch aus Liebe unterdrücken; eine Katze,
die mit mir spielt, beherrscht sich im Augenblick, wo die Lust
zu beißen in ihr aufsteigt und leckt mich statt dessen; nicht nur
Säugethiere, sondern auch Zimmervögel, sehr zahme Kanarien=
vögel z. B. zeigen unter gewissen Umständen Scham, Verlegen=
heit oder sie schmollen. Die Liebe zu Menschen reicht bei
manchen Thieren bis über den Tod hinaus. Ein Hund in
London wich nicht mehr vom Grabe seines Herrn, lebte zehn
Jahre in einem Mauerloche in dessen Nähe, schleppte sich trau=
rig alle Tage in ein benachbartes Haus, wo man ihm etwas
Nahrung gab und wurde endlich todt auf dem Grabe seines
Herrn gefunden†). Ein großer Hund eines englischen Officiers
starb vor Freude, als er den aus dem Felde zurückkehrenden
Herrn wieder erblickte.

Thiere zeigen bisweilen Mitgefühl für andere kranke,
verwundete, alte Thiere oder hilflose junge, auch für den Men=
schen, und suchen ihnen beizustehen. Der Rittmeister de Bous=
sanelle erzählt in s. Observations militaires von einem
Militärpferd mit ganz stumpfen Zähnen, dem zwei neben ihm
stehende andere Monate lang Hafer und Heu kauten und ihm
vorlegten, das erstere dadurch vor dem Hungertode schützend.
Man weiß ein Beispiel, daß Ratten eine alte blinde ihrer Art
begleiteten und fütterten††). Der Chirurg Morand zu Paris

---

† ) Orphal, l. c. S. 222.

††) Thierseelenkunde auf Thatsachen begründet, 2 Thle., Berlin 1804—5,
II, 249. Ein an Thatsachen reiches, aber ohne Geist und Kenntnisse ge=
schriebenes Buch. Verf. ist der preuß. Commerzienrath Matzdorff. Es
hat zum Motto: „Ist der Mensch göttlichen Geschlechtes, so ist es auch das Thier."

hatte einen Freund, dessen Hund das Bein brach, und heilte
dieses aus Gefälligkeit gegen den Freund. Einige Zeit darauf
kratzt etwas an der Thüre seines Cabinets und als er öffnet,
kommt jener Hund herein, einen anderen mit gebrochenem Bein
hinter sich, und gibt ihm durch Schmeicheleien zu verstehen, daß
er auch den Begleiter heilen möge†). Streithorst erzählt
von einem Kanarienmännchen, welches sich aller Jungen in
seiner ganzen Hecke annahm, sie fütterte und pflegte, so daß die
ganze Schaar sich stets um es sammelte††). Kerner theilt
die Geschichte einer Gans mit, die das Bein gebrochen und der
immer von anderen Gesellschaft geleistet wurde†††). Auf einer
der ganz wasserlosen Inseln des großen Salzsees bei Utah, die
von Möven, Pelekanen (P. trachyrhynchus Lath.) und anderen
Schwimm- und Sumpfvögeln wimmeln, fand Stansbury
einen alten, fetten, ganz blinden Pelekan, der offenbar von anderen ernährt werden mußte. Und zwar müssen die Fische,
von welchen diese Pelekane allein leben, aus Flüssen, die 30
und mehr engl. Meilen entfernt sind, herbeigeholt werden, so
daß die Vögel wenigstens 60 Meilen zurücklegen müssen, um
Futter für ihre Jungen zu holen. Der See hat nichts Lebendiges und die Inseln dienen nur zum Brüten††††). Der Verfasser der Vestiges of Creation S. 253 theilt mit, daß die
Insassen eines Dohlennestes abwechselnd für die Bedürfnisse
einer verwaisten Familie sorgten. — „Wir sahen", schreibt
Fée†††††) „einst zu Paris eine Schwalbe am Giebel des
Institutspalastes angekrallt; ein Kind, das sie gefangen, hielt
sie mittelst einer an einem Fuß angebundenen Schnur. Auf
ihr Angstgeschrei sammelten sich, laut zwitschernd, Tausende von
Schwalben am Gebäude. Eine Anzahl von diesen beschrieb im
Fluge Kreise, wobei sie vor der Gefangenen vorbeikamen und
diese jedesmal mit dem Flügel zu liebkosen schienen. Nach

†) Thierseelenkunde II, 33.
††) ibid. II, 225.
†††) Magikon II, 423.
††††) Die Mormonen-Ansiedlungen, die Felsengebirge u. der große Salz-
see. Deutsch v. Kottenkamp. Stuttg. 1854.
†††††) l. c. 97.

kurzer Zeit zeigte sich der Zweck dieser Bewegungen zum großen
Erstaunen der Zuschauer. Die Schwalben hatten mittelst des
Schnabels die Schnur durchgebissen, die Gefangene flog frei
davon und die übrigen zerstreuten sich.

Ein Elephant sollte auf Befehl des grausamen Großveziers
Rajah Daula durch Stacheln und endlich mittelst Durchstechen
der Ohren gezwungen werden, über eine Schaar Kranker zu
schreiten, die am Wege in der Sonne lagen, that dies aber
nicht, sondern setzte einen der Kranken nach dem andern sanft
auf die Seite und bewies somit die Menschlichkeit, die seinem
Tyrannen abging. Ein anderer Elephant, der in einem Artil-
leriezug hinter einer Kanone ging, von der ein Soldat herabfiel, der eben von den Hinterrädern zerquetscht werden sollte,
hob diese empor und hielt sie schwebend in der Luft, bis sie
über den Mann passirt waren. — Daumer theilt mit, daß
ein Mann, welcher seinen Hund in der Seine ertränken wollte
und ihn mit einer Stange wiederholt unter das Wasser stieß,
hierüber selbst in den Strom stürzte und ertrunken wäre, wenn
ihn nicht sein Hund ans Ufer gezogen hätte. Kerner bringt
einen Fall, wo ein Hirsch ein Kind behütet haben soll†).

Thiere sind der Großmuth und der Dankbarkeit fähig.
Ein Löwe, der 1791 in Wien zur Belustigung des Volkes mit
vier großen Hunden gehetzt werden sollte, drei aber sogleich
durch seinen bloßen Anblick in die Flucht schlug, den vierten
mit einem Schlag der Pranke niederwarf, ließ letzteren groß-
müthig entfliehen, als er sich aus seiner Betäubung erhob. —
Einem Hunde war ein Knochen im Schlunde stecken geblieben
und er war dem Ersticken nahe, als ein Vorübergehender ihm
den Knochen auszog. Einige Zeit nachher begegnete der Hund
seinem Lebensretter, erkannte ihn und überhäufte ihn mit Freu-
denbezeugungen und Schmeicheleien und folgte ihm lange mit
den Augen, Töne ausstoßend, die zugleich Freude und Trauer
über die kurze Zeit des Wiedersehens ausdrückten. Ein jung
gezähmter Wolf hatte für seinen ersten Herrn eine unver-
gängliche Anhänglichkeit bewahrt. Nach einem Jahre der Tren-

---

† ) Blätter aus Prevorst XI, 121, 122.

nung sah er ihn wieder und äußerte eine an Wahnsinn gren=
zende Freude †).

Beweise der Abneigung und Feindseligkeit aus Rache
oder in der Naturökonomie begründet, manchmal aus unbekann=
ten Ursachen, kommen sowohl bei geselligen als bei einsam
lebenden Thieren vor. Die Störche verschiedener Gegenden
führen bisweilen Krieg mit einander und versammeln sich vor
demselben wie zur Berathung. Nach Wobzicki verfolgen oft
Elstern, die bekanntlich viele Bruten kleiner Vögel zerstören,
Wachteln bis zum Tode ††). Ich beobachtete an einem Maitage
des Jahres 1854 in Bern durch das Fernrohr, wie eine Saatkrähe
einen rothen Milan, der wahrscheinlich einen Angriff auf ihre
Brut gemacht hatte, auf das nachdrücklichste und hartnäckigste
während etwa 10 Minuten verfolgte; ich hatte nicht geglaubt,
daß eine Krähe so gut fliegen könne. Sie suchte den Milan
hinabzustoßen und kam ihm dreimal so nahe, daß sie ihn streifte,
so daß er einmal 6—8' tief herab getrieben wurde. Bei der
sehr verschiedenen Flugart beider Vögel mußten beide bestimmte
Bewegungen machen, der Milan, um der Krähe, vor der er
floh, immer auszuweichen, die Krähe (welche in der Verfolgung
sich viel mehr anstrengen mußte), um auf den Milan zu treffen.
Einmal gesellte sich der Verfolgerin eine zweite Krähe zu, die
aber bald wieder abließ, ohne welchen Umstand vielleicht der
Falke verloren gewesen wäre. Endlich machte die Krähe eine
falsche Bewegung, so daß sie, statt wieder mit der Weihe zu=
sammenzutreffen, plötzlich 20—30' von derselben entfernt war
und die Unmöglichkeit fernerer Verfolgung einsehend, nun von
der Weihe abließ, die nun rasch in gerader Richtung fortflog. —
Nachdem ein gelbes Kanarienweibchen drei Junge ausgebrütet
hatte, wovon zwei gelb und eines grau, starb es. Der hoch=
gelbe Vater fütterte die gelben Jungen emsig, dem grauen gab
er aber nie etwas, sondern biß und stieß es, so daß es ver=
hungert wäre, wenn nicht die beiden gelben sich seiner ange=

---

†) Fée, l. c. S. 77.
††) Naumannia 1854, S. 85.

nommen und es aus ihrem Schnabel gefüttert hätten†). —
Manche Thiere bringen ihre Jungen um, wenn sie sie nicht
ernähren können; so tödtet ein Mutterschwein, wenn es mehr
Junge geworfen als es Zitzen hat, jene, die sich keiner Zitze
bemächtigen können und deßhalb fortwährend schreien, und frißt
sie; die Bienen tödten im Herbste die unnützen Drohnen;
Wespen und Hornissen tödten, ehe sie in Winterschlaf fallen,
die noch vorhandenen Larven.

Bei den Thieren finden sich Spuren des Geizes, der sich
meist auf Nahrung bezieht und Folge früher erlittenen Hungers
ist. Thiere zeigen nach schmerzhaften Operationen Furcht oder
Haß und Rachsucht. Ein Hund, dem Gerlach eine erkrankte
Zehe abgenommen hatte, versteckte sich noch nach drei Jahren,
wenn er in die Stube trat. Ein anderer zeigte nach einer
schmerzhaften Operation sein Leben lang ein besonderes Gelüst,
sich zu rächen. — Die Furcht raubt den Thieren oft alle
Besinnung, so daß sie wie gelähmt still stehen oder zu Boden
stürzen oder zwecklos hin und her laufen. — Schön geschirrte
und geschmückte Pferde zeigen Stolz und Eitelkeit auf das
deutlichste, und Maulthiere, die auf der Reise ungehorsam sind,
sollen sich bald bessern, wenn man sie ihrer Federbüsche oder
Glocken beraubt oder sie an den Schweif der anderen bindet.
Ein Churer Viehbesitzer hatte zwei besonders schöne treffliche
Milchkühe. Beide gelangten in den letzten Jahren abwechselnd
zu der Ehre, als Heerkuh dem stattlichen Zuge bei der Alpfahrt
und bei der Niederfahrt voran zu schreiten; bei der letzten
Niederfahrt wurde die jüngere dafür erwählt. Dies verdroß
die andere und sie konnte die Kränkung nicht verwinden, vermochte aber ihre Rachsucht bis zur Maienfahrt nicht zu befriedigen. Als aber im Maiensäß beide ihren Stand neben einander erhielten, vernahm man in einer Nacht Lärm im Stalle,
Gestampf und Brüllen, und als man zu spät nachsah, erblickte
man die jüngere todt gestoßen und jämmerlich zugerichtet, und

---

†) Aus Lichtenberg's Magazin f. d. Neueste a. d. Physik im Mus.
b. Wundervollen III, 230.

die ältere, die sich hatte frei machen können, noch immer ihre Wuth am Leichnam auslassend †).

Die Musik übt auf manche Thiere, so auf das Pferd, Affen, auch auf das Kameel und den Elephanten einen unverkennbaren Eindruck. Vögel haben an ihrem Gesange selbst Freude; der amerikanische Spottvogel thut hiebei wie entzückt, breitet die Flügel aus, schlägt damit, dreht sich im Kreise und steigt dann auf. Lenz berichtet von einer Gans, die einem Harfenspieler traulich folgte; Bennati brachte mittelst sieben diatonisch gestimmter Glocken seinen Pudel binnen neun Tagen dahin, daß er einigermaßen die Töne der Scala angab (Annal. d. scienc. natur. XXII, 399). Bettina (Goethe's Briefwechsel mit einem Kinde I, 303) sah beim Guitarrespiel eine Spinne herbeikommen, die beim Wechsel der Akkorde verschiedene Bewegungen machte.

Einige Thiere sind der Verzweiflung, ja wie es scheint des Selbstmords fähig. Das überladene Lama und Kameel gerathen außer sich, eben so der Coaita, wenn man ihn schmält. In den Reisen und Abenteuern des „Monsieur Violet", deren Wahrheit Kapitän Marryat verbürgt, wird von Pferden erzählt, die von anderen tyrannisirt und von der ganzen Heerde ausgestoßen, sich den Schädel an Bäumen zerstoßen, und von Eichhörnchen, die zuweilen eines unter ihrer Zahl verfolgen, bis es sich selbst tödtet ††). — Ein Neufoundländerhund, seit einiger Zeit sehr traurig, machte mehrmal den Versuch, sich zu ertränken, wurde aber immer wieder herausgezogen, bis es ihm zuletzt doch gelang †††).

Die Thatsachen müssen uns zu der Ansicht bestimmen, daß auch den Thieren Rechtsgefühl nicht fehle, daß auch sie Spuren des Gewissens zeigen. Wundt ††††) meint zwar, die Hausthiere hätten nicht eigentlich ein Bewußtsein des begangenen Unrechts als solchem, sondern vielmehr Bewußtsein

---

†) Bündner Zeitung, Mai 1863.
††) Moore, die Macht d. Seele über d. Körper, S. 273.
†††) Froriep's Neue Notiz. Nr. 714.
††††) l. c. II, 185.

der folgenden Strafe. Wenn man aber die Thiere eingehender beobachtet, so kann man sich nicht ganz dieser Meinung anschließen, besonders aus dem Grunde, weil manche Thiere, namentlich Affen, Hunde, Katzen und Pferde, wenn sie sich selbst überwunden, sich treu und wohl verhalten haben, einen Ausdruck der Befriedigung zeigen, also für das Rechtthun ein Gefühl haben und deßhalb eben so gut das Unrecht als solches empfinden werden. Wer zurückdenkt, wird sich wohl erinnern, daß er schon in der Kindheit bei Verübung von Unrechtem die Vorwürfe des Gewissens fühlte, wenn er auch keine Entdeckung zu fürchten hatte. Diese innere Stimme, die Stimme des moralischen Gesetzes, das keineswegs, wie Manche wähnen, bloß ein Produkt der Sitte und Convenienz ist, wird in den Thieren in verschiedenster Stärke bis zum beinahe gänzlichen Verschwinden sich vernehmen lassen, was ja auch bei den Menschen der Fall ist. — Wie die Thiere ein Bewußtsein begangenen, so haben sie auch ein solches erlittenen Unrechtes. Die Rechts- und Eigenthumsbegriffe sind besonders bei Thieren entwickelt, die ein besonderes Jagdgebiet bedürfen, wie die Raubthiere, dann bei jenen, die Staaten bilden, Wohnungen bauen, oder doch, wie die Störche, zum selben Neste zurückkehren, endlich bei den Thieren, welche Nahrungsvorräthe sammeln, und bei den Hausthieren. Alle diese werden ihr Eigenthum und ihre Wohnung gegen Angriffe zu vertheidigen suchen.

Ein Siamang Bennett's, der besonderen Appetit zur Tinte und Seife des Herrn hatte, trug ein eben entwendetes Stück Seife sogleich wieder zum Waschtisch, als der Herr, welcher dieses bemerkt hatte, ohne daß es der Affe gewahr geworden war, einige Worte, ohne ihn nur anzublicken, gesprochen hatte. Manche Affen stehlen Alles was sie können, wenn es ihnen auch nichts nützt; einer hatte einem Zuschauer den Stock entrissen und gab ihn endlich nur dem Eigenthümer, durchaus nicht dem Wärter zurück†). Manche Thiere sind sehr empfindlich gegen unbillige Behandlung; Kameel und Lama stehen nicht von der Erde auf, so lange sie überladen sind, Pferde

---

†) Dugès, l. c. I, 439

werden bei roher Behandlung gehässig, störrisch, unlenksam.
Th. Brown, dessen Angaben besonders genau und zuverläffig
sind, berichtet von einem Pferde, welches durch vorgehaltenes
Futter eingefangen zu werden pflegte, daß es seinen Herrn
todt schlug, als derselbe, wie schon öfters, es durch das vorge-
haltene leere Gefäß täuschen wollte; und S. 316, daß ein ausgezeichnet dauerhaftes Jagdpferd, aus Uebermuth bis zur äußersten Ermüdung geritten, sich dafür an seinem Herrn zu rächen
suchte. Hunde, die vom Diebstahl leben, weichen dem Menschen
aus, vertragen seinen Blick nicht, laufen gerade vor sich hin,
ohne rechts oder links zu sehen und haben nicht die Offenheit
und Freudigkeit anderer†). Zum Bratenwenden abgerichtete
Hunde wissen die Bratentage. Im Jesuitenkollegium zu Flêche
wollte der Koch eines Tages einen der Hunde zum Bratenwenden anhalten; da aber die Reihe nicht an ihm war, biß er
ihn, lief fort und holte den herbei, den es traf††).

Man hat öfter bemerkt, daß wenn auf einer Viehweide ein
oder zwei bösartige Subjekte waren, welche längere Zeit die
übrigen quälten oder tyrannisirten, die Heerde allem Anschein
nach berathschlagte und dann mit vereinter Anstrengung die
Störenfriede vertrieb. Von den Störchen werden schon aus
alter Zeit wahrscheinliche Akte öffentlicher Rechtsvollstreckung
berichtet; bereits Aelian läßt die Störche „ihre Ehebrecherinnen
tödten“. Ein französischer Seeofficier erzählt aus Zeituni in
Griechenland von „einem Gericht der Störche“. Sein Gast-
wirth hatte aus einem Storchennest die Eier genommen und
sie durch Hühnereier ersetzt. Das Weibchen brütete fort; als
das Männchen endlich die ausgekommene fremde Brut entdeckte, versammelte es Störche in großer Zahl, die nach langer
stürmischer Berathung das Storchweibchen und die Küchlein
tödteten und sogar das Nest zerstörten†††). Glaubwürdige
Schriftsteller aus verschiedener Zeit behaupten, die Störche

---

†) l. c. S. 454.

††) Wenzel, die neuesten Beob. u. Erfahr. über Verstandeskräfte der
Thiere, S. 7.

†††) Aus dem Sémaphore de Marseille in Kerner's Magikon II, 537.

hielten manchmal über Missethäter ihrer Art ein förmliches
Blutgericht. Der französische Consul in der Levante, Flachat,
Mitglied der Gesellsch. d. Wissensch. zu Lyon, erzählt, er habe
einst bei Constantinopel zahlreiche Störche in einem Kreise sich
versammeln sehen, in dessen Mitte ein Storch, welcher kaum
fliegen konnte, mit gesenktem Kopfe stand. Einer nach dem
andern der Störche aus dem Kreise ging zu ihm und versetzte
ihm einen Stich mit dem Schnabel, bis er zerfleischt nieder-
stürzte. (Untersuchungen z. Beförder. d. Handlung u. Künste,
2. Thl. S. 216 der deutschen Ueberf.) Der Wittenberg'sche
Professor der Rechte v. Beust berichtet einen ganz ähnlichen
Vorgang aus dem 16. Jahrhundert, wo über 100 Störche auf
einer Wiese ein solches Gericht hielten, indem sie nach zwei
Stunden langer Berathung zugleich über den Schuldigen her-
fielen und ihn tödteten†). Bei dem Falle von Flachat versicherten anwesende Personen, der Verurtheilte sei ein Weibchen
und wegen Untreue getödtet worden. Der Mercure de France,
Novembre 1777, erzählt, daß — zu schlechter Belustigung —
die Leute um Smyrna, wo es viele Störche gibt, den brütenden Weibchen Hühnereier unterlegen. Schlüpfen dann die
Jungen aus, so wird das Storchmännchen über die vermeintliche Verletzung der ehelichen Treue wüthend und auf sein Geschrei versammeln sich die Störche und hacken das arme Weibchen zu Tode. Das Männchen nimmt an dieser Execution
keinen Antheil. Nach Rennie halten auch Sperlinge und
Krähen öfters Versammlungen, um ein schuldbares Individuum
zu richten, es entweder auszuschelten oder (bei den Krähen) es
sogar zu tödten. — Es wird behauptet, daß manche Thiere
Schwächlinge oder gezähmte und gefangene Individuen ihrer
Art verfolgen und umbringen; so Schweine, Affen, Kohlmeisen.
Gesellig lebende Thiere sollen bisweilen ihre Wache tödten,
wenn sie sich vom Schlafe überwältigen läßt; so namentlich
Kraniche und Affen.

Jede Thierart hat ihre eigenthümliche Weise zu leben,
ihre besonderen Sitten und Gewohnheiten, die oft eben

---

†) Melanchthonii orationes, t. V, p. 490.

so barof und schwer begreiflich sind, wie jene mancher Völker,
weil wir in beiden Fällen den Entstehungsgrund nicht kennen.
Die Sitten und Gewohnheiten ändern sich auch nach den Umständen, wie dies bereits Aristoteles ganz richtig erkannte,
wenn er schreibt: „So wie sich die Handlungen der Thiere
nach ihren Neigungen richten, so verändern sich sogar ihre Neigungen nach gewissen Handlungen, wirken manchmal sogar auf
ihren Körper ein.   So versuchen die Hühner, wenn sie einen
Hahn überwunden haben, auch die Begattung und es wächst
ihnen der Kamm und der Schwanz, manchen sogar kleine Spo-
ren.   Hähne sorgten, nachdem die Mutter verloren gegangen
war, mütterlich für die Jungen, krähten sogar nicht mehr, noch
vollzogen sie die Begattung.“ — Manche Thiere spielen nur
in der Jugend, andere auch, nachdem sie ausgewachsen sind. —
Sowohl Insekten und Spinnen, als Vögel und Säugethiere
putzen und reinigen sich mit Schnautze oder Gliedern die Haut,
das Gefieder und den Pelz. — Niedere Thiere ruhen bloß, aber
schlafen nicht; ja schon Rinder und Schafe haben keinen eigentlichen Schlaf mehr.   Das Chamäleon sitzt oft ganze Tage
regungslos, nur die Zunge fängt Fliegen. — Grabende Thiere
ziehen sich um so tiefer in die Erde, je schwächer sie sind oder
je mehr sie verfolgt werden; die Gänge des Schnabelthieres in
Neuholland sind 20—50 Fuß lang. — Die wilden Lamas,
Guanacos und Vicunnas legen ihren Koth an bestimmten Orten
ab, den z. B. die Patagonen als kostbares Brennmaterial in
ihrem holzarmen Lande benützen. — Gewisse Ameisenarten haben
die Sitte, Puppen anderer Arten in eigens veranstalteten Raz-
zia's zu rauben, was nur nach harten Kämpfen möglich wird,
um jene dann in ihren Kolonieen aufzufüttern und sie als
Sklaven zu verwenden. — Gewisse Thiergattungen leben nur
von der Nahrung, die sie anderen entreißen, z. B. Fischadler,
Königsgeier, die Raubmöven, die immer in der Nähe der gewöhnlichen Möven sich haltend, diesen sogleich die Fische abnehmen, welche sie gefangen haben. — Die meisten Raubthiere
greifen eher Männer an als Weiber; die Bären in Kamtschatka
rauben den in den Wäldern Früchte sammelnden Weibern nur
einen Theil, obschon sie sehr wild sind, und in Menagerien

sind die wilden Thiere gegen die Besitzerin am freundlichsten und gehorsamsten; wild gewordene Hausthiere beruhigt oft eine Frau eher als ein Mann.    Der Bischof Pantoppidan†) erzählt, daß der Bär schwangere Frauen viel heftiger und furchtloser angreife.    Sonst verjage das schwache Geschlecht den Bären oft mit Geschrei und verfolge ihn mit einem Prügel, um ihm den Raub abzujagen, was manchmal glücke.    Wenn aber der Bär gar zu grimmig sei und sich umwende, „so wissen sie aus Erfahrung ein einziges Rettungsmittel zu ergreifen, was ich so lange für eine Fabel gehalten habe, bis mir dessen Wahrheit verschiedene Leute ganz sicher bestätigten, nämlich: sublatis vestimentis ostendunt id, quod reconditum vult natura. Ich erinnere mich, daß ich in Dapper's afrikanischer Reisebeschreibung gelesen habe, daß auch die Löwen durch dieses Mittel sich in die Flucht jagen lassen.    Man muß also auch darin die Vorsehung des Allerhöchsten erkennen." Sonderbar genug findet sich das Gleiche in einem neuesten Reisewerke. Schläfli††) berichtet aus Mesopotamien von einem Löwen, der eine arabische Frau überfiel, sich aber „tugendhaft" zurückzog, als sie ihren Mantel aufhob und ihm ihre Blöße zeigte. — Nach Reclam kann man den wildesten Hund in Schrecken jagen, wenn man mit vorgestrecktem Arm einen Stock vor sich hält, die Spitze desselben auf das Auge des Thieres richtet und so aus der Entfernung langsam auf den Hund losgeht; unfehlbar entflieht das Thier mit Angstgewinsel. — Wenn die Seerobben den Tod nahen fühlen, so begeben sie sich an bestimmte Orte; daher findet man auf den Chincha-Inseln viele Knochen derselben in Höhlen beisammen und Darwin beobachtete das Gleiche an den Sterbeplätzen der Guanacos in den Anden. — Ziegen und Böcke geberden sich im Sterben anständiger als Schweine, Kälber ꝛc., und ihr Auge nimmt einen eigenthümlichen Glanz an.

Der Cuguar, Marder u. a. Raubthiere, welche Blut trinken, morden so viel sie können; der Jaguar, Tiger, Iltis und

---

†) Naturgesch. v. Norwegen II, 27.
††) Mittheil. schweizer. Reisender, 2. H. S. 110.

andere greifen nicht an, wenn sie satt sind, und tödten nur so
viel, als sie eben verzehren können. „Ein gesättigter Löwe ist
in keinem Theile der Welt gefährlich und eben so wenig in
diesem Zustande ein Krokodil. Auch die Mandingos am Gam-
bia halten solche von klein auf in ausgegrabenen Teichen, wo sie
mit Ketten geschmückt werden und nach dem Füttern ruhig mit
sich spielen lassen" †). Die Freßgier mancher Thier ist so groß,
daß sie fortwährend auch Individuen derselben Art verzehren,
wie die Planarien; Dugès sagt, wenn man einer den Hinterleib abschneide, werde er vom eigenen Vorderleib verzehrt. —
Manche sehr wilde Thiere fressen sogar, wenn zusammengesperrt,
sich unter einander lieber auf, als andere Thiere, die man zu
ihnen bringt, wie dieses von Scorpionen und Spinnen bekannt
ist. — Der Adler auf Helgoland verfolgt das Rind, dem er
Sand in die Augen geschleudert, bis zur Erschöpfung oder zum
Sturz von einer Klippe††). — Manche Thiere ertragen die
Gefangenschaft durchaus nicht, sondern gehen durch Gram zu
Grunde oder verhungern (Mandelkrähe, Trappe, manche Singvögel; der Cuguar, Cahaffe, wenn erwachsen eingefangen). —
Steller und Peron beobachteten bei Robben, Seebären,
Rüsselrobben, wenn sie verwundet oder von ihren Jungen getrennt wurden, reichliche Thränen; auch beim Kameel und
der Giraffe hat man sie im letzteren Falle beobachtet; Humboldt und Rengger berichten dies von mehreren Affen bei
Furcht oder Schmerz; man will auch bei anderen Thieren dergleichen gesehen haben, immer jedoch ohne Verziehung der Ge-
sichtsmuskeln und Veränderung der Athmung, wie sie das
Weinen des Menschen begleiten. Eine Spur von Lachen ist
bei einigen Affen wahrgenommen worden. — Nach Plinius
soll der Löwe im Sterben weinen, — aber Plinius ist reich
an unbegründeten Annahmen. — Die Seeotter, wenn sie in
die Enge getrieben wird, soll nach Steller schmeichelnd herum-
kriechen wie ein Hund. — Sowohl gesellig lebende Säugethiere als Vögel drängen sich bei Gefahr durch Raubthiere eng

---

†) Bastian, Der Mensch in der Geschichte I, 174.
††) v. Buch, Reise nach Norwegen ꝛc. I, 270.

zusammen. — Einige Vögel bemächtigen sich gerne glänzender Gegenstände. Der bengalische Sperling trägt nach Rennie wie unsere Elster und Dohle glänzende Dinge, Metall, Glas, aber auch Leuchtkäfer in sein Nest. Ocydromus australis, eine Art Ralle Neuseelands, stiehlt gerne glänzende Dinge.

# Die geselligen Verhältnisse der Thiere.

In der Natur existiren vielfache gesellige und freundschaft=
liche Beziehungen zwischen ganz verschiedenen Thieren,
welche theils in Bedürfnissen, theils in einer Uebereinstimmung
der Gefühle und der Lebensweise begründet sind. Nach Lich=
tenstein halten sich Strauße und Quaggas stets zusammen;
die Strauße entdecken durch ihr scharfes Auge Nahrung und
Gefahr eher und finden hinwiederum auf dem Miste der
Quaggas große Käfer als angenehmes Futter. Junghuhn
berichtet in seinem schönen Werke über Java, daß nach der
Angabe der Javanesen Tiger und Pfauen immer zusammen vor=
kommen. In den hirschreichen Gegenden Javas steigt der Tiger
bis 9000' und der wilde Pfau, Pavo muticus, folgt ihm in
diese hohen Regionen. Auf der Hochebene des Gunung-Ajang,
welche mit dichtem Graswuchs bekleidet ist, aus dem Gruppen
von Casuarina Junghuhniana Miq. u. Quercus pruinosa Kl.
parkartig hervorragen, weiden jene zahlreichen Hirsche, Cervus
russa, in Rudeln von 100 — 1500 Stück (an einem einzigen
Tage sah Junghuhn wohl gegen 50,000 Stück), denen Tiger
nachspüren, welche letzteren wieder die Pfauen nach sich ziehen.
Junghuhn meint, die Pfauen folgten auf Java deßhalb den
Tigern, weil sie sich von den Insektenlarven nährten, die in
den von den Tigern übergelassenen Resten der Thierleichen sich
entwickelten†). In Abyssinien besteht zwischen der Manguste,

---

†) Java ꝛc. II, 736, 751.

dem Klippdachs und einer Eidechſe (Stellio cyanogaster) ein
Freundſchaftsbündniß; ſie leben zuſammen. (Brehm). Schon
Herodot erwähnt die Bdella im Maul des Krokodils, und
Ariſtoteles nennt den Vogel, der ungeſtraft in ſeinen Rachen
eingeht und das Krokodil von dieſer Plage befreit, Trochilus.
Die Höhleneule lebt in den Erdlöchern der ſogen. Prairiehunde
und ihre Stimme ſoll der dieſer Murmelthiere gleichen. —
Auf den Nicobaren lebt eine Art Ratte in Erdlöchern geſellig
mit einem Gecarcinus, einer Krabbenart. (Eine andere Art
Ratte findet ſich in den Kronen der Cocospalmen und richtet
gräuliche Zerſtörung unter den Nüſſen an. Frauenfeld.)
In Nordamerika geſtattet der Fiſchaar, Pandion haliaëtos Sav.,
den Purpuratzeln, ihre Neſter in die Zwiſchenräume der Stöcke
und Reiſer ſeines eigenen zu bauen; gewöhnlich niſten mehrere
Pärchen am Adlerhorſt. In Pommern ſah man einmal eine
gelbe Bachſtelze am Fiſchadlerneſt brüten. Schwärme von
Goldregenpfeifern machen ohne Zweifel auf Commando eines
Führers ganz übereinſtimmende Bewegungen, und andere Vögel,
welche ſich unter dieſe Schwärme der Goldregenpfeifer und
ſogen. Ochſenvögel (Staare?) miſchen, z. B. Kibitze, Rothfüße,
Ringmornellen machen alle Evolutionen auf das präciſeſte mit,
was auf Commando und Verſtehen der Signale deutet. In
den wunderſamen Staaten der Ameiſen, die ſonſt alle Inſekten, die in ihre Kolonien eindringen, tödten, leben wohl
40 Arten verſchiedener Inſekten als geduldete oder angenehme
Gäſte; von den Blattläuſen und einem kleinen Käfer, dem
Keulenträger, Claviger, hat man den Grund entdeckt, indem
dieſe Inſekten Zuckerſaft aus ihrem Leibe abſondern, der von
den Ameiſen gerne geſchlürft wird. Myrmedobia coleoptrata
Bärenſprung (Salda coleoptrata Fallén, Microphysa Myr-
mecobia Märkel), Anthocoris und Xylocoris verwandt, lebt
bei Ameiſen, z. B. Formica rufa. Eine mit Myrmedobia
und Microphysa verwandte Sippe iſt Lichenobia ferruginea
Bärenſpr. bei Berlin in den Neſtern von Formica rufa. Die
Wanze Anthocoris exilis Fallén (dies iſt das ♂, Myrmedó-
bia coleoptrata Fall. das ♀) lebt in Neſtern der Myrmica
laevinodis Nyl. Die Pauſſiden, eine merkwürdige tropiſche

Käfersippe, leben in Ameisennestern und geben aus dem Hinterleibe einen Saft von sich, den die Ameisen lecken. Die Käfer
nähren sich, wie Guringius glaubt, von der Beute der Ameisen, und die Larven der Käfer werden von den Ameisen gefüttert. — In indischen Termitenhaufen leben viele Gäste aus
verschiedenen Insektenordnungen, darunter auch Staphyliniden.
Schiödte's Sippen Corotoca und Spirachtha (Aleocharina)
leben nach Reinhardt in brasil. Termitennestern an Baum-
ästen und haben, wie Lomechusa und Dinarda, an der Spitze der
inneren Maxillarladen einen hornigen Haken; ihr Hinterleib ist
häutig, enorm groß, aufwärts gebogen und enthält bei dem
Weibchen Eier in verschiedenen Entwickelungsstufen, bei Corotoca
zugleich vollkommen entwickelte Larven, — das erste Beispiel
eines lebendig gebärenden Käfers. Nach Asa Fitch findet
sich Termes frontalis im Staate Newyork manchmal in Gesellschaft von Formica rufa und wird von dieser ernährt und
beschützt.

Auf den Karolinen fanden v. Kittlitz und Mertens zwei
in der Körperbildung den Blennioiden gleichende Fischarten,
welche als Schmarotzer im modificirten Wasser der Bauchhöhle
einer sehr großen Holothurie und eines anderen Stachelhäuters
leben und stets in gewöhnlichem Seewasser starben. Nach
Semper leben auf den Philippinen mehrere Decapoden para-
sitisch, z. B. Pinnotheres in Holothurien zusammen mit der
Fischsippe Ficrasfer. Zwei Brachyuren finden sich in der
Kiemenhöhle eines Meerohres und auf der Haut einer Holothurie, ein Palaemon auf einer Actinie; ein langschwänziger
Decapode herbergt in der Kiemenhöhle einen großen Pagurus.
Als constante Bewohner der Schwalbennester nennt Löw
Ornithomyia avicularia Latr., Tinea spretella S. V., Atta-
genus megatoma Fabr. Andere fanden auch noch Stenopte-
ryx hirundinis Leach., Acanthia hirundinis Köhler, Pulex
hirundinis Köhl. (P. rufus Grob.). Die Bulsellen, Verwandte
der Perlenmuscheln, leben in Schwämmen, die alten am unteren, die jungen am oberen Theile. Was die am Darm von
Synapta befestigte Schnecke Entoconcha mirabilis betrifft, so
gehört dieser Fall nach J. Müller's späterer Ueberzeugung

bereits — wie auch schon einige der eben erwähnten andern — dem eigentlichen Parasitismus an, zu welchem von der Geselligkeit und Freundschaft her ein unmerklicher Uebergang stattfindet.

Oft bilden sich durch besondere Umstände individuelle Freundschaften zwischen differenten Thieren, wie z. B. ein Kranich, der nach dem Tode seines Weibchens lange traurig gewesen, sich endlich an einen Stier anschloß und ihn überall begleitete; man kennt Beispiele von einer Fischotter, von einem Pecari, einem Seehund, Cahassen, Pferden, die in große Vertraulichkeit mit Hunden kamen. Ein Nashornvogel, den Brehm längere Zeit in Afrika hielt, schloß mit einem Affen innige Freundschaft, und eine Ente des Fleischers Frère zu Paris faßte innige Zuneigung zu einem Hunde und begleitete diesen stets, wenn er das Vieh auf der Weide zu bewachen hatte, oft auf ihm reitend und sich mit dem Schnabel an seinem Halse festhaltend; ein Hund und ein Rabe, mit einander aufgezogen, vereinigten sich später zur gemeinschaftlichen Jagd auf Hasen und Kaninchen, so daß der Hund dem am Rande des Dickichts postirten Raben die Hasen und Kaninchen zutrieb und ihren vereinten Anstrengungen nichts entging. Gerlach kannte eine Hirschkuh, die, neben einem Stierkalbe aufgewachsen, solche Anhänglichkeit behielt, daß sie den Stier überall begleitete, auf der Weide nicht von seiner Seite ging und im Stalle nicht fraß, „wenn der Freund fehlte". Von Buffon werden Fälle mitgetheilt, wo solche Thierfreundschaften sich sogar zu geschlechtlichem Verkehr steigerten; ein anderes Beispiel steht in der Thierseelenkunde II, 207. Den fast wilden Ochsen auf den zahlreichen Inseln an der Küste Norwegens werden gewöhnlich einige sogenannte Udgangs-Vädre (Widder, die ihre Nahrung selbst suchen) zugegeben; „diese helfen den Ochsen des Winters den Schnee auf die Seite kratzen und so das Gras ausjäten. Allein ihre Obmänner, die Ochsen, erlauben ihnen nicht eher einigen Theil am Grase, bis sie sich selbst satt gefressen haben."[†]

---

[†] Pantoppidan, l. c. II, 9.

Ludw. Brehm†) berichtet von zärtlicher Zuneigung einer Katze und eines Eichhorns, welches letztere von ersterer aufgesäugt worden war. In Bolivia (Rio de Santa Lucia) gewöhnt man die Hunde dadurch unauflöslich an die Schafheerden, daß man sie von der Geburt her an Schafen saugen läßt; ihre Sorgfalt und Anhänglichkeit an die Heerde ist größer, als sie bei einem Menschen sein könnte ††). Nach Darwin †††) läßt man die Schäferhunde auch in den Pampas von Schafen aufsäugen und sie nie mit anderen Hunden oder Kindern zusammen sein; zugleich macht man ihnen ein Lager von Schafwolle; so identificiren sie sich mit den Schafen. Merkwürdig ist, daß ein ganzes Rudel wilder Hunde keine von einem solchen Schäferhunde bewachte Heerde angreift; sie scheinen die Schafe zur Gesellschaft des Hundes zu rechnen.

Einige wilde Thierarten lieben die Nähe des Menschen. Die in Aegypten überall häufige Eule Athene meridionalis ist an den Menschen ganz gewöhnt und schlägt ihren Horst oft in den Mauerspalten der Fellahhütten auf. Die alten Palast- und Tempelruinen Aegyptens tragen nach Brehm häufig das Bild des kleinen, zutraulichen Neophron percnopterus. Ein nordamerikanischer Zaunkönig, Anorthura Aedon (nach Rennie), der viele Insekten vernichtet und die Gesellschaft der Menschen zu lieben scheint, ist so geschätzt, daß man ihm bisweilen auf Pfählen kleine Behälter in den Gärten errichtet, in welchen er nistet und brütet. — Anfangs Februar 1860 erschien bei Luzern eine einzelne Seemöve, flog jeden Morgen auf die Reuß, den Tag über umherschwimmend und traulich die Nahrung verschlingend, welche Zuschauer ihr zuwarfen. Individuen dieser Art sind bisweilen auch von ihren Genossen Versprengte oder Sonderlinge.

Manche Individuen von Thieren, auch solcher Arten, bei welchen dieses sonst durchaus nicht gewöhnlich ist, haben zu bestimmten Menschen theils in Erinnerung an

---

†) Kalender d. Natur 1858, S. 144.
††) d'Orbigny, Voyage dans l'Amérique mérid. I, 176.
†††) Reise I, 170.

genossene Wohlthaten, theils aus unbekannten Gründen eine
außerordentliche Zuneigung gefaßt. Schon Aelian spricht von
einer Gans, die einen Knaben sehr liebte. Ein einem Pächter
gehöriger Gänserich schloß sich an einen alten Herrn an, den
er auf allen Spaziergängen, auch in die Wirthshäuser begleitete. Jenes Pecari im Pflanzengarten zu Paris verließ die
Hunde, seine Lieblinge, und schloß sich dem Menschen an, der
etwa kam. Die Indianerinnen in Britisch Guyana säugen auch
ihre Hausthiere, junge Affen, Beutelratten ꝛc., welche dann
ungemeine Anhänglichkeit an sie erhalten. — Ein Schoßhünd-
chen verließ seine kranke Gebieterin nie, roch ihr, als sie verschieden war, an Mund und Nase, zog dann mit den Zähnen
das Betttuch über ihr Gesicht herauf, sie ganz damit verhüllend,
und bewachte die Leiche bis zur Bestattung. Die Katze der
Madame Helvetius blieb auf deren Leiche sitzen und sprang,
verjagt, wieder auf sie; sie schlich mit dem Leichenzug bis auf
den Kirchhof, setzte sich auf das Grab und schrie ängstlich.
Nahrung, die man ihr auf das Grab stellte, ließ sie stehen;
nach vier Tagen lief sie weg und starb vermuthlich in einem
benachbarten Gebüsche†). Napoleon I. ließ auf einem
seiner Schlachtfelder ein Pferd beobachten, welches von der
Leiche seines gefallenen Herrn nicht fortzubringen war; es hütete
sie bis zur Verwesung, stieß endlich ergreifende Jammertöne
aus, lief nach dem Flusse und ertränkte sich darin††). .

Manche Thiere stehen einander gegen Angriffe und Gefahren bei, und namentlich wirken gesellig lebende Thiere
für bestimmte Zwecke planmäßig zusammen. Wenn man
einen Papageitaucher aus der Felsenspalte, in welcher diese
Vögel gemeinschaftlich nisten, herauszieht, beißt ihn der nächste
in den Schwanz, um ihn zurückzuhalten, der folgende diesen
und so weiter, so daß man eine ganze Kette herauszieht. (v. Buch.)
Eine Katze biß den Strick eines ihr befreundeten Hundes durch,
an welchem dieser zerrte, um los zu kommen. (Scheitlin.)
Schwalben suchen Gefangene ihrer Art zu befreien, helfen ein-

---

†) Kerner's Bl. a. Prevorst XI, 191.
††) Ehrenstein, Schild u. Waffen gegen Thierquälerei. Leipzig 1840

ander beim Nestbau; manche stehlen aber auch die von anderen
zu ihrem Neste herbeigeschafften Materialien.   Die Rudel von
Canis rutilans auf Java, einer Hundeart größer als der Fuchs,
fallen Nachts selbst Pferde an und tödten sie.   Wie gefährlich
durch Vereinigung der Kräfte zahlreicher Individuen der gefleckte
Hund, Canis pictus, in Südafrika selbst den größten Thieren,
Zebras, Antilopen ꝛc. wird, ist bekannt.   Nach Franklin
schneiden die Wölfe im nördlichsten Amerika, in große Trupps
vereinigt, den Rennthieren jeden Ausweg ab, stürzen dann heulend auf sie los und zwingen sie, sich über die Felsen in Abgründe zu werfen, wo sie zerschmettert und von den Wölfen
mit Muße verzehrt werden; nach d'Orbigny†) greifen die
Heerden verwilderter Hunde in Bolivia (eine Art Wolfshunde)
große Thiere, selbst den Menschen an und thun den Heerden
vielen Schaden.   Um sich der Pferde zu bemächtigen, bilden sie
einen großen Kreis, und einige gehen auf das Pferd los, das,
im Kreise herumfliehend, vergeblich diesen zu durchbrechen sucht;
wird es matt, so stürzen sie alle zugleich auf dasselbe und überwältigen es leicht.   d'Orbigny hat sicher Recht, wenn er diese
kluge Taktik durchaus nicht für eine bloße Instinktäußerung
halten will.

Neben den Beispielen der Sympathie fehlt es im Thierreiche auch nicht an solchen der Antipathie.   Aristoteles††)
schrieb: „Manche Thiere sind in immerwährender Feindschaft
mit einander, manche nur, gleich den Menschen, von Zeit zu
Zeit.   Der Esel und der Akanthis (vermuthlich der Hänfling,
Fringilla cannabina) hassen sich, weil beide von Disteln leben;
so ist es auch mit dem Anthos (Motacilla boarula oder flava
nach Camus und Brisson), Akanthis und Aipithos (vermuthlich
eine Ammer-Art) .... Die Krähe und der Erodios (Reiher)
hingegen sind Freunde; so auch die Vögel Schoinion (vermuthlich Emberiza schoeniclus), Korydos (Lerche), Larbos (?) und
Keleos (Grünspecht).   Auch sind der Pephing (?), die Arpe (?)
und der Iktinos (Weihe) Freunde, desgleichen der Fuchs und

---

†) Voyage dans l'Amér. mérid. I, 178.
††) De animalibus L. IX, c. 2.

die Schlange, welche beide in Löchern wohnen; so auch der
Kottyphos (Amsel) und Trygon (Turteltaube). Feindselig gegen
einander sind hingegen der Löwe und der Thos (wahrscheinlich
der Schakal)." Die Feindschaften und Freundschaften der Thiere
haben ihren Grund in ihrer Lebensweise und Nahrung, schließt
Aristoteles. — Pflanzenfresser werden schon durch den Geruch
der Raubthiere unangenehm aufgeregt. Manche Thiere haben
einen besonderen Widerwillen gegen andere, so das Pferd gegen
das Renthier, dieses gegen das Rind, Elephant und Tiger
gegen Mäuse, weiße und schwarze Schwäne hassen sich gegen-
seitig. Dem Pferde ist auch das Schwein und das Kameel zuwider, das Rind ist ihm gleichgültig, mit dem Hunde kann es
sich manchmal befreunden, leichter noch mit dem Elephanten.

Den Gesellschaften der Thiere und deren höchsten Formen, den sogen. Thierstaaten, liegt die geschlechtliche Verbindung der Individuen, wenn man will die Thierehe und
die Thierfamilie zu Grunde. Auch die Thierehe ist nicht
ganz alles sittlichen Gefühles baar und es kommen in ihr alle
Grade der Zärtlichkeit und der Treue vor, alle Abstufungen
vom lockersten Zusammensein bis zur festen Verbindung. Daß
ein Männchen ein Weibchen hat, kommt am häufigsten vor,
seltener ist die Polygynie, noch seltener die Polyandrie. So
leben also die meisten Säugethiere und Vögel monogamisch und
bei vielen finden Bewerbungen der Männchen um die Weibchen und Kämpfe um sie statt. Polygynie findet sich z. B. bei
den Wiederkäuern und Einhufern unter den Säugethieren, dann
bei den hühnerartigen Vögeln; bei diesem Verhältniß fällt die
Sorge für die Jungen ganz den Weibchen zu, bei den monogamischen Thieren sorgen meist beide Geschlechter für die Jungen.
Bei den Schwalben haben Männchen und Weibchen getrennte
Nester. Ehebruch wird sowohl bei der Monogamie als Polygynie schwer empfunden; hat sich eine Stute einer der verwilderten Pferdeheerden mit einem Hengste einer anderen
Heerde abgegeben, so wird sie nicht mehr von dem Leithengste
der ersten Heerde geduldet. Eine Angabe über die Rache,
welche ein Storchenmännchen in Verbindung mit anderen an

seinem ungetreuen Weibchen nahm, findet sich ohne Angabe der Quelle bei Wundt†).

Auch schon im bloßen Gesellschaftsleben der Thiere ohne Staatenbildung müssen bestimmte Normen bestehen, irgend eine Organisation und Subordination. Die ungeheuren Schwärme junger noch nicht flügger Pelekane auf den Inseln des großen Salzsees stehen nach Stansbury unter der Aufsicht von „ernst und würdig aussehenden Wärtern", die von Zeit zu Zeit so regelmäßig wie Schildwachen abgelöst werden. In großen Gesellschaften lebende Säugethiere und Vögel stellen während dem Schlafe oder der Mahlzeit Wachen aus; so z. B. auch die Flamingos, die man in Aegypten öfters zu Tausenden in langen Feuerlinien stehen sieht. Gesellige Thiere können domesticirt werden, weil sie sich schon im Naturstande an Unterordnung unter einen Führer gewöhnt haben, der seine Stellung durch seelische und leibliche Ueberlegenheit gewonnen hat. Diesem folgen die schwächeren Individuen, ahmen seine Bewegungen und Handlungen nach, geben sich der Ruhe oder Weide hin oder fliehen, je nachdem der Anführer oder die An-führerin das eine oder andere thut, weil sie sich dabei am wohlsten befinden. Bei den Affen und den wilden Pferden steht das stärkste und muthigste Männchen an der Spitze des Rudels, bei Gemsen, Hirschen und Renthieren die älteste und erfah-renste Geis. Bei den Pinguins des südlichsten Amerika's, die in Gesellschaften von 40—50000 Individuen zusammen leben, herrscht strenge Ordnung; der Lagerplatz ist in Abthei-lungen geschieden für Männchen und brütende Weibchen und Junge, und während Tausende für einige Stunden weit ins Meer hinaus auf die Jagd ziehen, ruhen andere Schaaren, um die ersteren bei der Rückkehr abzulösen.

Zwischen diesen großen gegliederten Gesellschaften und den sogenannten Thierstaaten besteht ein unmerklicher Uebergang. Letztere können, wie Völker und Staaten der Menschen, durch Erweiterung einer einzigen Familie entstehen oder durch Ver-einigung einer Anzahl Familien, welche durch die Umstände und

---

†) l. c. II, 191.

gemeinschaftlichen Bedürfnisse hiezu angetrieben werden. Der
Wespen- und Hummelstaat leitet seinen Ursprung von einem
einzigen befruchteten Weibchen her, welches den Winter überlebt und im Frühling eine neue Kolonie gründet, die nur einen
Sommer dauert. Die Bienen-, Ameisen- und Termitenstaaten
hingegen sind permanent und es erhalten sich in den Bienen-
staaten durch Vererbung sogar gewisse Traditionen, z. B. der
Haß gegen einzelne Personen, die Vorliebe für bestimmte Loka-
litäten ꝛc. In diesen Thierstaaten findet Arbeitstheilung und
mehr oder minder auch Kastensystem statt, deren nähere Betrachtung später folgen soll.

# Die Mittheilung und die Sprache der Thiere.

Die Individuen der Thierwelt stehen in Beziehungen zu einander, welche bei den einen selten, entfernt und locker, bei den gesellig lebenden und Staaten bildenden Thieren eben so häufig als innig sind, zwischen welchen Extremen sich dann alle Zwischenstufen finden. Die einfachste und ursprünglichste Art der Mittheilung kann durch gegenseitige Berührung oder durch Betastung mittelst besonderer hiefür entwickelter Organe, wie der Wimpern, Fühlfäden, Fühlhörner, Finger- und Schnabelspitzen, Lippen u. s. w. geschehen; die Ameisen, Bienen ꝛc. scheinen durch das Fühlerspiel sehr specielle Mittheilungen sich machen zu können. Eine andere Art wird verwirklicht durch Haltung und Bewegung des Körpers und der Glieder, bei Säugethieren und Vögeln auch des Schwanzes, und oft unterstützt durch Aenderungen in der allgemeinen Bedeckung, wie Sträuben der Haare und Federn, das Aufrichten besonderer Parthien derselben, Ausbreiten der Schwanz- und Schwungfedern, durch den Blick, und auf der höchsten Stufe des Thierreiches auch durch das Mienenspiel des Gesichtes. Neben dieser Geberdensprache im weitesten Sinne können Mittheilungen durch Laute geschehen, welche, durch die verschiedensten Apparate hervorgebracht, von der größten Einfachheit bis zu bedeutender Complikation wechseln können.

Das Vermögen, Laute hervorzubringen, tritt erst bei den Weichthieren ein, wenn überhaupt Emerson Tennent's Nachricht von „singenden Muscheln" auf Ceylon Grund hat \*). Bei den unter den Weichthieren stehenden Klassen und bei den Würmern ist Mittheilung der gegenseitigen Zustände nur durch Berührung möglich, die schon bei den Wimperinfusorien beobachtet wird, welche für die Berührung mittelst ihrer Cilien äußerst empfindlich sind. Bei den Crustaceen vermitteln die Fühler die Mittheilung, bei den Arachniden die Palpen und Fußspitzen, welche bei den eigentlichen Spinnen ein äußerst feines Gefühl besitzen, bei den Insekten dienen zu diesem Behufe die so vielgestaltigen Fühler, welche namentlich bei Ameisen, Bienen, Wespen und Termiten sehr vielfach abgeänderter Bewegungen fähig sind. Bei manchen Insekten entwickeln sich aber für Mittheilung bestimmter Zustände und Empfindungen oder auch bloß für Kundgebung des Daseins Tonapparate, meist beruhend auf Schwingung oder Friktion gespannter Membranen oder Reibung gewisser Körpertheile an anderen. So bringen die Cicaden ihr eintöniges und oft durch seine Stärke und Monotonie lästiges Gezirpe durch schwingende Platten an der Bauchwurzel hervor, welche, durch besondere willkürliche Muskeln einwärts gezogen, vermöge ihrer Elasticität wieder nach außen schnellen, so daß beide in raschester Folge sich ablösende Akte die Empfindung eines continuirlichen Schalles hervorbringen. Die Gryllen zirpen durch Reibung ihrer Ober- und Unterflügel an einander, die Locustinen durch Streichung ihrer Flügeladern mittelst der als Fiedelbogen dienenden stachligen Hinterschienen, manche Käfer durch Reibung der Vorderbrust an der Mittelbrust oder durch Reibung der hintersten Bauchringe an einander, die Todtenuhr durch Klopfen mit dem Kopfe an das Holz, in dem sie lebt. Viele dieser Töne sind Geschlechts-Locktöne und im ganzen Thierreich zeichnen sich die Männchen durch stärkeres oder ausschließliches Tonvermögen

---

\*) Treviranus bemerkt, daß das Vermögen, Töne hervorzubringen, um so mehr abnehme, je entschiedener die Thiere dem Wasser angehören. Es gebe keinen singenden Wasservogel. Der vielgerühmte Gesang des Schwans sei (nach Bechstein) nur eine Folge lauter, scharfer Töne, ähnlich dem Tone einer schlecht gespannten, gestrichenen Violinsaite.

aus. Eine Mittheilung ganz besonderer Art, das Nahen oder
die Gegenwart anzeigend, geschieht durch Lichtentwicklung,
welche schon bei Infusorien, Quallen, Würmern und Weichthieren vorkömmt und bei einigen Crustaceen und Insekten sich
ebenfalls findet. Sind leuchtende Thiere in sehr großer Zahl
beisammen, so können sie meilenweit die See in Feuerglanz
schimmernd oder die Gebüsche und Bäume tropischer Länder
funkensprühend erscheinen lassen.

Obschon die Fische als stumm gelten, so kennt man doch
einige, welche Töne hervorbringen und zwar meist durch Aus-
stoßung der Gase aus der Schwimmblase, indem letztere sich
zusammenziehend jene durch den Verbindungsgang in den Schlund
treibt. So entstehen die schmatzenden Töne vieler Fische, das
Zischen der Schmerlen, das hühnerartige Glucksen der See-
hähne, das Quieken und Grunzen der Aale, das Winseln des
Katzenfisches. Indem sich allmälig bei den Wirbelthieren ein
Kehlkopf ausbildet, der mit engen Durchgangspunkten für die
Luft, Stimmritzen und schwingenden Membranen, Stimmbän-
dern ausgestattet wird, kommt unter Mitwirkung der in der
Luftröhre schwingenden Luftsäule eine eigentliche Stimme zum
Vorschein, zu deren vielfacher Modifikation auch die Bewegungen der Zunge, der Rachen- und Mundhöhle, der Lippen helfen müssen. So eintönig das Quaken der Frösche auch dem
ungeübten Ohre tönen mag, — es sprechen sich in ihm schon
individuelle Charaktere und wechselnde Stimmungen aus, und
indem wie bei den Cicaden und Grillen Hunderte und Tausende
von Individuen gleichzeitig ihre Stimme ertönen lassen, muß
ein Gefühl der Zusammengehörigkeit, ein Gesellschaftsgefühl
erwachen. Die Stimmen der Batrachier verschiedener Arten
zeigen die bedeutendsten Unterschiede vom unheimlichen Quaken
der Unke bis zum Gebrüll des amerikanischen Ochsenfrosches
und den hellen Tönen indischer Laubfrösche. In Sikkim
tönt nach Hooker das Gequake mancher Laubfrösche höchst
eigenthümlich, keiner anderen Thierstimme vergleichbar, bei
einigen wie wenn man an Metall schlägt, bei anderen wie das
Schwirren einer Saite; nah verwandte Arten geben grund-
verschiedene Töne von sich. Die sehr zahlreichen Laubfrösche

in Ceylon haben sehr verschiedene Stimmen, einige wie Silber=
glöckchen. Von manchen Eidechsen, namentlich Gekonen, ist
bekannt, daß sie Töne von sich geben, welche menschlichen Wor=
ten ähnlich lauten, die gewöhnlichste Art ruft „Geko!" eine auf
Java „Tukay!" „Der Scinc vereint sich oft mit seinen Kame=
raden zu einem Concerte. Den Kammeidechsen pfeift man;
sie kommen näher, lassen sich streicheln und die Schlinge um=
werfen. So wird auch die Kropfeidechse gefangen; das Pfeifen
macht sie so unachtsam, daß sie ins Netz hineinspringt. Con=
certe geben auch die Mopseidechsen und die Kieleidechse, nimmt
Antheil daran."†) Die genannten Eidechsenarten sollen auch
sehr zahm werden. Viele Saurier und Ophidier pfeifen oder
zischen, die Krokodile und Alligatoren erheben lautes Gebrüll,
die meisten Amphibien sind völlig stumm.

Unter allen stimmfähigen Thieren bringen die Vögel das
meiste Leben in die Natur. Die größte Ordnung, die Sing=
vögel, besitzt einen sogen. Stimmapparat, nämlich fünf Paar
kleine Muskeln an der Stimmritze des unteren Kehlkopfes,
welcher den Säugethieren ganz fehlt und bei den Vögeln das
wesentliche Stimmorgan ist. Doch singen nicht alle Vögel,
welche diese Singmuskeln haben, z. B. die Raben und einige
andere, und manche, denen sie fehlen, darunter eine Falkenart,
haben die Gabe des Gesanges. Die besten Sänger sind sämmt=
lich kleine Vögel mit bescheidenem Federkleide, der Charakter
ihres Gesanges, die Haltung hiebei wechseln sehr nach den
Arten. Wie seelenvoll, wie begeistert ist die Haltung einer
Nachtigall während des Gesanges im Vergleich mit der des
Kanarienvogels; jene in edler Ekstase, ganz hinfließend in die
Töne, wie sich auflösend in sie, dieser ganz bei sich, leichtfertig,
schreiend, trivial! In Europa ausgebrütete exotische Singvögel
behalten Gesang und Nestbau ihrer Art bei. — Außer dem
Gesang kommen allerlei andere Lautäußerungen bei den Vögeln
vor; Jedermann kennt das Krähen und Gackern der Hühner,
das Kollern des Truthahns, das häßliche oder klägliche Geschrei
der Pfauen, Eulen, Taucher; das Schneehuhn gibt Töne von

---

†) Scheitlin, Thierseelenkunde I, 454.

sich, welche dem Lachen des Menschen gleichen, die Rohrdommel brüllt, daß man sie in stiller Nacht eine halbe Stunde weit hört. Manche Reiher- und Schwimmvögel haben zur Verstärkung oder Modifikation des Tones Anschwellungen an der oft mehrfach gewundenen, unseren Hörnern und Posaunen ähnlichen Luftröhre. Beim Singschwan senkt sich die lange Luftröhre tief in eine für sie bestimmte Kapsel des Brustbeins und aus dieser erst in die Brust, wo die Gabelung in die Bronchien und der Kehlkopf sich finden. Nach den Angaben von Manchen, die seine Stimme gehört, ist sie auf weite Fernen hörbar, stark und glockenhell; der angeblich wunderschöne Gesang vor dem Tode scheint eine Fabel zu sein.

Manche Vögel, namentlich solche mit fleischigen Zungen, vermögen menschliche Worte nachzusprechen, am besten die Papageien, dann Staare und rabenartige Vögel, deren Sinn sie jedoch in der Regel nicht verstehen, so daß es reiner Zufall ist, wenn sie sie einmal passend anwenden. „Das Sprechen der Papageien, Staare ꝛc.", sagt Jäger, „ist von der Sprache ihres Lehrmeisters, des Menschen, sehr weit verschieden, nicht sowohl der genau nachgebildeten Form nach, als weil das Thier das Wort bloß als Laut auffaßt, wie im Freien der Gesang anderer Vögel nachgeahmt wird oder wie der Staar das Räuspern des Herrn, das Repetiren der Uhr nachmacht ..... Das Thier behandelt das Wort ganz als Empfindungslaut. Während der nicht abgerichtete Papagei in der Morgenstunde schreit, verrichtet er, wenn abgerichtet, seine Morgenunterhaltung in Worten und spricht sie in eben solchen Modulationen, als er früher seine Naturlaute daherwälschte. Doch gibt es auch Fälle, wo das Thier mit dem Worte, das es spricht, eine bestimmte Empfindung verbindet, z. B. ein Papagei schrie, als er zum Fenster hinaus auf den Schnee fiel, zum ersten Male: „ach Herr Jeses!" Das Thier hatte diese Laute als die Empfindungslaute des Schreckens von der Dienstmagd gehört, und da er wahrscheinlich von solchen Ereignissen, bei denen die Magd erschrak, ebenfalls unangenehm berührt wurde, so verband er mit dem fremden Laut seinen eigenen Gemüthszustand. Diese Fälle sind aber immerhin ziemlich selten und zwar deß-

halb, weil die Abrichtung der Papageien gewöhnlich in einer
absolut sinnlosen Weise geschieht. Eine methodische Erziehung
müßte dem Vogel solche Worte oder Sätze beibringen, welche
zu einem ganz bestimmten Affekt desselben paßten, und zwar
dadurch, daß man sie ihm nur dann vorsagt, wann der Vogel
im betreffenden Affekt ist." Weinland behauptet, der Gesang
sei dem Vogel angeboren, jeder Art ihre Melodie als natürliche
Ausstattung, aber zugleich auch als natürliche Beschränkung
ihres Sinnes für Harmonie. Ein Herr Lungershausen setzt
dem entgegen: die Melodie ist dem Vogel nicht angeboren, er
muß dieselbe vielmehr erst erlernen†). Hätte Lungershausen
Recht, wie könnten Singvögel, in der Gefangenschaft ausgebrütet und von allen ihrer Art entfernt, doch ihren Gesang erhalten? Es muß also auch der Typus hiezu in ihnen liegen.
Weinland behauptet auch, der Sinn des Vogels für Harmonie
der Töne sei derselbe Sinn, den der Mensch habe, aber bei den
Vögeln beschränkt auf eine ganz bestimmte Reihe auf einander
folgender Töne, die nur wenig Modifikationen gestattet.

Einige Vögel bringen mittelst der Flügel eigenthümliche
Geräusche hervor, welche zum Theil eben so gut zur Verständigung dienen können, als die Stimme. Nach Audubon
erzeugen die Hühnerartigen das polternde, schnurrende Geräusch
nur, wenn sie in Furcht gesetzt auffliegen. Das Männchen
des canadischen Haselhuhns, Tetrao umbella Audub., bringt
ein weit hörbares, trommelndes Geräusch hervor, durch Schlagen der gesteiften Flügel auf die Körperseiten. Die jenen der
Ziegenmelker ähnlichen traurigen Töne, welche die Becassine,
Scolopax gallinago, im Fluge von sich gibt, werden durch
die wirbelnd schnurrende Bewegung der Schwanzfederspitzen bei
jeder heftigen Auf = und Abbewegung des Vogels in der Luft
hervorgebracht.

Die Stimmen der Säugethiere wechseln vom leisesten
Pfeifen bis zum lautesten Brüllen, wie es der Löwe vollbringt,
und dadurch alle anderen Thiere in Furcht und Schrecken versetzt. Die sonderbarsten Formen des Murmelns, Grunzens,

---

†) Weinland, Der zoolog. Garten, 3. Jahrg. S. 205, 16.

Schreiens kommen in dieser Klasse vor, welcher die melodischen Töne versagt sind, die uns bei den Vögeln erfreuen. Die männlichen Brüllaffen haben große Schallkapseln an ihrem Kehlkopf, welche ihrer Stimme eine furchtbare Stärke verleihen. Die Affenarten werden zum Theil erst in der Nacht lebendig, so daß der Urwald von ihrem Geschrei wiederhallt, in dem sich Freude, Uebermuth, Zwist, leidenschaftliche Erregung, Bosheit und Zorn mit ungezügelter Lebhaftigkeit kundgeben. Füchse lassen sehr ausdrucksvolle Töne hören, welche ihre Jungen vollkommen verstehen und die nach den Verhältnissen vielfach modificirt sind. Hunde und Seehunde können zur Hervorbringung von Tönen dressirt werden, welche dem Klange menschlicher Worte ähneln.

Der Hofrath Beireis in Helmstädt hatte Hunde zum „Reden" dressirt. Zwei derselben riefen: „Marie, bring Kaffee!" und ähnliche Sätze, „die man allerdings verstehen konnte, wenn man sich einmal die Bedeutung dieses artikulirten Gebells hatte erklären lassen, aber mit der menschlichen Stimme hatte diese Sprache keine Aehnlichkeit", sagt der Berichterstatter†). Von einem Seemönch, Phoca Monachus, der am Anfang dieses Jahrhunderts in Deutschland gezeigt wurde, behauptete der Aufseher, er könne die Worte Papa und Mama wiederholen, welche er ihm vorsagte, er könne Ja und Nein sprechen ††). Ich kannte ein Hündchen, das dressirt war, den Namen seines Herrn: Rau! auszusprechen oder vielmehr zu bellen.

Die Frage, ob die Thiere eine Sprache besitzen, wird nach dem Begriffe, den man sich von Sprache macht, bejaht oder verneint werden. Schon 1738 bejahte sie Abbé Bougeant in seinem „Amusement philosophique sur le langage des bêtes". „Die Thiere hätten", sagt er, „eine Sprache im weiteren Sinn, freilich nicht Wortsprache; sie machten sich verständlich wie etwa ein Volk von Stummen." (In diesem Buche wird die Geschichte des Sperlings erzählt, der sich eines Schwalbennestes bemächtigt hatte und in demselben von den

---

†) Museum des Wundervollen IV, 257.

††) Verhandl. d. Berliner Gesellsch. naturforsch. Freunde IV, 455.

Schwalben eingemauert wurde, nachdem es ihnen nicht gelungen
war, ihn wieder aus dem Neste zu treiben.) Damit eine artikulirte Wortsprache entstehe, müssen nicht nur zahlreiche Vorstellungen festgehalten, sondern diese auch in einem logischen
System verbunden werden, dem ein adäquates System von
Lauten, Worten, Sätzen angebildet werden kann *). Die
Sprache ist ursprünglich das Erzeugniß des höheren Geistes-
lebens des Menschen und andererseits das Hauptmittel, dasselbe
in seiner Lebendigkeit zu erhalten und zu höheren Stufen zu
entwickeln **). Daß die Thiere nicht sprechen, liegt wesentlich
nicht im Bau der das Sprechen vermittelnden Organe, welche
dazu nicht ungeeignet wären, indem man auch einzelnen
Thieren Worte sprechen lehren kann, wie nach einer Nachricht von Leibnitz ein Hund bei Meißen sogar 30 Worte aussprechen konnte — sondern in ihrer einfacheren geistigen Natur,
die sich durch unartikulirte Töne, Gesten, Bewegungen bereits

---

*) „Findet eine Verschmelzung der in der Seele bleibenden Reste glei-
cher Empfindungsvorstellungen nicht statt, sondern gehen sie alle an der
Seele vorüber, wie die Empfindungen am Nerven, ohne nach und nach
eine bleibende Totalkraft zu bilden, so kann keine Sprache entstehen.
Denn diese kann nur das bezeichnen, wofür sich durch vielfach wiederholte
Wahrnehmung ein bleibendes Bild in der Seele festgestellt hat, indem sie
durch den Laut als äußeres Zeichen diese festgewordene Vorstellung fixirt."
So Waitz. Diese Aetiologie der Sprache zugegeben, müssen nothwendig
auch die Thiere eine Sprache haben, denn auch bei ihnen fixiren sich Vor-
stellungsbilder, denen bestimmte Laute entsprechen. Sie trifft aber nicht das
Wesen der menschlichen Sprache.

**) Der Schimpanse, den Buffon besaß, gab Besuchern die Hand ging
mit ihnen Arm in Arm, bediente sich bei Tische des Bestecks und der Ser-
viette, schenkte sich ein und stieß an, holte nach dem Essen die Tassen,
schenkte Thee, nachdem er Zucker in die Tassen gethan hatte. „Hier hatte
sich", sagt Bastian, „eine Gliederkette von Associationen gebildet, wo
beständig das Vorhergehende das Folgende hervorrief und den Affen diese
complicirten Handlungen ausführen ließ. Da ihm aber die Fähigkeit fehlte,
die umständliche Gedankenarbeit dieser langen Association durch Zusammen-
fassung mit Sprachbegriffen zu erleichtern, so konnte er auch so wenig zu
höheren Resultaten kommen, als die Mathematik durch Addiren allein sich
in ihren complicirten Operationen zurecht finden könnte." Der Mensch in
der Geschichte I, 391.

genügend mitzutheilen vermag. Die Thiere haben keine arti=
kulirte Wortsprache, weil sie nicht in Begriffen denken.
Das Denken und die Entwickelung der Organe zum Sprechen
stehen im engsten Zusammenhange, das Denken ist aber das
Erste.

Die Lautsprache der Thiere ist einfach, wie ihre Gefühle
und Bedürfnisse es sind. Der Verfasser eines kleinen in Wien
vor vielen Jahren erschienenen Buches über die Sprache der
Thiere meint, die Elster z. B. spreche: „Hier ist nichts mehr
zu essen, also weiter! Wo gehst Du hin, mein Weibchen? Ich
gehe fort, folge mir, komm geschwind, hurtig, hieher, hier gibt es
gute Sachen. Wo bist Du? Da bin ich, hörst Du mich nicht?
Du ißt Alles! Wer kommt da? Ich fürchte mich, gib Acht,
mache Lärm, wir wollen uns retten, wollen uns verbergen!"
Er mag wohl Recht haben, daß die Sprache der Vögel reicher
sei, als sie scheint, weil wir die feineren Unterschiede in der
Accentuation nicht bemerken. Schwerlich ist aber die Laut=
sprache der Thiere seit ungezählten Generationen, anderer geo=
graphischer Verbreitung, anderen klimatischen Verhältnissen ganz
die gleiche geblieben, sondern muß sich nothwendig bei vielen
Thieren einigermaßen geändert haben. Selbst in der Gegen=
wart lautet ja der Gesang der Nachtigallen in verschiedenen
Ländern etwas verschieden, ganz abgesehen von der Differenz des
Sprossers und der gewöhnlichen Nachtigall. Fuchs†) bemerkt
mit Recht, daß die Geberden= und die Lautsprache bei den
Hausthieren der Fortbildung fähig seien. Wie verschieden ist
das Wiehern bei einem wilden, halbwilden oder auch bei einem
zahmen gemeinen Gaul und bei einem edeln Rassepferde, bei
welchem letzteren das geübte Ohr gewiß eine reichere Modu=
lation und einen zarteren Ausdruck vernehmen wird, als bei
ersterem; „es ist ungefähr derselbe Unterschied wie zwischen dem
Juchhe! eines Dorfbewohners und eines Residenzlers der feinern
Gesellschaft." So wird sich auch ein Jagdhund stets vor einem
Hofhunde auszeichnen. Die verwilderten Hunde büßen sogar in
der zweiten oder dritten Generation ihre Lautsprache zum Theil

†) l. c. S. 68.

oder ganz ein, indem diese ein Ergebniß der Domestikation ist.
Die Lautsprache der Thiere würde überschätzt und sogar ganz
unbrauchbar für die Erforschung des Seelenlebens gemacht werden, meint Fuchs, wenn man die Tollheit begehen wollte, den
Gesang der Nachtigallen in die deutsche Sprache übersetzen zu
wollen, wie ein Franzose, Dupont de Nemours†), ihn in
seine Muttersprache übersetzt hat und zudem noch ein Wörterbuch der Raben lieferte, eine Arbeit, die dem guten Mann einen
Zeitaufwand von zwei Wintern und viel Frost verursacht hat,
oder wenn man mit einem andern Franzosen, Pierquin, die
Laute der Thiere mit amerikanischen Sprachen vergleichen und
behaupten wollte, Menschen und Thiere hätten anfangs eine
und dieselbe Sprache geredet.

Jene Franzosen haben aber doch anderwärts theilweise Nach-
folger gefunden. J. E. Wetzel hat 1800—1 eine Schrift:
„Von der Sprache und von der gegenseitigen Liebe der Thiere"
erscheinen lassen. Die Thiere hätten eine Tonsprache, welche
aber beschränkt, einfach, voll Wiederholungen sei und nur Beziehung auf ihre Bedürfnisse habe. Sie suchten sich den Menschen verständlich zu machen und verständen auch die Sprache
der Menschen, die ihrerseits die Sprache der Thiere verstehen
lernen könnten. Wetzel unterscheidet Buchstaben- und Sylben-
töne und beruft sich auf Beobachtungen von 15 Säugethieren,
19 Vögeln, 3 Amphibien und 2 Insekten, er hat sogar auf
20 Seiten ein kleines Wörterbuch der Thiersprachen entworfen
und sucht die Sprache der Hunde, Katzen, Vögel und Hühner
in Menschensprache zu übersetzen. Einige gefangene Füchse
hätten eine aus kurzen Tönen bestehende Unterredung gehalten,
und diese hätte sich auf ihre Flucht bezogen, die dann darauf
erfolgte. Die Sprache der Fische bestehe nur aus leichten
Hauchen. Nach ihm††) sollen Hunde und Katzen, denen man
ihre Jungen nimmt, Hühner, welche die ausgebrüteten Entchen
ins Wasser gehen sehen, Vögel, welche einen Raubvogel erblicken, Kummer und Sorge durch zweisylbige Töne ausdrücken.

---

†) Dupont de Nemours, Mémoires sur différ. sujets. Paris 1807.
††) l. c. S. 270.

Schnell sich folgende harmonische Töne seien Ausbruck von Vergnügen und Zufriedenheit, undeutliche hastige Töne verkündeten gute Sachen, Liebestöne seien sanft, Töne des Zornes durchbringend, rasch sich folgend, unharmonisch, und wenn lang anhaltend, verriethen sie Eifersucht, Töne der Trauer und Wehmuth seien einsylbig, gedämpft, tief heraufgeholt. Die Thiersprache sei einfach und ganz der Empfindung angemessen, demnach wahr. —

„Das Thier", sagt Jäger†), „spricht durch Mienen, Geberden und Laute eine sehr deutliche Sprache, und es gelingt bei nur einigermaßen anhaltender Aufmerksamkeit immer, diese Sprache zu erlernen; wie bei jeder Forschung stellt der Mensch sich selbst das größte Hinderniß dadurch in den Weg, daß er hinter Allem mehr vermuthet, als er wahrnehmen kann. Die Laut- und Geberdensprache enthüllt uns vollkommen die Zustände des thierischen Gefühls, und das Begehren der Thiere ertheilt uns auch über ihr Erkenntnißvermögen genügenden Aufschluß. Die Lautsprache, welche die meisten Säugethiere, die Vögel, einige Reptilien, Fische und Insekten besitzen, besteht aus Empfindungslauten, wie die Sprache eines Kindes im ersten Lebensjahre; es sind mehr oder weniger gedehnte Töne, Vocale oder Geräusche, Consonanten, welche ein- oder mehrmal hintereinander ausgestoßen werden, während das menschliche Wort eine nach bestimmten Gesetzen geordnete, artikulirte Verbindung von Tönen und Geräuschen ist. Am nächsten verwandt sind den Empfindungslauten der Thiere die Interjektionen unserer Wortsprache, denn letztere sind in der That nichts Anderes, als in das Gewand der Wortsprache gesteckte Empfindungslaute." Die Laute der Thiere haben aber nicht immer bloß die Bedeutung von Interjektionen, sondern sind mehr als diese. Darum kann das Thier mittelst der Modifikation der Stimme und der Modulation des Tones mehrere Empfindungen ausdrücken. Dadurch können sich Thiere auch während der Nacht, wo sie ihre gegenseitige Mimik nicht sehen können, Empfindungen und Zustände mittheilen.

†) In Weinland's Zoologischem Garten, 3. Jahrg. S. 268.

Perto, Seelenleben der Thiere. 6

Indem ein Thier ein anderes Individuum seiner Art leidenschaftlich erregt und dieser Erregung gemäß handeln sieht, wird
es zur Nachahmung gereizt.   Dem gierig nach der gewitterten
Beute hinstürzenden Wolfe gesellen sich andere zu, indem sie
aus seiner Erscheinung und seinem Gebahren errathen, was in
ihm vorgeht, und zu gleicher Erregung gestimmt werden. Läuft
ein Bube auf der Gasse in eifriger Hast in einer bestimmten
Richtung, so gesellen sich ihm, ohne daß Mittheilung nöthig
wäre, sogleich andere zu.   So mag ein Theil der gemeinschaftlichen Handlungen gesellig lebender Thiere durch sympa-
thetischen Consensus veranlaßt werden, ohne daß eine besondere
Mittheilung nöthig ist.   Aber es bleibt auf dem Gebiete der
gemeinschaftlichen Handlungen der Thiere Manches räthselhaft,
namentlich in dem complicirten Haushalt der Ameisen, Bienen,
Termiten.   Die große grün und rothe Cicade, C. (Tosena)
fasciata Fabr., in den Bergwäldern Java's beginnt beim
Dunkelwerden plötzlich, wie auf ein geheimes Signal, ein
lautes Concert, das in kurzen Pausen abwechselnd aufhört und
wieder beginnt, so 15 — 22 Minuten während, wobei die Tausende von Spielern in dem weiten Walde immer zugleich auf
einen Schlag beginnen und aufhören, so kurz und schnell
auch die Sätze sind.   Jeden Abend zur selben Stunde (6 Uhr)
und selben Minute wiederholt sich das Concert. (Junghuhn.)
Wie macht sich hier die Gleichzeitigkeit? — Haben Vögel auf
einem Felde von Mais gefressen, dessen Samen in einem Absud
von Nieswurz eingeweicht worden waren, und sind dadurch betäubt geworden, so kommen nach Kalm's Beobachtung andere
Vögel der gleichen Art nicht mehr auf dieses Feld.

Verschiedene beisammen lebende Thierarten lernen einander nach und nach verstehen; lockt der Hahn seine Hennen
zu Futter oder warnt er bei Erblickung eines Raubvogels, so
werden auch die anderen Vögel um ihn aufmerksam. Eine Anzahl von diesen hat die Gewohnheit, bei Erblickung eines Falken
laut zu schreien und warnt dadurch andere; manche verfolgen
auch die Raubvögel unter Geschrei.   Bellt der Haushund, was
in verschiedener bezeichnender Weise geschehen kann, so lernen
auch die anderen Thiere des Hofes nach und nach die Bedeutung

des Gebells verstehen. Der Mensch versteht durch seine leiblichen Empfindungen und Bewegungen auch die Gefühle und
Bewegungen der Thiere bis zu einem gewissen Grade und durch
Das, was in seiner Seele vorgeht, auch die Seelenregungen
der Thiere. Als Boussingault den Chimborasso bestieg,
baten ihn seine Maulthiere, von der dünnen Luft gequält, in
nicht mißzuverstehender Weise um die Rückkehr, indem sie die
sonst gespitzten Ohren herabhängen ließen und während der
häufigen Pausen, welche sie um Athem zu schöpfen machten,
beständig in die Tiefe blickten. Auch die Laute der Thiere sind
für den Menschen verständlich; das geübte Ohr des Jägers
versteht das Bellen seines Hundes, der Senn, Landmann, Reiter
verstehen die Laute der Kühe und Pferde auch aus der Ferne
und schließen mit Sicherheit daraus auf die Umstände, in welchen sich die Thiere befinden. Die Thiere begreifen aber auch
unsere Geberden, und indem wir mit ihnen Worte verbinden,
lernen sie bei öfterer Wiederholung deren Sinn verstehen.

# Vom Inſtinkt und Kunſttrieb.

Eine große Reihe von Erſcheinungen im Thierleben wird durch Das hervorgebracht, was man Inſtinkt nennt, keine ein= fache für ſich beſtehende Kraft, ſondern ein ganzes Syſtem von Urſachen und Wirkungen', welche deßhalb dunkler und ſchwerer begreiflich ſind, als ſie im unbewußten Leben ihre Wurzeln haben, und weil, wenn auch die durch ſie hervorgerufenen Hand= lungen theilweiſe mit Bewußtſein vollzogen werden, dieſem doch deren Zwecke verborgen ſind.  Der Begriff des unbewußten Seelenlebens gehört der neueſten Wiſſenſchaft an und hat ſich noch nicht allgemein Bahn gebrochen; gewiſſen Köpfen und An= ſchauungen iſt dieſer Begriff ſogar unzugänglich, — daher das (vergebliche) Bemühen, ihn zu beſeitigen und alles inſtinktive Handeln auf Verſtand und Ueberlegung zurück zu führen. An= dere hingegen, wie Abbiſon†), ausgehend von der Betrach= tung, daß durch den Inſtinkt die ſchwerſten Probleme der Mathematik, Phyſik und Mechanik gelöſt werden, betrachtet ihn als eine übernatürliche Kraft, in der Gott ſelbſt wirkſam ſei, wogegen Kirby einwendet, daß man dann nicht begreifen könne, wie der Inſtinkt zu irren vermöge, — ein Einwurf, der leicht zu beſeitigen iſt.  French††) behauptet, die Gottheit wirke mittelbar, durch Engel und Teufel, auf den Willen der Thiere, dieſen ſelbſt unbewußt, um ſie zu ihren Handlungen zu treiben.

---

†) The Spectator II, 121.
††) Zoological Journal I, 5, 6.

Buffon, der die Instinkte als physisch-mechanische Antriebe betrachtete und sie des rapports et des convenances physiques nannte, hat mit diesem Gedanken auf einen Weg gedeutet, durch dessen Verfolgung man einer Seite der Wahrheit näher zu kommen vermag. Bonnet hingegen, der Buffon's Erklärungs-versuch der Gestalt der Bienenzellen aus der Gestalt des Bienenkörpers bekämpfte, meinte, ein Verstand, welcher den Bau des Bienenkörpers von Grund aus einsähe, würde in ihm ohne Zweifel die kleine Maschine erblicken, welche die so merkwür-digen Zellen zu Stande bringt, und von den Wirkungen dieser Maschine ganz so urtheilen, wie ein Mechaniker von irgend einer Maschine. Die übrigen Verrichtungen der Bienen seien eben so mechanisch†). Trotz dieser und ähnlicher Stellen spricht sich doch Bonnet wieder gegen die Ansicht Derjenigen aus, welche die Bienen oder überhaupt die Thiere für bloße Maschi-nen halten. Mit der erwähnten Maschine im Gehirn sei viel-mehr eine Seele verbunden, welche deren Bewegungen empfindet und daran Gefallen hat; Empfindungsvermögen sei das einzige große Triebwerk des Thieres. Andere suchten die merkwürdig-sten Instinkthandlungen aus einzelnen Körpergefühlen zu be-greifen, Mylius z. B. das Einspinnen der Raupen aus dem Schmerz, den ihnen der aufgehäufte Spinnstoff verursacht. Aber woher dann die Schönheit und Zweckmäßigkeit des Ge-spinnstes? Auch Neuere, wie Reclam, der übrigens geneigt ist, Alles auf Verstand zurück zu führen und den Ausdruck In-stinkt ganz verbannen will, glauben mancherlei instinktive Hand-lungen und Produkte aus physischer Nöthigung erklären zu können, z. B. das Durchbrechen der Eischale aus der Athem-noth des Vogelembryo's. Physische Impulse sind aber sekun-däre Triebfedern und die Instinkte nach ihrem Begriff und vollen Umfang lassen sich nur in ihrem Zusammenhange mit dem Naturganzen einsehen, in welches sie eingeflochten sind.

„Instinkt", sagt der Verfasser der Vestiges of Creation, „ist nur ein anderer Ausdruck für Verstand oder Verstand auf

---

†) Betrachtungen über die Natur. Uebersetzt von Titius. 3. Auflage, S. 433.

einer eigenthümlichen Stufe der Entwickelung." Die Zellen=
bildung der Bienen, der Häuserbau der Ameisen und Biber,
das Weben der Spinnen seien nur die ersten Uebungen der
Baulust, jener Eigenschaft, welche bei uns unbeschränkt ist und
zu den Künsten des Webers, Tapezirers, Architekten und Mecha=
nikers leitet. Dieselbe Fähigkeit handle auch in uns anfangs
beschränkt, indem sie uns den specifischen Akt des Saugens ge=
bietet, und werde erst nachher unbeschränkt; Beschränktheit oder
Unbeschränktheit sei der eigentliche Unterschied zwischen dem,
was man Instinkt und was man Verstand nennt. Alle Fähig=
keiten seien instinktiv, d. h. sie hängen von inneren und eigen=
thümlichen Trieben ab. — Auch die Materialisten verkennen
den Unterschied von Instinkt und Verstand und das eigenthüm=
liche Wesen des ersteren, z. B. Büchner†), welcher den In=
stinkt „als unmittelbaren und unwiderstehlichen Naturtrieb"
läugnet; „die Thiere denken, lernen, erkennen und überlegen
eben so wie die Menschen, nur in quantitativ weit geringerem
Grade."

Der Philosoph Hillebrand††) hingegen will eben so irrig
bei den Thieren Alles auf Instinkt zurückführen, auch jene
Fälle, „wo wirkliches Vorstellen und Erkennen vorhanden scheint",
z. B. die besonderen Modifikationen, welche der Biber bei sei=
nem Baue nach zufälligen Umständen anbringt. Da Thiere
keine angeborenen Verstandes= und ererbten Erfahrungsbegriffe
hätten, seien trotz des Scheines auch dergleichen Handlungen
nur im Instinkt begründet, der keinesweges bloß im Nächsten
und Gewöhnlichsten wirke. In allen solchen Fällen „sei kein
eigentliches Hinausgehen aus dem Gegebenen, kein wirklich be=
wußtes Beziehen des Subjekts auf das Objekt, kein Vergleichen,
kein Erheben zum Allgemeinen", sie seien nur erhöhter Kunst=
trieb, also immer Instinkt. Hillebrand, dem die Kenntniß der
Thatsachen fehlte, hat bei seiner idealistischen Richtung das
Wesen der Thierseele, die ihm ganz verschieden von der Men=
schenseele ist, zu eng gefaßt.

---

†) Kraft und Stoff, S. 164, 230 ff.
††) Anthropologie II, 158. Mainz 1822.

Die Instinkte der Thiere sind um nichts unbegreiflicher, als die bewußtlos nach Naturgesetzen er-
folgenden, zweckmäßig ineinander greifenden Thätigkeiten in der unorganischen Natur, der Pflanzenwelt und als die vegetativen Verrichtungen im
thierischen Körper. Die wesentliche Verwandtschaft vege-
tativer und instinktiver Vorgänge und Produktionen gibt sich in
unzähligen Fällen kund. Gewisse Organe der Thiere gleichen
gewissen Organen der Pflanzen selbst in der Form; den Flügeln, womit die Thiere sich über die Erde bewegen, entsprechen
die Flügel und Federkronen vieler Früchte und Samen; die
Pflanzen breiten ihre Wurzeln aus, um Nahrung anzuziehen,
wie die Blumenthiere und Quallen ihre Fangarme; um die
Knospen wächst ein schützender Pelz, wie einen solchen die
Nachtfalter um ihre Eier legen. Kirby in s. Buche: „Die
Thierwelt als Zeugniß für die Herrlichkeit des Schöpfers",
bemerkt, wie Licht, Wärme und Elektricität die Pflanzen zu
ihren Produktionen bestimmen, so könnten sie auch auf das
Nervensystem der Thiere so einwirken, daß dadurch die Geschöpfe gewisse Handlungen zu verrichten veranlaßt werden. —
Hiebei ist nicht zu vergessen, daß die Triebe das Ursprüngliche
sind, die Organe das Nachkommende; das Böckchen, das Stier-
kalb stößt, ehe ihm Hörner gewachsen sind. Daß es nicht die
Organe sind, welche zur Ausübung der Funktionen reizen, sondern der unsichtbare Trieb, erweist der Umstand, daß gewisse
Thiere Kunstprodukte hervorbringen, ohne dafür andere Organe
zu besitzen, als ihre Verwandten, welche dieses nicht thun, wie
z. B. der Schnabel der Webervögel keine besondere Verschiedenheit von dem ihrer Familiengenossen zeigt, und die Feld-
maus ohne Backentaschen Nahrungsvorrath sammelt, wie der
Hamster mit solchen. Es ist unzweifelhaft mit der Ausübung
des Instinkts ein befriedigendes Gefühl verbunden, aber das
Gebot ihm zu folgen ist so mächtig, daß ihm auch bis zur Erschöpfung gehorcht wird, wie dieses die Spinne, die Raupe bei
mehrmal wiederholter Zerstörung ihres Gewebes thun.

Wir nennen eine Handlung nur dann instinktiv, wenn das
Thier sie mit einem Antheil von Bewußtsein verrichtet, welches

aber nicht die Kenntniß des Zweckes zu umfassen braucht. Die
ganz unbewußten Funktionen kann man nicht instinktive nennen,
z. B. die Bildung der Conchylienschalen, Korallenstöcke, der
Eischalen, so wenig als die Bildung der Haare oder der Se-
kretionsprodukte im Innern des Körpers. Der Bau des Nestes
hingegen, der mit einem Antheil des Bewußtseins ausgeführt
wird, ist ein instinktiver Akt. Eben so, daß das Thier diese
oder jene Substanzen zu seiner Nahrung sucht.

Der Mensch wie das Thier lassen sich durch Zusammen-
stimmen ihrer Triebe und deren Befriedigung mit der Einrichtung der Natur leiten; die Beschaffenheit der Organismen und
der äußeren Natur sind einander angepaßt, — es ist überall
dieselbe Natur. Was die Nahrung betrifft, so schmecken Substanzen, die irgend einem Thiere angemessen sind, angenehm,
unangemessene indifferent oder widerlich. Jedes Thier wird
beim Geruch und beim Anblick der seiner Organisation ange-
messenen Nahrung zur Begierde und zum Genuß derselben angeregt; thierischer Organismus und bestimmte Nahrung sind
im Naturganzen zusammengeordnet; andere Nahrung erweckt im
Thiere nicht dieses Spiel der Nervenfasern im Gehirn, welches
Vorstellung und Begierde herbeiführt. Heilmittel werden im
erkrankten Thiere ebenfalls bestimmte Nervenbewegungen und
Appetite anregen. — Ich glaube nicht, daß man die Instinkthandlungen aus angeborenen fertigen Vorstellungen erklären
kann und darf, sondern ich nehme an, daß diese Vorstellungen
entstehen durch in die Organisation gelegte Bedingungen.
Es spiegelt sich nämlich alles Körperliche im Geistigen, oder
mit anderen Worten, die organischen Vorgänge erzeugen entsprechende Vorstellungen, die immer lebhafter, immer dringender
werden, je energischer die organischen Processe erfolgen, welche
endlich, die meisten anderen Vorstellungen zurückdrängend, die
Herrschaft erlangen und dann das Geschöpf zu ihrer Realisirung
bestimmen. Man betrachte z. B. nur die Vorgänge in den
Zeugungsorganen bei der Geschlechtsreife, welche in der Psyche
entsprechende Phantasiebilder erzeugen, die mit jenen die Realisirung des Geschlechtsaktes herbeiführen und bestimmen helfen.
Es sind also nicht angeborene, sondern es sind mit der Aus-

bildung der Organe sich entwickelnde Vorstellungen, welche, aus
dem unbewußten Leben aufsteigend und endlich theilweise in das
bewußte Leben eintretend, das Geschöpf zu ihrer Realisirung
zwingen, weil es nur in dieser Ruhe und Befriedigung findet.
Die Art der Ausführung wird dem Thiere eben durch die ge-
setzmäßig aus dem organischen Leben sich entwickelnde Vorstellung angezeigt, und es thut nichts Anderes als was es sich vor-
stellt und vorstellen muß. Daß aber mit den organischen Vor-
gängen diese bestimmten Vorstellungen entstehen, an sie geknüpft
sind als ihr psychischer Ausdruck, beruht in der Welteinrichtung
und ist nicht wunderbarer als vieles Andere, z. B. die Resul-
tate der chemischen Verbindungen, der Krystallgestalten, der
Formen der belebten Wesen 2c. Indem organische Vorgänge
bestimmte Vorstellungen erzeugen, ist durch diese wieder im
gesetzlichen Zusammenhang des Physischen und Psychischen auf
mancherlei Wegen die Anregung verschiedener Organe, die Ausführung mannigfacher Bewegungen gesetzt, welche so gut zusammen stimmen, wie die ganz unbewußten Vorgänge in der
Organisation, so daß die Erzeugung der Bienenwabe, der In-
sektenpuppe, des Vogelnestes um nichts wunderbarer und unbegreiflicher ist, als die ganz im Unbewußten bleibende Erzeugung der Schneckenschale oder des Korallen- und Pflanzenstockes,
welche direkt und allein durch die vegetative Thätigkeit geschehen,
während Wabe, Puppe und Nest mit der Hilfe der animalen
Organe unter Theilnahme des bewußten Lebens zu Stande
kommen.

Die Instinkte und Kunsttriebe sind so wenig als die vegetativen Processe im Thier- und Pflanzenreiche die erste Ursache
des zweckmäßigen Geschehens, sondern selbst nur Wirkungen
einer anderen, auf das Bestehen nicht nur des Einzelnen, sondern des Ganzen gerichteten Thätigkeit, welche dem wesentlich
blind wirkenden Instinkt und Kunsttrieb die Wege und Mittel
vorschreibt, durch welche der Zweck erreicht werden kann. Vor
jener Kraft liegen nicht nur die einzelnen Zwecke und die zu
ihrer Erfüllung nothwendigen Processe, sondern das Ineinander-
greifen aller zum höchsten Zweck, der Erhaltung des Ganzen,
offen da, welche zugleich, indem sie diesen setzt, sich als setzende

weiß. Wer nicht eine vernünftige letzte Urſache für die
chemiſchen, vegetativen, inſtinktiven Wirkungen annehmen will,
iſt gezwungen, z. B. den Pflanzen nicht nur eine bewußte,
denkende, ſondern eine im höchſten Grade vernünftige, das
Zukünftige wiſſende Seele zuzuſchreiben.  Denjenigen, welche
eine höchſte vernünftige Urſache nicht anerkennen wollen, nützt
es alſo nichts, den Inſtinkt der Thiere in Verſtand aufzulöſen,
um der Schwierigkeit zu entgehen, die Vernunft der inſtinktiven
Wirkungen zu begreifen, indem daſſelbe mit der vegetativen
Thätigkeit der Thiere und Pflanzen, mit dem chemiſchen Proceß, der Kryſtalliſation, kurz aller bewußtloſen zweckmäßigen
Thätigkeit in der Natur geſchehen müßte, — woraus die Un-
gereimtheit jener Anſicht hervorgeht.

Der Inſtinkt zieht tauſend verborgene Verbindungsfäden
zwiſchen den Thieren, den Pflanzen, den Jahreszeiten, deren
Entwickelung, deren Aenderung unzählige Erſcheinungen des
Zuſammenfallens darbietet. Er muß verderblich wirken, wenn
das Thier in Umſtände geräth, die nicht in das es betreffende
Cauſalitätsſyſtem eingepaßt ſind. Die europäiſche Fleiſchfliege
legt ihre Eier auf faulendes Fleiſch, aber auch auf die wie
dieſes ſtinkenden Blumen der Stapelien unſerer Treibhäuſer,
ſüdafrikaniſcher Pflanzen, wo die Maden nothwendig zu Grunde
gehen müſſen. Der Walfiſch entgeht den ihn verfolgenden
Schwerdtfiſchen, indem er ſich in die Tiefe ſtürzt, deren Waſſer-
druck jene nicht aushalten können; von einer Harpune getroffen
thut er das Gleiche und bleibt ſo in der Gewalt der Walfiſch-
fänger, welcher er beim Geradefortſchwimmen und dadurch bewirkten Zerreißen der Leine entgehen würde. Der Inſtinkt iſt
für das Cauſalitätsſyſtem der Natur berechnet und irrt innerhalb der Sphäre deſſelben nicht, kann aber irren, wenn er in
Conflikt mit dem anderen Cauſalitätsſyſtem geräth, welches der
Menſch in die Schöpfung eingeführt hat. — Die Inſtinkte
ſichern einestheils das Beſtehen der Individuen und Arten,
anderntheils bilden ſie Schranken, welche die Thiere von weiterer geiſtiger Entwickelung abhalten, indem ſie dieſelben auf
ganz beſtimmte Lebensnormen, dieſe oder jene Nahrung an-
weiſen. Wie in den unteren Klaſſen im Allgemeinen der

Verstand abnimmt, werden die Instinkte und Kunsttriebe zahlreicher; für die geistige Rangstufe entscheiden sie so wenig, als man z. B. die insektenfangenden Pflanzen über andere ihrer Gruppe stellen dürfte, weil sie eine bestimmte Reizbarkeit und mechanische Apparate zum Festhalten der Insekten besitzen.

Von bloßen Reflexbewegungen, welche in unwillkürlichem Uebertragen von Reizen gewisser Empfindungsnerven auf motorische Nerven bestehen, durch deren Impuls dann unwillkürliche Bewegungen mit Nothwendigkeit angeregt werden, zu Instinkthandlungen und von diesen wieder zu willkürlichen gibt es unmerkliche Uebergänge. Die Thiere und der Mensch verrichten ferner mancherlei Handlungen zuerst mit bewußtem Willen, dann bei öfter Wiederholung unbewußt und willenlos, welche dann doch mit bewußten und willkürlichen Handlungen die größte Aehnlichkeit haben, weil sie die unbewußte Wiederholung dieser sind, welche durch die Association bestimmter Nerven und Muskeln möglich wird.

Ohne Zweifel sind manche Instinkte in Sensationen von specifischer Beschaffenheit und einer solchen Feinheit begründet, daß Nahrung, Wasser, Thiere und Menschen u. s. w. in außerordentlicher Entfernung gewittert werden. Gumilla[†] schreibt, daß die eben aus dem Ei gekrochenen Schildkröten, obgleich die Grube, in welche die Mutter die Eier vergraben, ½ Seemeile und mehr vom Flusse entfernt sei, bei Nacht in gerader Richtung, ohne zu irren, zum Wasser gingen. Er habe sie absichtlich und verdeckt weit vom Ufer fortgetragen, sie vielmal umgekehrt, damit sie die Spur verlören; dennoch, sobald sie in Freiheit gesetzt wurden, nahmen sie den geraden Weg zum Wasser. Ein Seehund am Cap war eben auf das Land gekommen und hatte ein Junges geworfen, als er von Jägern getödtet wurde. Sie wollten das Junge fangen, aber es zog sich schnell ins Meer zurück[††]. Flemming[†††] will dieses nicht als Beweis für den Instinkt gelten lassen, man könne

---

[†] El Orinoco I, 335.
[††] Thunberg's Reise, S. 82.
[†††] l. c. II, 77.

keine angeborene Idee des Meeres annehmen, ſondern höchſtens
einen Inſtinkt, den Menſchen zu fliehen.  Es bedarf aber keiner angeborenen „Idee" des Meeres, ſondern nur einer Witterung deſſelben, als des zuträglichen Elementes, um den Seehund zu veranlaſſen, ſich auf der kürzeſten Linie nach dem
Meere zu begeben.  Die swampines genannten Fiſche machen
ſich bei Vertrocknung ihrer Teiche auf und ſpringen auf ihren
Floſſen fort zum nächſten Waſſer, wohin ſie immer die kürzeſte
Linie einhalten.  Galen ſchnitt aus einer lebenden Ziege ein
Böckchen und brachte dieſes in ein Gemach, in welchem ſich
vielerlei Flüſſigkeiten, auch Korn und Obſt befanden; das Böckchen trank, nachdem es alle Flüſſigkeiten berochen, bloß Milch.
Flourens†) führt an, daß die Jungen mancher Thiere, noch
ehe ſie ganz aus dem Uterus getreten ſind, ſchon die Zitzen der
Mutter ohne deren Hilfe ergreifen.  Bei den in einem ganz
unreifen Zuſtande in das Marsupium gelangenden Jungen der
Beutelthiere muß dieſes durch mechaniſche Einrichtungen vermittelt werden.  Der Chirurg Champeau zu Lyon hatte mehrere Tage zu Verſuchen Hunde ſecirt.  Er beſuchte ſeinen
Schwiegervater, deſſen ſchöner großer Haushund ihn ſonſt immer
freundlich bewillkommnet hatte.  Nachdem ihn diesmal der Hund
berochen, ſträubten ſich ſeine Haare, er wurde wüthend, ſtürzte
über Ch. her und hätte ihn vielleicht getödtet, wäre man ihm
nicht ſchleunigſt beigeſprungen††).  Ich beſaß einſt einen jungen
weiblichen Hund, welcher durchaus nicht an Reinlichkeit zu gewöhnen, dabei die Nächte hindurch ſo unruhig war, daß er
uns ſtets im Schlafe ſtörte.  Endlich waren wir genöthigt, ihn
die Nächte in einer Eſtrichkammer zubringen zu laſſen, wo er
aber dann, obwohl mit gutem Lager, Speiſe und Waſſer ver-
ſorgt, gewöhnlich mitten in der Nacht auf das ungeſtümſte zu
heulen anfing, ſo daß ich, da Alles nichts fruchtete, ihn einſt
mit der Reitgerte zu züchtigen gezwungen war.  Andern Tages,
als ich, um auszureiten, mit der Reitgerte ausging, folgte mir
einige Zeit in auffallender Weiſe ein männlicher Hühnerhund,

---

†) De l'instinct etc.  Paris 1851, p. 29.
††) Grandchamp, Essai philosophique, p. 90.

fortwährend mich und die Reitgerte beriechend, und begann endlich mich wüthend und zähnefletschend anzubellen, bis er mit
ernsten Drohungen verscheucht wurde. Es ist nicht zu zweifeln,
daß dieser Hund aus dem Geruche der Reitgerte erkannte, zu
was sie in der verflossenen Nacht gedient hatte, ganz so, wie
der Indianer aus der Spur des Vorübergegangenen dessen
Stamm, Geschäft, Person und Reisezweck oft mit staunens-
werther Sicherheit abliest. — Auf einer äußerst feinen Witterung beruht wohl auch das Auffinden der Schmetterlingsweib-
chen, wenn diese auch in verschlossenen Schachteln gehalten
werden, durch die Männchen, welche oft aus der Ferne herbeigeflogen kommen.

Durch schon schwerer einzusehende, verborgenere Vermitte-
lungen erlangen manche Thiere eine Kenntniß des Zukünftigen,
z. B. von Aenderungen in der Natur. Ludwig XI. ritt auf
die Jagd, einer der geschicktesten seiner Astrologen hatte ihm
gut Wetter verkündet. Am Walde bemerkte ihm ein Kohlenbrenner, der seinen Esel vor sich her trieb, in wenig Stunden
werde es ein schweres Gewitter geben. Der König kehrte um
und das Gewitter kam wirklich. Tags darauf fragte der König
den vor ihn gebrachten Kohlenbrenner, wo er die Sterndeuter-
kunst und Wetterprophezeihung gelernt hätte? Der Kohlenbrenner bekannte sich als ganz unwissenden Mann, „aber, Sire,
ich habe einen guten Sterndeuter im Hause, der mich niemals
betrügt“, sagte er, „und dies ist mein Esel. Sobald ein Gewitter aufsteigen will, läßt er die Ohren vorwärts hängen und
den Kopf sinken, geht träger und reibt sich an den Mauern.
So machte er es gestern und darum konnte ich Eurer Majestät
den Platzregen vorher sagen.“ Der König spottete über seinen
Astrologen, beschenkte den Kohlenbrenner und sagte: „Deinceps
alio non utar Astrologo, quam Carbonario.“†) Die Meinung ist schon alt, daß der Esel das Wetter vorausfühle. —
Daß Ameisen sich früher oder tiefer eingraben, wenn ein früher
oder strenger Winter bevorsteht, wie die Sammler ihrer Puppen
(sogen. Eier), welche den Nachtigallen zum Futter dienen, be-

---

†) Horst, Zauberbibliothek IV, 348.

haupten, daß auch Schildkröten dieses thun, kann, wenn es gegründet ist, nur auf Vorgefühl beruhen. — Nach Bartels †)
waren vor und während dem furchtbaren Erdbeben von 1783
die Fische im Meere wie trunken und kamen häufig in die
Netze. Die wilden und zahmen Vögel flogen ängstlich und
schreiend umher. Besonders Hunde und Esel zeigten sehr frühe
Aeußerungen der Furcht, liefen mit wilden, starren Blicken heulend
und schreiend hin und wieder. Pferde, Ochsen, Maulesel zitterten
starren Blickes, stampften wiehernd und brüllend die Erde, spitz-
ten die Ohren. Die Katzen krümmten sich, ihre Haare standen
borstenartig auf, ihre Augen thränten und waren blutig, ihr
Jammergeschrei gräßlich; die wenigsten Vorempfindungen äußerten die Schweine. Zwei Katzen in Messina suchten sich vor
den ersten Erschütterungen unter dem Fußboden durchzugraben,
wiederholten diese vergebliche Bemühung in einem zweiten und
dritten Zimmer und liefen, als man ihnen die Thüre öffnete,
gerade zur Stadt hinaus, wo sie sich in der Erde zu verbergen
suchten. Dann kamen die Stöße und viele Häuser stürzten
ein, unter anderen auch das des Kaufmanns, welchem die beiden Katzen gehörten. (Eine halbe Stunde vor dem Erdbeben
bei der kleinen Stadt Pisco in Südamerika 1713 zeigten nach
Le Gentil die Thiere auch die größte Angst.) Die Menschen
hatten 1783 in Calabrien und Sicilien kein Vorgefühl des
kommenden Schrecknisses. Nur Donna Lucrezia Ruffo, eine
70jährige Frau, sah eine Nacht vor dem Erdbeben alle Schrecken
desselben im Vorgesicht und erwachte mit heftigem Klagegeschrei.
Sie gab besonders eine genaue Beschreibung von der Bewegung
des Meeres beim Erdbeben, wurde aber nur verlacht ††). —
Pferde arabischer Rasse, wenn durch übermäßige Anstrengung
höchst aufgeregt, sollen sich eine Ader am Vorderbuge aufbeißen
und so sich abkühlen †††). Welches Gefühl die männliche Hirsch-
schröterlarve antreibt, eine viel geräumigere Puppenhülle zu
machen als die weibliche, denn erst während des Puppenstandes

---

† ) Briefe über Calabrien und Sicilien, 1791, I, 308.
†† ) Bartels, l. c. I, 418.
††† ) Carus, Physiologie I, 144.

verlängern sich die männlichen Oberkiefer zu der gewaltigen Zange, ist nicht näher einzusehen.

Die Ableitung mancher Instinkte bloß aus physischen Antrieben genügt gewöhnlich nicht vollkommen; so wenn Reclam den wie er sagt „angeblichen Instinkt" der Hasen und Kaninchen zum Graben also erklärt: Beide seien gegen Kälte und Nässe sehr empfindlich, suchen also Schutz dagegen; ihr Körperbau gestattet ihnen aber das Graben, und da sie meist auf weichem Boden leben, so finden sie Gelegenheit, die Fähigkeit ihres Körpers durch Eingraben in die Erde zu verwerthen. So hätten sich auch im Krimkrieg bei Balaklawa die Soldaten in die Erde eingegraben, eben so wenig aus Instinkt als jene Thiere. — Ich würde den Trieb sich einzugraben, der sehr vielen Nagern zukommt, eher aus dem Gefühl der Schwäche als aus der Furcht vor der Nässe herleiten. — Das Sechseck der Grundfläche der Bienenzelle†) soll dadurch entstehen, daß jede einzelne Biene sich bestrebt, eine cylinderförmige Zelle zu bauen, weil aber viele Bienen zu gleicher Zeit nebeneinander in derselben Ebene ihre Zellen von ziemlich gleichen Dimensionen der Größe ihres Körpers entsprechend verfertigen, so platten sich die Wände derselben nach all den Richtungen ab, wo die Zelle eines Nachbars an sie stößt, wodurch sie eine sechseckige Form erhalten muß, ohne daß den Bienen die Idee eines Sechseckes angeboren wäre. Reclam führt selbst an, daß dadurch nur die Art der Ausführung erklärt wird, d. h. das Sechseck, nicht aber das Benehmen des Thieres, und daß es überhaupt Zellen baut und daß es gesellig lebt. — Ganz abweichend von dieser Erklärung sucht ein Anderer die sechsseitigen Zellen der großen braunen Hornisse von Neusüdwales von der besonderen Bauart ihrer Beine herzuleiten, welche sie zum

---

†) Ueber den Bau der Bienenzellen s. Réaumur, Mémoires s. l. Insectes, p. 388. Durch Réaumur veranlaßt bestimmte der Mathematiker König die Rhomben in denselben, wozu die Differentialrechnung nöthig ist. Die Arbeit von König und Mac Laurin steht in den Philosophical Transactions, No. 471. In Lesser's Insektentheologie gab Lyonnet eine Abbildung über die geometrischen Verhältnisse der Bienenzellen.

Bau sechsseitiger Zellen nöthigen. Daß die Jungen der Säugethiere an der Mutter saugen, kommt nach Reclam daher, daß
sie in der Gegend der Zitzen die behaglichste Wärme fühlen
und die Mutter fühle an ihren Zitzen auch durch die Jungen
Wärme und habe das Bedürfniß darnach, weil durch die Zitzen
so viel Wärme ausstrahle 2c. Demgemäß sollen die Jungen
und die Zitzen zugleich warm und kalt sein. Und warum gelangen denn die Embryonen der Beutelthiere an die Zitzen,
welche nicht im Stande sind, sie selbstständig zu suchen? Beim
Hühnchen im Ei rufe, meint Reclam, der Nervenreflex con-
vulsivische Athmungsbewegungen hervor, wodurch der Schnabel
an die Schale angedrückt und diese durchbrochen wird. Es ist
dabei nur merkwürdig, daß auf der Spitze des Oberschnabels
ein eigenes hartes Zähnchen vorhanden ist, um die Schale
anzureiben und sie endlich zu durchbrechen, was ohne das Zähnchen kaum möglich wäre.

Thiere weichen aus Bequemlichkeit oder durch die Umstände veranlaßt manchmal von ihrem ursprünglichen Instinkt ab oder nehmen Instinkte auf, die sie vorher nicht
hatten. So nisten die Dohlen in einer Gegend Englands, wo
hohe Thürme und Häuser sehr selten sind, in verlassenen Höhlen der Kaninchen, und manche Vögel benützen öfters ihr vor-
jähriges oder ein von anderen gebautes Nest. Die Salangane
verwendet an öden Küsten Java's die schleimige Sekretion ihres
Vormagens zur Bildung ihres Nestes, hat sie aber Mollusken
genug, so braucht sie deren Schleim hiezu. In Südrußland
bekleiden nach Robert die Uferschwalben die Decken der Höhlen, welche sie in den Sandklippen des Wolgaufers machen,
mit einem Thierleim, wahrscheinlich von Störlaich, um das
Herabfallen des Sandes zu verhindern. Hasen, mit denen man
einen den Stürmen sehr ausgesetzten sandigen Küstenstrich von
England bevölkert hatte, erkannten bald, daß sie Löcher und
Gänge in den Sandhügeln graben müßten, wollten sie nicht
verschüttet sein und thaten dieses nun nach der Weise der
Kaninchen †).

---

† ) Froriep's Neue Notizen, Nr. 313.

Die amerikanischen Biber sehen durch ihre Bauten oft ganze Thäler unter Wasser. Ihre Dämme sind nach Möllnhausen†) mit solchem Scharffinn und solcher Ueberlegung gebaut, daß das zuströmende Wasser eine gewisse Höhe nicht übersteigen, zugleich aber auch der Wasserstand in den Teichen nicht abnehmen kann. Ein Unkundiger hält sie für Menschenwerk; „nicht der geringste Verstoß in der Bauart verräth eine Unkenntniß der Wasserkraft und der nothwendigen Stärke der dem Wasser entgegen zu stellenden Mauern. Kein einziger der Dämme ist in der ganzen Breite dem Drucke des gerade entgegen kommenden Wassers ausgesetzt, sondern schräg mit dem Strome und allmälig durch denselben ziehen sich die Bauwerke, die so lange erhöht werden, bis das vor denselben sich ansammelnde Wasser hinreichend tief befunden wird; ganz am Ende des Dammes wird eine Oeffnung gelassen, deren Größe ebenfalls so genau berechnet ist, daß eben so wenig das überflüssige Wasser über den Damm hinwegriefeln und denselben zerstören, als zu viel hinausfließen kann." ... Es gibt zwei Klassen von Arbeiten in einer Biberrepublik, erstens die zum Besten des ganzen Dorfes nöthigen — hieran nehmen alle Individuen ohne Unterschied des Alters und Geschlechtes Theil, — zweitens die Errichtung der eigenen Hütten. Die Biber empfinden den Druck des Wassers an ihren Wohnungen und wissen daher, ob sie jene Oeffnung am Damm nach dem wechselnden Wasserstande bald erweitern, bald verengern müssen. — Der kleine Ofenvogel, Furnarius cunicularius, macht bis 6 Fuß lange Nestergänge unter die Erde. Darwin sah aber die Vögel in Bahia Blanca Löcher zu diesem Zwecke in Thonmauern von viel zu geringer Dicke machen, und bemerkt, daß die Vögel durchaus keine Idee von Dicke bekamen, obschon sie beständig über die niedere Mauer flogen††). Der Inftinkt kann also in gewissen Fällen auch dann irren, wenn er vom Verstande verlassen ist. Bei den Spinnen, wie in mehreren der vorstehenden

---

†) Tagebuch ꝛc. S. 368 ff.
††) Reise ꝛc. I, 111.

Fälle, sieht man deutlich, daß nach den Umständen sich manch=
mal Verstand und Instinkt verbinden. So brauchen sie öfters
Steinchen, um das Netz nach einer Seite hin zu spannen, wo
sie keine Fäden befestigen können; eine Micrommata heftet nach
Dugès zum Schlupfwinkel in der Regel drei Blättchen des
Brombeerstrauches zusammen, weiß aber auch, wenn es noth
thut, Blätter des Wollkrautes oder Sauerampfers zu rollen.
Eine Mottenraupe, welche auf den Blättern der Ulme lebt,
macht aus ausgeschnittenen Blatthäuten ein Gehäuse, welches
hinten durch zwei halbzirkelförmige Läppchen geschlossen ist.
Wenn die Raupe ihre Excremente von sich geben soll, streckt
sie aus dem Hinterende der Röhre ihren Leib hervor. Schnitt
Réaumur das hintere zweilappige Ende des Gehäuses weg,
so verfertigte die Raupe manchmal ein neues, manchmal spann
sie aber aus ihren Seidenfäden vom Schnittrande aus zwei
Läppchen und trennte, um diesen die gleiche Elasticität zu geben,
welche die aus Blatthäuten gemachten hatten, eine Strecke weit
die Naht im übrig gebliebenen Theile des Gehäuses auf.

Manche Thiere haben eine besondere Gabe, weite und ver=
wickelte Wege zu finden, wenn sie sie auch nur einmal ge=
macht haben. Rengger berichtet, daß Pferde in Paraguay, welche
den mehr als 100 Stunden weiten Weg von Villa real nach den
Missionen nur einmal gemacht hatten, nach mehreren Monaten
auf diesem Wege nach Villa real zurückkamen. Ein Bullenbeißer, den
d'Obsonville in Pondichery aufgezogen hatte, begleitete ihn und
einen Freund nach dem 300 Stunden entfernten Bangalore,
welche Reise durch Flüsse und über Berge fast drei Wochen
währte. Bei Bangalore verlor sie der Hund und lief nun den
weiten Weg nach Pondichery zurück, gerade nach dem Hause
des Artillerie=Commandanten Beylier, des Freundes von d'Ob=
sonville, mit dem dieser zusammengelebt †). Lassen sich Fälle,
wo Hunde solche Leistungen vollbrachten, etwa noch durch deren
erstaunliche Geruchsschärfe erklären, so begreift man die Weise
nicht, wie Katzen, deren Geruch so schwach ist, im Sacke meilen=

---

† Thierseelenkunde ɔc. II, 30, aus Fouché d'Obsonville, Essai
philos. s. l. moeurs d'animaux étrang. Paris 1783.

weit fortgeſchafft, den Weg wieder nach Hauſe finden †), noch
weniger, wie jene Schildkröte, bei der Inſel Ascenſion im ſtillen
Ocean gefangen, der man Buchſtaben und Ziffern in den Panzer eingebrannt, ſie aber im britiſchen Kanal in das Meer geworfen hatte, weil ſie dem Tode nahe ſchien, zwei Jahre darauf
wieder bei Ascenſion gefangen werden konnte ††). Eben ſo iſt
räthſelhaft, wie Brieftauben, die man in verſchloſſenen Kaſten
nach weit entfernten Orten bringt und daſelbſt fliegen läßt,
den Rückweg nach der Heimath finden, die ſie zum erſtenmal
verlaſſen haben. Im Jahre 1851 am 28. Juli um 4½ Uhr
Morgens ließ man in Saragoſſa 117 aus Lüttich dahin ge-
brachte Brieftauben fliegen; eine erreichte Lüttich am folgenden
Tage um 6 Uhr Abends, 23 folgten etwas ſpäter, 93 kamen
nicht wieder. Ein Amſelmännchen wurde von der Beſitzerin
in Frankfurt im Frühling 1860 an ihren Bruder verſchenkt,
der es mit ſich nach ſeinem Dorfe zwiſchen Hanau und Aſchaffen-
burg nahm. Dort entwiſchte die Amſel und man hörte nichts
von ihr, bis ſie Anfangs Winters 1860 am Fenſter der Pfle-
gerin in Frankfurt erſchien und bei derſelben blieb. Wer hat
ihr den Weg dahin gezeigt?

Das Pferd iſt hinſichtlich des Behaltens verwickelter Wege
manchmal dem Menſchen überlegen, ſo daß ein verirrter Reiter
nichts Beſſeres thun kann, als ſich ſeinem Pferde zu überlaſſen.
Troegel's Pferd erinnerte ſich nach drei Jahren noch an den
Grenzſtein, an welchem es ſich ehemals durch einen Fall am
Knie grauſam verletzt hatte, zitterte am ganzen Körper und
war nur mit Mühe zur Fortſetzung des Weges zu bewegen.
Reuthiere finden ohne das geringſte Zeichen, ohne eine Spur
von Weg, ſich ſelbſt überlaſſen, das Reiſeziel, wenn ſie früher
nur einmal die Reiſe gemacht haben. Stecken ſie ihre Naſe
in den tiefen Schnee, ſo wiſſen ſie, ob an dieſer Stelle Moos
wächſt oder nicht. Die Schlittenhunde in Nordaſien und Nordamerika laufen auf die nächſte menſchliche Wohnung oder im
Schnee vergrabene Hütte zu. — In manchen Fällen kann die

---

†) Lenz, Naturgeſchichte I, 221.
††) Froriep's Notizen, Bd. 46, S. 6.

Geschicklichkeit, ferne Punkte immer mit gleicher Sicherheit
wieder aufzufinden, allerdings erklärt werden durch die treueste
Erinnerung an den auch nur einmal gemachten Weg und seine
Stationen, in anderen Fällen, wo letzteres nicht stattfand
oder wo der Weg in verschlossenen Kasten oder im Sacke zurück-
gelegt wurde, fehlen uns noch die Bedingungen, um die Thatsache zu begreifen. — Im folgenden Falle muß man wirklich
annehmen, daß Vererbung einer Vorstellung und Erinnerung
stattgefunden hat. Die Schafe im schottischen Hochlande, welche
immer im Freien bleiben, suchen sich vor dem Lammen einen
sicheren Platz hiezu aus. Eines hatte einen solchen in großer
Entfernung von der gewöhnlichen Weide gewählt; ein von ihm
dort gebornes Schaf begab sich, nachdem es trächtig geworden,
nach der gleichen Stelle zum Lammen, obwohl es schon wenige
Tage nach seiner Geburt von dieser fortgekommen war†).

Um die Wunder des Instinktes (wie die der Organisation)
dem begreifenden Verstande nach seiner Ansicht näher zu
rücken, läßt Darwin auch die Instinkte zufällig entstehen und
allmälig sich ausbilden, wo nach dem Princip der natural se-
lection die nützlicheren Instinkte mit den Thierarten, welche
sie haben, im Kampfe um das Dasein sich erhalten und befestigen. Er††) beruft sich auf Brewer's Zeugniß, daß der
amerikanische Kukuk sein eigenes Nest mache, seine Eier nach
einander hinein lege und daß die Jungen gleichzeitig aus-
schlüpfen. Um die abweichende Sitte unseres Kukuks zu erklären, nimmt er nun an, derselbe habe früher die Gewohnheit
des amerikanischen gehabt, doch zuweilen ein Ei in das Nest
eines anderen Vogels gelegt. Gereichte ihm nun das zum
Vortheil, so wiederholte er es, oder wurde das Junge durch
die Pflege der fremden Mutter kräftiger, so erbte es die zufällige
und abweichende Handlungsweise der Mutter, auch seine Eier
in fremde Nester zu legen, und durch fortgesetzte Wiederholung

---

† ) Hogg in Froriep's Notizen XXXI, 87. Merkwürdige Beispiele
von der Wirkung geistiger Eindrücke auf die Nachkommensch. der Thiere f.
in Froriep's Tagesberichten 1850, S. 199.

††) Entstehung der Arten, S. 227 ff.

dieses Verfahrens bildete sich der wunderliche Instinkt unseres Kukuks aus. Nach Darwin wäre die Honigbiene durch allmälige Entwickelung zu der Geschicklichkeit im Zellenbau gelangt, die sie jetzt besitzt. Den rohesten Zellenbau findet man bei den Hummeln, die ihre alten Cocons zur Aufnahme von Honig verwenden, indem sie ihnen manchmal kurze Wachsröhren anfügen, auch einzelne, sehr unregelmäßig abgerundete Zellen von Wachs machen. Der vollkommenste Zellenbau ist der der Honigbiene; etwa in der Mitte stehen die Zellen der mexikanischen Melipona domestica, von Peter Huber beschrieben und abgebildet. Diese bildet einen fast regelmäßigen wächsernen Zellenkuchen mit walzigen Zellen für die Brut und einigen großen Zellen als Honigbehältern. Fertigte nun Melipona ihre chlindrischen Zellen von gleicher Größe in einer gegebenen gleichen Entfernung von einander und symmetrisch in einer doppelten Schicht, so wäre ihr Bau so vollkommen als der der Korbbiene geworden. Bei dieser ist also der Instinkt weiter entwickelt als gegenwärtig noch bei Melipona. Darwin meint ferner, der Instinkt gewisser Ameisen, Sklaven zu machen, könne sich so entwickelt haben, daß Ameisen etwa zufällig um ihr Nest zerstreute Puppen einer anderen Art heimschleppten, um sie zu verzehren. Entwickelten sich etwa einige derselben, so mögen solche absichtslos erzogene Fremdlinge dann etwa arbeiten, was sie können. Erweisen sie sich nützlich, so könne der anfangs zufällige Brauch, fremde Puppen als Nahrung einzutragen, endlich zum permanenten Gebrauche werden, mit dem veränderten Zwecke, sie zu Sklaven zu erziehen. Nach Fabre macht die Grabwespe, Tachytes nigra, gewöhnlich ihre eigene Höhle und bringt zur Nahrung ihrer Larve lebende, gelähmte Beute dahin; findet sie aber eine schon fertige und mit Vorrath versehene Höhle einer anderen Sandwespe, so bemächtigt sie sich dieser. Darwin meint, solch zufälliges Verfahren könne zu einem beständigen werden, wenn es für die Art nützlich ist.

O. Heer†), nachdem er angeführt, daß die Entscheidung

---

† ) Die Urwelt der Schweiz, S. 599.

der Frage, ob die urweltlichen Thiere dieselben Instinkte gehabt haben, wie die der Gegenwart, natürlich unmöglich sei,
die Wahrscheinlichkeit aber dafür spreche, findet es allerdings
erweisbar, daß die Instinkte seit der Diluvialzeit eben so con-
stant geblieben seien, wie die Artcharaktere. Die Insekten Englands, großentheils dieselben wie die der Schweiz, hatten ohne
Zweifel denselben Bildungsheerd. Zur Diluvialzeit hing nämlich England mit dem europäischen Continent zusammen und
empfing von diesem durch Einwanderung seine Fauna und zwar
vor wenigstens 100,000 Jahren. Seit dieser Zeit, wo die
Thiere Englands sich unabhängig entwickeln konnten, haben sie
doch dieselben Instinkte bewahrt, wie ihre continentalen Stamm-
genossen; Hornissen, Wespen, Bienen, Ameisen arbeiten ganz
auf dieselbe Weise. Formica sanguinea soll zwar weniger
Sklaven halten als in der Schweiz, was aber nach Jahreszeit
und den verschiedenen Kolonieen wechseln kann, verhält sich
aber im Uebrigen ganz wie in der Schweiz. Hätten die ge-
meinsamen Voreltern der Formica sanguinea in England und
in der Schweiz dieselbe Lebensweise gehabt, wie die jetzigen
Nachkommen, so wäre es unbegreiflich, daß sie jetzt in beiden
Ländern so sehr darin übereinstimmen könnten, während wenige
Jahrhunderte genügten, um aus den Engländern ungeachtet
ihres ununterbrochenen Verkehrs mit anderen Nationen ein in
Sprache, Sitten, Bauart der Wohnungen ꝛc. eigenthümliches
Volk zu machen. Wie verschieden sind die jetzigen Bewohner
Englands von den ersten, doch nur vor nicht vielen Jahrtausenden
eingewanderten, Steinwaffen verfertigenden Urbewohnern, während
die viel früher eingewanderten Ameisen sich noch ganz im alten
Geleise bewegen! Dasselbe gilt nach De geer's Beobachtungen auch
von der Insektenwelt Schwedens. — Die Frage über die Ver-
änderlichkeit der Instinkte hängt mit der über die Umwandlung
der Artcharaktere zusammen, aber die Untersuchungen auf diesem
Gebiete sind noch viel zu wenig zahlreich und umfassend, als
daß jetzt schon eine Entscheidung über diese Punkte und über
die Haltbarkeit der ganzen Theorie Darwin's möglich wäre, so
sehr dies auch die enthusiastischen Anhänger derselben wünschen.
So viel scheint mir aber schon jetzt wahrscheinlich zu sein, daß

Veränderungen der organiſchen Schöpfung in den verſchiedenen
Erdperioden viel weniger in einer allmäligen Abweichung
der Formen durch natürliche Züchtung im Sinne Darwin's,
als vielmehr in tiefgreifenden raſchen, mit dem Charakter
und den Kataſtrophen der verſchiedenen Perioden eng verketteten
Metamorphoſen begründet ſind.

Es gibt noch einige Phänomene, welche nicht mit Still-
ſchweigen übergangen werden dürfen, wenn das Weſen der
Thierſeele nach ſeinem ganzen Umfange und ſeiner Tiefe erfaßt
werden ſoll. Ich will nicht ſprechen von der angeblichen
Zauberkraft namentlich der Schlangen, welche die Beute
ihnen gelähmt und widerſtandslos in den Rachen führen ſoll.
Caſtelnau ſah in Nordamerika ein Eichhörnchen, umgeben
von Vögeln, die es durch ihr Geſchrei warnten, von Zweig zu
Zweig gegen den Rachen einer ſchwarzen Schlange herabtau-
meln. Fälle dieſer Art laſſen ſich wohl ohne Annahme einer
Bezauberung aus dem Schrecken erklären, den der Anblick des
furchtbaren Feindes, die funkelnden Augen und der widrige
Geruch auf das Opfer machen, das hiedurch gelähmt wird.
Das Rebhuhn wird nach Göze ſchnell betäubt und zum Fluge
unfähig, wenn es einen Falken über ſich ſchweben ſieht, denn
es hat wohl ſchon die Erfahrung gemacht, wie Gefährten von
ihm dem mächtigen Räuber zum Opfer wurden. Es handelt
ſich vielmehr um andere Erſcheinungen, die ich in einem Buche
über den Menſchen unter dem Namen der myſtiſchen zuſam-
mengefaßt habe und die auch im Reiche der Thiere nicht ganz
fehlen. Das dunkle Bewußtſein der Menſchen, daß auch den
Thieren ein nicht auf die gewöhnliche Weiſe vermitteltes Erkennen zukomme, hat in früherer Zeit in Folge der ungebühr-
lichen Ausdehnung deſſelben und der unzuläſſigen Anwendung
vielfachen Aberglauben erzeugt, der noch nicht verſchwunden iſt,
wie denn Manche keinen Hund zur Nachtzeit heulen hören
können, ohne anzunehmen, daß dieſes einen Todesfall bedeute.
Aber man kann wohl nicht umhin anzunehmen, daß in einzelnen Thierindividuen eine ſympathetiſche Verbindung mit anderen
Weſen, namentlich mit Menſchen, an welchen ſie ſehr innig
hängen, daß manchmal auch Ahnung und Viſion des Fernen

und Zukünftigen vorkomme, Phänomene, die vielleicht nicht ſo
ſelten ſind, aber faſt nie zu unſerer Kenntniß gelangen. —
Der Candidat G. zog eine beſonders kräftige und begabte
Amſel auf, welche in einem halben Jahre faſt alle Kirchen=
melodieen und viele andere Muſikſtückchen lernte und allgemein
bewundert wurde. G. ſchenkte ſie zuletzt ſeiner Schweſter, einer
drei Meilen weit von ihm wohnenden Pfarrersfrau. So oft
nun der Bruder, den Verwandten ſelbſt ganz unvermuthet, dieſe
beſuchte, wußte dieſes die Amſel eine gute Viertelſtunde vorher
und gerieth in die äußerſte Unruhe, fuhr z. B. mitten im
Singen ſchnell auf und wie raſend im Käfig umher. So wie
G. in die Stube trat, wurde der Vogel ſogleich ruhig. Der
Verſuch wurde dann mehr als 20 Mal mit gleichem Erfolge
wiederholt†). Der Bruder des Arztes Servius Spoletus
reiſte ſehr oft von Rom nach Spoleto und ließ dabei ſeinen
ſehr anhänglichen Hund in Rom, welcher dann immer ſehr
traurig war und faſt nichts fraß. Einige Zeit, ehe der Herr
zurückkam, wurde der Hund immer unruhig, bellte und ver=
langte hinaus; man öffnete ihm die Thüre und er lief dem
Herrn entgegen. Im ganzen Hauſe wußte man dadurch jedes=
mal die Rückkehr des Herrn von dem 22 Stunden entfernten
Spoleto††). Eckartshauſen's Vater hatte einen Pudel,
der in Abweſenheit des Herrn unaufhörlich trauerte, und kaum
ſo viel fraß, um das Leben zu erhalten. Sobald der Pudel
heiter wurde und zu freſſen begann, war es ein gewiſſes Zei=
chen, daß der Herr noch dieſen Tag zurückkehren würde, was
oft ganz unvermuthet geſchah†††). Im unterfränkiſchen Dorfe
Oberſinn beſaß der Metzger Röſch einen Hund, der öfters zu
Hauſe blieb, wenn ſein Herr auf Viehhandel ausging, und nichts
merken ließ, wenn der Meiſter auch längere Zeit wegblieb.
Am 19. October 1838 begab ſich Röſch wieder hinweg; in der
Nacht wurde der Hund äußerſt unruhig, winſelte, lief aus der

---

†) Lichtenberg's und Voigt's Magazin VI, St. 3, S. 135.

††) Petrus Servius erzählt dieſen Fall des Fernfühlens in einer kleinen
Schrift, die im Theatrum sympatheticum, Norimbergae 1662, und hieraus
von Deleuze in den Annal. du Magnet. cah. 16 angeführt wird.

†††) Aufſchlüſſe zur Magie, S. 107. München 1788.

Stube, heulte außen kläglich und war nicht zu beruhigen, ob= gleich man Alles anwandte und ihn sogar schlug. Folgenden Tages kam die Nachricht, daß Rösch einige Stunden vom Orte bei dunkler Nacht in ein Kellerloch gefallen und auf der Stelle todt geblieben war†). Seit Homer's Zeiten hat sich die Sage erhalten, daß Hunde und Pferde Geister sehen und das Vorgesicht haben können††).

Der Schullehrer B. in Graubünden erzählte einem Corre= spondenten des Magikons Folgendes: Dessen Bruder überwin= tert seine Heerde in einem Stalle an einer Schlucht, in welche er die Kühe alltäglich zur Tränke treibt und in die öfter Law= inen stürzen. Eines Morgens wollten die Kühe die Schlucht durchaus nicht betreten, ungeachtet aller angewendeten Gewalt, und er mußte mit ihnen wieder in den Stall zurück. Als er dort die Kühe wieder angebunden hatte, donnerte eine Lawine die Schlucht herunter und riß den Brunnenkasten, an welchem er hatte tränken wollen, mit in die Tiefe. Vom Beginn des Widerstandes der Kühe bis zum Wiederanketten waren wohl 10 Minuten verflossen; eine Lawine, einmal in Bewegung, braucht aber keine Minute zur Vollendung ihrer Bahn; worin lag wohl, fragt der Correspondent, die Ursache des Widerstandes der Kühe? Solche Fälle ·seien übrigens in den Alpen nicht ganz ungewöhnlich†††).

Nachdem Tschudi††††) der Anarchie unter den Kuhheer= den bei nächtlichen Gewittern gedacht hat, sagt er: „Eine an= dere Anarchie unter den Heerden ist weniger bekannt und schwe= rer zu erklären. Wenn nämlich eine Kuh in der Alp todt fällt oder sonst geschlachtet wird und man die Unvorsichtigkeit begeht, das halbverdaute Futter im Magen und den Inhalt der Gedärme auf den Boden zu schütten, so wird diese Stelle zum allgemeinen Kampfplatze. Nach sehr kurzer Zeit erscheint sicher= lich hier eine Kuh, die vielleicht noch eben in der Ferne ge=

---

†) Bayrische Landbötin, 3. Nov. 1838.

††) Beispiele für das Vorgesicht von Thieren stehen in Kieser's Arch. f. Magnetismus ꝛc. VIII, St. 3, S. 78, 130.

†††) Kerner's Magikon V, 78.

††††) Thierleben d. Alpenwelt, S. 529.

weidet hat, mit allen Zeichen höchster Aufregung und treibt sich
scharrend und brüllend um die Stelle, oft wie toll geworden
den Boden mit den Hörnern aufwühlend. Dies ist das Signal
der Sammlung für die ganze Heerde. Mit dumpfem Gebrüll
eilen die Thiere herbei und nun beginnt ein Hörnerkampf, von
dessen Heftigkeit und Hartnäckigkeit man sich schwerlich einen
Begriff macht und dessen Ende trotz aller Anstrengung der
Sennen nicht selten schwere Verwundung oder der Tod einer
Kuh ist. Selbst wenn der Inhalt jener Eingeweide rein weg-
gelehrt oder fußtief im Boden vergraben worden ist, so wird
doch jede Kuh der Heerde diese Stelle nur mit der größten
Unruhe berühren. Das sind Thatsachen, die sich mit der größten Regelmäßigkeit wiederholen, aber natürlich in der Regel
mit aller Sorgfalt vermieden werden."

# Von den Wanderungen der Thiere.

Die inftinktiven Vorgänge, wie fie am Individuum hervor-
treten, find wunderbar genug, um die Aufmerkfamkeit des
Menfchen zu erregen und feine Denkkraft zu ihrer Erklärung
heraus zu fordern, aber die Wanderungen imponiren dazu
durch die Großartigkeit und Maffenhaftigkeit, mit welcher fie
fich auch dem Gleichgültigen aufdrängen, der Alles zu ignoriren
geneigt ift, was nicht feinen befchränkten und egoiftifchen In-
tereffen dienen kann. Das Phänomen der periodifchen
Thierwanderungen, eines der außerordentlichften in der Natur,
birgt eine Summe ungelöfter Räthfel und fteht in Zufammen-
hang mit den Gefetzen des großen Naturhaushalts, entzieht fich
aber zum Theil der Forfchung durch die Verborgenheit der
Motive und durch die Unbekanntheit der Mittel, wodurch es
in Scene gefetzt wird. Es ift nicht im Nahrungs- und Wärme-
bedürfniß allein begründet, es ergreift mit magifcher Gewalt
die fämmtlichen Individuen der Thierart eines Landes, leitet
fie auf den nächften Wegen zu den Sammelplätzen und führt
durch uns nur wenig begreifliche Verftändigungsmittel die allgemeine Uebereinftimmung, die Feftfetzung des Tages und der
Stunde der Reife herbei, es weift mit der Sicherheit der
Magnetnadel die Wanderfchaaren über Berg und Thal, über
Flüffe und Meere nach den fernften Gegenden, gibt ihnen die
Kraft zu ungeheurer Anftrengung und erftaunlichen Leiftungen
bei kaum vergönnter fpärlichfter Nahrung und Ruhe und führt
fie wieder zur beftimmten Zeit in die alte Heimath zurück.

Thiere, die sonst unabhängig von einander leben, sich nicht um einander kümmern, werden, wenn die Wanderungszeit naht, von einem Geiste der Zusammenhörigkeit ergriffen, ordnen sich in regelrechte Schaaren und unterwerfen sich mit blindem Gehorsam der Führung einiger Individuen, von welchen man nicht begreift, durch welche Mittel sie erkoren wurden, die Führer zu sein. Der Wanderungstrieb erregt im Vogel eine fieberische Unruhe, bei Wärme und reichlicher Nahrung flattert er im Käfig schlaflos die Nächte hindurch, und der Kukuk (nach Gaspard) und manche andere Vögel sterben, wenn man sie vom Wandern abhält. Alle diese Erscheinungen treten am deutlichsten bei den regelmäßigen periodischen Wanderungen ein, fehlen aber zum Theil auch nicht bei den unregelmäßigen durch zeitliche Umstände bedingten und bei jenen von Ost nach West gehenden, im Laufe der Jahrtausende sich vollziehenden, durch welche Europa einen Theil seiner Thierbevölkerung aus Asien erhalten hat.

. Periodische Wanderungen, im Jahresumschwung jährlich wiederkehrend, finden bei Säugethieren, Vögeln und auch Fischen statt, wie z. B. die Häringe alle Jahre in unermeßlichen Schwärmen aus dem Nordmeere an die europäischen Küsten kommen. (Die Zweifel, die neuerlich dagegen erhoben wurden, und die Behauptung, die Häringe seien immer in der Nähe der europäischen Küsten, nur den größten Theil des Jahres in der Tiefe verborgen, scheinen nicht hinlänglich begründet zu sein.) Die ungeheuren Antilopenschwärme des mittleren und südlichen Afrika's wandern, je nach der Regenzeit und der durch sie bewirkten Vegetation, in den Gegenden nördlich und südlich vom Aequator alle Jahre regelmäßig hin und her; unter den vielen Tausenden von Individuen, deren Vorbeidefiliren oft mehrere Tage und Nächte hintereinander währt, hat man schon Löwen und Panther schreiten sehen. Die Renthiere der alten und neuen Welt stellen nach den Jahreszeiten der Weide wegen regelmäßige jährliche Wanderungen an; die im äußersten europäischen Norden entfliehen der Renthierbremse im Sommer in die Berge, wohin sie nicht hoch nachfolgt. (Sie sind leicht zähmbar und ändern in der Gefangenschaft ihre Sitten nur

wenig.) Die Rehe im kalten nördlichsten Amerika sind nach
Hearne†) in beständiger Bewegung von Ost nach West und
umgekehrt. Vom November bis in den Mai bleiben die Männchen westwärts in den Wäldern; im Mai sprossen ihre Geweihe
und sie ziehen ostwärts, wobei die Weibchen, die den ganzen
Winter in den östlichen Gegenden verweilt haben, ihnen entgegen kommen, um ihr Geschlecht fortzupflanzen. Der Geruchs-
sinn kann beide Geschlechter bei diesen so weiten Wanderungen
nicht leiten, wobei überdies der Wind zugleich von Ost und
West wehen müßte, so daß die Ursache des Sichtreffens unbekannt ist. — Wenn die Hirsche in Norwegen zu 10 und mehreren über die Einbuchten und Ströme zwischen dem Festlande
und den Inseln schwimmen, so legt immer der hintere seinen
Kopf auf den Hintertheil des vorderen, und wenn der vorderste
ermüdet ist, begibt er sich zurück, wie Pantoppidan berichtet.
— Die Büffel Nordamerika's gehen im Sommer bis an die
Küsten des Eismeeres hinauf und im Winter in die südlicheren
Gegenden herab; man sieht jetzt, so sehr das unvernünf-
tigste Wüthen des Menschen ihre Zahl vermindert hat, noch
Schaaren von 10000 und mehr Stücken, unter deren Marsch
die Erde dröhnt; sie haben im nördlichsten Amerika ungeheure
Straßen getreten, deren einige das Entstehen von permanenten
Wasserläufen in ihnen: Flüsse und Bäche herbeigeführt haben.
Galton spricht von Elephantenstraßen in Südafrika, „so gerade
wie eine Römerstraße, kaum 4 Grad abweichend." Die
Robbenschläger versichern, daß die Robben in Schaaren von
mehreren Tausenden ihren Zug so richtig wie nach dem Compaß nehmen. Wenn sie, vom Treibeise vertrieben, ihre Zuflucht
anderwärts suchen müssen, so stellen die Schiffer Segel und
Steuer nach ihrem Zuge, und wenn sie den Strich der Thiere
genau beobachtet haben, so können sie ganz sicher den gleichen
Strich auf dem Compaß halten, und finden die Seehunde,
wenn sie auch lange segeln müssen, sicher auf dem Eise, wohin
ihr Lauf ging ††).

---

† ) Reise nach d. nördlichen Weltmeere, übers. v. Sprengel, S. 139.
†† ) Pantoppidan, l. c. II, 239.

Zahlreiche Vögel, namentlich Insektenfresser, wandern alljährlich im Herbste nach wärmeren Gegenden; auch die Störche
(welche zum Theil bis nach Indien gehen), die Kraniche, die
Wachteln thun dieses, von welchen man schwer begreift, wie
sie mit ihren kurzen Flügeln, sei es auch über die Inselgruppen
im östlichsten Theile des Mittelmeeres, an die afrikanische Küste
gelangen können. Viele nordische Schwimmvögel wandern von
den nördlichsten Theilen Europa's alljährlich nach dem südlichen
Europa und kehren im Frühling wieder nach dem Norden
zurück. Bei den Schwalben habe ich öfters beobachtet, daß
an schönen Herbsttagen Ende September oder Anfangs October,
wenn südliche Luftströmungen eintreten, sich diese Vögel aus
einer ganzen Gegend an bestimmten Plätzen zusammenfinden,
unter dem lebhaftesten, tagelang dauernden Gezwitscher, welches
die Verständigung bewirkt, und oftmaligen Versuchen, in Masse
zu fliegen, worauf dann die Abreise erfolgt. Auf ihren großen
Reisen fliegen die Zugvögel so viel möglich gegen den Wind,
sofern dieser nicht zu stark weht, indem der hinter ihnen blasende
Wind ihr Gefieder auftreiben würde, was dem Vogel höchst
unangenehm ist. Das Wandern findet stets in geordneten
Schaaren und unter Leitung der älteren und erfahreneren Individuen statt. Die Möglichkeit, ferne Gegenden immer mit
gleicher Sicherheit wieder zu finden, erklärt sich allerdings durch
traditionell sich fortpflanzende Kenntniß der Reiseroute, obgleich
damit nicht alle Räthsel des Wanderungsphänomens gelöst sind.
Brehm†) sagt mit Recht, daß nicht bloß Nahrungsbedürfniß
und Wärmeabnahme, sondern ein angeborener Trieb zu wandern, fremde Länder zu besuchen und wieder nach der Heimath
zu kehren, die Hauptursache des Zuges der Vögel sei, womit
sich ein wunderbares Ahnungsvermögen dessen, was da kommen
wird, verbindet. Der Pirol, die Schwalbe, der Bienenfresser
haben auch unter dem 12° n. Br. noch nicht Ruhe, wo doch
Nahrung ist, sondern ziehen bis in das innerste Herz Afrika's;
warum so weit? Der Storch des Südens, der in Aegypten
lebende Pelekan und manche andere Vögel wandern ebenfalls

---

†) In den Reiseskizzen aus Nordostafrika.

gegen Mittag, obgleich sie in ihrem Vaterlande Nahrung genug haben. — Sind aber auch in Aegypten, in Nubien unsere Vögel stets lebendig, so ist es doch nicht das rechte Leben. Sie wissen, daß sie in der Fremde sind, halten sich stets in zahlreicher Gesellschaft zusammen, alle sind still, keiner singt, keiner baut ein Nest. Mit Ungeduld erwarten sie die Zeit der Heimkehr, mit welcher Munterkeit und neues Leben in ihnen erwacht und sie ihren Gesang wieder ertönen lassen; es ist ihnen bewußt geworden, daß der Frühling der Heimath naht und mit ihm die Zeit der Rückkehr.

Wilde Gänse, Kraniche, Störche und andere Zugvögel bilden im Fluge ein regelrechtes oder schiefes Dreieck; die Gänse der hinteren Reihen legen ihre Köpfe auf den Rücken der vor ihnen fliegenden. Die Flamingos sind nach Graf Marmora auf ihren Zügen wie die Wildgänse geordnet; wenn sie in Cagliari ankommen, sieht man sie zuerst wie eine Feuerlinie am Himmel, und wenn sie ihren alten Teich erkennen, halten sie im Fluge an, eine Zeit lang wie unbeweglich schwebend, steigen dann in einer Spirale herab und formiren sich auf der Erde in eine Linie, in ihrem glänzenden Federschmuck ein prächtiges Schauspiel gewährend. — Manche Zugfische, die im Winter dasselbe Meer bewohnen, wählen im Sommer ganz verschiedene Flüsse zum Aufenthalt, und Treviranus†) meint, sie würden hiebei durch den Geruch geleitet (was wohl unrichtig ist; die Fische haben vielmehr in dem Röhrensystem der Haut, welches in den Poren der Seitenlinie ausmündet, ein eigenthümliches Witterungsorgan). Im Ob gibt es nach Pallas Weißfische, die man sonst nirgends trifft, aber manche Salmenarten, die in sibirische und russische Flüsse aus dem Meere aufsteigen, werden im Ob nicht gefunden, wie z. B. der Omul, Salmo autumnalis Pall. oder S. Eriox. Der Tschir, S. Nasus Pall., im Ob'schen Meerbusen gemein, kommt doch nie den Strom herauf.

Außer den periodischen Wanderungen finden bei Thieren höherer und niederer Klassen unregelmäßige Wanderungen zum

---

†) Biologie VI, 297.

Theil aus gänzlich unbekannten Ursachen statt. Die Lemminge, eine Mäuseart des nördlichsten Europa's, wandern nach Linné alle 18—20 Jahre in unbegreiflicher Menge aus den schwedischen Alpen nach dem bothnischen Meere zu und hinterlassen auf diesem Zuge mehrere Klafter breite, oft 2 Zoll tiefe Spuren. Sie gehen hiebei von einem unwiderstehlichen Triebe und zwingenden mechanischen Gesetz geleitet immer in ganz gerader Richtung, über Häuser und Hügel weg, die in ihrem Wege liegen, nicht um sie herum, mitten durch die Flüsse, wenn auch Tausende ertrinken und die Brücke ganz nahe ist. Man hat diese Wanderungen, weil sie nach einer bestimmten Zahl von Jahren sich wiederholen, mit periodisch wiederkehrenden sehr strengen Wintern oder mit Mondsperioden in Verbindung bringen wollen; es sollten unter kosmischen Einflüssen bestimmte Nahrungsstoffe alle 18—20 Jahre vorzugsweise gedeihen und die Witterung derselben die Thiere aus der Ferne herbeilocken. Wahrscheinlicher dünkt mich, daß die Zahl der Lemminge alle 18 bis 20 Jahre so angewachsen ist, daß Auswanderung geboten ist, wobei freilich manche Umstände, namentlich die ganz gerade Richtung, schwerer zu erklären sind. Es wird wohl mit der Natur dieser bestimmten Thierart in Zusammenhang stehen, daß die gerade Linie als die kürzeste weniger Individuen zum Opfer fordert als eine weitere, sonst bequemere. Bei den Wanderungen als Massen-Processen wird aber nicht auf einzelne Individuen, sondern auf das Ganze, die Species, das Gewicht gelegt. — Das gemeine Eichhorn wandert im hohen Norden in großen Zügen und soll dabei auf Stücken von Birkenrinde über Flüsse und Seen setzen. Die Wandertaube Amerika's wird nach Audubon bei ihren Wanderungen zunächst nicht durch die Jahreszeit, sondern durch die Nahrung bestimmt und verweilt in futterreichen Gegenden Jahre lang. Sie war in früheren Zeiten so zahlreich, daß, wenn ihre Züge nach der Reisernte aus Carolina nach dem Norden zurückkehrten, sie oft die Luft verfinsterten und die Bäume unter der Last der sich auf ihnen niederlassenden Vögel brachen. Manche Vogelarten sind allerdings durch den Anbau von Cerealien und anderen Nährpflanzen bestimmt worden, sich in Gegenden einzufinden

oder dauernden Aufenthalt in Ländern zu nehmen, welche sie
früher nicht bewohnt haben, wie z. B. der Haussperling mit
dem Getreide nach Sibirien gekommen ist. Man muß anneh=
men, daß in manchem dieser Fälle die Kenntniß von solchen
Vorkömmnissen durch einzelne, zum weiteren Herumschweifen
geneigte Individuen der Mässe der anderen zugekommen ist. —
In außerordentlichen Fällen thun sich Thiere aus weitem Um=
kreis, durch einen geheimen Zug geleitet, in Masse zusammen,
bei welchen dieses sonst gar nicht gewöhnlich ist, um gemein=
schaftlich fortzuziehen. Man kennt Wanderungen der Hermeline,
der Ringelnattern†), solche von Raupen, Libellen, Schmetter=
lingen. Lichtenstein sah im südlichen Afrika viele Millionen
Raupen einer Bombyx=Art in dichten Reihen rastlos in einer
Richtung von Nord nach Süd vorwärts streben; keine ruhte
oder nahm Nahrung††). Am 17. Juni 1840 zeigte sich in
Possab Krinkow, Vorstadt von Krementschug in Rußland, plötz=
lich eine unermeßliche Menge Raupen, die auf der Brücke über
den Dnieper in die Stadt zogen, nach abgebrochener Brücke sich
in Knäuel zusammenballten, ans andere Ufer schwammen und
ihren Weg durch die Stadt nach Nordwest fortsetzten. Auch an
anderen Punkten waren sie über den Fluß gegangen und er=
füllten und verheerten die oberen Gegenden†††). Auch Schmet=
terlinge und Libellen wandern oft in ungeheuren Schwärmen,
deren Masse nur durch Sammeln der Individuen aus ganzen
Ländern begreiflich ist; man kennt in den meisten Fällen die
Ursache nicht und weiß die Mittel nicht, durch welche sie zu=
sammengeführt werden und durch welche über die gemeinschaft=
liche Richtung entschieden wird. Die Wanderungen der Heu=
schrecken, der Ameisen, auf welche später zurückgekommen wird,
geschehen in Folge ungeheurer Vermehrung und eingetretenen
Nahrungsmangels.

---

†) Göze, europ. Fauna I, 315, III, 189.

††) Reise II, 564.

†††) Spener'sche Zeitung, October 1840. Ueber Wandern der Blattläuse
in Belgien s. Morren in Annal. d. scienc. natur. Août 1836. Für Wan=
dern der Vögel Jenner in Philosoph. Transactions 1827, I, 11.

Von allen diesen Wanderungen, welche regelmäßig in perio=
discher Wiederkehr, hin und her in bestimmter gleich bleibender
Richtung oder durch besondere Umstände veranlaßt, unregel=
mäßig, nach dieser oder jener Richtung stattfinden, sind jene ver=
schieden, wo eine Thierart allmälig im Laufe der Zeit von
einer Himmelsgegend nach einer andern sich verbreitet, in der
alten Welt z. B. von Ost nach West, von Asien nach Europa.
Die Römer scheinen die graue Ratte, Mus rattus, noch nicht
gekannt zu haben, indem sie erst später aus Asien nach Europa
vorrückte. Sie wurde in neuester Zeit durch die gleichfalls aus
Asien gekommene Wanderratte, Mus decumanus, theilweise
verdrängt, welche sich nach einer Bemerkung v. Baer's überall
auf den großen Handelsstraßen fortbewegt. Die Wanderratte
kam nach Pallas in ungeheuren Schaaren aus den sibirischen
Steppen bis zur Stadt Jaizkoi, wo sie dann ausschließlich in
der Ostseite blieb und diese wenigstens bis zu dem Jahre nicht
überschritt, als Pallas dort war. Dieses war ohne Zweifel
nur eine Etappe, die nach einem Ruhestadium verlassen wurde,
um sich weiter nach Westen auszubreiten; noch in den dreißiger
Jahren war die Wanderratte wohl in der Ostschweiz, aber nicht in
der Westschweiz, in welche sie seitdem vorgedrungen ist. — Die
Zwergspitzmaus ist erst vor wenigen Decennien von Osten her
nach dem nordöstlichen Deutschland gekommen.

# Von der Zähmung und Abrichtung der Thiere.

Alles Höhere in der irdischen Welt hat das Niedrigere zu seiner nothwendigen Voraussetzung und zur unentbehrlichen Grundlage der Möglichkeit seines Entstehens und seines Fortbestandes. So ist das Thierreich nur möglich, indem ein Pflanzenreich existirt, und das Dasein des Menschen ruht auf allen Stufen der Natur unter ihm. Jagd und Fischfang sind besonders in den unwirthbaren Gegenden überall dem Ackerbau vorausgegangen, welcher eine unumgängliche Bedingung aller bedeutenderen Vermehrung der Menschen und des Beginns ihrer Sittigung ist, aber nur durch Zuhülfenahme von Thierkräften ausgiebiger betrieben werden konnte, wo er dann seinerseits wieder einen größeren Bestand von Hausthieren sicherte. Bei den Wanderungen der Menschen über die Erde dienten vor Erfindung der Wagen Reit- und Lastthiere, machten das Durchreisen ungeheurer Wüsten und pfadloser Einöden ausführbar, und durch die Natur gewisser Erdstriche sind manche Völker noch heute wie wohl für alle Zeit zum Nomaden- und Hirtenleben bestimmt. — Daß einige Völker keine Hausthiere haben, beruht in manchen Fällen auf der Armuth der sie umgebenden äußeren Natur, wie in Neuholland, welchem die Familien der Wiederkäuer, Dickhäuter und Einhufer ursprünglich gänzlich fehlten, theils in ihrem eigenen unentwickelten, nur wenig über die Thierwelt erhobenen Zustande: denn um wirkliche Hausthiere anziehen zu können, muß ein Volk selbst schon die roheste Form des Daseins überwunden haben. Darum ist bei Australiern,

8*

Negern, Lappländern selbst der Hund nur halb gezähmt. Die
Indianer Nordamerika's, unbändige Jägervölker, hatten nicht
Geduld und Geschick genug, den Büffel ihres Landes zu zähmen und sich so ein werthvolles Hausthier beizulegen; wenigstens hat dieses nur ein einziger ihrer Stämme verstanden,
wenn überhaupt die Nachricht des Gomara richtig ist, daß
im Nordwesten Mexiko's ein Indianerstamm gelebt habe, dessen
Hauptreichthum in großen Heerden gezähmter Büffel bestand.
Zu welchen rohen Mitteln wilde Völker bei Zähmung von
Thieren greifen, zeigen die Coroados in Brasilien; um Affen zu
zähmen, hängen sie dieselben eine Zeit lang in den Rauch und
füttern sie mit gekochten Speisen, die mit spanischem Pfeffer
versetzt sind.

Die Domestikation der Thiere kommt nicht allein
durch die Macht des Menschen zu Stande, wie man früher,
und auch noch Buffon, geglaubt hat. Namentlich Friedrich
Cuvier hat erkannt, daß hiezu Geselligkeit der Thiere
kommen müsse, nur gesellig lebende Thiere kann der Mensch
domesticiren. Der Geselligkeitstrieb, den auch der Mensch in
ausgezeichnetem Grade besitzt und der auch seinen wildesten
Stämmen nicht fehlt, hängt nicht von der Intelligenz ab, sondern
kommt bei dummen und sehr gescheidten Thieren vor. Auch
führt ihn nicht die Gewohnheit des Zusammenlebens der Fami-
lienglieder herbei; der Bär lebt einsam, obwohl er seine Jungen
so lange und zärtlich pflegt wie der Hund. Die Ainos, das
sonderbare Volk von Yesso und den Kurilen, fast so behaart
als der Bär selbst, haben, weil er kein geselliges Thier ist,
vergeblich versucht, ihn zum Hausthier zu erziehen und zum
Reiten zu benützen, haben vergeblich junge Bären zu diesem
Zwecke von ihren Weibern säugen lassen; es gelang nicht, und
sie müssen ihn fortwährend an der Kette halten, wie Witson
berichtet. Fr. Cuvier unterschied drei Zustände: erstens den
der einsam lebenden Thiere: Katzen, Marder, Bären, Hyänen;
dann den Zustand der in Familien lebenden Thiere: Wölfe,
Rehe 2c.; endlich die wahren Gesellschaften, wie sie bei Bibern,
Affen, Hunden, Robben, Pferden, Elephanten, Wiederkäuern
und beim Menschen selbst vorkommen; nur aus der letzten

Kategorie hat der Mensch seine wahren Hausthiere erhalten*). Der Mensch, meint Cuvier, gelte den Hausthieren für ein Mitglied ihrer Gesellschaft, und seine ganze Kunst bestehe darin, sich als Gesellschaftsmitglied einzureihen. Ist er einmal ein solches geworden, so kann er dann leicht das Thier durch seine höhere Intelligenz beherrschen. Das Schaf folgt dem Hirten, weil es in ihm das Oberhaupt der Heerde sieht. Buffon hatte behauptet, der Mensch verändere bei der Zähmung das Naturell der Hausthiere, was Cuvier bestritt, nach welchem der Mensch nur den natürlichen Trieb benützt; er fand nämlich gesellige Thiere vor und knüpfte diese an seine Familie. Demnach wäre die Domestikation nur eine Abänderung, eine andere Form der Geselligkeit und eine bestimmte Folge des Triebes zu letzterer. Die katzenartigen Thiere können deßhalb nicht vollkommen domesticirt, eigentlich familiarisirt werden, weil sie nicht gesellig lebende Thiere sind. Die Fügsamkeit der Hausthiere beruht nach F. Cuvier's und Dureau de la Malle's†) Nachweisungen auf der langen Reihe von Generationen, seit welchen ihre Domestikation währt. Noch zur Zeit des Plinius waren Pferde, Rindvieh, Geflügel halb wild.

Die Heerdenthiere sind den nomadischen Horden vergleichbar, folgen Anführern, die auch dafür sorgen, daß der Heerde das Futter nicht ausgehe, indem sie sie nach den Jahreszeiten in verschiedene Gegenden führen; sie haben eine Art Polizei und Rechtspflege, vertheidigen sich gemeinschaftlich und stellen Wachen zu ihrer Sicherheit aus. Abbé Maupied u. And. hatten behauptet, die Hausthiere seien als solche schon geschaffen, wogegen sich Geoffroy St. Hilaire erklärte. Aber die Sache ist im Wesentlichen doch richtig, indem eine besondere Artung des Gemüthes hiezu eine unumgängliche Bedingung ist. Die

---

*) „Ratten und Mäuse", sagt Darwin (Die Entstehung der Arten rc., S. 152), „dürfen nicht als Hausthiere angesehen werden, und doch sind sie vom Menschen in viele Theile der Welt übergeführt worden und besitzen jetzt eine weitere Verbreitung als irgend ein anderes Nagethier, indem sie frei unter dem kalten Himmel der Färöer und der Falklandsinseln wie auf vielen Inseln der Tropenzone leben."

†) Annales d. scienc. natur. IX, 319, XXI, 50.

Geselligkeit allein, wie Fr. Cuvier dies annahm, erklärt das
Verhältniß nicht, denn von den geselligen Thieren sind lange
nicht alle zähmbar, sondern nur gewisse Species einer Sippe,
z. B. von der Sippe der Hunde nur besonders geartete, darum
für die Zähmung prädestinirte Species, welche jetzt die Rassen
des Haushundes darstellen.    Die in Amerika verwilderten, zu
Raubthieren gewordenen Hunde sollen, wenn man sie liebkosend
anlockt, zutraulich werden, was bei anderen Hundearten, dem
Wolf, Fuchs, Schakal nicht stattfindet.    So sind auch von der
Rindssippe nur gewisse Arten zähmbar, der Moschusochse Amerika's ist es wohl nicht, beim Bison ist es wenigstens zweifelhaft.    Es ist möglich, daß der Berner Professor Itth mit seiner Behauptung Recht hat, daß der Mensch ursprünglich bloß
die Weibchen und Jungen angezogen hätte, denen dann die
Männchen folgten.    Auf der ganzen Erde gibt es nach Geoffroy
St. Hilaire nur 47 Thierarten, welche der Mensch für seine
Oekonomie sich angeeignet hat: sieben wirbellose (alles Insekten),
zwei Fische, siebzehn Vögel, einundzwanzig Säugethiere; vor-
historisch von der Gesammtzahl sind vierzehn, die anderen drei-
unddreißig sind historisch.    Vom Kaninchen, Schwein, Esel,
Elephant, Schaf, Lama sind die wilden Stammarten noch vorhanden, vom Rind, Pferd, Kameel sind sie verschwunden.    Die
Rassen und Varietäten der domesticirten Thiere haben manchmal Instinkte, die der Stammart fehlen — mit den physischen
Veränderungen gehen auch psychische parallel.    Daß diese sich
vererben, ist ganz consequent, weil auch die physischen Veränderungen sich vererben.    Die domesticirten Thiere haben aber
auch gewisse Instinkte eingebüßt, das Kameel, wie man behauptet, sogar den des Saugens und Säugens, so daß die Araber
Mutter und Junges hiezu erst anleiten müssen.    Verwilderte
Hunde verlieren das Gebell, können nur noch heulen, nicht
mehr bellen.    Unter gewissen Umständen fallen Hunde in die
Sitten der wilden Stammart zurück.    1784 ließ ein Schmugg-
lerschiff einen Hund bei Boomer auf der Küste von Northum-
berland zurück.    Dieser, ganz verlassen, fing nun an Schafe
zu rauben und wurde der Schrecken der Hirten 20 englische
Meilen im Umkreise.    Er biß jedem Schafe, das er erbeutete,

ein Loch in die rechte Seite, fraß das Fett um die Nieren und
ließ dann das Schaf liegen. Erst nach vielen vergeblichen Versuchen gelang es im folgenden Jahre, ihn zu erlegen†). —
Manche Rassen gezähmter Thiere haben besondere Eigenthümlichkeiten angenommen; die norwegischen Pony's hat man nie
an den Zügel gewöhnen können, sie lassen sich aber leicht
durch die Stimme lenken. Wenn wilde Thiere mit gezähmten
in Berührung kommen, werden sie von letzteren angelockt und
verleitet. So die wilden Pferde in Amerika, die wilden Renthiere werden oft durch zahme der Heerde zugeführt, die wilden
Elephanten werden durch zahme gebändigt und an den Haus-
thierstand gewöhnt. Auch einige Vögel gewöhnen sich, mit den
Bewohnern der Geflügelhöfe zu leben.

Die Thiere sind in einer beschränkten Sphäre der Belehrung, Vervollkommnung und Abrichtung fähig. Schon
bei den wilden Thieren findet Belehrung der Jungen durch die
Eltern statt, welche ihnen die Bewegungen des Springens, so
bei Antilopen und Gemsen, des Fliegens und Schwimmens
vormachen und sie zu denselben antreiben und ermuthigen. —
Auch zum Belauern und Haschen der Beute leiten Säugethiere
und Vögel ihre Jungen an. Die Bärin erzieht ihr männliches
Junges zum Kinderwärter, Pestan, der anderen und straft es
bei Ungehorsam durch Schläge mit den Tatzen. Oft behält
das väterliche und mütterliche Ansehen noch lange seine Geltung, wie denn nach Leuret††) junge Bären, obwohl schon
kräftiger als die Mutter, doch die Schläge derselben geduldig
aushielten. Bastian sah in den Anden einen dort bekannten
Hund seinen Gefährten im Ueberschreiten einer schwankenden
Weidebrücke unterrichten, wie sie dort über Bergströme und
Abgründe geschlagen werden. Thiere, z. B. Jagdhunde, lernen
nicht Alles vom Menschen, sondern Manches auch durch sich
selbst. Am Cap gehen nach Lichtenstein manchmal einige
Hunde allein auf die Jagd, und haben sie ein Wild erlegt, so
läuft einer nach Hause, um Jemand zur Abholung zu bewegen,

---

†) Thierseelenkunde II, 37.
††) l. c. I, 4, 83.

während die anderen das Wild bewachen. Nach Peron hatten
die Robbenfänger auf der King-Insel ebenfalls Hunde, die
allein Emeu's und Känguruhs jagten und ihre Herren dann
zur erlegten Beute führten; nach Azara vertreten in Paraguay manche Hunde die Stelle eigentlicher Schaf- und Ziegen-
hirten. Affen ahmen besonders leicht die Gebräuche der Menschen nach, aber sogar Hunde kann man durch Gähnen zur
Nachahmung reizen, und Hunde, von Katzen aufgezogen, nehmen von diesen die eigenthümliche Art sich zu putzen an.

Zum Abrichten eines Thieres für bestimmte Leistungen
gehört ein gewisser Grad von Verstand und Willigkeit; ein
Schaf ist zu dumm hiezu, Füchse, Katzen ꝛc. sind ihrer Natur
nach zu wenig willig. Thiere, bei denen das Gehörorgan aus-
gebildeter ist, sind entwickelungsfähiger; alle Thiere, bei welchen
Unterricht und Dressur bedeutendere Leistungen erzeugen, sind
solche mit vollkommnerem Gehör. Beim Abrichten der Thiere
wird viel mehr durch vernünftige und milde Behandlung erreicht, als durch Zorn und Strenge. Manche jungen Pferde
sind sehr schüchtern und bedürfen einer besonders zarten Behandlung. Bei den Türken und besonders bei den Arabern,
wo die Pferde mild behandelt werden und gewissermaßen mit
den Kindern aufwachsen, entwickeln sie auch ihre Intelligenz
und alle trefflichen Eigenschaften im höchsten Grade. Ein
maurischer Gesandter an den Höfen von Frankreich und England schrieb: „Welchen Einfluß milde Behandlung auf die
Thiere hat, sehen wir daraus, daß in Marocco die Stiere
ganz sanft sind und zum Ackern, Lasttragen und Reiten wie
Pferde und Esel gebraucht werden." Auch bei den Hottentotten
erlangen die Ochsen, weil sie gut behandelt werden, ungemeine
Gelehrigkeit und geben manche Beweise von Verstand, werden
brauchbar zum Hüten und Vertheidigen der Heerden, sogar
zum Kampfe, indem man sie auf den Feind losläßt. Selbst
die Schafe sind nicht ganz ungelehrig. — Der Wachtmeister
Aidenlachner im kön. Stammgestüte Acheln in Württemberg berichtet, daß er ein wildes, für ganz unzähmbar gehal-
tenes Pferd durch sanftes Anreden und kleine Gaben von Nah-
rungsmitteln und Salz, wobei er ihm nie einen Schlag versetzte,

auf das Vollkommenste gezähmt und ganz zutraulich gemacht
habe, so daß er acht Jahre lang ein schönes und gutes Dienst-
pferd an ihm hatte.    Das Pferd komme nie boshaft auf die
Welt, und Unarten desselben würden durch Necken und Mißhandeln, oft schon durch rohes Anreden herbeigeführt; er habe
nie einen Beißer oder Schläger gezogen. Astley hat Elephanten in neuester Zeit zur Bewunderung des Londoner Publikums
zu den seltsamsten Kunststücken, und zwar durch sanfte Anlei-
tung und menschliche Behandlung, abgerichtet.    Auf langen
Seereisen werden fast alle Thiere zahm, indem die Matrosen,
welche oft mit Aufopferung für sie sorgen, sich zu ihrer Unterhaltung fortwährend mit ihnen abgeben.    Auf der preußischen
Fregatte Thetis war, neben vielen in Anjer und Singapore
gekauften Affen und Papageien, eine Ziege der allgemeine Liebe-
ling, welche einst in Westindien ihrer Milch wegen an Bord
genommen worden war und nun schon lange das Gnadenbrod
erhielt, ein munteres neckisches Thier, das in der Batterie frei
umher lief und mit Jedermann anband.    In Yeddo schickte sie
der Capitän Jachmann zur Erholung ans Land, sie wurde aber,
weil sie sich aller grünen Nahrung entwöhnt hatte, und wohl
auch aus Sehnsucht nach dem Schiffsleben krank, erholte sich
aber an Bord bald wieder†).

Bei der Dressur der Thiere muß man sich mit ihnen isoli-
ren und sehr viel mit ihnen sprechen, wie dieses Loiset namen-
lich für das Pferd, Lang für den Hund nachweist.    Nach
Cuvier gerathen besonders weibliche Thiere: Füchse, Wölfe,
Schakals, durch Liebkosen mit der Hand und Stimme ganz
außer sich vor Freude; die Liebkosungen des Menschen wirken
auf die Thiere bezaubernd, lähmen ihre Kraft und ihren Willen.
Es ist aber nicht zu läugnen, daß neben der rationellen Behandlung, wie sie von vielen Menschen geübt werden kann,
Einzelne eine besondere Begabung besitzen, Thiere sehr schnell
zu zähmen und auf sie eine wundersame Macht auszuüben,
wobei es dahin gestellt bleiben mag, ob hiebei, wie Scheitlin
meint, eine magnetische oder magische Einwirkung stattfindet.

---

† ) Die preußische Expedition nach Ostasien I, 229.  Berlin 1864.

Er ist der Ansicht, nur einzelne eigene Menschen könnten Bie-
nenväter werden, Fische abrichten. Ein Italiener in neuester
Zeit habe eine Anzahl Fische ganz verschiedener Arten völlig
gezähmt und abgerichtet, so daß auf sein Geheiß sie sich mit
einander herumtummeln, auf sein Geheiß der raubgierige Hecht
einen andern Fisch packt und losläßt oder ihn apportirt†). Er
rechnet zu solchen Menschen auch den Augsburger Bierbrauer
Lang, welcher gegen Ende des vorigen Jahrhunderts ein Buch:
„Zur künstlichen Abrichtung der Hunde", herausgegeben. Er übte
seine Kunst praktisch und zog mit seinen dressirten Hunden in
Deutschland herum, und ihre Kunststücke grenzten an Zauberei.
Daß diese aus einer großen Anzahl gewisse Buchstaben heraus-
suchten und aus denselben Worte, Sätze, Phrasen zusammen-
setzten, durch Bellen die Stunde angaben, die Karten anzeig-
ten 2c., ist eben nicht wunderbar, weil die Hunde hiebei durch
die Blicke und Bewegungen des Herrn geleitet wurden; daß
sie aber den Herrn zur bestimmten Zeit weckten, daß sie den
Gang eines blinden oder eines vernagelten Pferdes nachahmten,
erscheint, wenn wahr, allerdings bedeutend. Van Amburgh
gab sich schon in frühester Jugend mit allerlei Thieren ab,
zuerst kleinen, dann allmälig größeren, bändigte schon im zwölf-
ten Jahre die wildesten Pferde, suchte nur mit einem eisernen
Stabe bewaffnet, die Thiere in ihren Höhlen auf und zähmte
sie. Van Amburgh führte zuerst das gefährliche Wagstück aus,
den Kopf in den Rachen eines Löwen zu stecken. Es wird
behauptet, daß er besonders durch die Kraft seiner Augen die
wilden Thiere zähmte; seine Ansicht über die Thiere machte
seinem Geist wie seinem Herzen gleichviel Ehre. Den eisernen
Stab gebrauchte er, sie auf eine gewisse Stelle des Rückens
zu schlagen, ohne sie gefährlich zu verletzen. Er glaubte, die
Möglichkeit, wilde Thiere zu zähmen, sei hauptsächlich in der
Willenskraft und geistigen Ueberlegenheit des Menschen und
dessen Bestimmung gegründet. Einigemal zu kühn, wurde
van Amburgh aber doch durch wilde Thiere bedeutend ver-

---

†) l. c. I, 466.

wundet †). Catlin ††) erzählt, daß die Indianer Büffelkälber und wilde Pferde dadurch bändigen, daß sie ihnen mit der Hand die Augen zuhalten und ein paarmal in die Nasenlöcher blasen, worauf die Thiere sogleich so zahm werden, daß sie ihnen stundenweit freiwillig nachfolgen. Catlin übte dieses selbst oft an Büffelkälbern und brachte sie von der Jagd manchmal mehrere englische Meilen weit bis ins Lager. Der Engländer Ellis sah das gleiche Verfahren in Yorkshire bei unbändigen Pferden mit bestem Erfolg anwenden †††).

Grilland berichtet von einem Stierbändiger ††††). Schomburgk traf am Takutufluß einen Indianer, der Beschwörer oder Piaiman seines Stammes war und sich einem Neste wilder Bienen näherte, an dem er nur durch Klopfen alle Bienen heraustrieb, ohne daß eine ihn verletzte; er hatte zuvor seine Finger unter den Achselgruben durchgezogen, ehe er an den Stock klopfte. Sonst sticht diese Biene sehr schmerzhaft und die Indianer müssen Feuer unter den Nestern machen, um sie heraustreiben und sich des Honigs bemächtigen zu können. Ein Engländer Wildam soll die Kunst verstanden haben, Bienen, Wespen und andere stechende Insekten binnen wenigen Minuten so zahm zu machen, daß sie Niemand etwas zu Leid thaten †††††). Die Schlangenfänger in Ostindien, von welchen der Engländer Spry erzählt, sollen durch ein eigenthümliches monotones Summen Schlangen anlocken und gleichsam bezaubern, so daß sie sich greifen lassen ††††††). Der Mensch kann es durch Erziehung und Gewöhnung dahin bringen, daß sich Thiere der verschiedensten Art friedlich mit einander vertragen; man hat eine Katze, eine Maus, einen Hund und einen Sperling gewöhnt, zusammen aus einer Schüssel zu fressen, und in den

---

†) Kerner's Magikon III, 300. In diesem Artikel läuft aber auch Fabelhaftes und offenbar Irriges mit unter.

††) Manners and customs of the Northameric. Indians.

†††) Froriep's Neue Notiz. Nr. 470.

††††) Görres' christl. Mystik I, 257.

†††††) Museum des Wundervollen I, 295.

††††††) Froriep's Neue Notiz. Nr. 115.

vierziger Jahren reiste ein Herr Hüntgen mit einem Kasten
herum, in welchem sich sechszehn Säugethiere und zwölf Vögel
der differentesten Familien befanden, die vertraulich zusammen
lebten, darunter ein Wolf und ein Schaf, Weihen und
Tauben.

Die Einwirkung des Menschen auf die Thiere kann sie zu
Leistungen befähigen, welche sogar den Schein von Reflexion
und Berechnung haben.    Hunde lernen Dominosteine und
Buchstaben unterscheiden, Kanarienvögel Spielkarten.    Singvögel lernen öfter gehörte Melodieen fertig nachpfeifen, manche
lernen ihren Käfig öffnen und schließen, sich im Rade drehen,
Eßkorb und Wassertrog aufwinden; öfters sieht man Kanarienvögel auf andere Kanonen losbrennen, welche dann wie todt
niederstürzen.    Die scheinbar manchmal unbegreiflichen Resul-
tate bei der Abrichtung gründen sich hauptsächlich auf Gedächtniß und Nachahmungsgabe, indem das Thier bei der Handlung
des Meisters den Sinn der damit verbundenen Worte und
Pantomimen nach und nach einsieht und sobald letztere gesprochen oder gemacht werden, die entsprechende Handlung voll-
zieht.    Man kann aber keinem Thiere die bewußte Anwendung
auch nur der ersten Elemente der Arithmetik, z. B. der vier
Regeln, für menschliche Zwecke beibringen, — aber für seine
Bedürfnisse und Lebensverhältnisse berechnet das Thier doch,
es berechnet z. B. beim Sprung seine Kraft und die Distanz,
und wenn letztere zu weit erscheint, so sucht es auf Umwegen
an sein Ziel zu gelangen.    Schriftsteller über die Thierseele,
welche den Umfang und die Energie von deren Fähigkeiten
überschätzten, wie z. B. Segnitz und auch Reclam, gaben
sich deßhalb zu hoch gespannten Erwartungen von ihrer möglichen Entwicklungsfähigkeit hin.    Segnitz meint, weil Men-
schenworte nachsprechende Vögel endlich mit den gelernten
Worten auch ihren Sinn begreifen, könnten sie bei einem größeren im Gedächtniß bewahrten Vorrath solcher Worte ihre
Ideen und ihren Verstand „aufklären" und mit der Zeit auch
wohl selbstständig diese Worte zusammensetzen lernen, und noch
mehr müßte dieses bei Säugethieren, z. B. Hunden, der Fall
sein, die den Sinn oft gehörter Worte merken und durch ein

bezeichnendes Gebell erwiedern†). Erwartungen solcher Art
wird Der nicht hegen, dem der große Unterschied der Thier-
und Menschenseele klar ist, und der weiß, daß die Sprache auf
das engste mit der Natur des Denkens verbunden ist. Und
Reclam ist fest überzeugt, daß, wenn man dem Hunde beim
Dominospiel die Ausführbarkeit eines bestimmten Planes, um
den Gegner zu besiegen, deutlich machen kann, derselbe diese
Kenntniß dann auch benützen würde††). Da man dem Hunde
einen Plan beim Dominospiel nie wird begreiflich machen können, so wird er ihn auch nie zu benützen vermögen; einen
Plan wird der Hund manchmal nur fassen können, wenn er
sehr einfach und — was das Wesentlichste ist — wenn er in
die Sphäre seiner Interessen fällt, wie z. B. bei der Jagd.

Man soll in Indien manchmal Affen durch narkotische Getränke fangen, mit welchen sie sich berauschen, nachdem man
sich gestellt, als trinke man davon und dann fortgegangen ist;
man soll sie zum Sammeln von Früchten brauchen können, indem man damit beginnt und dann fortgeht, wo sie es aus
Nachahmungslust fortsetzen. Darf man Pyrard und Schou-
ten glauben, so würden Affen in Sierra Leona zu manchen
häuslichen Verrichtungen abgerichtet. Le Guet will in Java
eine Aeffin gesehen haben, die täglich ihr Bett machte, sich in
dasselbe legte und zudeckte, bei Kopfschmerzen sich ein Tuch
umband. Dampier und Barbot geben Nachricht von Affen,
welche Austerschalen zerschlagen oder einen Stein zwischen die
etwas geöffnete Schale klemmen, um sich des Thieres zu bemächtigen. Ein Affe eines katholischen Priesters soll einst auf
der Kanzel hinter ihm alle Gestikulationen des Herrn zur großen Belustigung der Gemeinde nachgemacht haben. Buffon
hatte einen Orang, der bei Tische die Handlungen eines essen-
den und trinkenden Menschen verrichtete, gewöhnlich nur auf
die Weisungen seines Herrn, oft aber auch von selbst. Ein
Orang, dem man ein paarmal zur Ader gelassen, hielt später,
wenn er unwohl war, jedesmal den Arm hin. Am Cap nehmen

---

†) Ueber Naturtrieb u. Denkkraft d. Thiere. Leipzig 1790.
††) l. c. S. 350.

die Bewohner öfters die Jungen des Babouins, Bärenpavians
(Cynocephalus ursinus Pennant), nähren sie mit Schaf- und
Ziegenmilch, und gewöhnen sie später, ihre Hütten und die
Ochsen zu bewachen, was sie sehr pünktlich besorgen.

In Danzig zeigte man 1754 einen kleinen Hund, der, indem er die betreffenden Buchstaben zusammensuchte, in einem oder
zwei Worten gewisse Fragen beantwortete, auf die er eingeübt
war; auf die Frage, wie viel Uhr es sei, holte er die betreffende Zahl, die auf einem Kartenblatt geschrieben war, nachdem ihm der Herr mit dem Finger die Stunde auf der Pendel-
uhr gezeigt hatte; er las aus farbigen Karten diejenige heraus,
die der Kleidung einer bestimmten Person entsprach, um deren
Farbe man gefragt hatte u. s. w.†) Es ist leicht einzusehen,
daß bei all diesen Leistungen die Mitwirkung des Herrn nöthig
war; aber schon das genaue Verstehen der Andeutungen und
Winke desselben setzt mehr als bloßes Gedächtniß voraus. Und
in der That genügt hier dem Hunde die leiseste Bewegung, ja
schon die Richtung des Blickes des Herrn, um z. B. beim
Dominospiel zu wissen, was für ein Stein gespielt werden
soll; unter allen Thieren versteht der Hund die Zeichen- und
Mienensprache am besten. Föe††) schreibt: „Der berühmte
Hund Munito verrichtete Dinge, die menschlichen Verstand
zu erfordern scheinen. Er zählte, stellte Buchstaben zusammen,
spielte Domino, Karte, löste wahrhaft schwierige Fragen. Ein
Douanenbeamter, der viel Muße hatte, dressirte mehrere Hunde,
die mit Munito rivalisiren konnten. Er hatte sich in den Kopf
gesetzt, daß ein junger Hund, von einer Frau gesäugt, menschlichen Verstand erlangen würde. Der Versuch wurde, wie
man leicht denken kann, ohne Erfolg gemacht. Wir haben hier
in Straßburg alle Mitwirkenden gekannt, den Adoptivvater, die
Amme und den Säugling.“ Der Verfasser der „Spuren der
Gottheit“†††) berichtet von den Hunden eines gewissen Herrn
Leonard: „Wenn man vier Karten vor sie hinlegt, von denen

---

†) Hanov's Seltenheiten der Natur u. Oekonomie, Bd. 3.

††) l. c. S. 155.

†††) S. 254.

jede eine Zahl hat, welche man einmal mit Hindeutung auf die Karte ausspricht, so sind sie im Stande, nach einer neuen Legung der Karten jede herauszufinden, die man mit ihrer Zahl nennt. Sie spielen auch Domino und zwar mit so viel Geschicklichkeit, daß sie zweifüßige Gegner überwinden, wobei sie winseln, wenn der Gegner falsches Spiel spielt, oder wenn ihnen selbst der rechte Stein fehlt." Die Zeichen, welche der Meister dem Hunde oder Kanarienvogel bei solchen Produktionen gibt, sind so leise und unmerkbar, daß sie die Zuschauer nicht wahrnehmen. Ein Hund, der bei den in einen Kreis gelegten Spielkarten oder mit Zahlen und Buchstaben bezeichneten Blättern herumging, blieb sogleich stehen, wenn sein Herr leise mit den Nägeln knackte, und trug das ihm gerade vor den Füßen liegende Blatt zum Herrn, so daß es schien, als spielte er Karte, löste arithmetische Aufgaben, beantwortete Fragen†).

An Gedächtniß, Treue und Gelehrigkeit steht der Pudel unter allen Hunderassen am höchsten, liebt vor allen die Gesellschaft des Menschen, lernt alle Launen seines Herrn am genauesten kennen und kann zu den listigsten Diebeskünsten abgerichtet werden. Beim Pont neuf zu Paris war ein kleiner Stiefelputzer, der eine Pudelhündin dressirt hatte, ihre dicken, haarigen Pfoten im Wasser zu netzen und sie dann auf die Füße der Vorübergehenden zu legen. Schrieen dann die Leute, so präsentirte sich der Stiefelputzer und erlangte so gesteigerte Einnahme. So lange er mit Jemand beschäftigt war, hielt sich der Hund ruhig, wurde aber der Schemel frei, so fing die Geschichte von Neuem an (Troegel). Den gewöhnlichen Begleiter des praktischen Jägers, den Vorstehhund, Canis avicularius, hält Diezel††) für das intelligenteste der bei uns vorkommenden Thiere. Nur aber, wenn der Herr alle nöthigen Eigenschaften besitzt, erlangt auch der Hund jene außerordentliche Folgsamkeit, Selbstbeherrschung, Geschicklichkeit und Verstand. Selbstbeherrschung muß der Hund namentlich darin üben, den Hasen ohne Geheiß nicht zu verfolgen, wozu ihn

---

†) Annales d. sciences natur. XXI, 65.
††) Kalender der Natur, 1858.

doch seine Natur so mächtig reizt. Der Vorstehhund könnte,
meint Diezel, fast alle anderen Hunderassen ersetzen, falls diese
ausstürben. Auf der Jagd verhalten sich verschiedene Rassen
verschieden, indem z. B. der Vorstehhund seine Beute durch
den Geruch verfolgt, der Windhund hingegen mit den Augen,
so daß letzterer, wenn er den Hasen nicht mehr sieht, sogleich
die Jagd aufgibt, nachdem er genau um sich geblickt hat, wobei
er aber nie die Spur mit der Nase sucht. Daß Hunde die
Spur ihres Herrn unter tausend anderen herausfinden können,
rührt von der erstaunlichen Geruchsschärfe des Hundes her,
welcher jenen schwachen individuellen Charakter, der die Aus-
dünstung eines Menschen (vermöge der in jedem anders mobi-
ficirten chemischen Mischung und organischen Stimmung) von
der der übrigen Menschen unterscheidet, demnach eine Minimal-
größe noch zu unterscheiden vermag. Will man bei großen
Jagden einen Hirsch von einem bestimmten Alter (also von
einer bestimmten Anzahl Enden, z. B. einen Zehner) besonders
jagen, so nimmt ein sogenannter hirschgerechter Jäger den
besten Spürhund Abends zuvor mit sich und sucht den Ort
auf, wo ein Rudel Hirsche kurz zuvor gestanden hat. Nachdem der Jäger die Fährte des Zehners aufgefunden, setzt oder
stößt er die Nase des Spürhundes bloß auf diese Fährte;
andern Tages versteht der Hund nur diesen Hirsch unter dem
Rudel hervorzusuchen †). — Hunde werden in mehreren Ländern an Wagen und Schlitten gespannt; unsere Berner Küher
spannen seit etwa zehn Jahren auch Hunde neben sich an ihre
Milchkarren. Die Schlittenhunde des nördlichen Asiens werden
auch zum Stromaufwärtsziehen der Boote gebraucht und verstehen die Zurufe des Herrn wie der beste Jagdhund.

Auch der Wolf ist bis auf einen gewissen Grad zähmbar,
und kann nach Franklin anhänglich an den Menschen werden, und in Kordofan sah Pallme gezähmte Hyänen wie
Hunde in den Häusern halten. Der brasilianische Fuchs geht
nach Rengger Nachts auf den Raub aus und kehrt Morgens
zum Herrn zurück, hilft auch dessen Hunden jagen. Einzelne

---

†) Smellie, Philosophie d. Natur I, 194.

Individuen des Ichneumons, der Manguste und Fischotter werden manchmal sehr zahm, und letztere läßt sich zum Fischfang abrichten. Die großen Katzenarten kann man einigermaßen zähmen, ohne daß jedoch ihr Verstand sich wesentlich steigert; in Teheran sieht man in den Straßen manchmal gezähmte Löwen an der Leine führen und junge Tiger von ihren Besitzern wie Katzen auf den Schultern getragen werden†). Man hat manchen Tiger so zahm gemacht, daß er sich wie ein Pferd anschirren, an den Wagen spannen und mit dem Zügel leiten ließ. Aus Schweden berichtete man neuerlich von einem sehr zahmen Luchs, den eine Katze aufgezogen hatte; wenn er in die Ferne sehen wollte, blieb er jedesmal geraume Zeit auf den Hinterfüßen stehen. Seehunde sind leicht zähmbar, und man kennt Beispiele, daß manche mit den Küstenbewohnern sich befreundeten und immer wieder zu ihnen kamen††). White erzählt in seiner Naturgeschichte von Shelborne, daß eine zahme Fledermaus ihm Fliegen aus der Hand genommen und ihm viel Vergnügen gemacht habe.

Der Pferdekünstler Loiset behauptete, man könne kein Pferd vor dem siebenten Jahre zu ausgezeichneten Kunststücken abrichten, was hingegen mit ganz alten und schwachen Pferden gelingt. Pferde lassen sich so dressiren, daß sie dem Wilde von selbst ohne Lenkung des Reiters folgen. Collegienrath Müller†††) berichtet, daß die Tataren ihre Pferdeheerden, die sie frei herumstreichen lassen, durch ein Paar (gezeichnete) Hengste bewachen lassen, die die ganze Heerde beisammen halten und Vermischung mit anderen Heerden hindern. Le Gendre gedenkt eines Pferdes, das 1732 in St. Germain gezeigt wurde, und das außer anderen Kunststücken durch Aufschlagen mit dem Fuße auf die Erde die Anzahl der Augen auf einem Kartenblatte, auch die Stunde anzeigte, und das, nachdem sein Herr von der Gesellschaft Geldstücke gesammelt und diese in einem Taschentuche dem Pferde hingeworfen, die einzelnen Geldstücke

---

† ) Fée, l. c. S. 79.
†† ) Froriep's Notizen, XXVI, 151.
††† ) Sammlung russischer Geschichte, Bd. 9, S. 42.

ihren bestimmten Eigenthümern zurückbrachte †). All Dieses
erklärt sich aus Andeutungen, Zeichen und Winken, welche das
Pferd vom Herrn erhalten hatte. — Der Esel läßt sich, obschon
langsamer als das Pferd, auch zu vielerlei Kunststücken abrichten; er springt durch Reife, feuert Kanonen ab, tanzt nach der
Musik, öffnet mit dem Maule Thüren, kann auch gelehrt werden (auf die Winke des Herrn achtend), die Augen auf einem
Würfel oder einer Karte durch Hufschläge anzugeben. Zahme
und wilde Schweine, wenn sie jung in das Haus gebracht
werden, gewinnen manchmal an Personen, die sich mit ihnen
abgeben, ungemeine Anhänglichkeit. Schweine lassen sich sogar
zu Kunststücken dressiren, wie bekanntlich ein industriöser Kopf,
als Ludwig XI. zu Plessis=les=Tours krank lag, eine Anzahl
Ferkel zum Springen, Tanzen, Verbeugen, selbst zum Erheben
auf den Hinterbeinen abrichtete, wobei er sie in zierliche Röcke
und Beinkleider mit Hut, Schärpe und Degen kleidete. Der
hinsiechende Despot ließ sich durch ihre komischen Bewegungen
zum Lachen reizen. — Bei den Nagethieren tritt eine fühlbare
Verminderung der Intelligenz ein und sie gehören bereits zu
den Säugethieren mit glattem Gehirn ohne Windungen. Der
Hase läßt sich jedoch noch zu Kunststücken, zum Trommeln, Ab-
feuern eines Pistols u. s. w. abrichten; so zahm die Hasen
sonst sind, um die Weibchen kämpfen sie doch hart mit einander.
Das Aguti, ein hasenartiges Thier des südlichen Amerika's,
läßt sich zwar leicht zähmen, bleibt aber im Hause nur wegen
Wohnung und Nahrung und kann seinen Wärter nicht von
anderen Menschen unterscheiden. Die Mäuse werden oft so
zahm, daß auf einen Pfiff des Sennen sogleich etliche herbei-
kommen††). Baron v. Trenk hatte in seinem Gefängniß eine
Maus gezähmt, die auf seinen Ruf herbeilief und ihm auf die
Schultern sprang. Ein Officier nahm sie fort, sie entwischte
ihm aber und schlüpfte beim nächsten Oeffnen der Thüre wieder in den Kerker. Zum zweitenmale fortgenommen und in
einen Käfig gesetzt, hungerte sie sich zu Tode.

———————————

† ) Thierseelenkunde II, 70.
†† ) Tschudi, Thierleben der Alpenwelt, S. 290.

Kanarienvögel kann man abrichten, auf einen Schuß wie getroffen niederzustürzen, wo dann die Kameraden die gefallenen aufnehmen, um ihnen die letzte Pflicht zu erweisen. Sie errathen gezogene Karten, ziehen kleine Kanonen, thun als ob sie dieselben lüben und geben dann Feuer; sie beziehen die Wache, manövriren auf Commando u. s. w.†). Viel schwieriger ist es, Rebhühner zu solchen Dingen abzurichten, wie indeß auch schon geschehen ist. Wären die Vögel nicht im Stande, Vorstellungen in bestimmter Reihenfolge zu verknüpfen und leicht in dieser Folge zu reproduciren, so würde alle Mühe für die Dressur vergeblich sein. Sehr zahm wird auch der Agami oder Trompetervogel im heißen Amerika. — Man weiß, daß auch Krokodile, Schlangen und sogar Kröten einiger Zähmung fähig sind; Kröten, die man fütterte, stellten sich regelmäßig um dieselbe Tagesstunde ein, so lange dieses geschah, und lernten ihre Wohlthäter kennen††). Graf Lauzun zähmte im Gefängniß eine Kreuzspinne so weit, daß sie auf seinen Ruf hervorkam und ohne Furcht ihm die Fliegen aus der Hand nahm, was immerhin Gedächtniß und eine Spur von Verstand voraussetzt. Walkenaer hat mehrere zuverlässige Beispiele von gezähmten Spinnen zusammengestellt†††). Fée††††) schreibt: „Wir sahen einst Flöhe eingeübt, fast mikroskopische Wagen und Kanonen zu ziehen; sie hielten sich aufrecht, eine Art hölzerner Lanze tragend; einer, auf dem Sitz einer kleinen Berline hockend, hatte eine kleine Peitsche. Diese dressirten Flöhe wurden an Ketten von wunderbarer Feinheit gehalten, und ganz Frankreich konnte diese Wunder menschlicher Geduld und Industrie sehen.“ Ein Floh kann etwa das Achtzigfache seines eigenen Gewichtes ziehen. Wenn Scheitlin bei Erwähnung dieser Dinge meint, „der Floh müsse einigen Sinn für den Menschen haben und sich dessen Willen unterziehen können

---

†) Nachricht über einen sehr künstlich dressirten Kanarienvogel gibt Zimmermann in Smellie's Philos. d. Naturgesch. I, 182.

††) Froriep's Notiz. 1848, Nr. 152. Voigt's Lehrbuch der Zoologie I, 126.

†††) Hist. natur. d. Insectes Aptères I, 145. Paris 1837.

††††) l. c. 110.

und wollen", so ist dieses, wie ich glaube, ein Irrthum. Der
Floh hat wohl keinen andern Sinn für den Menschen als sein
Blut zu saugen, und will sich nicht dessen Willen unterziehen,
sondern setzt den Mechanismus, mit dem man ihn verbunden
hat, lediglich durch seine Fluchtversuche in Bewegung. Alles,
was auf dieser tiefen Stufe der Thierwelt die Dressur erreichen
kann, dürfte vielleicht nur eine Angewöhnung an die neue un-
natürliche Situation sein.

Aus den vorstehenden Angaben dürfte als allgemeines Re-
sultat sich herausstellen, daß die geistige Macht des Menschen
auf die verschiedensten Thiere einzuwirken vermag, und daß
alle Thiere, bei welchen noch ein kleiner Rest von Gedächtniß
und Verstand vorhanden ist, bis zu einem gewissen Grade gezähmt werden können, aber nur eine kleine Zahl geeignet ist,
nützliche Hausthiere abzugeben.

Die zoologischen Gärten, die Acclimatisations-
Institute und die Aquarien, welche sich immer weiter ausbreiten, werden über diese Verhältnisse noch vielerlei Aufschlüsse
möglich machen. Bereits die Römer hatten, freilich nur für
gastronomische Zwecke, ihre Glirarien, ihre Piscinen und Ge-
flügelhäuser. Ornithon hieß das Vogelhaus, welches die
reichen Römer auf ihren Villen oft in außerordentlicher Größe,
mit verschiedenen Abtheilungen, eigenen Teichen u. s. w. an-
legten, und der landwirthschaftliche Schriftsteller Terentius
Varro hat das in seiner Villa am Liris (Garigliano) beschrieben. Die zoologischen Gärten, welche jetzt in den meisten bedeutenderen Städten Europa's zum Vergnügen und zur Belehrung des Publikums eingerichtet sind, wollen die Thiere, so
weit als es geht, nutzbar machen, ihre Lebensweise und Psychologie studiren, gute Abbildungen von ihnen möglich machen,
zugleich die Thiere acclimatisiren, erziehen und fortpflanzen.
In den zoologischen Gärten vermehren sich oft tropische und
subtropische Thiere: der Strauß in Marseille, die Giraffe in
London und Wien zc. Leider sterben viele Tropenthiere bei
uns an Lungen-Tuberkulose, doch vertragen auch Affen,
Strauße zc. im Winter eine Temperatur von nur 10—12° R.
Eine der größten Anstalten ist der Jardin d'acclimatation bei

Paris, welcher 90 Morgen einnimmt; in Frankreich existirt seit 1854 die (sehr vornehme) Société impériale zoologique d'acclimatation, welche nützliche oder schöne Thiere und Pflanzen oder neue Rassen einführen und verbessern will und deren Präsident Isidor Geoffroy St. Hilaire ist, während das Bureau aus Prinzen, Grafen, Baronen und Gelehrten bestellt ist. Der zoologische Garten zu Frankfurt hat ein eignes Jahrbuch, welches früher von Weinland, seit 1864 von Bruch redigirt wird. Das colossalste Aquarium nach dem in Hamburg hat wohl ein Mr. Cutting in Boston (Nordamerika) eingerichtet, in welchem unter anderen 4—5 Fuß lange Haifische (Carcharias griseus) gehalten werden.

Es ist zu hoffen, daß diese Institute auch mitwirken werden, eine gerechtere Würdigung der Thierwelt mit ihren zahllosen Wundern und eine schonende Behandlung der Thiere herbeizuführen. Schon Plutarch tadelte bitter die Verachtung und das Quälen der Thiere und gab nur ungern ihre Tödtung zu. Das Jammergeschrei verwundeter Affen erschüttert öfter selbst rohe Jäger. Pompejus gab in einem fünftägigen Thiergefechte im Circus für das Vergnügen des rohen römischen Volkes 18 Elephanten und 500 Löwen preis; es wird berichtet, daß die Elephanten, als sie keine Aussicht mehr zur Flucht hatten, sich jammernd an die Zuschauer wandten und durch ihr Wehklagen das Gefühl des doch an die grausamsten Gladiatoren-Spiele gewöhnten Volkes so tief erregten, daß es allgemein in Thränen und in Verwünschungen seines Lieblings Pompejus ausbrach. — Michaelis Mosaisches in einer 1771 erschienenen Schrift spricht den Gedanken aus, daß das Verhalten gegen die Thiere merklich auf die Sitten eines Volkes einwirke und daß daher der Gesetzgeber darauf zu achten habe. Bei den Israeliten galt der Sabbath auch für die Hausthiere und das Sabbathsjahr auch für das Gewild; Moses verbot das Castriren der Thiere, er sorgte für die alten und jungen Vögel im Neste. Ein Candidat des Predigtamtes, Ch. G. Schneider, hat in einem 1789 erschienenen Schriftchen†) auf manche

---

†) Das thierische Elend. Ein Versuch zur Linderung desselben.

schändliche Gebräuche aufmerksam gemacht und mit gerechter
Entrüstung gegen sie geeifert, so der Schlächter und Parforce-
jäger. In manchen Gegenden Deutschlands war wenigstens
noch zu seiner Zeit das abscheuliche Hahnenschlagen ein Volks-
fest, wobei man einen lebenden Hahn bis an den Kopf in die
Erde eingrub, diesen mit einem irdenen Topfe bedeckte, dann
mit verbundenen Augen um den Topf herumging und so lange
mit einem Prügel auf den Topf und dann auf den Kopf des
Hahnes schlug, bis beide zerschmettert waren. Noch mehr als
die germanischen Völker sind aber die romanischen zur Ueber-
bürdung der Thiere mit Arbeit und zu unmenschlicher Behandlung derselben geneigt. In den Tropenländern und in Südeuropa schneidet man das zuckende Fleisch von den noch lebenden
Schildkröten, und die Indianer in Neumexiko rösten sie in der
eigenen Schale. — Einige Jäger im Amte Aarberg, Kt. Bern,
wenden, um Füchse aus ihrem Bau zu bringen, was sonst durch
Ausgraben geschieht, ein Instrument an, einem großen Kugel-
zieher ähnlich, armsdick, an einer Stange befestigt, mit welchem
der verkrochene Fuchs am Ende seines Baues angebohrt
wird. Sobald die schneidenden Windungen der eisernen Schraube
tief genug in den Körper des gemarterten Thieres eingedrungen
sind, wird es gewaltsam aus seiner Höhle herausgezerrt. So
gehen dem Tode gräßliche Verstümmelungen und Schmerzen
voraus†). Es ist Pflicht der Behörden, gegen Unmenschen
dieser Art einzuschreiten, welche unter gegebenen Umständen
allerdings die Neigung verspüren können, ähnliche Grausam-
keiten auch an ihren Mitmenschen zu verüben.

Der bedeutende Philosoph Schopenhauer bezeichnet es
im Gegensatz zum älteren Fichte als eine empörende Rohheit
und Barbarei des Occidents, zu wähnen, daß die Thiere recht-
los seien, daß es gegen sie keine Pflichten gebe, unser Handeln
gegen sie ohne moralische Bedeutung sei, beruhend auf der
gegen alle Evidenz angenommenen gänzlichen Verschiedenheit
zwischen Thier und Mensch, welche am entschiedensten in Folge
seines irrigen Systems von Cartesius ausgesprochen worden

---

†) Berner Zeitung, 22. Februar 1865.

war. Der Mensch unterscheidet sich vom Thiere nicht durch den eigentlichen Kern, das Primäre (was Sch. Willen nennt), sondern nur durch die höher gesteigerte Vernunft, die ein Sekundäres und an das höher entwickelte Gehirn gebunden ist. „So einem occidentalischen Thierverächter und Vernunftidolator muß man in Erinnerung bringen, daß, wie er von seiner Mutter, so auch der Hund von der seinigen gesäugt worden ist. Daß die Moral des Christenthums die Thiere nicht berücksichtigt, ist ein Mangel, den es besser ist einzugestehen, als zu perpetuiren."†) „Man kann", äußert sich Scheitlin, „die Thiere verachten und hochschätzen, hassen und lieben; Unwissenheit und Hochmuth lehren uns das erste, Kenntniß und Demuth das zweite." — Er widmet der „Behandlung der Thiere" ein eigenes Hauptstück, Bd. I, S. 285—311, welches viel der Beherzigung Werthes enthält, und schreibt unter Anderem: „Thierquäler — Herren oder Knechte, Conducteurs oder Postillons, Schlächter, Jäger oder Aerzte, Mägde oder Naturforscher — sind der Welt Fluch." ... „Der Obrigkeit heilige Pflicht ist's, für die Thiere zu sorgen. Wer sich des Armen erbarmt, erbarmt sich seines Schöpfers. Das Thier ist der Arme." ... „Die Mißhandlung der Thiere war immer des Verfassers Zorn, ihnen wohlzuthun und mitzutheilen immer seine Lust, auch für sie zu hoffen, immer einer seiner köstlichsten Genüsse."

Der Mensch nimmt sich das Recht des Stärkeren, für seine verschiedensten Interessen das Leben der Thiere zu benutzen und zu opfern, auch für das Interesse der Wissenschaft. Gewisse Thiere, wie der Frosch, das Kaninchen, der Hund ꝛc., sind zu Märtyrern ausersehen, denen der Aufschluß über die Geheimnisse des Lebens auf der Folterbank abgepreßt wird. Es ist eine traurige Nothwendigkeit, daß nicht auch diese Folter ganz abgeschafft werden kann, aber eine Schändlichkeit, sie über den allernothwendigsten Bedarf auszudehnen. Es ist ganz und gar nicht nothwendig, die einmal klar erkannten physiologischen Gesetze und Thatsachen immer wieder aufs Neue vor den Augen junger Zuhörer durch Vivisektionen und grau-

---

†) Die beiden Grundprobleme der Ethik, S. 243 ff.

fame Experimente zu erweisen, die Hinweisung auf das gewonne
nene und festgestellte Ergebniß genügt. Lyonnet†) gesteht offen,
daß seine Abneigung, Thiere zu martern, ihn abgehalten habe,
den physiologischen Theil „würdiger ins Licht zu setzen"; auch
habe er sonst die äußerste Schonung behauptet, so daß er nicht
glaube, daß sein ganzes Werk mehr als 8—9 Raupen das
Leben gekostet, welche er überdem vor der Zergliederung stets
ertränkt habe. So möchte ich auch dem Insektensammeln so
vieler jungen Leute, von deren großer Mehrzahl die Wissen=
schaft sicherlich keine Bereicherung zu erwarten hat, nicht unbe=
dingt Vorschub leisten; für Unterrichtszwecke und die Entwicke=
lung des Formensinnes sind die Pflanzen eben so geeignet.
Anatomen und Physiologen, welche sich aller Rücksicht auf das
Leiden und den Tod der Thiere entschlagen zu dürfen glauben,
beurkunden dadurch Rohheit des Gemüthes und auch Beschränkt=
heit des Urtheils, indem sie dem Publikum zu wenig Einsicht
zutrauen, als daß es den Charakter ihrer Handlungsweise zu
würdigen wüßte. Manche werden auch gegen ihre Absicht selbst
blind und unverständig, wie denn ein Professor der Medicin in
meiner Gegenwart die Behauptung aussprach, der gemarterte
Frosch fühle keine Schmerzen; all seine Zuckungen seien nur
Reflexbewegungen. Unter dem Geschlecht von jungen Aerzten,
welches sie heranziehen und dem sie viele Beispiele der Gefühl=
losigkeit geben, finden sich nur zu leicht solche, die geneigt sind,
für ihr Interesse auch mit der Gesundheit und dem Lebensglück
der Menschen ihr frevles Spiel zu treiben und nach Umständen
zu deren Mördern zu werden.

†) In der Vorrede zu s. Werke über die Weidenraupe.

# Die Stufenfolge der Seelenkräfte im Thierreiche.

Wenn man von einer Steigerung der psychischen Vermögen im Thierreiche spricht, so kann sich dieses nur auf das bewußte Leben beziehen, denn das unbewußte ist in allen Thieren gleich vollkommen. Dieses letztere ist mit der gesammten Organisation verbunden, hat aber auch Centralorgane in den vegetativen Ganglien, das bewußte ist mit den animalen Nervencentren, speciell mit dem Gehirn verbunden, und die Thatsachen gestatten, die Vollkommenheitsstufe des Gehirns in eine Beziehung zum Klarheitsgrade des Bewußtseins zu bringen. Eine Seele im eigentlichen Sinne dürfen wir nur da annehmen, wo Bewußtsein vorkommt; alle Geschöpfe, bei welchen dieses nicht der Fall ist, sind seelenlos, oder wenn man will nur von der allgemeinen Naturseele belebt. Aber von den in diesem Sinne seelenlosen Wesen findet ein unmerklicher Uebergang zu den bewußten und beseelten statt, welche in den früheren Stadien ihres Lebens und später in gewissen Zuständen auch bewußtlos sind.

Ich habe vor vielen Jahren schon die absolute Trennung des Thier- und Pflanzenreichs verneint, was jetzt erst als eine angeblich neu gefundene Wahrheit anerkannt wird. Pflanzen- und Thierreich beginnen mit der gleichen Substanz und analogen Formen und gehen dann in divergirenden Richtungen immer weiter auseinander. Viele niedere Pflanzen gleichen in ihren ersten Lebensstadien als Schwärmsporen zc. Infusorien

oder Rhizopoden und bewegen sich wie diese mit allem Schein
der Willkür. Es wäre irrig, Empfindung vom Dasein eines
Nervensystems abhängig zu machen und darum nervenlosen
Thieren die Empfindung abzusprechen, ohne welche kein
Thier ist; man hat hier nur die bewußte Empfindung im
Sinne und denkt nicht an die unbewußte. Das Thier ohne
Nervensystem und Bewußtsein reagirt auf störende, schmerzhafte,
das Leben bedrohende Einflüsse wie das bewußte Thier mit
Nerven, sucht jenen Einflüssen auszuweichen, verräth alle Zeichen des Schmerzes, hat also Empfindung, wenn auch kein
Bewußtsein. Es ist ein bedeutender Unterschied, wie Dionaea,
die sogen. Fliegenfalle, eine virginische Pflanze und wie ein
Armpolyp, also ein nervenloses Thier, ein Insekt ergreifen,
und man sieht es den Infusorien an, welche Noth über sie
kömmt, wenn der Wassertropfen nahe am Verdunsten ist und
sie ängstlich umherschwimmen und sich zwischen andere Infusorien, Algen zc. drängen, wo noch etwas Wasser ist; sie verhalten sich einigermaßen wie geköpfte Thiere, welche auch noch
dem Schmerz zu entgehen, zu fliehen, sich zu retten suchen.
Boerhaave†) hieb einem zu seinem Futter eilenden Truthahn
mitten im Laufe den Kopf ab und doch lief der Rumpf noch
23 Fuß gerade fort und wäre vielleicht noch weiter gelaufen,
wenn er sich nicht an etwas gestoßen, worauf er fiel und noch
lange Flügel und Füße bewegte; eine Otter, der man den Kopf
abgehauen und das Eingeweide herausgenommen, begab sich
noch zu einem Steinhaufen, wo sie sich gewöhnlich aufhielt.
Die Bewegungen von Thieren, denen man das Gehirn exstir-
pirt hat, gleichen willkürlichen und sind doch nur scheinbar
willkürlich; jene erfolgen immer nur auf einen äußeren Reiz,
die willkürlichen auf einen inneren Antrieb. Das Suchen der
Infusorien nach Wasser ist ein instinktiver Akt, eine Handlung der Naturseele in ihnen; einigermaßen vergleichbar damit
ist, wenn ein enthaupteter Frosch die Körperstelle, welche man
mit (ätzender) Essigsäure betupft hat, mit dem Beine abwischt.
Manche Bewegungen enthaupteter Thiere mögen allerdings

---

†) Impetum faciens §. 331.

nach Lotze's Ausdruck „in einer noch in ihren Nachwirkungen vorhandenen Intelligenz" beruhen.

Wo lebendiges Protoplasma und Sarcode sind, da ist Empfindung, wenn auch bewußtlose. Die Reizbewegungen entschiedener Pflanzen und die Fang- und Schlingbewegungen der niedersten Thiere darf man schon nicht mehr identificiren; hingegen lassen sich die Strömungen in den Protoplasmamassen aller Pflanzen und deren Gestaltänderungen mit ähnlichen Phänomenen bei niedersten Thieren oder bei den weißen Blutkörperchen vergleichen; wo wir in Pflanzen solche Erscheinungen treffen, haben sie das Urlebendige, die Grundlage alles organischen Lebens in sich bewahrt, denn Protoplasma und Sarcode sind identische Substanzen. — Auch sehr niedere Thiere, wie die Blumenthiere, Armpolypen und Quallen scheinen trotz dem mangelnden Nervensystem einer Wahl bei der Nahrung fähig zu sein; das Blumenthierchen, der Armpolyp bringen nicht Alles zum Munde, was sie mit ihren Armen ergriffen haben. Daß eine umgestülpte Hydra wieder die normale Stellung ihrer Außen- und Innenseite zu erlangen sucht, läßt freilich nicht auf eine Erkenntniß der Incongruenz ihrer Seiten zu ihren Funktionen schließen, — aber auf den tiefsten Stufen fallen Gefühl und Erkenntniß zusammen. Sehr niedere, gesellig lebende Thiere suchen, wenn getrennt, sich wieder mit ihrer Schaar zu vereinen, müssen also die specielle Verwandtschaft mit ihresgleichen empfinden.

Von den nervenlosen Thieren gelangt man zu solchen, bei welchen einzelne Knoten und Fäden vorhanden sind, also bereits Anhäufungen von Nerven-Zellen und -Röhren, d. h. von Elementen der Organe, welche bestimmt sind, das Bewußtsein zu vermitteln. Dann kommen Thiere mit einem Nervensystem, bestehe dieses aus peripherisch um einen Mittelpunkt gestellten Knoten, oder unregelmäßig im Körper vertheilten oder in eine Längslinie geordneten; in allen Fällen sind die Knoten durch Nervenfäden verbunden. Sie sind aber nahe gleichwerthig und werden nicht durch ein übermächtiges Centralorgan (entstanden durch nähere Vereinigung einiger von ihnen) beherrscht, können daher bei der Trennung solcher Thiere jeder für sich mit einem schwachen und dunklen Bewußtsein verbunden sein, welches im ungetrennten Thiere, wo alle zusammenwirken, schon deutlicher und auch ein einheitliches ist. Von niederen Stufen des Thierreiches zu höheren wächst also die Centralisation und getrennte Stücke eines höheren Thieres können nicht fortleben, wie die eines niederen. — Die Thiere mit deutlichem Nerven-system haben wohl alle Bewußtsein, klarer und dunkler, umfas-sender und beschränkter in Uebereinstimmung mit dem Vollkom-menheitsgrade ihres Nerven- und Sinnensystems. Wie beim Menschen wird auch ihr Bewußtsein aus Empfindung, Wahr-nehmung, Schluß und Urtheil sich hervorbilden.

In Fischen, Amphibien und Reptilien überwiegt das Rücken-mark, der Leiter für die Empfindungs- und Bewegungsimpulse, noch das Gehirn, und ihr Seelenleben ist daher noch unvoll-kommen, ihr Bewußtsein ein zeitweise unterbrochenes, woher ihre Apathie. Wundt meint, so gut die wenigen Nerven-knoten der Wirbellosen ein Bewußtsein ausbilden können, so gut werde dies auch ein Rückenmark vermögen, und enthauptete Frösche, wenn sie lange genug lebten, möchten wohl im Rücken-mark ein Bewußtsein ausbilden. Ich bezweifle dieses, weil das Rückenmark eines Wirbelthieres eine viel geringere Bedeu-tung hat, als z. B. ein Nervenknoten einer Naide. Und wenn er meint, das sonderbare hirn- und kopflose Fischchen Amphioxus müsse deßhalb nicht bewußtlos sein, weil es kein Hirn habe, so mag dieses zugegeben werden, — obschon dieses Bewußtsein ein sehr dunkles sein wird, — ohne jedoch einen Schluß auf Bewußtseinsentwicklung im Rückenmark höherer geköpfter Thiere zu gestatten.

So wie es in den Vögeln und Säugethieren zu einem vollkommneren, mächtigeren Gehirn kommt, welches alle Strah-len in seinem Focus sammelt, wird auch das Bewußtsein lichter und zugleich permanent mit Ausnahme des Schlafes und der Ohnmacht. Aber der höhere psychische Charakter ist keineswegs nur an die sichtbare Organisation des Gehirns gebunden, und an dessen absolutes Volumen und sein Gewichtsverhältniß zu dem des Körpers. Auch die Größe der Hirnoberfläche steht nicht in nothwendigem Verhältniß zur Entwicklung des Verstandes; Vorhandensein oder Fehlen der Windungen, Zahl und Form derselben gestatten keinen bestimmten Schluß auf die psychischen Fähigkeiten†). Die Fledermaus hat im Verhältniß zu ihrem Körper ein doppelt so großes Gehirn als der Hund und doch unvergleichbar weniger Verstand. Und die Hunde untereinander weichen in der relativen Größe ihres Hirns, dieses mit dem Körper verglichen, außerordentlich ab und doch sind die mit kleinerem Gehirn deßhalb nicht unverständiger. Die Maus, der Maulwurf und Sperling haben relativ ein eben so großes Gehirn als der Mensch. Manche Vögel sind trotz ihres glatten Gehirns viel gescheidter als viele Säuge-thiere; der Gehirnbau des Elephanten, so weit er bekannt ist, weicht nicht wesentlich von dem anderer Dickhäuter ab. Es kommt daher nicht allein auf die Größe des Gehirns und seine Gestalt, sondern auf die Bildung und relative Größe der ein-zelnen Hirnorgane, dann auf das Verhältniß der eigentlichen Nervensubstanz zur Bindesubstanz, Virchow's Nervenkitt, Neuroglia, dann wieder auf die relative Menge der grauen und weißen Substanz an und zuletzt auf die Qualität der Millionen einzelner Nervenzellen des Hirns. Das ist eine Menge von Bedingungen, die in ihrer Bedeutung und in ihrem Zusammenwirken die menschliche Einsicht zu übersteigen drohen. Und nun vollends die Wirbellosen! Wenn man über die Seelen-kräfte der Ameisen recht nachdenkt, so muß man abkommen von dem Gedanken, daß die Vollkommenheit des Verstandes nur die Vollkommenheit des Gehirns sei, und es erwacht die Ein-sicht, daß der schöpferische Wille auch hier sehr verschiedene Mittel habe, ähnliche Wirkungen hervorzurufen. Was für das Gehirn, gilt auch für die Sinnorgane; bei übrigens gleichen Bedingungen werden vollkommnere Sinne richtigere und zahl-reichere Wahrnehmungen liefern. Aber stumpfsinnige Thiere sind keineswegs immer dumm, wie z. B. der Seehund nach F. Cuvier bei schwachem Gesicht, Gehör und Geruch viel Ver-stand zeigt. Oft nützen schärfere Sinne nur, um den Feind leichter zu vermeiden oder die Beute müheloser aufzufinden.

---

†) Vergl. Leuret, Anatom. du système nerv. I, 589.

Ein Pferd erkennt den Wärter im Dunkeln in einer mäßigen
Entfernung; die wilden Pferde in Paraguay riechen den Jaguar
doch nur auf höchstens 50 Schritte; ein Reh hingegen wittert
den Menschen schon in 300 Schritt Entfernung. Die meisten
Fische und viele Amphibien und Reptilien stehen ungeachtet
ihrer vollkommneren Sinnesorgane den kurzschwänzigen Krebsen
und staatenbildenden Insekten psychisch weit nach. Schließlich
sei, um Mißverständnissen vorzubeugen, bemerkt, daß die Seele
nicht deßhalb vollkommener ist, weil Gehirn und Sinneswerk-
zeuge höher entwickelt sind, sondern daß dieses letztere der Fall
sein wird, wenn die Seele vollkommener ist. Man darf aber
aus eben angegebenen Gründen Thiere ganz verschiedener Typen,
wie z. B. Gliederthiere und Wirbelthiere, nicht mit einander vergleichen, sondern nur Thiere desselben Typus. Endlich erlangen
die Thiere nicht Vorstellungen, weil sie Hirn und Sinnesorgane
besitzen, sondern sie erhalten diese letzteren, weil sie Vorstellungen
haben sollen. Denn überall ist der schöpferische Wille und
Gedanke das Erste und die Organisation gestaltet sich nach ihm.

Aus der Gestalt und aus dem Benehmen und Handeln der
Thiere dürfen wir auf die Natur ihrer Seele schließen.
Schon Porta, des Pomponatius Schüler, machte vor drei-
hundert Jahren auf die Aehnlichkeit mancher Menschen mit
Thieren aufmerksam und wie nicht bloß in der Gesichtsbildung,
sondern auch in der Form anderer Körpertheile, in Stimme,
Gang, Benehmen manche Menschen Thieren gleichen, — eine
von Lavater u. A. weiter verfolgte Idee. Lavater nahm an,
daß aus den festen und weichen Theilen des Kopfes und Gesichtes auf den Grad der Intelligenz der Thiere, sowie auf
ihre Gemüthsart, also auf die Natur ihrer Seele geschlossen
werden könne, die in jedem Thiere eine andere sei. Sie ver-
gleichend mit dem Menschen und unter sich stellt er Affenköpfe
zusammen, auch Köpfe verschiedener Vögel, und sucht aus ihnen
die Beschaffenheit der Seelen zu enträthseln. Dies Alles ist
aber nur eine beschränkte und partikulare Fassung des oben
ausgesprochenen Satzes, der im weitesten Umfange anwendbar
ist, so daß das psychische Wesen sich gleich im zoologischen
Typus, welchem ein Thier angehört, und dann in den Mobi-

fikationen und näheren Bestimmungen desselben ausdrückt, somit das Aeußere zum Abbild des Innern wird.

Um einigermaßen die allmälige Steigerung des bewußten Seelenlebens im Thierreiche begreiflich zu machen, kann man zur Vergleichung den Menschen herbeiziehen, wie man in der Entwicklungsgeschichte die einzelnen Phasen des menschlichen Embryonallebens mit den verschiedenen in der Natur realisirten Thierformen verglichen hat, im einen wie im andern Falle der Wahrheit eingedenk, daß Vergleichungen aller Art nur eine relative Geltung zukommt. — Vor einigen Jahren wurden von Mitgliedern der medicinischen Fakultät in Erlangen Versuche an neugeborenen Kindern angestellt, bei welchen gewisse Erscheinungen die Aufmerksamkeit schon sehr früher Beobachter erregt haben†). Hippokrates, die verwickelten Saugbewegungen der Neugeborenen wahrnehmend, kam bereits auf den richtigen Gedanken, daß die Frucht schon im Mutterleibe gesaugt haben müsse, und seit Haller ist es ausgemachte Wahrheit, daß der menschliche und Säugethierembryo in der letzten Zeit vor der Geburt Amniosflüssigkeit einschlucken. Harvey machte ebenfalls die Bemerkung, der Foetus müsse bereits im Mutterleibe gesaugt haben, weil er sogleich nach der Geburt saugen könne und weil das Neugeborene diese Fähigkeit, wenn sie nicht geübt werde, schnell vergesse und mühsam wieder erwerben müsse. Nach Cabanis hat das neugeborene Kind bereits Erfahrungen gemacht, schon durch das Wachsthum und Anstoßen an die Uteruswand Empfindungen erhalten; sein sensorium cerebrale sei keineswegs eine tabula rasa. Diese Einwirkungen, zu welchen ich auch die physischen Vorgänge und die Gemüthsbewegungen in der Mutter rechne, rufen bereits mancherlei Triebe im Embryo hervor und durch wiederholte Anstrengung der Muskeln werden manche Handlungen möglich und einige Fertigkeit schon in den Eihüllen erlernt. Das Küchelchen fängt schon gegen Ende der ersten Woche der Brütezeit an, Füße und Körper leise zu bewegen, es öffnet und

---

†) Kußmaul, Untersuchungen über das Seelenleben des neugebornen Menschen. Leipzig und Heidelberg 1859.

schließt den Schnabel, Hundeembryonen bewegen sich schon in den Eihäuten, Kälber lecken sich und schlucken Haare hinunter. Der Embryo muß nach und nach von seiner eigenen Gestalt und der des Uterus eine dunkle Vorstellung erhalten.

Bei den neugeborenen Kindern riefen nach jenen Versuchen Zucker- und Chininlösung dieselben mimischen Bewegungen hervor, welche man bei Erwachsenen als den Ausdruck der süßen und bittern Geschmacksempfindung bezeichnet; stärkere Gaben des Chinins würgten die Kinder wieder heraus, und manche schüttelten den Kopf lebhaft, wie es Erwachsene bei Ekel thun. Sogar sieben und acht Monatskinder zeigten dieselbe Geschmacksempfindung gegen Bichat's Meinung, daß die Neugeborenen verschiedene Geschmackseindrücke nicht unterscheiden. Betupfte man den Zungenrand mit der Spitze eines Weinsäurekrystalls, so machten die Kinder augenblicklich Grimassen, nicht so, wenn der Krystall auf die empfindungsarme Mitte des Zungenrückens gebracht wurde, zum deutlichen Beweis, daß sie Geschmacksempfindung hatten, nicht etwa Grimassen machten in Folge des Schmerzens einer Aetzung. Die Mimik beim Genuß der Zucker- und Chininlösung zeigt, daß zwischen den Geschmacksnerven einerseits und den Bewegungsnerven der Gesichts-, Zungen-, Schlund- und Kiefermuskeln andererseits reflektorische Beziehungen bestehen, die ohne Zweifel schon geraume Zeit vor der Geburt eingeleitet werden und deren Abänderung nach der jedesmaligen Stimmung der Kinder zugleich erweist, daß sie nicht rein mechanischer Art, sondern mit der Seele eng verbunden sind.

Schon Cabanis hat gewußt, daß das Tastgefühl der Neugeborenen deutlich gesonderte Wahrnehmungen liefert, „weil es schon im Mutterleibe etwas geübt worden sei", was ebenfalls die Erlanger Versuche erweisen. Kitzelte man mit einem in den Mund eingeführten abgerundeten Glasstäbchen die Zungenspitze, so machte das Kind Saugbewegungen, welche noch leichter eintraten, wenn man mit dem Finger die Lippen sanft strich; schon am ersten Lebenstage führen manche Kinder den Finger in den Mund, um daran zu saugen; kitzelte man die Innenfläche eines Nasenflügels mit einer Feder, so blinzelten die

Kinder zuerst mit den Augenlidern, zogen dann die Augen zusammen, bewegten Kopf und Hände und fuhren mit letzteren
nach dem Gesicht. Die Wimperhaare der Augenlider zeigten
sich gegen die leisesten Berührungen ungemein empfindlich;
blies man Luft durch ein Röhrchen nach dem Gesicht, so blinzelten die Augen nur dann, wenn der Luftstrom eines der
Wimperhaare berührte. Diese Reflexbewegung ist deßhalb
so wichtig, weil das Kind in der frühesten Zeit die Augen nicht
schließt, wenn ihnen Gefahr droht; fährt man mit einer Nadel
oder mit dem Finger gegen das Auge, ohne es zu berühren,
so blinzelt der Säugling selbst in der 14ten, ja 16ten Woche
noch nicht; trifft aber ein kleiner Körper oder nur ein Luftzug
die Wimpern, so schließen sich die Augen sogleich. Reflexbewegungen dieser Art, wo ohne Zuthun des bewußten Willens
durch direkte Uebertragung des Reizes von Empfindungs-
auf Bewegungsnerven nützliche Bewegungen bewirkt werden,
sind weise Schutzmittel in einer Zeit, wo das junge Wesen sie
noch nicht auszuführen wüßte. Nach der 14. bis 16. Woche
hingegen schließt das Kind das Auge, wenn sich ein fremder
Körper gegen dasselbe bewegt, und zwar nicht mehr in Folge
eines Reflexes, sondern einer Vorstellung.

Die Neugeborenen schreien und zittern vor Kälte, beruhigen
sich aber bald, wenn man sie in das warme Bad bringt, haben
also ein sehr lebhaftes Temperaturgefühl. Versuche mit
stark riechenden Substanzen, wie Asa foetida und Dippels-Oel,
schienen auch, selbst bei Achtmonat-Kindern, Empfänglichkeit
für Gerüche zu erweisen. Bald nach der Geburt versucht das
Kind, die Augen zu öffnen, schließt sie aber schnell und krampfhaft wieder vor dem mächtigen Reize des Lichtes, nach dessen
Grade sehr bald die Verengerung und Erweiterung der Pupille
beginnt, ebenfalls eine Reflexbewegung, indem die Erregung
der Retina die Bewegung der Iris auslöst. Erst nach einigen
Wochen, nach Gewöhnung der Augen an das Licht, lernen die
Kinder Gegenstände fixiren, die Muskeln beherrschen, welche den
Augapfel bewegen und die Anpassung des Auges an die Entfernung
der Gegenstände reguliren. Am spätesten scheint bei den Neugebore-

nen das Gehör zu erwachen; erst nach drei Tagen verrathen
manche Empfindung gegen ein etwas stärkeres Geräusch.

Die zuckenden Bewegungen der Embryonen im Eiwasser
leitete Cabanis aus dem Bedürfniß ab, die Glieder zu bewegen,
nachdem sie eine gewisse Stärke gewonnen haben; das Bedürfniß und der daraus hervorgehende Trieb nach dessen Befriedigung entsteht nach ihm aus innerer Empfindung. Nach der
gegenwärtigen Einsicht sind es aber Muskelgefühle, welche den
Trieb zum Gebrauch der Muskeln erwecken. Einige Stunden
nach der Geburt, in seltenen Fällen erst 12—24 Stunden
darnach, verräth das Kind deutlich, daß es hungere und dürste,
Empfindungen, welche bei ihm jetzt noch in eine zusammenfallen.
Das Kind wird unruhig, macht Saugbewegungen, bringt den
Finger in den Mund, saugt am Finger, den man ihm in den
Mund steckt, schläft ein, wenn sein Bedürfniß nicht befriedigt
wird, erwacht wieder, um noch einmal einzuschlafen und aber-
mals zu erwachen, und bricht endlich in Geschrei und lebhafte
Bewegungen aus, die bei kräftigen Kindern bereits zorniger
Art sind. An der Mutterbrust erfreut sich das neugeborene
Kind der belebenden Wärme und schöpft aus ihr eine Fülle
von Glückseligkeit; sein noch mit der frischesten Reizbarkeit be-
gabter Organismus erlangt die Befriedigung der dringendsten
Bedürfnisse: Wärme, Stillung von Hunger und Durst, Luft
durch das Athmen.

Die allerersten Bewegungen der Frucht waren nur Reizbewegungen, wie bei einem Infusorium oder Polyp, dann
kamen mit der Ausbildung des Nervensystems Reflexbewegungen,
an denen allmälig das Bewußtsein aufdämmerte. Der erste
Anstoß zu diesem war schon mit dem Uebergang aus dem Dunkel in das Licht, aus der Wärme in die Kühle gegeben; mit
den mancherlei Erregungen des Tastgefühls, dem Luft- und
Nahrungsbedürfniß und dessen Befriedigung entstehen eine
Menge Lust- und Unlustgefühle mit den entsprechenden Trieben
und Bestrebungen, es bilden sich Vorstellungen, das Kind übt
seine Organe und lernt sie gebrauchen und beherrschen. Einem
schönen, fünf Stunden alten, lebhaften Mädchen, welches aus
Nahrungsbedürfniß sehr unruhig geworden war, streichelte der

Beobachter abwechselnd die linke, dann die rechte Wange mit
dem Zeigefinger. Jedesmal wandte das Kind seinen Mund
sehr rasch nach der gestrichenen Seite und begann am Finger
zu saugen. Als der Beobachter seinen Finger aber immer
wieder entfernte, wurde das Kind äußerst unwillig, begann
lebhaft zu schreien und beruhigte sich erst an der Brust der
Mutter. Hier tritt ein neues Princip auf, hier sind nicht
mehr bloße Reflexbewegungen, sondern es sind Begierden und
Vorstellungen erwacht mit dem Bestreben, erstere zu befriedigen,
und es hat sich zwischen Empfindung und Bewegung ein neues
Element eingefügt, welches wir Seele nennen. Die wunder=
volle Maschinerie des Organismus mit ihren kunstvollen in ein=
ander greifenden Einrichtungen ist entstanden nach Gesetzen,
welche außer und über dem individuellen Bewußtsein liegen,
mit dessen Eintritt sich das Individuum im Besitz derselben
findet. Bereits im Mutterleibe hat das Kind einige Anwen=
dung seiner Glieder gelernt und eine dunkle Empfindung von
einem außer ihm Seienden und eine gewisse Raumanschauung
erlangt, wie etwa ein Mensch, der an einem ihm sonst unbe=
kannten Orte in Schlaf verfallen ist. Es ist möglich, daß
dem Neugeborenen eine Erinnerung bleibt, daß er bereits als
Embryo Fruchtwasser getrunken hat und daß diese Erinnerung
ihn antreibt, Nährsaft außer sich zu suchen, nicht schließend und
selbstbewußt, sondern nach der Art eines Triebes. Tast= und
Geschmackssinn wirkten schon im Mutterleibe und veranlaßten
die Thätigkeit gewisser Muskelcomplexe der Glieder, des Halses,
der Saug= und Schlingorgane; Seh= und Hörsinn wirken hin=
gegen erst nach der Geburt. Von diesen erregt zuerst der Ge=
sichtssinn Vorstellungen; das Kind, sich am Lichte erfreuend,
öffnet und schließt abwechselnd die Augen und lernt so seine
Augenmuskeln gebrauchen. Allmälig unterstützen sich die ver=
schiedenen Sinne, das Spiel der organischen Apparate wird
lebhafter und geregelter, die Empfindungen und Vorstellungen
werden zahlreicher und deutlicher und das psychische Leben er=
hebt sich immer reicher und höher über den dunkeln bewußt=
losen Grund, aus dem es hervorgegangen ist. Das Kind lernt
den eigenen Körper, der ihm bis dahin als ein Theil der

10*

Außenwelt erschienen war, als einen Theil seines Selbst er-
kennen\*). Jahre gehen vorüber, bis das Kind seine Vorstellungen zu ordnen, zu combiniren vermag, bis es schließen und
urtheilen nur in dem Maaße lernt, wie die höchsten Thiere in
ihrem ausgebildeten Zustande.

Die Stufenleiter des psychischen Lebens der Thiere hat
Aehnlichkeit mit dem Entwickelungsgange desselben beim menschlichen Embryo und Kinde. Mag man die Bewegungen nerven-
loser Thiere auch Reizbewegungen nennen, — sie sind doch
sehr verschieden von den Reizbewegungen der Dionäa, wenn
sie, nachdem ein Insekt sich auf sie gesetzt, ihre Klappen zu-
sammenschlägt und es festhält, oder wenn die Mimose bei leiser
Berührung eines Blättchens alle an einander legt oder wenn
Staubgefäße sich zu Narben oder umgekehrt bewegen, — Akte,
welche nicht in Protoplasma, sondern im Parenchym begründet
sind. Dann werden bei hirnlosen Thieren Reflexbewegungen
folgen und hierauf bei Thieren mit Hirn willkürliche. Das
Leben der niedersten Thiere kann man übrigens nicht durchaus
dem Leben des Embryo in frühester Zeit vergleichen, sie bewegen sich ohne Muskeln und Nerven häufig sehr rasch; weichen
Gegenständen aus, fahren bei Berührung wie erschrocken zurück
und die vollkommneren unter ihnen unterscheiden schon ihr
eigenes Wesen von der umgebenden Welt. Die höheren Thiere
hingegen unterscheiden nicht nur sich von der Welt, sondern
auch manche Kategorien der äußeren Dinge, und werden sich
ihrer eigenen Zustände bewußt, haben Vorstellungen von den
äußeren Dingen und ihren eigenen Zuständen. Allmälig entwickelt sich ein Gedächtniß für Zeit und Ort, und das Vermögen, einzelne Vorstellungen unter einander zu verbinden und
so Vorstellungen von allgemeinerer Geltung zu bilden. Fanden
Mittheilungen auf früheren Stufen fast nur durch unmittel-
bare Berührung statt, so werden sie auf späteren auch durch

---

\*) Ein 18 tägiger Knabe schlug und kratzte sich bis zu Schmerzen,
ohne seinen Leib von einem fremden zu unterscheiden. Erst im Alter von
fast 2 Monaten schlug er sich nicht mehr ins Gesicht. Tiedemann, beß.
Beitr. z. Gelehrsamkeit und Kunst, 1767, II, 319.

Haltung, Bewegung, Blick und Laute vermittelt, also aus der Ferne, und zwar kommen Laute ziemlich oft bereits bei den Gliederthieren, namentlich den Insekten, vor, und schon das bloße Summen kann als Mittheilung aufgefaßt werden, indem Thiere dadurch auf das Dasein anderer Individuen der gleichen Art aufmerksam gemacht werden.

Beispiele eines vollkommneren Gedächtnisses und besonders eines eigentlichen Verstandes kommen nur bei den Vögeln und Säugethieren vor und nur Thiere dieser beiden Klassen können daher zu wahrhaften Hausthieren gemacht und durch den Menschen etwas weiter entwickelt werden. Bei Thieren von träger Psyche sind fast nur Bildungstriebe vorhanden, Kunsttriebe sind vorzüglich da entwickelt, wo Besitz von Gliedern und Leichtigkeit der Bewegung es möglich machen, ihnen Folge zu geben, also bei den Insekten und Vögeln. Wasserthiere stehen psychisch im Allgemeinen niedriger als Landthiere der gleichen Gruppe, Schwimmvögel, Cetaceen, Robben niedriger als Landvögel, Wiederkäuer, Raubthiere. Alle in größerer Zahl beisammen lebenden oder wenigstens regelmäßig wandernden Thiere haben vor einsam lebenden der gleichen Gruppe gewisse Vorzüge, indem sich bei ihnen reichere Mittel der Verständigung entwickeln und derlei Vereine der erste Anfang zu einer gesellschaftlichen Organisation sind. — Lange lebende Thiere haben bei sonst günstiger Anlage die Möglichkeit einer höheren psychischen Ausbildung vor sich[*]).

Eine Eintheilung der Thiere nach ihrer psychischen Vollkommenheit dürfte schwerlich ganz parallel mit der Architektonik des zoologischen Systems sich gestalten. Lamarck[†]) faßte die Infusorien, Radiarien, Polypen, Würmer und Epizoarier, bei welchen nach seiner Meinung die Nervenmoleküle allgemein verbreitet wären, also kein gesondertes Nervensystem

---

[*]) Smellie, Phil. d. N. II 287, spricht den Gedanken aus, daß alle Thierarten, so verschieden ihre Lebensdauer sei, wegen einer langsamern oder schnellern Ideenfolge und vielleicht wegen der komparativen Intensität ihrer Genüsse gleich lange leben und gleiches individuelle Glück genießen mögen.

[†]) Hist. natur. d. anim. sans vertèbr. vol. 1.

vorhanden ift, als animaux apathiques zusammen; die Thiere
mit einem Hirnknoten und meist einer Ganglienkette oder einem
vegetativen Nervensystem: Gliederthiere, Anneliden, Mollusken,
nennt er animaux sensibles; die mit animalem und vegetati-
vem Nervensystem zugleich, also die Wirbelthiere, anim. intel-
ligens.   Der Name apathiques ift unpaffend, da die so genannten Thiere häufig äußerst feine Empfindung haben.   Und
wer würde es billigen können, z. B. die Staaten bildenden
Insekten als bloß empfindende Thiere ohne weiteres den Wirbelthieren als intelligenten unterzuordnen? Wir sehen bei erfteren
vielmehr, daß auf eine ganz andere Weise, bei einer ganz anderen, nach unseren Begriffen viel unvollkommneren Einrichtung
des Gehirns Erscheinungen möglich gemacht werden, wie sie in
solcher Vollkommenheit selbft bei den Wirbelthieren nicht, sondern erft im Menschengeschlechte in höherer Potenzirung vorkommen.

# Der psychologische Charakter der einzelnen Thierklassen.

---

## Die Infusorien und Rhizopoden

können als ein besonderer Kreis allen übrigen Thieren ent-
gegengestellt werden, als T h i e r e v o n d e r e i n f a c h s t e n O r -
g a n i s a t i o n, ohne jene Differenzirung in Systeme und Organe,
ohne jene Verschiedenartigkeit der Gewebselemente, welche den
übrigen Thieren zukommen oder doch nur mit Andeutungen
derselben. Es sind meist mikroskopische Geschöpfe, in unermeßlicher Zahl die Gewässer anfüllend, welche von gewissen Infusorien oft grün oder roth gefärbt erscheinen, während die Poly-
cystinen und Rhizopoden durch die Anhäufung ihrer Kiesel- und
Kalkpanzer Gesteins- oder Erdmassen bilden. Ausdehnung und
Zusammenziehung des Körpers, Beugung und Streckung,
schwingende Bewegung von Fäden oder Wimpern, welche die
einen im Wasser forttreiben, während die anderen kriechen, oft
mittelst Fortsätzen, die sie ausstrecken und einziehen können, die
allgemeinen Erscheinungen der Empfindung, die keinem thierischen Wesen fehlt und sich durch Zeichen des Schmerzes bei
Verstümmelung und Vertrocknung kundgibt, die Reizbarkeit, welche
oft bei der leisesten Berührung sie zurückprallen macht, das
Suchen nach Nahrung und Wasser sind die hauptsächlichsten
Erscheinungen eines auf der tiefsten Stufe stehenden Seelenlebens.

## Die Blumenthiere, Quallen und Stachelhäuter

bilden zusammen den Kreis der sogenannten Strahlthiere, weil in ihrer ganzen Körperform oder in der Stellung einzelner Organe um einen Mittelpunkt sich ein strahlenförmiger Typus ausspricht. Die Blumen- oder Korallenthiere sind sämmtlich Meerbewohner, welche meistens gesellig lebend baumförmig verzweigte Thierstöcke bilden, indem die durch Knospung entstandenen jüngeren Generationen mit den älteren vereinigt bleiben. Ihr schlauchförmiger Körper trägt oben den Mund, welcher von strahlenförmig gestellten Fühlern umgeben ist, während bei sehr vielen der untere Theil des Körpers Kalk absondert, wodurch ein sehr verschieden gestalteter, im Laufe der Generationen sich immer vergrößernder Korallenstock entsteht. Massen solcher Stöcke bilden z. B. in der Südsee, dem rothen Meere rc. Riffe und zahllose Inseln. Bei vielen findet sich im Korallenstock eine gemeinschaftliche Höhle, so daß eine Saftcommunication für alle Individuen und eine Lebensgemeinschaft derselben besteht, daher sie auch die Reizung empfinden, die eines von ihnen erfährt, und hierauf Fühler und Leib einziehen. Dieses Einziehen und Ausstrecken, das Ergreifen kleiner Wasserthierchen mittelst der Fühler, sind außer der Fortpflanzung, welche durch Knospen, Eier und Theilung erfolgt, die wesentlichsten Lebenserscheinungen bei diesen Thieren, welche bis in die Mitte des vorigen Jahrhunderts für Pflanzen gehalten wurden. Einige, z. B. die Seefedern, leuchten *).

Die Quallen oder Akalephen sind mit Ausnahme der sogenannten Armpolypen oder Hydern sämmtlich meerbewohnende Strahlthiere von gallertartiger durchsichtiger Substanz, von höchst verschiedener Körperform, und leben einzeln oder sind in Thierstöcke vereinigt, welche in organischer Gemeinschaft stehen, so daß das Gefühl der einen sich auch auf andere fort-

---

*) Das Leuchten der rothen Seefeder, Pennatula phosphorea, wurde von Spallanzani beschrieben. Memorie di Matematica e Fisica della Soc. Italiana, II, 603. Sie leuchtet nur bei der Bewegung (auch nach dem Tode, wenn man sie erschüttert), und zwar sind es die Polypen, welche ein glänzendes, weißlich blaues Licht ausstrahlen.

pflanzt und auch die Nahrung theilweise den anderen zu Gute kommt. Bei den Thierstöcke Bildenden ist die Arbeitstheilung oft zu hoher Vollkommenheit gediehen, so daß, während die einen Individuen sich der Beute bemächtigen, andere sie aussaugen, wieder andere der Fortpflanzung leben oder die Bewegung vermitteln. Bei einigen Quallen glaubt man bereits Nervenknoten, sogar (sehr unvollkommene) Hör- und Sehwerkzeuge annehmen zu dürfen, — aber auch jene, welche nichts von dem Allen haben, wie die Hybern, sind für Berührung und Licht äußerst empfindlich. Viele dieser sonderbaren Geschöpfe, die oft eher einer Wurzel, einem Stück Eingeweide ꝛc. ähnlich sehen, als einem der uns umgebenden Thiere, zeichnen sich durch herrliche Farben und krystallhelle Durchsichtigkeit aus, und manche leuchten bei Nacht. Charakteristisch ist für alle, auch die Hybern, die Ausstattung mit zahlreichen mikroskopischen Nesselorganen: Knöpfchen mit Haken zum Einschlagen und ätzendem Safte, auf äußerst contraktilen Fäden stehend, welche Organe sie von sich schleudern, sich damit an andere Thiere anheften oder sie umschlingen und durch den kaustischen Saft lähmen und tödten können. Beim Baden im Meere hat man sich vor anschwimmenden Quallen in Acht zu nehmen, da sie wie scharfe Nesseln brennen. Viele schwimmen im hohen Meere und manche lassen dabei eine rhythmische Zusammenziehung und Ausdehnung wahrnehmen. Bei der Blasenqualle, Physalia pelagica, vermögen nach Bennett die ungemein zahlreichen langen Fangfäden bis auf einen halben Zoll sich aufzurollen und sich dann außerordentlich schnell 12—18 Fuß weit wegzuschleudern, wobei sie sich um alle in diesem Bereich verweilenden kleinen Thiere schlingen, sie lähmen und dann den saugenden Individuen zuführen, von welchen sie ausgesaugt werden.

Die Stachelhäuter, welche fast sämmtlich die Küsten und den Strand bewohnen, sind Thiere mit dunkler, undurchsichtiger, sehr oft mit Stacheln besetzter Haut, und oft von einer Kalkschale umschlossen, die mit zahlreichen kleinen Löchern versehen ist, aus welchen eine Art schwellbarer Füßchen hervortritt, mittelst welcher diese Thiere an sehr glatten Flächen,

Seeigel z. B. an Fensterscheiben aufkriechen können. Ihr Leib ist sternförmig, kuglig, elliptisch, selten walzig, bei welchen letzteren dann ein Gegensatz von Vorder- und Hinterende auftritt. Man nimmt bei ihnen bereits ein deutliches Nervensystem wahr, und bei den Seesternen an den Spitzen der Strahlen farbige Punkte, die man für Augen hält. Einige Seesterne sitzen wie Blumen auf langen Stielen, welche im Meeresgrund stecken. Seesterne und Seeigel besitzen an der Oberfläche ihrer Schale, in großer Zahl vertheilt, wundersame Organe, gestaltet wie Krebsscheeren oder Vogelschnäbel auf langen beweglichen Griffen; diese Gebilde, Pedicellarien genannt, packen kleine Thierchen, welche zur Nahrung dienen, und überliefern sie einander, bis sie am Munde angelangt sind. Die Seesterne können verlorene Strahlen nacherzeugen, ja es kann aus einem einzigen, wenn nur etwas von Nervenring daran ist, wieder ein ganzer Seestern werden. Eine Art, Luidia genannt, kann, wenn man sie ergreifen will, ihre Arme selbst zerstören, indem sie sie sehr schnell in Stücke zerbröckelt oder auch ganz abwirft. Die walzigen Stachelhäuter heißt man Holothurien; bei ihnen ist der strahlige Typus äußerlich nur noch durch die in Kreisen um die Mundöffnung stehenden Fühler angedeutet. Diese sind bei manchen federbuschartig, und wenn der Abend kommt, breitet das Thier diese schönen Federbüsche aus und jeder treibt das Wasser vor sich her, steigt dann, sich ganz zusammenziehend, in den Mund hinab, kommt wieder hervor, um sich aufs neue auszubreiten, welches Spiel bis zur Morgendämmerung währt. Dann zieht das Thier den ganzen Apparat ein, am Afterende fängt, indem es sich contrahirt und das Wasser aus seiner Athmungshöhle treibt, ein Wasserstrahl an zu spielen, worauf es zusammengezogen und regungslos den Tag über verharrt. Die Holothurien oder Seewalzen nehmen in jenes eigenthümliche Athmungsorgan, welches nichts anderes als das erweiterte Darmende ist, Wasser auf und spritzen es dann durch den zusammengeschnürten After wieder aus, wodurch sie einen Gegenstoß im Wasser erregen, der ihnen einen Ruck vorwärts gibt, und indem sie den Akt oft nacheinander wiederholen, bewegen sie sich stoßweise fort.

## Die Mollusken oder Weichthiere

bilden einen eigenen gut begrenzten Kreis der Thierwelt, in welchem es wegen der vollkommneren Ausbildung der vordersten Nervenknoten zur Darstellung eines Kopfes kömmt, welcher den vorhergehenden Kreisen gänzlich fehlte, der aber auch nur in den zwei höheren Klassen der Weichthiere, den Schnecken und Kopffüßern, vorhanden ist, den Muschelthieren hingegen noch abgeht. Die Mollusken sind Thiere, deren Leib von einer verschieden gestalteten Schleimhaut, dem sogen. Mantel, umhüllt ist, welcher bei vielen Kalkschalen absondert. Sie sind vorzugsweise Wasserthiere, und nur in der mittleren Klasse, bei den Schnecken, finden sich ziemlich zahlreiche Gattungen, welche das Land bewohnen.

Die zoologischen Systematiker haben vielfach über den Rang der Weichthiere und Gliederthiere gestritten und halten je nach ihrem Standpunkte die einen oder die anderen für vollkommener. Beide sind aber ganz differente Abtheilungen der Thierwelt, in deren Organisation die schöpferische Kraft sehr abweichende Grundideen verwirklicht und diese dann bei den Wirbel- oder Kopfthieren in einer höheren Synthese zusammenfaßt. Die Weichthiere stehen übrigens den Gliederthieren an Verstand und noch mehr an Kunsttrieben und Kunstleistungen sehr nach, bilden auch keine Thierstaaten. Mit dem sanguinischen oder sanguinisch-cholerischen Temperament namentlich der Insekten verglichen sind sie Phlegmatiker, bedächtlich und langsam, gefräßig und wollüstig; es waltet in ihnen das Massive, Wuchtige vor, verglichen mit den leichten zierlichen Gestalten der Insekten. Nur eine Minderzahl lebt am Tage, im Sonnenlichte, die meisten suchen das feuchte Dunkel in der Erde, im Moose, unter Steinen, Rinden, Pflanzen, im Meer- und Süßwasser, während die meisten Insekten am Lichte leben und auf leichten Schwingen durch die Luft ziehen. Aufmerksamkeit, wohl auch Erinnerung ist den Mollusken nicht abzusprechen, am höchsten stehen die Kopffüßer, am tiefsten die Muschelthiere, bei welchen noch Gattungen vorkommen, welche Thier-

stöcke bilden *). Die Mollusken haben zum Theil ein sehr
zähes Leben; Johnston †) zählt eine Anzahl Fälle auf, wo
Landschnecken nach jahrelanger Vertrocknung befeuchtet wieder
zum Leben kamen. Nach Professor Eaton in Newyork wären
sogar Unio cariosus und purpureus aus einem Diluviallager
bei Utica in 42′ Tiefe noch lebend gefunden und von den
Arbeitern verzehrt worden, müßten also Tausende von Jahren
im latenten Leben zugebracht haben. — Die kopflosen Mollusken oder Muschelthiere graben sich zum Theil in Sand und
Schlamm, in Holz, selbst in Felsen ein; die Schalen öffnen
und schließen, um die kleinen Thierchen mit dem einströmenden
Wasser einzuschlürfen und sich fortpflanzen, ist das ganze Leben
der Auster und ihrer Genossen; nur wenige Muschelthiere
haben besondere Fähigkeiten, wie denn manche sich fortzuschnellen
vermögen **). Der Scheidenmuschel will man Gedächtniß zu-
schreiben.

Bei den Schnecken sehen wir den Kopf sich allmälig entwickeln und mit ihm Fühler, Augen und Gehörwerkzeuge sich
besser ausbilden. Viele schalenlose Schnecken des Meeres zeichnen sich durch wundervolle Schönheit aus; viele Pteropoden

---

*) So die Botrylliden und Pyrosomen oder Feuerwalzen, welche letz-
tern den Namen von ihrer herrlichen nächtlichen Lichtentwickelung haben.
Nach Peron findet bei Pyrosoma atlanticum ein regelmäßiger Wechsel von
Ausdehnung und Zusammenziehung statt; bei letzterer wird der leuchtende
Körper in ihnen (die Leber) roth wie glühendes Eisen, mit der Ausdehnung
orange, grün, azurblau und zuletzt dunkel.

†) Einleitung in die Conchyliologie S. 254—56.

**) Manche Muscheln springen mittelst des muskulösen, sehr elasti-
schen, in einem spitzen Winkel gebogenen Fußes; so Bucardium; Trigonia,
Pecten. Wenn (nach d'Argenville) die Kammmuscheln auf dem Strand
sind, springen sie mittelst schnellen Oeffnens und Schließens der Schalen
mehrere Centimeter in die Höhe und gelangen am abschüssigen Strand ins
Wasser. In diesem erheben sie sich auf unbekannte Weise oder halten sich
halb unter Wasser und laufen dann gleichsam mittelst erstaunlich schneller
Vibration der Schalen über das Wasser. Die Tellmuschel macht weite
Sprünge, indem sie die Schale auf die Spitze stellt, um die Friktion zu
vermindern, mittelst des weit vorgestreckten Fußes einen Theil der Schale
umfaßt und den Fuß dann plötzlich wie eine Uhrfeder losläßt und auf den
Grund schlägt.

sind silberglänzend, himmel= oder amethystblau, die Glaucus
zum Theil meergrün, manche dieser durchsichtigen Thiere schim=
mern wie Edelsteine; die Firolen sind wegen äußerster Durch=
sichtigkeit manchmal fast unsichtbar. Die Veilchenschnecke, Jan=
thina, hat einen eigenthümlichen Schwimmapparat; bei schönem
Wetter erscheinen manchmal Millionen im Mittelmeer oder
Ocean, die Schale nach unten; wird das Meer unruhig, so
stoßen sie die Luft aus und sinken unter. Am Schwimmappa=
rat sitzen auch die Eierkapseln. Janthina phosphorescirt bei
Nacht und verbirgt sich bei Tage in einem violetten Saft, den
sie ergießt, und der wahrscheinlich auch zur Bereitung der Pur=
purfarbe diente. Tritonia arborescens gibt nach Grant, in
ein Glasgefäß gesetzt, Töne von sich, wie wenn man mit einem
Stahldraht an einen Wasserkrug schlägt, hörbar bis auf 12′,
die offenbar aus dem Munde kommen, indem sich im Augen=
blicke ihres Entstehens die Lippen plötzlich öffnen, wie um das
Wasser eintreten zu lassen. Auch Eolis punctata gibt Töne
von sich. An der Nordküste von Ceylon hörte Emerson
Tennent oft von musikalischen Tönen sprechen, die aus dem
Wasser kommen. In einer stillen Mondnacht nahe an der
Küste schiffend, hörte er sie wie die Schwingungen einer Violin=
saite oder eines vom nassen Finger gestrichenen Glases. Es
waren eine Menge feiner, deutlicher Töne, an manchen Stellen,
wo die hervorbringenden Thiere gehäufter waren, deutlicher als
an anderen. Sie kommen nach Grant in Edinburg von einer
Tritonia, die kaum ¹/₂ Zoll lang ist*). Unsere Land= und

---

\*) Schmarda (Reise um die Erde I, 322) behandelt zwar die singen=
den Schnecken oder Fische als Fabel, „solche Thiere ohne Stimmorgane
könnten nicht singen, am allerwenigsten im Wasser.“ Dies Räsonnement
ist aber nicht wohl zulässig, denn die Natur hat noch andere Mittel, um
Töne hervorzubringen, als die gewöhnlichen Stimmorgane. Die Fische,
welche Schmarda anführt, haben ja auch keine Stimmorgane und bringen
doch mancherlei Töne hervor; die von den Seehähnen sind längst be=
kannt. Bei Bombay liegt ein Salzwassersee, aus dem man langgezogene
Laute wie von einer fernen Glocke oder Aeolsharfe hört; die Fischer schrei=
ben sie einer Art Barsch zu. Dieselben Töne hörte man zu Vizagapatam
an der Küste Coromandel, und Dr. Adams hörte sie in einer Flußmündung

Süßwasserschnecken nähren sich fast durchgängig von Pflanzen, und manche der ersteren werden durch ihre Menge und Gefräßigkeit oft sehr schädlich; viele Seeschnecken sind hingegen fleischfressend und zum Theil viel rühriger. Sie durchbohren mit ihrer vielbezahnten Zunge die Schalen der Mollusken und verzehren die weichen Bewohner. Die meisten Schnecken bringen träge und phlegmatisch, etwa nur durch die Geschlechtslust aufgeregter, ihr Leben zu.

Am höchsten im physischen Bau und psychischer Hinsicht stehen die Kopffüßer, Sepien, Tintenfische, gräuliche Geschöpfe, welche mittelst ihrer kräftigen, mit Saugnäpfen besetzten Arme und ihres Hornschnabels Fische und Krebse angreifen und manchmal selbst Menschen gefährlich werden können. Sie scheinen namentlich dazu bestimmt, die Seekrebse in Schranken zu halten, und bezwingen nach grausamem Kampf auch große Krebse trotz ihres Widerstandes, indem sie deren Scheeren und Beine mit ihren Armen umwickeln und endlich die Kruste mit dem scharfen Schnabel durchbohren. Der französische Capitän Bouyer will 1861 bei Teneriffa eine Sepie von ungeheurer Größe und entsetzlichem Anblick, von ziegelrother Farbe gesehen haben, der Leib 15—18' lang, die Kiefer 1½', die acht Arme 5—6'. Früher beschrieb schon Rang eine rothe Sepie aus dem atlantischen Ocean, deren Leib groß wie eine Tonne war. Quoy und Gaimard fanden im gleichen Ocean in der Nähe des Aequators Stücke eines Tintenfisches, 100 Kilogr. schwer, und Peron sah eine Sepie bei Van Diemensland, deren Arme 6—9' lang und 7—8" dick waren. Schon im vergangenen Jahrhundert hatte Hans Egede von Grönlands Küste eine Riesensepie, „Kraker", beschrieben. In neuester Zeit hat Steenstrup auf Island die Nachrichten von riesigen Tintenfischen geprüft. Im Jahre 1639 sei ein wunder-

---

auf Borneo; er nennt als Urheber den Orgelfisch, eine Art Pogonias. Der Ton sei laut, singend, steigend und fallend, zuweilen ersterbend, dann wieder wie ein dumpfes Trommeln. Auch der Platastrom soll singende Fische in Menge besitzen, hier wie lauter Baßstimmen und Trommelrollen; vermuthlich ist es ein Pogonias von 40—60 Pfd. Schwere. Die Corvina an der portugiesischen Küste sollen auch singen.

liches Geschöpf oder Seegespenst von Mannsgröße, mit zahlreichen, 2 Ellen langen Armen an die Küste getrieben; 1790
eines, dessen Körper 3½ Klafter lang und sehr dick war, und
dessen längste Tentakeln über 3 Klafter maßen. Steenstrup
hält diese Nachrichten für authentisch. Im Mittelmeer werden
jetzt noch manchmal Tintenfische mannsdick und lang gesehen;
andere 2—4' lange kommen noch öfter vor. — Durch zahllose
contraktile Zellen, die mit verschieden gefärbten Säften erfüllt
in mehreren Schichten unter der durchscheinenden Haut liegen,
können diese von den Alten Polypen genannten Geschöpfe nach
ihrer inneren Stimmung, nach Wassertiefe, Beleuchtung, Be-
wölkung ihre Farben gleich dem Chamäleon ändern. Sie marschiren, den Kopf nach unten, den Leib nach oben gerichtet,
auf ihren Armen einher oder schwimmen mit Armen und
Mantelausbreitungen auf der Fluth, und manche sind ausgestattet mit einer Schale, welche gleich einem Boote sie über
den Wogen erhält. Die Gattung Octopus, Achtfuß, geht oft
aus dem Wasser auf die Felsen und den Sand des Ufers.
Nahen Verfolger, so ergießen die Kopffüßer aus ihrem Tinten-
beutel schwarzbraunen Saft, der, im Wasser sich ausbreitend,
sie wie eine Wolke vor den Blicken des Feindes verbirgt. —
Den Kreis der

## Würmer

kann man als eine Vorstufe der Gliederthiere ansehen, welche
jedoch physisch und psychisch sowohl unter diesen als unter den
Weichthieren steht und mit äußerst niederen Formen beginnend
ihre vollkommenste Ausbildung in den großen Würmern des
Meeres erhält. Wie überall, sind auch hier die parasitischen
Gattungen, welche in den Eingeweiden des Menschen und der
Thiere leben, niedriger organisirt als die freilebenden, nament-
lich jene der See, welche durch merkwürdige Bildung, zahlreiche
sonderbar gestaltete, der Bewegung und Athmung dienende
Organe und zum Theil auch durch unvergleichliche Farben-
pracht, Metallglanz u. s. w. das Auge des Beobachters fesseln.
Manche dieser Würmer schimmern in Regenbogenfarben, die
Aphroditen zeigen die Pracht der Kolibris und Edelsteine. In

dieser Klasse ist das Gefühl sehr entwickelt; die oft nackte Schleimhaut ist für Verletzung und Temperatur sehr empfindlich, und die Würmer geben die deutlichsten Zeichen des Wohlbehagens oder des Schmerzes.    Blutegel und Regenwürmer erkennen bereits Gefahren, suchen zu fliehen, sich zu verbergen, die Geschlechter — wo sie getrennt sind, denn es gibt hier, wie bei vielen anderen niederen Thieren, hermaphroditische Gattungen, — wissen sich zu suchen und zu finden.    Die oft tiefen Gänge der Regenwürmer haben zwei Pforten; auf dem Grunde dieser Gänge bringen sie den Winter zu.    Viele Eingeweidewürmer müssen große Wanderungen aus niederen in höhere Thiere, aus diesen Organen in jene anstellen, wenn sie ihre vollkommene Ausbildung erlangen, zu geschlechtsreifen Geschöpfen werden sollen.    Eine Anzahl mit fußähnlichen Fortsätzen versehene Meerwürmer sind gefräßige und grausame Räuber, welche aus ihren Schlupfwinkeln blitzschnell, wie Skolopendern, über die Beute herfahren, sie umschlingen, zerfleischen und verzehren.    Manche Nereiden überkleiden Felsritzen, in welchen sie wohnen, mit einer Art Gespinnst und lauern hinter diesem verborgen auf den Raub. — Der Kreis der

## Gliederthiere

ist der zahlreichste von allen und begreift von den 150,000 bis jetzt beschriebenen und verzeichneten Thierarten der gegenwärtigen Erdperiode gegen zwei Dritttheile.    Alle drei Klassen: die krebsartigen Thiere, die spinnenartigen und die Insekten, beginnen von sehr niedrigen Formen und erheben sich zu vollkommneren mit allen Vorzügen der Organisation, deren dieser Typus fähig ist.    Jene niedrigen Formen sind theils solche, welche durch rückschreitende Metamorphose von einer in mancher Beziehung vollkommneren Jugendstufe, auf welcher sie der freien Bewegung mächtig und mit Augen versehen sind, zu festgehefteten augenlosen Geschöpfen herabsinken, wie die Cirripedien, oder es sind Schmarotzerthiere, welche statt der freien Bewegungsorgane mit Klammerhaken und großen Krallen versehen sind, mit welchen sie sich auf ihren Wirthen halten

können, und deren Sinnesorgane öfters verkümmern, denn der
Wirth bewegt sich und sieht auch für sie und ernährt sie mit
den Säften, welche sein Organismus producirt. Träge hängen
die meisten Parasiten den äußeren und inneren Theilen ihrer
Wirthe an und senken ihre Saugrüssel in die Substanz derselben ein, Saft einziehend, wie die Wurzel einer Pflanze aus
der Erde. So verhalten sich unter den Crustazeen die sogen.
Fischläuse oder Lernäiden, welche die Crustazeen mit den Würmern verbinden, gewisse zum Theil auch auf dem Menschen
schmarotzende Milben, die noch in einen Wurmleib auslaufen
und unter den Insekten die Pflanzen- und Thierläuse. Der
Parasitismus erniedrigt überall die Natur eines Wesens, verkümmert seinen Bau, beschränkt seine Thätigkeitssphäre und
gibt auch der äußeren Erscheinung etwas Unschönes und Wi-
driges. Das psychische Leben solcher Geschöpfe kann nur ein
höchst einfaches, dumpfes, mit wenig Vorstellungen sein, so
merkwürdig und der Forschung werth ihre sonstigen Lebens-
und Organisationsverhältnisse sich auch oft darstellen. — Die
erste Klasse,

## Die Crustazeen oder krebsartigen Thiere,

gehören hauptsächlich dem Meere an, wo sich von ihnen eine
erstaunliche Formenfülle entwickelt, und sind für das Meer
das, was die Arachniden und Insekten für das Land sind. Es
sind Gliederthiere, die meist durch Kiemen athmen, von unbe-
stimmter, oft sehr bedeutender Zahl der Füße, in einen kalkigen,
seltener hornartigen Panzer eingeschlossen. Ihre niedrigeren
Ordnungen bieten in psychischer Hinsicht wenig Bemerkenswerthes dar, desto mehr aber die höchste Ordnung, die Decapoden oder zehnfüßigen Krebse, welche die zwei Familien der
langschwänzigen, zu welchen z. B. unser Flußkrebs und der
Hummer gehören, und der kurzschwänzigen oder sogenannten
Krabben umfaßt. Die langschwänzigen Krebse zeigen in ihren
Bewegungen etwas Träges, Unbehülfliches, und z. B. der Hummer
gibt große Stumpfheit der Sinne kund. Sie stehen hierin
wie im psychischen Leben weit den Krabben nach, welche scharf
sehen und hören und deren Bewegungen kräftig, leicht, oft

unglaublich schnell sind. Ihre Augen stehen auf langen Stielen,
und indem sie dieselben erheben und nach verschiedenen Seiten
bewegen, erweitern sie ihren Sehkreis bedeutend. Die gemeine
Krabbe, Cancer macnas, weidet die die Felsen bedeckenden
Seeeicheln ab und holt nach Lust bald dieses, bald jenes Thier
aus seiner Schale mittelst der spitzen Scheeren hervor und
bringt es zum Maule. Sie scheint nach Erbl manchmal mit
kleinen runden Steinen, Schneckenhäusern, wie die Katzen mit
den Kugeln zu spielen, was auf einen im Thierreich sehr hohen
Standpunkt deutet. Durch diese und andere Vorkommnisse erhalten die Krabben sogar eine psychologische Aehnlichkeit mit
Säugethieren. Eine große Landkrabbe auf den Keelinginseln
(Birgus latro oder eine ihm verwandte Art) öffnet nach Dar=
win die Kokosnüsse mit ihren gewaltigen Scheeren, verzehrt
den Kern und häuft in ihren Höhlen unter Baumwurzeln gewaltige Mengen der abgezupften Schalenfasern zur Lagerstätte
auf. Eine Ochypode am Strande von San Paulo de Loanda
läuft nach Peters so schnell wie eine Maus und ähnelt durch
ihre langen Beine einer Spinne. Die Wanderkrabbe, Turluru,
in Westindien lebt den größten Theil des Jahres paarweise,
ein Männchen und ein Weibchen, in Löchern feuchter Wälder
und Moräste, und wandert um die Paarungszeit zu Hunderttausenden in schnurgerader Linie nach dem Meere, um dort
die Eier abzusetzen.

Ueber die südafrikanischen Krebse hat Krauß vieles Merkwürdige beobachtet. Charybbis und Thalamita in Port Natal
scharren sich in den nassen Sand ein, wenn man sie verfolgt.
Die mächtige Scylla serrata daselbst stellt sich, wenn sie nicht
mehr entfliehen kann, auf die Hinterfüße und sucht durch Zusammenschlagen der Scheeren den Verfolger abzuhalten. Die
Ochypoden kommen bei der Ebbe aus ihren tiefen Löchern hervor, um Nahrung zu suchen, und blicken dabei, sich aufrichtend,
von Zeit zu Zeit aufmerksam umher und laufen, wenn man
sich auch noch so leise nähert, ungemein schnell dem nächsten
Loche zu, wobei sie sehr schlau kreuz und quer rennen, so daß
man sie kaum einholen kann. Zur Ebbezeit reinigen sie auch
eifrigst ihre Löcher, indem sie den nassen Sand herausschleu-

bern und in geringer Entfernung anhäufen. Die Goniopfen klettern auf den Blöcken und Felswänden behende herum, springen von einem Fels zum andern und lassen sich bei Verfolgung sogar mehrere Fuß hoch herunterfallen oder springen klafterhoch in die See und rudern dem nächsten Felsen zu. Manche Majaceen sitzen längere Zeit so unbeweglich still, daß man sie oft ganz mit Algen überwachsen findet. Die Matuten können sich mit ihren Schaufelfüßen sehr schnell in den Sand eingraben, die Calappen ziehen wie Schildkröten beim geringsten Geräusch ihre Füße unter den Brustpanzer zurück und pressen ihre Scheeren fest an den Leib, um weniger aufzufallen. Alle Krabben, nur die Pinnipeden und Majaceen ausgenommen, können außerhalb des Wassers sich längere Zeit aufhalten. Die schönsten und buntesten gehören den Grapsiden, Lupen und Thalamiten an und pflegen auch ihren Körper immer sehr rein zu halten. — Die Langschwänzigen verlassen hingegen nie das Wasser freiwillig. Der im Schlamm lebende Alpheus Edwarsii läßt, wenn man sich ihm nähert, einen schnalzenden Ton hören, eben so Gonodactylus chiragrus, welcher sich mit seinem Hinterleib selbst außer dem Wasser fortschleudert, bei der Vertheidigung die beiden Endglieder hervorschnellt und mit seinem Stachel empfindliche Wunden schlägt. Palinurus Lalandii fängt man am Cap mit Leichtigkeit, oft selbst nur mit einem Lappen rothen Tuches. Die Paguriden haben einen ganz weichen Hinterleib und leben beßhalb in Schneckenschalen, in welche sie sich beim geringsten Geräusch schnell zurückziehen und mit der Schalenmündung dem Boden zugekehrt unbeweglich liegen bleiben, wodurch sie den damit unbekannten Sammler täuschen. Sie erscheinen ohne die Schneckenschalen, in welchen sie leben, als verkümmerte, mißgestaltete Geschöpfe. Die vier Hinterfüße und die falschen Füße am Hinterleibe (Schwanz) sind schwach oder verkümmert, der Schwanz nackt und weich, aber die Schneckenschale, deren Windungen sich der Schwanz mittelst hakenartiger Organe anschmiegt, ersetzt diese Mängel. Pagurus (Thylacurus) latro in Indien erklettert hohe Cocospalmen und läuft auf den Aesten der Rauwolfien seiner Nahrung nach, wie Rumph berichtet.

11*

Die Corophien ſchlagen mit ihren Fühlern den Sand, um die Ringelwürmer herauszutreiben. Der Krebs Janira lebt einſam in den tiefſten Felſenhöhlen; ſein Fleiſch ſoll nach Wanzen riechen und ſein Stirnſtachel nach Riſſo's Bericht giftige Wunden machen. Die Gebien und Laſianaſſen machen an hundert Fuß lange unterirdiſche Gänge. Ocypoda ceratophthalma in Indien ſitzt am Tage in ihrem Erdloche lauernd mit ihren langen hoch aufgerichteten Augen. Abends läuft ſie ſpinnenartig wie ein Schatten dahin. Sie macht ſich unglaublich ſchnell über geſchoſſenes Wildpret oder geſammelte Thiere her. (van Haſſelt.) Grapsus tenuicrustatus um die Felſen am Black River (Jamaica?) läuft mit erſtaunlicher Schnelligkeit wie fliegend über die Felſen, gleich ſchnell an den horizontalen, wie ſenkrechten und überhängenden Flächen. Der Ketan=Kanari, Taſchenkrabbe oder ſogen. Koloskrebs, wegen ſeines ſchmackhaften Fleiſches ſehr beliebt, lebt auf der kleinen Molukteninſel Pulu=Okie in Menge in Felshöhlen über dem Meeresſpiegel. Man lockt ihn Nachts durch Koloskerne aus ſeinen Verſtecken und fängt ihn ſo. Dann ſchließt man ihn in Bambusrohr ein und mäſtet ihn mit Samen von Canarium commune und Kokosnüſſen†). Die Froſchkrabbe des indiſchen Oceans, eine Ranina, ſteigt nach Rumph oft auf die Dächer der Häuſer. Aratus Pisonii in Chili, welche Fritz Müller eine allerliebſte lebhafte Krabbe nennt, ſteigt auf die Manglebäume, deren Blätter benagend, und klettert mit ihren ungemein ſpitzen Klauen die dünnſten Zweige hinauf. Die ſchnellfüßigen Landkrabben, Ocypoda, ſind ausſchließlich Landthiere und halten im Waſſer kaum einen Tag aus. Die Rückenſchale der Maskenkrabbe, Corystes Cassivelaunus, zeigt ein fratzenhaftes Menſchengeſicht. Nach Fritz Müller††) laſſen manche Krabben einen chamäleonartigen Farbenwechſel wahrnehmen, über welches merkwürdige Phänomen nähere Aufklärung wünſchenswerth wäre. Limulus moluccanus ſoll nach Latreille die Nacht durch mit der vorderen Körperhälfte aus

---

†) Teysmann in d. Bonplandia, Mai 1862.
††) „Für Darwin“ Leipzig 1864, S 24.

dem Wasser vorragen, vielleicht sich auf den Schwanzstachel stützend, der einigen wilden Völkern als Lanzenspitze dient. Gewisse südliche Gammarus sah Hablizl am Ufer des Asterababschen Meerbusens am Caspisee leuchten†). Es gibt auch leuchtende Branchiopoden und Entomostrazeen.

## Die Arachniden

oder Spinnenartigen sind Gliederthiere mit acht Füßen, deren Kopf und Brust verwachsen sind, an welcher „Kopfbrust" der sackförmige Hinterleib hängt, welche durch Tracheen oder Lungen, manchmal durch beide zugleich athmen, versehen mit Mundtheilen, die stets zum Verletzen eingerichtet sind, namentlich deren an der Spitze durchbohrte, einschlagbare Oberkiefer, und mit Giftdrüsen in Verbindung stehen, deren flüssige Absonderung in die gemachten Wunden gelangt und nach Art des Schlangengiftes wirkt, mit einfachen Augen, meist in der Zahl von acht. Bei den Skorpionen dient der am Hinterleibsende befindliche Schwanzstachel zum Verletzen und Tödten. Manche, namentlich die eigentlichen Spinnen und einige Milbenarten, machen Gewebe, zu deren Verfertigung die gegliederten beweglichen Spinnwarzen am Hinterleibe dienen, welche am Ende siebförmig mit zahlreichen, allerfeinsten Löchern versehen sind, aus welchen der, flüssigem Kautschouk ähnliche, durch eigene Drüsen im Hinterleibe bereitete Spinnstoff hervorbringt und zu Fäden ausgezogen wird, welche auch in der Luft und Wärme, manchen Firnissen ähnlich, sehr lange klebrig bleiben. Diese Fäden dienen nicht nur zur Construktion der Netze, sondern auch als Cocons zur Einhüllung der Eier, zum Umwickeln der Beute, zum Festhalten vor dem Fall, zum Herunter- und Hinaufklettern und zum Segeln durch die Luft.

Es ist nicht zu läugnen, daß in dieser Thierklasse, welche wesentlich zur Zerstörung der Insektenwelt bestimmt ist, viel Wildes und Grausames vorkömmt, womit die allgemeine Gestalt, die häufig abschreckend, ja furchtbar ist, die hastige, mit

---

†) Neue nordische Beiträge IV, 396.

vollkommener Ruhe wechselnde Bewegung, das geräuschlose un-
vermuthete Erscheinen in Uebereinstimmung stehen. Die Verwachsung von Kopf und Brust schon gibt diesen Thieren etwas
Klotziges, Ungeheuerliches, was sie den meisten Menschen zuwider macht und bei manchen zu einer wahren Idiosynkrasie
führt. In ihnen steht die berechnende List und der grimmige
finstere Ernst dem unbesonnenen, gaukelnden Wesen so vieler
Insekten entgegen, welche in unzählbarer Menge den Arachniden
zum Opfer fallen. Die kleinen, ungemein zahlreichen, vielgestaltigen Milben, darunter die Krätzmilben des Menschen und
der Thiere, sind Schmarotzer, welche Pein und Krankheit ver-
ursachen, die großen Arachniden überwältigen die Beute mit
Gewalt und List. Die eigentlichen Spinnen haben kammförmige
Klauen an den Fußenden, vortrefflich eingerichtet, um die
Fäden des Gewebes zu sondern und auf ihnen hin und her
zu laufen, ohne abzugleiten *).

Die Ungeselligkeit und Wildheit der Spinnen spricht sich
auch darin aus, daß sie einsam leben, jedes Individuum für
sich, und daß, wenn bei der Paarung die Geschlechter sich für
kurze Zeit zusammenfinden, das kleinere und schwächere Männchen, nachdem sie erfolgt ist, sich eilig flüchten muß, will es
nicht von dem stärkeren Weibchen aufgefressen werden. Die
Natur in ihrer wunderbaren Mannigfaltigkeit hat aber auch
hier ihre Ausnahmen; bei der Apoclisa-Spinne leben Männchen und Weibchen im selben Gewebe beisammen, und es gibt
einzelne Gattungen, wo Hunderte von Individuen gemeinschaftliche, oft ungeheure Gewebe machen, so in Paraguay und selbst
in Europa, wie z. B. Neriene errans in England. Die
größten aller Arachniden sind die nur in den warmen und heißen Ländern vorkommenden Skorpionen, deren manche die
Größe unseres Flußkrebses erreichen, dann die Vogelspinnen
der Tropenländer, welche mit ausgebreiteten Füßen einen Teller
bedecken. Ganz einzig ist das Segeln mancher Spinnen, also

---

*) Eine kleine auf Pelzwerk lebende Milbe, Cheyletus pellicola, welche
man mir von Paris zugeschickt hat, besitzt an ihren Mundtheilen ganz ähnlich geformte Kämmchen.

ungeflügelter Thiere, durch die hohen und weiten Räume der Luft, was sowohl bei uns als in den wärmeren Ländern immer nur von kleinen Spinnen beobachtet wird. Diese vermögen nämlich aus ihren Spinnwarzen, unter Erhebung des Hinter-leibes, einzelne Fäden hervorzutreiben; der Wind faßt diese Fäden oder auch ein Bündel solcher, und das Thierchen kann, wenn das andere Ende an einem Baum, Gebäude oder Fels anklebt, an ihnen heraufklaufen oder, wenn es frei bleibt, auf diesen Fäden wie auf einem Aerostaten durch die Luft schwe-ben, über ganze Gegenden, breite Ströme und Meeresarme hin, über Thürme und Bergspitzen weg. Diese seltsamen Luft-reisen machen die Thiere im Jugendalter und gelangen dabei oft nach entfernten Inseln und Küsten, — ein eigenthümliches Mittel, zu wandern und den geographischen Verbreitungs-bezirk zu erweitern. Manche hängen hiebei, den Kopf nach oben, den Hinterleib nach unten gewendet, am untersten Theile eines langen Fadens, dessen Ende man nicht absieht, laufen auch wohl an ihm auf und ab und lassen sich vom sanften Winde forttragen, spinnen auch wohl zwischen ihren Beinen ein zartes Gewebe, auf welchem sie schiffen und laufen können, wenn sie auf das Wasser fallen. Jedermann kennt diese Fäden und Flocken, die man fliegenden Sommer, Herbstgarn, fils de la vierge nennt, — aber nicht Jeder weiß deren merkwürdige Bedeutung.

Die Gestalt der Netze steht in genauer Beziehung zur Stellung der Augen und zur relativen Länge der Füße unter einander; manche Gattungen machen kein Netz, sondern jagen die Insekten, wie der Wolf die Beute jagt. Die Katzenspinnen gehören zu letzteren und haben das Eigenthümliche, die Beute im Sprung zu haschen, wobei im Augenblicke, wo der Sprung auf das Opfer geschieht, sie einen Faden hervortreiben, dessen anderes Ende an der Mauer, an Balken &c. sogleich anklebt und die an ihm hängende Spinne festhält und sie vor dem Herabstürzen schützt. Der so interessante Kunsttrieb, Gewebe zu verfertigen, nimmt bei der Wasserspinne, Argyroneta aqua-tica, eine sehr eigenthümliche Richtung. Dieselbe lebt im Winter in Erdlöchern, unter Steinen, in Schneckenhäusern &c.,

in der schönen Jahreszeit im Wasser, wo man sie von einer
silberglänzenden Lufthülle umgeben sieht, die dadurch entsteht,
daß das Thier einen Firniß aus seinen Spinnwarzen über den
Leib ergießt, unter welchem die Luft zurückgehalten wird, welche
es aus seinen Luftlöchern austreibt und die in Verbindung mit
dem Firniß dann optisch als Silberblase sich darstellt.   Im
Frühling heftet diese Spinne an den Blättern der Wasserpflanzen Fäden in mehreren Richtungen an, die zuletzt eine mit
der Mündung nach unten gerichtete Glocke formiren, und verbreitet darüber einen dichten, sehr elastischen, krystallhellen Firniß.   Dann kommt sie aus dem Wasser hervor, bildet auf die
eben angegebene Weise die Lufthülle an ihrem eigenen Körper
und begibt sich mit dieser ausgestattet unter die aus Fäden und
Firniß bestehende, unter dem Wasser befindliche Glocke und
entledigt sich in dieser der an ihrem Körper haftenden Luft,
die an der Decke der Glocke aufwärts steigt, einen Theil des
Wassers aus seiner Stelle treibt und diese einnimmt.   Durch
Wiederholung dieser Operation wird nach und nach alles Wasser
aus der Glocke gedrängt und diese rein mit Luft erfüllt, in der
die Spinne unter dem Wasser wie in einer Taucherglocke wohnt
und aus der sie nur, um zu rauben, hervorkommt.   Die Minir-
spinnen, Cteniza, graben unterirdische Gänge mit Gewölben
und .brückenartigen Verbindungen, verschließen den Eingang
durch eine Fallthüre, die man nicht vom Erdboden unterscheiden
kann, wenn sie geschlossen· ist, und tapeziren das ganze Innere
ihrer Kellerwohnung mit weißem Atlasgewebe aus, welches
jede Feuchtigkeit abhält.   Die Spinnen im Allgemeinen fürchten die Ameisen, aber eine Gattung, eine wüthende Feindin
der Ameisen, Dysdera erythrina, überlistet sie doch, richtet
Verwüstungen unter ihrer Brut an und flüchtet sich, wenn angegriffen, immer in einen dichten Seidensack, den sie im Innern
der Ameisenkolonieen gewebt hat.
Es ist sicher, daß die Spinnen ein Vorgefühl der Witterung haben, was man besonders bei der Kreuzspinne und gewöhnlichen Winkelspinne beobachtet hat, obwohl ihre Anzeigen
.der Witterungsänderung nur einen gewissen Grad von Zuver-
lässigkeit haben.   Nach Quatremère Disjonval steht

Regen bevor, wenn man keine Kreuzspinne sieht, veränderliches
Wetter, wenn sie sich nur sparsam, schönes, wenn sie sich häufig
zeigen; sie arbeiten desto mehr, je schöner das Wetter ist. Als
eine bei den Landleuten in Frankreich bekannte Thatsache wird
angeführt, daß die Spinnen bei nahendem Wind die Fäden,
an welchen das Gewebe hängt, verkürzen, wenn schönes Wetter
kommen soll, verlängern†). Die Spinnen sind viel sensibler,
fühlen den Schmerz viel mehr als die Insekten und sterben bei
viel geringeren Verletzungen. Daß die Arachniden überhaupt
giftig sind, ist nicht zu bezweifeln, und wenn es von manchem
Zoologen doch geschieht, so rührt dieses daher, daß die Wirkungen des Giftes in den gemäßigten und kälteren Ländern für
den Menschen in der Regel viel zu schwach sind. Ein Insekt,
welches an der Nadel Tage und Wochen lang leben kann, stirbt
bald an den äußerst feinen, vergifteten Wunden, welche ihm
eine Spinne beigebracht hat, unter Zuckungen; die dem Menschen gefährlichen, unter besonderen Umständen selbst tödtlichen
Verletzungen durch Bisse und Stiche der Tarantel, der Malmig-
natte, der Orangenspinne von Curacao, der Skorpionen und
anderer sind nicht abzusprechen. Ich habe eine Anzahl Beobachtungen hierüber anderwärts mitgetheilt††) und will nur
folgende noch beifügen. Ein junger Mensch hatte mehrere
Tage nacheinander das Netz einer Spinne über einer Dachluke
zerstört, wo die Fliegen häufig hinkamen. Die Spinne hatte
es täglich wieder hergestellt, als er es aber noch einmal zer-
störte, ließ sie sich auf seine Stirne herab und brachte ihm
einen so giftigen Biß bei, daß alle Hülfsmittel der Kunst nöthig
waren, die Folgen abzuwenden†††). Nach Bastian ist der
Stich der Skorpionen in Mexiko sehr gefürchtet und führt
namentlich bei Kindern Trismus und raschen Tod herbei: manchen Frauen hingegen schadet er wieder nicht††††). Die Skor-

---

†) Carraquel, Comptes rendus XLII, p. 457.

††) Illustrirtes Familienbuch des österr. Lloyd, Bd. 5, H. 3. 1865.

†††) Beobachtung von Reclus in Macquart's „les Facultés intérieures" etc. p. 163.

††††) Der Mensch in d. Geschichte I, 176.

pionen packen den Raub mit den scheerenförmigen gewaltigen
Tastern, beugen den Schwanz (Hinterleib) über den ganzen
Körper herüber und stechen dann von oben herab. Auch die
Phrynen und die Solpugen der wärmeren Länder fürchtet man
sehr. Die Oberkiefer der letzteren scheuslichen Thiere endigen
in gewaltige Scheeren, mit denen sie nicht nur Insekten, sondern kleine Eidechsen und Spitzmäuse mitten durch beißen und
mit welchen sie rascheln können, indem sie sie an einander reiben.
Sie verschonen nichts, was sie zu überwältigen vermögen, ausgenommen die eigene Brut.

Die Spinnen sind, wenn auch nicht an Instinkten und
Kunsttrieben, doch an Verstand den Insekten überlegen. Verfolgt wissen sie passend und blitzschnell auszuweichen und auch
manche Einrichtungen nach den Umständen zu treffen, wie sie
z. B., um Gewebe zwischen Bäumen anzuspannen, dies durch
kleine am Netz aufgehangene Steinchen bewerkstelligen, wenn
es durch Fäden nicht angeht. Aber auch die Möglichkeit,
manche Individuen zu zähmen, was bei Insekten kaum gelingt,
beweist obige Behauptung. Leon Dufour's spanische Tarantel
wurde so zahm, daß sie ihm die Fliegen aus der Hand nahm,
eben so Pelisson's Spinne in der Bastille, die auf den Ton
einer Sackpfeife herbeikam, und die Spinne des Fräuleins
von Béarn, welche gleich der von Gretry durch das Spiel
auf dem Piano herbeigelockt wurde. Weil man bei den Spinnen Gehörorgane noch nicht mit Bestimmtheit aufgefunden hat,
glauben manche, daß sie den Ton von Musikinstrumenten nur
als Lufterzitterung empfinden.

## Die Insekten

sind Gliederthiere mit geschiedenem Kopf, Brust und Bauch,
zwei Fühlern, sechs Füßen, vier, zwei, seltener keinen Flügeln,
mit zusammengesetzten und einfachen Augen*), welche durch

---

*) Das Sehen der Insekten durch ihre zusammengesetzten Augen er-
folgt nach Swammerdamm (Bibel d. Natur, S. 397) zum Theil nach
katoptrischen Gesetzen. Nur jene Strahlen der Gegenstände gelangen zum
Sehnerven, die senkrecht auf eine der zahlreichen Hornhautfacetten fallen,

Luftröhren athmen. Diese Klasse ist die zahlreichste des ganzen Thierreiches und durch Mannigfaltigkeit der Formen, Verschiedenheit der Instinkte und Kunsttriebe die ausgezeichnetste. Um zu ihrem vollkommenen Zustande zu gelangen, in welchem sie fortpflanzungsfähig werden, müssen die Insekten mehr oder minder bedeutende Verwandlungen durchlaufen, nachdem sie das Ei oder den mütterlichen Körper verlassen haben, deren einzelne Stufen als Larve (Made, Raupe), Puppe oder Nymphe und Imago (Fliege) bezeichnet werden. Nach Dujardin steht das Gehirn der Insekten in Bau und Größe im Verhältniß zu den intellektuellen Fähigkeiten; dieses Hirn (oberer Speiseröhrenknoten) enthält die corpora pedunculata von breiiger Rindensubstanz umgeben, die bei den intelligenteren Insekten geringer, bei denen, wo der Instinkt vorherrscht, beträchtlicher ist, bei denen, wo der Instinkt überwiegt, auch allein vorkömmt. Diese Substanz bildet auch ausschließlich die den instinktiven Funktionen bestimmten Brust- und Bauchknoten *).

alle anderen werden von glänzendem Pigment unter der Hornhaut zurückgeworfen, so daß jeder Punkt eines Gegenstandes nur durch einen Strahl des ganzen Büschels, der von ihm zum Auge geht, sichtbar wird. Namentlich etwas fernere Gegenstände werden also den Sehnerven nur schwach afficiren, und alle Gegenstände, von denen parallele Stahlen eine größere Fläche der Hornhaut treffen, müssen dem Thiere in der Peripherie verkürzt und verschwommen sich zeigen. Das Pigment auf der Ausbreitung des Sehnerven verhindert Unterscheidung der Farben. Das Gesichtsfeld hingegen muß bei diesen Augen sehr groß sein. — Nach Gottsche's Versuchen kehrt das Krystallkörperchen jedes einzelnen Aeugelchens des zusammengesetzten Fliegenauges das von ihm erzeugte Bild eben so gut um, als die Krystalllinse des Wirbelthierauges. Die an den Basen der Krystallkörper des Fliegenauges entstehenden Bilder sind vollkommen scharfe Miniaturbilder der Gegenstände. Rückt man einen Gegenstand dem Fliegenauge zu nahe, so erscheint in jedem Aeugelchen ein doppeltes Bild desselben: ein deutliches und ein etwas verworfenes, so daß die Fliege eine Breite von einem Zoll deutlicher Sehweite hat; innerhalb dieser sieht sie doppelt.

*) Es wurde schon behauptet, daß einige Insekten elektrische Schläge ertheilen könnten; bereits Marcgrab behauptete von einer brasilischen Fangheuschrecke, sie errege bei Berührung ein Zittern im ganzen Körper; und Jemand, der die brasilische Raubwanze Reduvius serratus auf der Hand

Sie sind — mit Ausnahme des Meeres, in welchem nur einige wenige Arten leben — über den größten Theil der Erdoberfläche verbreitet, bis zum Gletscher= und Polareis, in Flüssen, Seen, selbst Thermalquellen, überall auf und unter der Erde, in tiefen Höhlen der Gebirge, auf Lavafeldern und in Wüsten; die Mehrzahl lebt jedoch auf und in Pflanzen. Diese allgemeine Verbreitung, das Auftreten in so zahlreichen, so abweichend organisirten Formen, die den verschiedensten äußeren Verhältnissen angepaßt sind, läßt die Insekten im Naturhaushalt eine sehr wichtige Rolle spielen, indem sie namentlich die zu üppige Ausbreitung der Pflanzenwelt in Schranken halten, aber auch vielfach bei der Befruchtung der Pflanzen eingreifen und ihrerseits zahlreichen anderen Thieren zur Nahrung dienen. Ganze Familien und Ordnungen sind dazu bestimmt, andere der eigenen Klasse in Schranken zu halten, wie z. B. die Schlupfwespen ein Gegengewicht gegen die zu große Vermehrung der Schmetterlinge bilden; andere haben wieder die Aufgabe, todte Substanzen schnell wegzuschaffen, die Verunreinigung der Luft dadurch zu verhindern und leblos gewordene Stoffe möglichst bald in den Kreislauf des Lebens zurückzuführen. Manche zerstören die Kulturen des Menschen, seine Vorräthe, Wohnungen und Geräthe, greifen selbst seinen Leib an, andere nützen ihm wieder, indem sie Stoffe zur Bekleidung und Nahrung, Farben und Arzneien liefern.

Die Insekten stehen in psychischer Hinsicht, namentlich in Beziehung auf Instinkte und Kunsttriebe, höher als die vorausgegangenen Klassen, aber auch Verstand ist bei manchen unverkennbar vorhanden, und unter ihnen allein im ganzen Thierreiche kommt es zu eigentlichen Thierstaaten. Schon Aristoteles bemerkt †), daß mehrere Thiere, die kein eigentliches Blut haben, wie z. B. die Biene, Ameise, eine verständigere Seele

hatte, wollte einen leichten Schlag durch sie erhalten und die Stellen, wo die sechs Füße standen, geröthet gesehen haben. Der Marine=Lieutenant Bel fand am Senegal einen Käfer, der ihm einen leichten electrischen Schlag versetzte, was den dortigen Negern wohl bekannt sei. Dieses Verhältniß ist noch aufzuklären.

†) De part. animal. L. II, c. 4.

besitzen, als manche mit Blut. „Den Bienen Verstand absprechen", sagt Leuret†), „heißt geradezu die Gerechtigkeit
verläugnen." In jeder Ordnung trifft man wieder die bedeutendsten Differenzen des Temperamentes, wie z. B. unter den
Käfern die Carabicinen rasch, beweglich, die Lamellicornien
stumpf, langsam, die Cerambycinen muthig, lustig, die Curculioniden träg und matt sind. Im Ganzen herrscht in dieser
Klasse das cholerisch-sanguinische Temperament vor; berührt
eine Fliege die andere, so fährt diese unwillig zur Seite oder
fliegt auf; viele Käfer, und namentlich Hautflügler, gerathen
in großen Zorn, wenn man sie ergreift und in ihren Geschäften
stört. — Die Zweiflügler zeigen wenig Kunsttriebe und noch
weniger Verstand, und sind überhaupt ein flüchtiges, leichtes,
dem Genuß lebendes Völkchen, welches zum Theil zur Last
und Plage anderer Thiere und des Menschen geschaffen scheint.
Die Larven (Maden) einer gewissen Fliege sammeln sich manchmal zu vielen Tausenden, schließen sich kettenartig an einander
und marschiren so durch den Wald, was das Volk Heer-
wurm nennt, und früher Besorgnisse wegen Kriegesausbruch
daran knüpfte. Berthold bestimmte sie für die Larve der
Thomasfliege, Sciara Thomae††). Die Larve der Ameisen-
müde, Leptis vermileo, macht trichterförmige Höhlen in den
Sand, umwickelt hineinstürzende Insekten, durchsticht sie mit
ihrem Kopfstachel und saugt sie aus. Bei der Schnake Ti-
pula polygama, von Pallas am Sim, einem Nebenfluß des
Urals, entdeckt, findet sich das Eigene, daß das Weibchen sich
zugleich mit drei und mehr Männchen begattet. Manchmal
schien es mir doch, daß unsere Stubenfliegen nicht ohne alles
Gedächtniß seien. Eine mehrmal nach einander gejagte wird
scheuer, nimmt sich mehr in Acht; aber nach kurzer Zeit ist
dies freilich wieder vergessen. Sie weichen oft sehr geschickt
aus, wenn man sie mit Körper und beiden Händen gegen ein
Fenster drängen will. — Die Halbflügler bieten in psychischer

---

†) l. c. I, 169.
††) S. 6. Bd. der Abhandl. d. königl. Gesellschaft der Wissenschaften zu
Göttingen.

Hinsicht noch weniger Bemerkenswerthes dar, und zeigen hierin vielmehr ziemliche Beschränktheit, namentlich die große Mehrzahl der auf Pflanzensäfte angewiesenen Formen, da hingegen die Raubwanzen des Landes größere Energie und Rührigkeit entwickeln. Bei den Cicaden treten die stimmfähigen Gattungen wenigstens durch ihr Zirpen in eine gesellige Verbindung.

Unter den Kaukerfen, wozu die durch ihre Verwüstungen bekannten Heuschrecken und Schaben (Kakerlaken) gehören, finden wir zahlreiche Gattungen, welche in großen Massen auftreten, aber nur die Termiten, fälschlich „weiße Ameisen" genannt, bilden eigentliche Thierstaaten. Diese in den wärmeren Ländern so verderblichen Insekten, welche mit Ausnahme von Glas, Stein und Metall Alles verwüsten (eine in Südeuropa heimische Art zerstört die Holzpfähle, auf denen die Stadt la Rochelle erbaut ist, und die Möbel daselbst und in Bordeaux), wobei sie die Außenseite der Gegenstände, z. B. der Balken, unangetastet lassen, dieselben aber von unten herauf bis auf eine dünne Rinde aushöhlen, so daß plötzlich der Palast oder das Waarenhaus zusammenstürzt, wurden früher zu den Netzflüglern gerechnet, stehen aber wohl besser bei den Gerabflüglern, in der Nähe der Kakerlaken. Ihre ganze Gegenden überziehenden Kolonieen bestehen jede aus vielen Tausenden, ja Hunderttausenden von Individuen, unter denen man geflügelte Männchen und Weibchen und ungeflügelte Geschlechtslose unterscheidet, welche letzteren früher für Larven gehalten wurden*). Die geschlechtlichen Individuen leben nur der Fortpflanzung, die ganze Sorge für die Kolonie liegt den Geschlechtslosen ob. Wenn die Zeit der Fortpflanzung naht, geräth die ganze Gesellschaft in Aufregung, die Geschlechtlichen verlassen die Stadt und paaren sich in der Luft, worauf sie, zur Erde niedergekommen, ihre Flügel abwerfen und größtentheils den Vögeln, manchen Säugethieren und Raubinsekten, selbst den Negern zur Beute werden. Die Geschlechtslosen suchen sich eines Männ-

---

*) Nach Mund of Rosenschild wären die sogen. Soldaten Geschlechtslose, die Arbeiter die Larven der später zu Männchen und Weibchen entwickelten Individuen.

chens und eines Weibchens zu bemächtigen, regen sie zur Paarung an und bringen sie in eine geräumige Kammer im Innersten der Stadt, wo das Weibchen durch die vielen Tausende von Eiern, die sich in ihm entwickeln, zu enormer Größe anschwillt. Die Geschlechtslosen treten in zwei Formen auf, welche vielleicht verkümmerte Männchen und Weibchen sind; die ersteren, Soldaten genannt, haben einen gewaltigen Kopf mit großen Kiefern, versehen die Wachtposten an den Ausgängen der Stadt und vertheidigen sie gegen Angriffe mit wüthenden Bissen; die anderen, zahlreicheren, Arbeiter genannt, haben einen kleinen Kopf. Die Geschlechtslosen stellen ihre oft sehr weiten Raub- und Zerstörungszüge immer bei Nacht an, führen auch alle Arbeiten bei Nacht aus, und die Finsterniß hindert sie hiebei um so weniger, da sie ganz augenlos sind und demungeachtet sich zu allen Unternehmungen und Leistungen verständigen können. Die Städte der Termiten sind nach den Arten in Gestalt und Größe verschieden; kleinere werden in Baumstämmen angelegt, die größeren auf der Erde, gewöhnlich in Form von konischen Hügeln, bis 12 und 15 Fuß Höhe, so daß sie im Verhältniß zur Größe der Thiere die mächtigsten Menschenbauten, z. B. die Pyramiden, weit übertreffen und dabei von einer solchen Festigkeit sind, daß z. B. die wilden Büffel in Südafrika auf diese Hügel zur Umschau klettern können, ohne daß sie unter ihnen einbrechen; man sieht in mancher Gegend Afrika's und Indiens viele Dutzende solcher Hügel in nicht großer Entfernung von einander. Im Innern besteht eine Termitenstadt aus zahllosen Zellen für die Eier und Larven und aus Hunderten von Gängen und Gallerien mit brückenartigen Verbindungen. Die wüthendsten Feinde der Termiten sind die Ameisen, welche ihre Kolonieen in geordneten, oft zahllosen Schaaren angreifen und Larven und Eier rauben*).

---

*) Der in la Rochelle sehr schädliche Termes lucifugus stammt nach Quatrefages aus St. Domingo; er tödtete ihn am besten durch Chlorgas. Diese Termiten, durch Waaren von Westindien eingeschleppt, zeigten sich um la Rochelle zuerst 1780; bei Bordeaux hat sie Lespès untersucht. Sie bestehen nach ihm 1) aus einem fruchtbaren Paare, König und Königin,

Die Phryganeiden oder sogenannten Frühlingsfliegen, welche die Kauterfe mit den Motten verbinden und ihre ersten Lebensstadien im Wasser zubringen, machen sich aus Sandkörnern, Schneckenschälchen, abgebissenen Holzspänchen und Stengelstücken Hülsen, welche sie, wie die Schnecken ihr Haus, mit sich herumschleppen. — Die Heuschrecken und Grhllen bringen bekanntlich Töne hervor; das Männchen unserer Feldgrhlle nach dem Waadtländer Yersin durch Reiben der Oberflügel an einander. Nach ihm unterscheiden sich sehr ähnliche Geradflügler oft auffallend in ihrer Gesangsweise, und manchmal haben sehr verschiedene Arten ähnlichen Gesang. Bei den Mantiden, Fangheuschrecken, welche von Insekten leben, herrschen grausame Sitten; Poiret sah, wie ein Mantisweibchen dem schwächeren Männchen den Kopf abfraß; dennungeachtet paarte sich dieses mit dem Weibchen, wurde aber von selbem nach Beendigung des lange dauernden Geschäfts vollends aufgezehrt.

Bei den Käfern, der zahlreichsten Ordnung der Insekten und der wegen der Mannigfaltigkeit und Schönheit ihrer Arten, so wie deren leichter Conservation am meisten gesammelten, sind besondere Instinkte und Kunsttriebe außer den früher erwähnten, z. B. dem Todtstellen, Herabfallen, selten. Ein schwacher Anfang zu geselligem Leben zeigt sich bei den sogenannten Todtengräbern, welche gemeinschaftlich ein todtes Thier, z. B. eine Maus, Kröte, Maulwurf begraben, um ihre Eier darein zu legen; als einst ein Beobachter eine Maus an einen Faden gebunden und diesen an ein in die Erde gestecktes Stäbchen befestigt hatte, so daß sie trotz der Bemühungen der Käfer nicht unter die Erde kam, entdeckten diese nach einiger Zeit die Ursache und begannen nun das Stäbchen zu unterwühlen, bis es

in den großen Gesellschaften, und ein oder zwei halbfruchtbaren Paaren, den kleinen Königen und Königinnen in den jungen Kolonieen, 2) aus Larven und Nymphen. Die Larven der Geschlechtslosen unterscheiden sich von denen der Geschlechtlichen; die erste Generation letzterer vom Mai gibt nur kleine Könige und Königinnen, erst die zweite Generation vom Spätsommer große.

stürzte, worauf sie ihren Zweck erreichten. Der Roßkäfer stellt
sich todt, um den Krähen zu entgehen. Wenn das Weibchen
des gemeinen Roßkäfers Eier legt, hält es das Männchen hilf-
reich zwischen seinen Beinen und bringt mittelst der Vorderbeine
die Eier in die Mistkugeln†). Manche Mistkäfer, z. B. Sisy-
phus, Ateuchus, helfen einander, wenn die Mistpille, welche
der eine für seine Eier gemacht und an einen bestimmten Ort
rollen will, zu schwer für ihn ist. Der heilige Käfer der
Aegypter (Scarabaeus sacer Lin., Ateuchus Aegyptiorum
Latr.) wurde verehrt, weil man das Wälzen seiner die Eier
einschließenden Mistkugeln für Symbol der Weltbewegung nahm;
der Käfer, der sich sogar aus der festgeschlossenen Hand hervor-
drängen kann, erschien auch als Bild der Stärke, weßhalb ihn
die Soldaten als Amulet um den Hals trugen. Später
machte man solche Käfer aus gebrannter Erde und bohrte ein
Loch für eine Halsschnur durch. Die römischen Großen trugen
solche „Scarabäen" als Siegelringe. Man mumisirte diese
Käfer auch und bewahrte sie in besonderen Gefäßen auf. Die
Hydrophilen, Wasserkäfer, holen nach Carus durch ihre blätte-
rigen Fühler die Luft in das Wasser herab, um die vor den
Tracheenöffnungen schwimmende Luftblase zu erneuern. Jemand
besaß ein Männchen und ein Weibchen des großen schwarzen
Wasserkäfers, Hydrophilus piceus, die er so zahm machte, daß
sie auf ein gewisses Zeichen an die Oberfläche des Aquariums
kamen††), was das einzige mir bekannte Beispiel der Zähmung eines Käfers wäre.

Da bemerkenswerthe Kunstleistungen in der Ordnung der
Käfer sonst fehlen, ist es desto merkwürdiger, daß solche in der
Familie der Rüsselkäfer beobachtet werden, welche man als
eine der niedrigst organisirten Käferfamilien anzusehen pflegt.
Debey†††) sagt, der Trichterwickler, Rhynchites betulae, be-
sitze unter den Käfern den vollendetsten Instinkt und sei nebst

---

†) Macquart l. c. S. 189.
††) Müller, das Aquarium S. 17.
†††) Beiträge zur Lebens- und Entwickelungsgeschichte der Rüsselkäfer
aus der Zunft der Attelabiden. Bonn 1846. M. 4 Tafeln.

anderen Attelabiden neben, wo nicht über die Honigbiene und die Ameisen zu stellen. Apoderus coryli und Attelabus curculionoides wickeln aus den Blättern, auf denen sie leben (namentlich der Haselstaude) büchsenförmige Gehäuse für ihre Brut. Rhynchites betuleti und populi stechen die jungen Birken= und Pappeltriebe an und rollen aus den Blättern der verwelkenden Sprosse zapfenförmige Behälter, in denen sie ihre Eier verforgen. R. conicus, pauxillus, cuprens und nanus bohren junge Baumtriebe an und legen ihre Eier in deren Mark. R. bacchus, laetus, auratus stechen Früchte an. R. betulae wickelt aus eigenthümlich eingeschnittenen Blättern verschiedener Pflanzen, namentlich der Birkenarten Betula alba und pubescens kegel= oder trichterförmige Gehäuse für seine Eier und Larven. Der Mathematiker Heis hat den sehr merkwürdigen mathematischen Theil von Debey's Abhandlung über R. betulae bearbeitet und hiebei die Anwendbarkeit der Theorie der Evolvenden=Evoluten auf die beiden S=Schnitte, so wie der Gesetze für die konisch=abwickelbaren Flächen auf den Mechanismus der Wicklung nachgewiesen. Manchmal wählt der Käfer zu breite, zu schmale, unregelmäßig gebildete oder ungefügige Blätter, aber er besitzt Mittel, den begangenen Fehler unschädlich zu machen, wofür eine Reihe interessanter Bildungen solcher Hülsen angeführt wird. Bei allen genannten Attelabiden haben nur die Weibchen diese sinnreiche Industrie. — Die Todtenuhr wird schon von Swammerdam erwähnt, welcher „diesen Scarabaeum von der kleinsten Gattung" Sonicephalus nennt. Leuchtende Insekten finden sich vielleicht nur in der Ordnung der Käfer, da die früher behauptete Lichtentwicklung des amerikanischen Laternenträgers, einer Cicade, problematisch ist*).

---

\*) Der Leuchtstoff der Leuchtinsekten ist nach Matteucci durchaus nicht Phosphor, wie man ehedem glaubte, sondern eine eigenthümliche Substanz, aus Kohlenstoff, Wasserstoff, Sauerstoff und Stickstoff bestehend. Bei den Leucht=Schnellkäfern, Pyrophorus, des wärmeren Amerika's sind es Theile des Fettkörpers, welche das Licht ausstrahlen. Nach Quatrefages hängt das Licht der Leuchtinsekten stets von einer durch die Thiere secernirten langsam verbrennenden Substanz ab; bei der ehemals zu den

Die Schmetterlinge sind charakterisirt durch saugende Mundtheile, so jedoch, daß ihr spiralig aufrollbarer Saugrüssel nicht durch Verwachsung der sämmtlichen Mundtheile, sondern bloß durch die ungemein verlängerten Unterkiefer gebildet wird. Ihr Leib und ihre Flügel sind fast immer von gefärbten Schüppchen bedeckt, wodurch ihre oft so glänzende Färbung und Zeichnung entsteht, ihre Verwandlung ist eine vollkommene, ihre meist schön- und buntfarbigen Larven nennt man Raupen. Im vollkommenen Zustande leben die Schmetterlinge nur kurze Zeit, jene einzelnen Individuen ausgenommen, welche überwintern; ihr Larven- und Nymphenzustand währt von einigen Wochen bis zu zwei Jahren und länger. Die intellektuellen Fähigkeiten der Schmetterlinge sind sehr gering, Kunsttriebe kommen vielfach und zwar vorzüglich bei den Raupen vor, wo sie sich durch oft sinnreiche Construktion von Hülsen, in denen sie leben, durch Verfertigen der Cocons, welche die Puppenhülle einschließen, durch künstliches Aufhängen der Puppen mittelst schlingenartiger Fäden 2c. äußern, während die Schmetterlinge bei der Befestigung ihrer Eier mit Kittsubstanz, der Bedeckung derselben mit Haaren ihres Leibes Vorsicht und einige Geschicklichkeit offenbaren, — Verhältnisse, die allbekannt und in zahlreichen, auch elementaren Schriften geschildert sind. Die Zygaeniden oder Widderchen, kleine stahlblaue oder grüne Schmetterlinge mit Blutflecken auf den Flügeln, sind sehr geneigt zur Bastarderzeugung, was dann oft die Bestimmung erschwert. Bei den Psychiden, kleinen spinnerartigen Nachtschmetterlingen, sind die Weibchen flügellos, wurmförmig und vermögen entwicklungsfähige Eier für sich allein ohne Begattung, also parthenogenetisch zu legen; von einigen Arten sind sogar nur Weibchen bekannt, eine im Thierreiche fast einzige Erscheinung. Die Raupen des Processionsspinners, welche auf Eichen leben, wandern oft in großen Zügen, auf Nahrung ausgehend, durch die Wälder, so daß hier ein Geselligkeitstrieb erwacht, der sich bei

---

Quallen gerechneten Noctiluca, welche am häufigsten das Meeresleuchten bewirkt, geht hingegen das Licht von keiner Sekretion aus.

anderen Raupen (Hyponomeuta) durch Verfertigung gemein=
schaftlicher Gespinnste äußert, in welchen sie leben.

Die Hautflügler sind Insekten mit vier häutigen durch=
sichtigen Flügeln, vollkommener Verwandlung und beißenden
Mundtheilen, so jedoch, daß Unterkiefer und Unterlippe, welche
oft sehr verlängert sind, zum Lecken von Säften, namentlich
Blüthen= und Fruchtsäften, gebraucht werden können. Ihr
Kopf hat freie Bewegung, ihre Augen sind wohl entwickelt.
Ihr Hinterleib hängt meist mittelst eines dünnen Stieles, der
durch die ersten sehr dünnen Ringe gebildet wird, mit der Brust
zusammen (Wespentaille). Ihre Luftröhrenstämme zeigen blasige
Erweiterungen, um dem Athmungsbedürfniß bei dem oft sehr
anhaltenden und raschen Fluge zu genügen. Die Larven leben
entweder in anderen Insekten, in welche die Mütter ihre Eier
gelegt haben, so bei den Schlupfwespen und Chalcidiern, welche
hiedurch zahllose Kerfe vertilgen, oder in Gallen und Aus=
wüchsen der Pflanzen, wie die Gallwespen (also als thierische
oder vegetabilische Parasiten), oder sie werden von der Mutter
vor ihrem Tode mit Nahrungsstoffen versorgt, die zur Errei=
chung des Puppenzustandes hinreichen, wie bei den Sandwespen
oder Sphegiden, den Grabwespen, einsam lebenden Bienen ꝛc.,
oder endlich werden sie bei den staatenbildenden Hymenopteren
von älteren weiblichen Individuen gefüttert und aufgezogen.
Unter den Bienenartigen und den Grabwespen gibt es einzelne
Gattungen, welche, da ihnen Organe zum Sammeln von Nah=
rungsstoffen fehlen, ihre Eier gleich dem Kukuk in die mit
solchen gefüllten Zellen sammelnder Gattungen legen, woselbst
die Larven der ersteren sich auf Kosten der berechtigten Larven
der anderen entwickeln.

Bei den Käfern tritt ein gewisser Anklang an die Säuge=
thiere ein, die Lamellicornien kann man in etwas den Dick=
häutern und Wiederkäuern vergleichen, die Curculioniden den
Edentaten ꝛc., während die Hautflügler durch Sorgfalt für die
Jungen, ihr vieles Fliegen, eher den Vögeln ähneln. Sie
sind ausgezeichnet durch die Eleganz ihrer Formen, ihre Ener=
gie und nimmer rastende Thätigkeit, ihre merkwürdigen Gesell=
schaften und Kunsttriebe, deren Kenntniß durch den erstaunlichen

Fleiß und Scharfsinn der Beobachter, welche sich zum Theil gläserner Kästen bedienten, wenigstens von einem Theile dieser merkwürdigsten aller Insekten gewonnen worden ist. Die wenigsten Hymenopteren belästigen den Menschen, wie die Dipteren, Hemipteren, Arachniden es thun, — aber vielen ist ein Stachel zur Vertheidigung gegeben, der mit Giftdrüsen in Verbindung steht, während andere nur eine Legeröhre oder eine Art Säge besitzen, mit der sie Löcher in Pflanzentheile schneiden, um ihre Eier darein zu legen. Nach Laboubène ist der Stachel der Sphegiden glatt, um zurückziehbar zu sein, weil er zur Verwundung der zur Nahrung der Larven bestimmten Thiere dient, nicht gezähnt wie bei der Biene, wo er nur eine in der Noth gebrauchte Vertheidigungswaffe ist, welche die Biene nach dem Stich gewöhnlich in der Wunde lassen muß und darüber zu Grunde geht. Manche Hymenopteren stechen ungemein schmerzhaft*). Neben den wunderbarsten Instinkten und Kunsttrieben steht in dieser Ordnung auch der Verstand auf der höchsten Stufe. Die Bienen kennen den Bienenvater und unterscheiden fremde Bienen. Dujardin stellte einst eine Tasse mit Zucker weit entfernt von einem Bienenstand in eine Mauernische, die von einer Biene entdeckt wurde. Sie prägte die Lokalität sich durch Umherfliegen um den Rand der Nische und Anstoßen mit dem Kopfe genau ein, flog dann fort und kehrte bald mit einer Anzahl Gefährtinnen zurück, welche sich des Zuckers bemächtigten. Hallibah erzählt, daß eine Heubiene, die neben einem gewöhnlich verschlossenen Fensterladen ihr Nest hatte, als sie bemerkte, daß dieser, wenn geöffnet, das Flugloch verdeckte, einen Thonklumpen über letzterem anbrachte, welcher den Laden von der Wand abhielt.

---

*) Auf Java gibt es mehrere Arten großer Wespen oder Hornissen, deren fürchterlichen Stich auch Junghuhn erfuhr, l. c. II, 472. Brehm (III, 152) erwähnt eine „Goldwespe" (ich glaube aber, es ist eher ein Chlorion oder andere Sphegide als eine Goldwespe, nämlich Chrysis), welches „prachtvolle und intelligente Thier zu einer wahren Plage für den Reisenden wird. Eine Art von ihnen kommt häufig in die Wohnungen; sie gleicht einem leuchtenden Smaragd an Farbe und einem Teufel an Bösartigkeit, denn sie sticht sehr empfindlich."

Nur bei den Termiten und bei den Hautflüglern kommt es zu Thierstaaten, die in beiden Fällen wesentlich auf dem weiblichen Geschlechte beruhen; von fruchtbaren Weibchen nimmt das Dasein der Kolonieen seinen Ursprung, sie erscheinen als der Schwerpunkt und belebende Mittelpunkt derselben; Weibchen mit unentwickelten Geschlechtsorganen sind es, welche die Städte bauen, Nahrung herbeischaffen, die Jugend erziehen, die Wanderungen, Kriege, Raubzüge anstellen, während das männliche Geschlecht mehr nur ein zum Zweck der Fortpflanzung geduldetes, schnell vorübergehendes Dasein hat. In besonderen Fällen können bei den Bienen, Hummeln, Wespen und Ameisen Larven, aus denen sonst unfruchtbare Weibchen hervorgegangen wären, durch feinere und reichlichere Nahrung zur Entwickelung einer geringen Anzahl von Eiern in ihren Ovarien potenzirt werden, ohne daß Begattung nöthig wäre, aus welchen Eiern aber nur Männchen kommen. Damit fruchtbare weibliche Nachkommen entstehen, ist eine Befruchtung durch das männliche Sperma nothwendig, welche nur bei den fruchtbaren Weibchen möglich ist, welche unbefruchtet auch nur männliche Eier legen können. Der Ameisenstaat unterscheidet sich von dem der Bienen durch das Auftreten zahlreicher Weibchen.

Die Staaten der Bienen und Ameisen sind dauernd, die der Hummeln und Wespen sind einjährig. Die Anhänger Darwin's suchen den complicirten Haushalt der Bienen- und Ameisenstaaten dadurch zu erklären, daß sie eine allmälige Ausbildung derselben annehmen, indem nach und nach bestimmte Gewohnheiten und Sitten entstanden seien, welche sich vererbten und stationär wurden. Anfänglich hätte jedes befruchtete Bienen- und Ameisenweibchen seinen Staat gegründet, wie es noch jetzt regelmäßig die Weibchen der Wespen und ausnahmsweise der Ameisen thun. Aus der Familie seien diese Staaten ursprünglich hervorgegangen. — Weil die Staaten der Termiten, Bienen und Ameisen durch Kolonieen sich vervielfältigen, so sind alle unter sich verbunden, woraus sich erklärt, daß Gewohnheiten, Sitten, z. B. Raublust, Abneigung gegen bestimmte Personen und Dinge beim Muttervolke sich auch in den Kolonieen wiederfinden, die aus ihm hervorgegangen

sind. Der Raum erlaubt mir nur, das Wesen der complicir-
testen und merkwürdigsten Hautflüglerstaaten, nämlich jener der
Bienen und Ameisen, darzustellen.

## Der Staat der Honigbiene

besteht aus einem befruchteten herrschenden Weibchen, der sogenannten Königin, aus einer großen Anzahl Männchen (Drohnen, mehrere Hundert bis wohl zwei Tausend) und aus den
Geschlechtslosen oder Arbeitsbienen, die in einem stark bevölkerten Stocke auf dreißig bis vierzig Tausend sich belaufen
können. Die Königin ist etwas größer als die Arbeiterinnen,
ihr Hinterleib länger, sie lebt nach Desborough†) drei bis
vier Jahre, und kann über eine Million Eier legen, die Arbeiterinnen leben zwei bis acht Monate und eben so lange die
Drohnen, wenn sie nicht früher getödtet werden. Im Hoch-
sommer, wo die Arbeiterinnen am meisten angestrengt sind,
sollen sie am kürzesten leben. Es gibt unter ihnen zwei Kasten,
deren eine Wachs macht, das aus ihrem Unterleibe als Flüssig-
keit hervorquillt und dann erstarrt, worauf sie es abkratzen und
zu den Waben verbauen, und die andere Blumensaft sammelt
und denselben in ihrem Honigmagen in Honig verwandelt, mit
dem sie die Zellen füllen und die Brut füttern. Beim Sammeln des Wachses und Honigs werden sie durch ihren wunderbaren Instinkt geleitet und finden, wenn sie sich auch stundenweit vom Stocke entfernt haben, fast immer wieder den Weg
nach demselben, was nicht aus ihrem so kurzen Gesicht erklärt werden kann. Die zarten, sechseckigen Zellenwände sind
nur $1/400$ Zoll dick, die Platten an der Grundpyramide $1/200$ Z.
Im Winter, auch im Herbste, hat man schon manchmal zwei
Königinnen in einem Stocke beobachtet; die sehr herabgestimmte
Reizbarkeit der Bienen mag dann diese Ausnahme gestatten,
während in der Regel die alte Königin die jungen zu tödten
sucht, wenn erstere nicht zuvor mit einem Theile des Volkes
ausschwärmt, um neue Kolonieen zu gründen. Die Bienen

---

†) Transactions of the entomol. Society 1553, II, 145.

erstarren im Winter nie ganz, wie es Fliegen und Wespen thun; sie nehmen auch von Zeit zu Zeit etwas Nahrung. Tritt strenge Kälte ein, so schlagen sie mit den Flügeln, um Respiration, Wärme und Nahrungsbedürfniß zu erhöhen, wodurch ein Brausen entsteht, was man einige Schritte weit hört. — Gegen Ende des Sommers, wo keine junge Königin mehr zu befruchten ist, werden die unnütz gewordenen, des Stachels entbehrenden wehrlosen Drohnen aus dem Stocke gestoßen und sterben bald durch Stiche oder Hunger, so daß den Winter hindurch die Kolonie bloß aus der befruchteten Königin und den Arbeiterinnen besteht.   Die erstere legt dann im Frühling zuerst Eier in die Zellen, welche für Arbeiterinnen bestimmt sind, später in die Drohnenzellen, welche beide in senkrechten zweizeiligen Waben stehen; mit Beginn des Sommers machen die Arbeiterinnen am Rande der Waben größere tonnenförmige Zellen, in welche die Königin die Eier legt, aus welchen befruchtungsfähige Weibchen hervorgehen können, deren Larven dann mit feinerer und reichlicher Nahrung aufgefüttert werden. Sobald die erste der jungen Königinnen aus der Nymphenhülle als vollkommenes Insekt auszuschlüpfen bereit ist, gibt sie einen eigenthümlichen Ton von sich, worauf die alte mit einem Theile des Volkes, dem Vorschwarm, den Stock verläßt, um eine andere Wohnstätte zu suchen, die man ihr in einem frischen Korbe darbietet.   Die junge Königin verläßt ebenfalls, jedoch nur von den Drohnen begleitet, den Stock zu ihrem Hochzeitsflug und paart sich hoch in der Luft mit einer einzigen Drohne, worauf sie in den Stock zurückkehrt, als Herrscherin angesehen wird und Eier zu legen beginnt.   Existirt in einer der Weiselzellen noch eine junge Königin, so verläßt auch diese mit einem Theile der Arbeiterinnen den Mutterstaat, um anderwärts einen neuen zu gründen, was das eigentliche Schwärmen ist.

Es steht nach v. Siebold in der Willkür der Königin, befruchtete oder unbefruchtete Eier zu legen.   Sie hat nämlich in einem eigenen Behälter, wie er den Insektenweibchen allgemein zukommt (receptaculum seminis), bei der Paarung den befruchtenden Stoff in sich aufgenommen, und derselbe behält während ihrem ganzen Leben seine befruchtende Eigenschaft bei.

Legt sie Eier in königliche Zellen oder in Zellen für Arbeiterinnen, so läßt sie aus jenem Behälter einige Spermatozoiden an das Ei gelangen, was beim Legen von Drohneneiern nicht der Fall ist, welche daher auch von unbefruchteten Königinnen und in besonderen Fällen selbst von eigens dazu erzogenen Arbeiterinnen gelegt werden können.  Letztere können jedoch nicht Königinneneier legen, weil hiezu Befruchtung nöthig ist und ihnen die Paarungsorgane fehlen.  Aubert und Wimmer haben gezeigt†), daß bereits Aristoteles bei den Bienen eine Erzeugung ohne Begattung oder Befruchtung, d. h. eine Parthenogenesis angenommen hat, obwohl er sie nicht beweisen konnte*).

## Die Ameisen

gehören zu den stacheltragenden Hautflüglern, obschon der Stachel bei vielen Arten rudimentär bleibt; manchmal sind nicht nur keine einfachen Augen da, sondern es fehlen auch die zusammengesetzten**).  Die Fühler sind gekniet, sehr reizbar und beweglich. Am Hinterleibe bilden der erste oder die beiden ersten sehr verschmälerten Ringe Knötchen oder Schuppen.  Sie nähren sich von pflanzlichen und thierischen Stoffen und gehen besonders zuckerhaltigen Substanzen begierig nach, weßhalb sie auch den von den Blattläusen und Gallinsekten abgesonderten Honigsaft lecken und sie zu weiterer Absonderung anregen.

---

†) In v. Siebold's Zeitschr. für wissensch. Zoologie IX, 507 ff.

*) Ein Bienenstock zu Constanz bringt jährlich Hunderte von Zwittern hervor, sogen. Stacheldrohnen, in welchen die Charaktere der Drohnen und Arbeiterinnen verschmolzen sind; die Eierstöcke sind nicht weiter entwickelt als bei letzteren.  Diese Zwitter werden rasch zum Stocke hinausgestoßen und sterben in der Nähe des Flugloches ab, ohne je zum Eierlegen zu kommen.  v. Siebold erklärt die Entstehung dieser Zwitter durch ungenügende Einwirkung der Spermatozoiden auf das Ei, das unbefruchtet Männchen geben würde, bei einer hinreichenden Anzahl von Spermatozoiden aber in ein weibliches Ei umgewandelt wird.  Verhandl. d. schweiz. naturf. Gesellsch. 1863, S. 48.

**) So sind die Geschlechtslosen von Myrmica ganz blind, während Männchen und Weibchen wohl entwickelte, einfache und zusammengesetzte Augen haben.  Formica typhlops ist ganz blind.

Dann erhalten ſie Honigſaft von ſüßen Früchten und von Inſekten, welche ſie ausſaugen; ſie können ihn lange bei ſich behalten und theilen ihn bei der Rückkunft den zu Hauſe gebliebenen und den Larven mit, indem ſie ihnen Tropfen aus ihrem
Munde anbieten. In Braſilien vertreten die Stelle der Blattläuſe die Larven und Nymphen gewiſſer Cicadellen, namentlich
von Cercopis und Membracis, welche ſaugend an den Pflan-
zenſtengeln ſitzen und von Zeit zu Zeit aus ihrem Hintertheile
einen Tropfen ſüßen Saftes von ſich geben, der von der Ameiſe
Formica (Dolichoderus) attelaboides begierig geleckt wird,
welche eben ſo wie unſere Ameiſen die Blattläuſe, ſo die Cicadellen liebkoſt und ſie ſogar beim Hautwechſel unterſtützt. Als
in den Gärten von Rio Janeiro Blattläuſe, die früher dort
fehlten, eingeführt wurden, erkannten die Ameiſen daſelbſt bald
ihre nützliche Eigenſchaft. Die Ameiſen ſchleppen auch Knochen
oder kleine Thiere nach Hauſe und nagen ſie raſch ab; bei
einer Art werden lebende Aſſeln in die Kolonieen gebracht,
ohne Zweifel zu einem ökonomiſchen Zwecke. Die Ameiſen
trinken auch gern Waſſer. Der ſaure Geruch, den ſie verbreiten, kommt von der Ameiſenſäure, welche ſie in die mit
ihrem Stachel gemachten Wunden ergießen, die ſtachelloſen aus
Afterdrüſen ausſpritzen. Die hohe Temperatur im Innern des
Ameiſenhaufens rührt nach Robert nicht vom Zuſammenleben
der Ameiſen, ſondern von der Zerſetzung der zuſammengehäuften
Pflanzen- und Thierſtoffe her, denn in der verlaſſenen Stadt
iſt die Wärme eben ſo groß als in der bewohnten, ſo daß die
Ameiſen nach Erichſon's Ausdruck ſich Lohbetten bereiten
und den Aufenthalt anderer Inſekten begünſtigen, welche die
Lohmaſſe verzehrend, deren Zerſetzung und hiedurch Wärmeentwicke-
lung befördern. (Es erinnert dieſes an die tumuli der Megapodiden, von welchen Vögeln ich ſpäter berichten werde.) Fr.
Smith gibt an, die in den Ameiſenneſtern lebenden Aleocha-
riden und anderen Käfer ſeien von den Ameiſen aufgeleſen und
eingetragen worden und würden, wenn ſie entfliehen wollten,
immer wieder zurückgebracht. Erſt bei — 2° R. fallen unſere
Ameiſen in Erſtarrung.

Die meiſten Arten leben geſellig und bilden Thierſtaaten,

welche aus dreierlei Individuen bestehen: geflügelten Weibchen und Männchen und ungeflügelten Geschlechtslosen, welche verkümmerte Weibchen sind, denen allein die ganze Sorge für das Gemeinwesen obliegt und von welchen sehr oft, namentlich bei den tropischen Arten, zwei Kasten: zahlreiche kleinköpfige und viel weniger großköpfige, letztere Soldaten genannt, vorkommen. Die Soldaten beaufsichtigen den Marsch, lassen die Todten und Verwundeten fortschaffen, stellen Wachen aus, vertheidigen, greifen an, tragen aber nie Lasten. Sind keine Soldaten da, wie bei den meisten unserer Arten, so übernehmen die kleinköpfigen Geschlechtslosen deren Funktionen und vertheidigen sich durch Beißen, Stechen und Ausspritzen von Ameisensäure. — Einige wenige Arten bilden keine Gesellschaften, sondern leben als Gäste in den Kolonieen anderer. Die Ameisenstädte werden in oder auf der Erde, auf Binsenbüscheln, in angegriffenen morschen Bäumen, von tropischen Arten auch in den Astwinkeln der Bäume angelegt und enthalten mehr oder minder zahlreiche Abtheilungen, Gallerieen, Querstraßen und Stockwerke. Die in die Erde gebauten tropischer Arten sind 30, 50 bis 100 Fuß im Durchmesser groß und enthalten Hunderttausende von Individuen, die unseren messen höchstens einige Fuß und ihre Bevölkerung ist weniger zahlreich; es gibt auch ganz kleine Gesellschaften. Nach Förster, der 69 europäische Ameisenarten aufzählt, wovon sich 49 in Deutschland finden, folgt jede Art bei Gründung ihrer Kolonieen gewissen Regeln, von denen sie selten oder nie abweicht, und selbst im Material herrscht Beständigkeit und Beschränkung. Von der ganzen Erde sind gegen 1000 Arten bekannt.

Unsere Ameisenstädte enthalten im Frühling nur überwinterte Geschlechtslose, Eier und Larven, welche von einem fruchtbaren Weibchen stammen, das im vorigen Sommer gelebt hat. Die Larven werden zu Nymphen (Ameiseneiern) und aus diesen gehen im Laufe des Sommers außer Geschlechtslosen fruchtbare geflügelte Weibchen und Männchen hervor. Diese schwärmen bei uns im Juli bis September und zwar meist gegen Abend oder in der Nacht aus, thun sich in der Luft manchmal in ungeheurer Zahl zusammen, Säulen bildend, die öfters schon

für Rauchsäulen eines fernen Brandes gehalten wurden, und
vollziehen in der Luft die Paarung, nach welcher sie zur Erde
niederkommen und die Flügel abwerfen. Die viel zahlreicheren
Männchen sterben bald, ob begattet oder nicht, denn sie wissen
weder Nahrung noch Heimath zu finden, und die Geschlechtslosen bekümmern sich nicht um sie. Die meisten Männchen
und befruchteten Weibchen werden den Vögeln zur Beute, aber
von letzteren retten die Geschlechtslosen manche zu Stamm-
müttern der künftigen Generation. Sie bringen sie in die
unterste Etage, an den sichersten Platz, lecken sie am ganzen
Leibe und nähren sie mit Honigsaft, den sie ihnen aus dem
Munde darbieten. Die Eier, welche die Weibchen legen, werden in eigene Gemächer gebracht und dort besorgt, eben so die
auskommenden Larven, welche genährt, geleckt, zärtlich wie
Wickelkinder gepflegt, gewaschen und beim Hautwechsel unterstützt werden. Die Nymphen werden wieder in eigne Gemächer
und von Zeit zu Zeit an die trockene warme Luft geschafft.
Manchmal gründet ein Ameisenweibchen ohne Hilfe von Geschlechtslosen allein eine Kolonie. Lange vor dem Auftreten
des Menschen auf der Erde haben die unermeßlich zahlreichen
Völker dieser kleinen Thiere ihre Staaten gehabt, ihre Städte
gebaut, ihre Kriege und Wanderungen ausgeführt.

Kaum sind die Individuen anderer Thierarten hilfreicher
gegen einander als die Ameisen; Verwundete werden stets in
die Wohnungen getragen. Die Geschlechtslosen halten ihre
Städte rein, ziehen die Jungen auf, versorgen die Kolonie mit
Nahrung, machen Kriegsgefangene. Der Genfer H u b e r, dem
die Geschichte der Ameisen so viele Aufklärungen verdankt, behauptet, daß Bewohner derselben Stadt nach viermonatlicher
Trennung mittelst Fühlerbewegung sich erkannten und zusammen
gingen; Ameisen derselben Art, aber von einer anderen Stadt,
werden gewöhnlich zurückgestoßen. Wenn Formica herculeana
ein anderes Individuum von einer Gefahr benachrichtigen will,
so schlägt sie mit dem Kopfe gegen dessen Brustschild. Sie
wissen auch sich mitzutheilen, ob irgendwo ein Vorrath von
Nahrung, Zucker u. s. w. entdeckt worden ist, wo dann bald
zur Fortschaffung zahlreiche Gefährten sich einfinden. Indivi-

duen der **Formica indefessa** von Syfes, die in Indien die
Häuser verwüstet, konnten einen etwas von der Wand abstehenden Tisch nicht erreichen, gingen deßhalb an der Wand etwas
höher hinauf und sprangen stets richtig auf den Tisch herab.
Manche Ameisen werden selbst dem Menschen gefährlich; ein
**Odontomachus** in Paraguay verursacht oft große Angst, und
**Delacour** berichtet von einer kleinen, gelbrothen amerikanischen Art, die durch heftigen Biß Entzündung erregt, Kinder
angreift, junge Hühner häufig tödtet. Im Jahre 1834 zehrten
Waldameisen in Mexiko einen jungen Mann vollständig auf,
der unter einem Baume ruhen wollte, und **Delacour** selbst
wurde bei Tupan furchtbar von ihnen angefallen und wäre
den Schmerzen erlegen, hätten ihn nicht zwei Jagdgefährten
gerettet. Eine Mistreß **Lewis-Hutton** in Sidney berichtet
eine abenteuerliche Geschichte. An einem sehr heißen Tage
hatten sich an einem ihrer Kinder etwa 20 Ameisen festgebissen,
welche man todt drückte. Um diese hatten sich bald zahlreiche
andere Ameisen versammelt, darauf vier Deputirte nach ihrer
Kolonie geschickt, welche nach einigen Minuten mit einem ganzen Zuge der Ihrigen zurückkehrten, die langsam zu Zweien
nach der Todtenstätte marschirten. Jede Todte sei hierauf in
ein besonderes Grab beerdigt worden, und einige, die sich der
Arbeit entziehen wollten, seien von den anderen getödtet und
in eine gemeinschaftliche Grube verscharrt worden. Die besagte
Mistreß will diesen Vorgang öfter in gleicher Weise beobachtet
haben. **Gerstäcker**, welcher dies mittheilt†), spottet hierüber
mit den Worten: „Um die Mystifikation vollständig zu machen,
fehlt nur noch, daß eine der Ameisen eine Grabrede gehalten
hätte." Es kann jedoch immerhin an der Sache etwas sein;
behauptet doch auch **Dupont**, die Ameisen hätten Gemeinde-
begräbnisse in einiger Entfernung von ihren Wohnungen, in
welche die Todten getragen würden. — Gegen die Wechsel der
Witterung treffen diese Thierchen manchmal besondere Vorkeh-
ren; ein englischer Beobachter sah, daß Ameisen ein dünnes

---

†) Bericht über d. wissensch. Leistungen in der Entomologie während
d. J. 1861, S. 156.

Stückchen Schiefer jedesmal, wenn Regen drohte, über den Haupteingang ihres Nestes legten; etwa ihrer 50 waren immer mit dem Vor= und Zurückschieben desselben beschäftigt †).

Peter Huber (der Sohn) beobachtete zuerst bei Polyergus rufescens die Sitte, Sklaven zu machen, und zwar bei Formica fusca, ohne deren Hilfe sich ihre Art nicht erhalten könnte, indem die fruchtbaren Männchen und Weibchen nichts arbeiten und auch die Geschlechtslosen nur zum Sklavenrauben taugen, wo sie sehr muthig aber unfähig sind, Wohnungen zu machen oder Junge aufzuziehen. Muß die Kolonie verlassen und anderwärts wieder errichtet werden, so entscheiden die Sklaven darüber und schleppen ihre Herren fort, sie mit den Kiefern packend. Diese wissen nicht einmal, auch mit Nahrung versehen, sich zu füttern und sterben vor Hunger, — etwa wie es manchen vornehmen Herren und Damen gehen würde, wenn sie auf ihren eigenen Füßen stehen müßten. Auch Formica sanguinea macht Sklaven von einer anderen kleineren, ganz schwarzen Art; aber hier wird die Brut der Herren von diesen und den Sklaven gemeinschaftlich besorgt, und die Herren schleppen Baustoffe und Nahrung herbei, während die Sklaven in England meist bloß häusliche Dienste verrichten, in der Schweiz hingegen nach Huber auch ausgehen, hauptsächlich um Blattläuse zu suchen. Während bei Umzügen des Polyergus rufescens die Herren von den Sklaven getragen werden, tragen bei denen von Formica sanguinea die Herren die Sklaven sorgfältig zwischen den Kiefern. Die Formica sanguinea raubt auch manchmal bei der F. flava Sklaven. Bei diesen Raubzügen, wo sich die Angegriffenen tapfer zur Wehr setzen, gibt es auf beiden Seiten viele Todte und Verstümmelte, und es werden nie ausgebildete Individuen fortgeschleppt, sondern nur Larven, Puppen und Eier, manchmal die Blattläuse, welche die Angegriffenen als Melkkühe in ihrer Stadt halten. Auch in Amerika kommen diese Phänomene vor; die Myrmica erythrothorax Lund's liefert die Sklaven für dessen M. paleata; die erstere hat für den Hausbau und die

---

† ) Hennings, v. d. Ahndung. u. Vision. d. Thiere, S. 311.

Lebensmittel zu sorgen, die Individuen der zweiten Art sind
die Krieger. Ancylognathus lugubris von Latreille macht auch
Sklavenjagden; bei solchen marschiren alle Ameisenarten immer
in geschlossenen Colonnen. — Nach Audubon werden von
Ameisen in den Wäldern Brasiliens auch gewisse Blattwanzen
als Sklaven gebraucht. Wenn jene Ameisen Blätter, die sie
von den Bäumen beißen, nach Hause bringen wollen, so geschieht dieses durch eine Colonne solcher Wanzen, die paarweise,
zu beiden Seiten von begleitenden Ameisen in Ordnung gehalten, einherziehen; jede Wanze wird mit einem Blatt beladen.
Durch Bisse zwingen sie die Ausschreitenden in die Reihe
zurück, die Zögernden zur Eile. Nach geleistetem Dienste werden die Blattwanzen in der Kolonie eingesperrt und kärglich
genährt.

In den meisten Tropenländern sind die Ameisen nach Arten
und Individuen unermeßlich zahlreich, so nach Lund auch in
Südamerika; man findet sie überall, selbst in den Städten.
Manche Hochebenen von Minas Geraes, Bahia und Pernam-
buco sind ganz entrecoupirt von ihren hohen Hügeln. Viele
Vögelarten, die Ameisenbären und manche Gürtelthiere leben
hauptsächlich von ihnen, die in Südamerika die Stelle der
fleischfressenden Käfer, namentlich der Carabicinen und Necro-
phagen vertreten, welche dort nur schwach repräsentirt sind.
Ungemein häufig sind sie nach Azara auch in Paraguay, und
einer ihrer Staaten faßt wohl hundertmal mehr Individuen
als in Europa. — Atta cephalotes entblättert oft in einer
Stunde große Bäume, indem sie die Blattstiele durchbeißt; die
auf die Erde gefallenen Blätter werden in Stücke zertheilt und
diese nach Hause getragen. Stokes traf in Nordwest-Austra-
lien ungeheure Ameisenhaufen von pyramidaler Gestalt, bis
13 Fuß hoch, unten 7 Fuß breit und so fest, daß ein Mann
sich auf die Spitze stellen konnte, ohne daß sie einbrachen.

Wenn ein Platz einer Kolonie nicht mehr gefällt, sucht sie
einen anderen. Die Wahl geht von wenigen aus, welche die
anderen zur Nachfolge bestimmen oder sie in den Kiefern an
den neuen Ort tragen, nach vorausgegangener freundschaftlicher
Fühlerberührung. Bei manchen Arten scheinen sich die Bewohner

zahlreicher Städte von derselben Art zu großen Heerzügen aus
Millionen von Individuen zu vereinigen, namentlich im heißen
Amerika, und zwar aus Nahrungsmangel im dortigen Winter,
wo es wenig Insekten gibt. Dabei marschiren sie Tag und
Nacht fort, treiben oft mitten in der Nacht die Menschen aus
ihren Hütten und Dörfern, zerstören alle Mäuse, Schlangen,
Spinnen, Kakerlaken in denselben, nehmen alle Insekten mit
sich und werden ihrerseits von Schaaren von Vögeln verfolgt.
In Brasilien, wo man die Termiten, dort Cupim genannt,
ungemein fürchtet, ist man manchmal froh, wenn die Ameisen-
heere einbringen. Die afrikanischen Treiberameisen (wahrscheinlich mehrere Arten der Sippe Ponera) unternehmen namentlich
gegen die Termitenstaaten große Verheerungszüge. Savage
meldet von einer (sehr kleinen) Ameise im tropischen Afrika,
welche große Flächen in ungeheuren Schwärmen überzieht, alle
thierischen, lebenden sowohl als todten Körper anfällt, und
schnell alle kleineren Thiere einer Wohnung vertilgt. Anomma
arcens nennt Westwood die Jagdameise Westafrika's. Ihr
Staat soll aus Kriegern, Arbeitern und Weibchen bestehen,
welche alle ungeflügelt, nur durch die Größe (1³/₄—5''') von
einander verschieden und sämmtlich blind sind. Beim Ueberschreiten von Bächen bilden die größten sich aneinander klam-
mernden Individuen Brücken für die anderen; in der Regenzeit ballen sie sich manchmal in Kugeln, Weibchen, Eier und
Larven in der Mitte, und lassen sich vom Strome ans Ufer
treiben. Ihr Leben ist sehr zähe, die Freßwerkzeuge des abge-
schnittenen Kopfes bewegen sich 24 Stunden, und sie können
lange hungern. Diese Ameise tödtet große Thiere, wobei sie
immer zuerst auf die Augen geht, und fällt selbst Riesenschlangen
an; wenn sie Nachts in die Häuser dringt, müssen die Leute
schleunigst flüchten.

Die Ameisen mit zweiknotigem Bruststiel und unbedeckten
Fühlern sind im heißen Amerika unendlich zahlreicher als alle
übrigen. Sie allein bewirken die auffallenden Erscheinungen,
sie allein wandern und machen Raubzüge, scheinen sämmtlich
fleischfressend zu sein und rühren weder Pflanzenstoffe noch
Zucker an. Nur bei ihnen finden sich Geschlechtslose mit großen

Köpfen. Alle diese Arten, deren Typus Atta cephalotes ist, zerschneiden Blätter und brauchen diese zum Bau ihrer Städte; die von Atta cephalotes ist unterirdisch und hat oben drei bis vier Pforten, jede von einem schwachen Erdwall umgeben. Die befruchteten Weibchen dieser Art röstet man in Zucker und genießt sie als Confekt. In kleinem Maßstabe kommen auch in Europa solche Wanderungen vor; 1834 brachen Myriaden sehr kleiner Ameisen in die Häuser von Brighton und einiger Quartiere von London ein, deren höchst unbequeme Gegenwart die Einwohner zur temporären Verlassung ihrer Wohnungen zwang.

Die Ameisen der Tropen zeigen manche eigenthümliche Erscheinungen. Lund's Sippe Crematogaster baut ihre Wohnungen auf Bäumen aus 3—4 großen Blättern, die durch Spinngewebe zusammengehalten werden. Die Cryptocerus-Arten in Brasilien legen nach Smith ihre Kolonieen in todten Zweigen an; sie bestehen aus einem einzelnen Weibchen und zwei sehr verschieden gebildeten Formen von Arbeitern. Es sind träge Thiere, die lauernd auf Blättern sitzen und dorthin kommende Insekten packen, bei Gefahr seitwärts laufen wie die Krabbenspinnen und sich auf der Unterseite des Blattes verbergen; es sind die Spinnen unter den Ameisen. Nur die Arbeiter der einen Kaste haben einen großen Schild von unbekannter Bestimmung auf dem Kopfe. Die Bauten der Myrmica Texana sind nach Buckley bis 100 Fuß lang, ihre einzelnen Kammern $1/2$—3 Fuß und zum Theil 12—18 Fuß unter der Oberfläche; der aus dem Innern hervorgeschaffte Auswurf gleicht einem Krater. Zu einer solchen Kolonie führen mehrere unterirdische Gänge, die erst einige hundert Fuß von derselben ausmünden und durch welche die Ameisen große Massen von Körnern, Blättern und Früchten nach der Stadt bringen. Die Arbeiter bilden zwei Klassen, dick- und dünnköpfige; erstere scheinen die zweiten zur Arbeit anzuhalten, ohne selbst daran Antheil zu nehmen; sie führen die Arbeiterschaaren vorzüglich bei Nacht aus. Leichardt's Trichterameise in Neuholland gräbt für ihre Wohnungen in die Erde ein senkrechtes Loch und umgibt dieses mit einem erhöhten, trichterförmigen Rande. Bei der amerikanischen Sippe Eciton trifft man Arbeiter und Soldaten mit ungemein verschiedenen Kiefern und Instinkten; bei Myrmecosystus mexicanus findet sich eine Kaste von Geschlechtslosen mit sehr großem, kuglig aufgetriebenem Hinterleibe, in zellenartigen Aushöhlungen steckend, nie die Kolonie verlassend, von den normal gebildeten Arbeitern gefüttert. Sie sind gleichsam in Honigflaschen verwandelt und es fehlt ihnen der Kaumagen. Sie scheinen von den Arbeitern angebissen zu werden. Auch bei Anomma arcens sind sehr verschiedene Kasten von Geschlechtslosen da, die einen dreimal länger als die anderen; zugleich haben diese größeren viermal so große Köpfe als die kleinen und fast fünfmal so große Kiefer, die wieder in Form, Größe und Zahl der Zähne individuell sehr abweichen. Aber diese Kasten sind durch die verschiedensten Zwischenstufen verbunden. — Odontomachus haematodes Fabr. springt mit den langen Oberkiefern, und nach Bernstein gibt es in Gabot auf Java eine neue Sippe: Pedetes macrorhynchus, mit einem eigenthümlichen Schnellapparat an der Wurzel der geraden schnabelähnlichen Unterkiefer, womit sie sich, diese unter Geräusch zusammenschlagend, einige Zoll weit rückwärts schleudern, auch aus einem seichten Gefäß herausspringen können†).

Die Gesellschaften der Hausameise von Madeira, Oecophthora pusilla Heer††), die auch in Sevilla vorkömmt, bestehen aus den Arbeitern, 1¹/₂ Linie lang, den großköpfigen Soldaten von 2 Linien Länge, den glänzend braunen Weibchen, 3¹/₄ Linie lang, und den viel kleineren kohlschwarzen Männchen, welche 2 Linien messen. Arbeiter und Soldaten haben am Ende der Vorderschienen einen kammförmigen Haken. Sie leben im Freien und fast in jedem Hause in unermeßlicher Zahl, fressen Thier- und Pflanzenstoffe, packen auch Fliegen, auf welche sie katzenartig springen, greifen Termiten und Gryllen (Gryllus capensis) wüthend an. Individuen verschiedener Kolonieen fallen sich ebenfalls an. Doch leben in ihren Nestern

---

†) Verhandl. d. zoolog. botan. Gesellsch. in Wien, XI, 7.
††) Heer, über d. Hausameise Madeira's, Zürich 1852.

Juli, eine Schildlaus, und das Käferchen Cossyphodes Wollastonii Westw. Arbeiter tragen die Substanzen fort, Soldaten zerschneiden nur. Diese Ameisen können sich Mittheilungen machen, Nachrichten geben, haben auch Gedächtniß und Spürsinn. Größere Lasten werden durch mehrere fortgeschleppt; die einen ziehen, die anderen schieben nach, immer ruckweise, und ziehende und stoßende wirken im gleichen Moment zusammen, wobei das Mittel der Verständigung nicht zu entdecken war, eben so wenn alle losließen, daß doch eine hielt und nie eine Fliege zu Boden fiel. Eine solche Ameise, an einen Faden geklammert, hielt vier Fliegen, das 376fache ihres eigenen Gewichts. Sie scheinen nicht viel über 1 Zoll weit zu sehen. Die Arbeit geht Tag und Nacht fort, Winterschlaf findet nicht statt, auch nicht bei unserer gleichfalls auf Madeira vorkommenden Formica fusca.

Im Kreise der Kopf= oder Wirbelthiere sind Kopf, Rumpf und Glieder harmonisch entwickelt, es ist ein inneres Skelet und (mit einziger Ausnahme des Fischchens Amphioxus) rothes Blut da. Die Ausbildung des Kopfes und der Sinnesorgane hängt mit der ungemeinen Entwickelung des Gehirns zusammen. Die Thiere dieses Kreises sind in der Hauptsache nach demselben Typus wie der Mensch gebaut. Die unterste Klasse,

## Die Fische,

zeigen unter allen Wirbelthieren den geringsten Grad von Verstand, ihre Sinne haben nur wenig Schärfe, das Gehör ist schwach, das Auge nicht zum Sehen in größerer Entfernung eingerichtet, indem die Krystalllinse fast kugelförmig ist, wozu noch die geringe Durchsichtigkeit des Wassers kömmt. Die meisten Fische sind ungemein gefräßig, schon in einem Jahre entwickelt, wachsen aber ihr ganzes Leben lang und ungemein rasch; zwei Zitteraale, 1842 nach London gekommen, wenig schwerer als ein Pfund, wogen 1848 der eine 40, der andere 50 Pfund. Sie sind enger mit der Natur, ihren Perioden und Veränderungen verbunden, als manche andere Thiere, und besitzen in einem unter der Haut über den ganzen Körper ver=

breiteten und sich durch die Poren der Seitenlinie öffnenden
Röhrensystem wahrscheinlich ein Sinnes- und Witterungsorgan,
dessen Beschaffenheit uns verborgen ist. Obschon sie unter den
Wirbelthieren die Wasserthiere κατ' ἐξοχήν sind, so vermögen
doch manche eine kürzere oder längere Zeit an die Luft zu
kommen, namentlich gewisse indische und chinesische Fische, deren
vielzellige Schlundknochen das zum Athmen dienende Wasser
lange zurückhalten und es nur tropfenweise auf die Kiemen ab-
fließen lassen, die dadurch fortwährend befeuchtet werden. Vermöge dieser Einrichtung können diese sonderbaren Fische Tage
lang auf dem Lande leben und sogar mittelst ihrer Flossen auf
Bäume klettern. (Anabas, Ophicephalus u. andere.) Die
Flossen der Fische sind zwar wesentlich zur Bewegung im
Wasser bestimmt, werden aber doch ausnahmsweise bei einigen
als Kletter- und Greiforgane gebraucht. Von Müller[†] behauptet, daß der von ihm im mexikanischen Meere entdeckte
Chironectes Sonntagii auf den händeartigen Brustflossen um-
herlaufe, mit denselben kleine Steinchen umkehre oder sich
festhalte, auch die Nahrung ergreife und zum Maule bringe. —
Eine Doras (Siluroidei) von Hancock beschrieben, von den
Indianern Plattkopf, Hassar genannt, macht sich, wenn ihre
Teiche vertrocknet sind, in großer Gesellschaft auf den Weg,
um andere zu suchen, und bewegt sich mittelst des ersten Strah-
les ihrer Brustflossen wie mittelst zweier Füße fort, hiebei von
ihrem elastischen Schwanze unterstützt, fast so schnell, als ein
bequem gehender Mensch. — Ein in den Süßwässern Carolina's von Bosc beobachteter Fisch, der Seomepines der Indianer (Hydrargyra), der seinen Mund durch eine Haut verschließen kann, vermag sich aus dem Wasser zu erheben und
sprungweise nach anderem zu bewegen, wobei er immer die
gerade Richtung gegen das nächste Gewässer nimmt, obschon er
es nicht sehen kann. Protopterus aethiopicus, der Kandof der
Kisschneger, lebt nach Heuglin am weißen Nil in Löchern der
Tümpel und Sümpfe, die er nur Nachts verläßt. Er macht
sich in der Regenzeit Wege im Schlamme, zischt, angegriffen,

---

[†] Reisen in Mexiko I, 182.

wie eine Schlange, wehrt sich mit Beißen gegen Menschen und
Thiere, und soll auch mit Seinesgleichen kämpfen. Dieses
amphibische Geschöpf, welches Mollusken, kleine Amphibien,
Fische und Säugethiere verzehrt, hat ein wohlschmeckendes
Fleisch und Hautschleimdrüsen, welche allen Reptilien fehlen,
weßhalb ihn Brehm zu den Fischen stellt. Der von Heuglin entdeckte Clarotes Heuglinii Knerr wurde beim ·Graben
eines Brunnens in der Steppe von Korbofahn in 6—8 Fuß
Tiefe gefunden, ganz munter in bloß feuchtem Letten. Er bewegt sich im Wasser wie ein anderer Fisch und hält auch auf
dem Lande gut aus. Der eigenthümliche Fisch Lepidosiren
annectens, der, wie die vorgenannten, erst in neuerer Zeit entdeckt wurde und mit ihnen Mittelbildungen zwischen Fischen
und Amphibien darstellt, ist im Niger und dessen Zuflüssen
häufig. Diese trocknen im Sommer theilweise aus, wo dann
die Thiere 4—7 Monate lang im festgewordenen Schlamme
vergraben liegen und von den Eingeborenen häufig ausgegraben
und als Leckerbissen verzehrt werden. Im Schlamme fand
Mac Donnel den Fisch nicht von einer Blätterhülle, wie
Peters angibt, sondern von einer Art Schleimhülle umgeben.
Setzt man ihn in Wasser, so kommt er, um Luft zu holen,
alle 4—5 Minuten an die Oberfläche; er fraß bei Mac Donnel
Brod und kleine Fische. Dieses wunderbare Geschöpf kann
laute kreischende Töne hervorbringen.

Einige Fische, wie der Schleih, Aal, Meeral, das Seepferd-
chen, sollen Winterschlaf halten und in Erstarrung verfallen†).
Andere stellen jährliche Wanderungen an, indem sie aus dem
hohen Meere an die Küsten kommen, um ihren Laich abzusetzen, oder die Flüsse zu gleichem Zweck hinaufsteigen, wie dieses von den Häringen, dem Kabljau, Thunfisch, dem Lachs und
anderen Salmenarten, den Stören bekannt ist*). Bei ihren
Wanderungen hin und her kommt den Fischen ihre oft erstaun-

---

†) Burdach, Physiologie III, 529.
*) Der Engländer Mitchel behauptet entgegen der gewöhnlichen An-
sicht, daß der Häring kein Wanderfisch sei, vielmehr stets in der Nähe der
Küste lebe und an diese nur um zu laichen komme.

lich schnelle Bewegung gut zu statten; „Haifische", sagt Kirby, „halten oft während langer Reisen gleichen Schritt mit Schiffen, und wie Hunde streichen sie noch beständig um Schiffe her, welche viele Meilen in einer Stunde zurücklegen, als ob sie noch einen Ueberfluß von Kraft hätten. Der Thunfisch fliegt wie ein Pfeil dahin, und der Häring durcheilt in einer Stunde einen Weg von 16 Meilen." — Ganz eigen verhält sich der Aal. v. Siebold hat erwiesen, daß der Aal Geschlechtswerkzeuge hat, die aber nicht zur Reise kommen, so lange er im Süßwasser lebt; er wandert deßhalb in die See, wenn er bereits ansehnlich groß ist, und zwar im Juli bis September. Aus dem Meere kehren die geschlechtsreifen Aale nie wieder zum Süßwasser zurück, wohl aber zieht ihre 2—4 Zoll lange Brut in dieses, und zwar im Frühling, in Milliarden. Der Aal findet sich in allen Meeren und Flüssen Europa's, das schwarze und die in es mündenden Ströme ausgenommen. Die am Cap, in Neuholland, Neuseeland gefundenen sind wahrscheinlich von unserem Aale verschiedene Arten.

Bei den Fischen findet bekanntlich keine innere Paarung, sondern nur äußerliche Befruchtung der Eier statt; deßhalb folgen die brünstigen Männchen stets den eierlegenden Weibchen ihrer Art, um deren Laich zu befruchten, wodurch Bastarderzeugungen vorgebeugt wird. Um die ausgekrochene Nachkommenschaft bekümmern sich die Eltern nicht, doch haben einige Fische den Trieb und die Geschicklichkeit, Nester für den Laich aus Sand, Schlamm ꝛc. zu bauen, so die Meergrundeln und eine Art des Stichlings, Gasterosteus Spinachia[†]). Auch der Ikan Gurami, Osphronemus olfax, ein ungemein schmackhafter Fisch Java's, auf Isle de France in Teichen gehalten, soll Nester bauen. Einige indische Fische können aus ihrem röhrenförmig verlängerten Maule Wasserstrahlen auf die Insekten der Uferpflanzen schießen, die getroffen herabstürzen und ihnen zur Beute werden. — Als eine ganz einzige Erscheinung im Thierreiche sind die elektrischen Apparate anzuführen, welche einige Raubfische besitzen, die etwa nach dem Prinzip

---

[†] Froriep's Neue Notiz. Nr. 294. Nach Selby.

der Galvanischen Säulen, aber aus Hunderttausenden von Elementen construirt, Contaktelektricität erzeugen, welche der Fisch
willkürlich auf ihn berührende oder mit ihm in leitender Verbindung stehende Thiere und Menschen entladen und diese dadurch lähmen und tödten kann, so daß sie ihm zur Beute
werden. Elektrische Rochen gab es auch schon in früheren Erdperioden. Die Neger an der Westküste Afrika's benützen nach
Thompson die Elektricität der Zitterfische als Heilmittel.

In psychischer Rücksicht stehen die typischen Fische, die
sogenannten Grätenfische, zu welchen unsere Hechte, Salmen,
Karpfen, Aale gehören, ohne Zweifel höher als die Knorpel-
fische; von ersteren allein sind Beispiele einer schwachen Zähmung bekannt. Fische dieser Abtheilung können durch das
Läuten einer Glocke herbeigelockt werden; Capitän Hannah
sah in Indien, wenn Reis aus dem Boote ins Wasser geworfen wurde, sogleich die guru oder cùta genannten Fische an
die Oberfläche kommen; sie fraßen den Reis, ließen sich auf
die Köpfe klopfen, auch durch die Stimme herbeirufen. Oberst
Mac Dowal zu Logan hatte an der Küste von Arbwell bei
Porterssock einen in den Fels gehauenen Fischteich und hielt
einen Mann, der die Fische regelmäßig fütterte, unter anderen
einen Kabljau, der so vertraut wurde, daß er sich vom Wärter
den Kopf streicheln ließ. Das geringste Geräusch verscheuchte
ihn jedoch sogleich†). Die Geschichte von Dr. Warwick's
dankbarem Hechte ist bekannt; derselbe hatte sich an einem
spitzen Eisenhaken den Kopf grausam verletzt und bewies seinem
Wohlthäter, der ihn heilte, stets die größte Anhänglichkeit††).

## Die Amphibien,

welche man in neuerer Zeit wegen der abweichenden Entwickelung von den Reptilien trennt, bilden mit diesen und den
Fischen die niedrigere Abtheilung der Wirbelthiere, die mit
kaltem Blute, im Gegensatz zu den warmblütigen Vögeln und

---

†) Thierseelenkunde II, 250.
††) Froriep's Notizen, April 1849, Nr. 187.

Säugethieren. Die Thiere dieser Klasse, welche die Fischmolche, eigentlichen Molche, Kröten und Frösche enthält, wagen sich bereits aus dem Wasser hervor, in welchem doch alle ihre erste Entwickelung durchmachen müssen, lieben aber auch in ihrem reifen Leben das Feuchte, Dunkle, Schattige, und fliehen die trockene, sonnige Luft. Ihr Lebensgang ist, mit dem der obersten Klassen verglichen, ein träger, die Blutbewegung langsam, das Athemholen längere Zeit entbehrbar, viele bringen die rauhe Jahreszeit schlafend und erstarrt zu. Wehrlos und schwach, wie sie sind, arbeiten sie, damit auch dem Schwachen die Waffe nicht fehle, Gift aus, wie es ihrer kalten, scheuen und düsteren Natur angemessen ist. Nachdem man früher an das Gift der Kröten und Molche allgemein geglaubt, später es durchaus geläugnet, scheinen neueste Erfahrungen die Meinung der Vorfahren entschieden zu bestätigen. Nach Gratiolet u. Cloëz†) tödtet der Milchsaft der Hauptpapillen von Salamandra terrestris kleinere Vögel unter Convulsionen, die auch bei Säugethieren eintreten, doch nicht tödtlich werden; der Milchsaft von Rana bufo tödtet ohne Convulsionen. Beide Absonderungen reagiren sauer. Nach Gemminger wurde ein Sperberweibchen durch eine Kröte vergiftet††). Oberamtsarzt Finckh in Urach berichtet 1862†††), daß ein Pinscherhund, der einen Erdsalamander gebissen und ihn wiederholt im Maule gehabt, wobei der Molch ganz weiß von ausgeschwitztem Schaum wurde, wenige Minuten darauf zu taumeln begann, dann erbrach und unter clonischen Krämpfen binnen einer halben Stunde starb. Bei der Sektion zeigte sich die Schleimhaut des Mauls, der Zunge und Nase, des Magens und Darms nirgends entzündet. Der Berichterstatter zweifelt nicht, daß der Hund durch den Schaum des Salamanders getödtet worden, der ein wahres Gift sei, das, wie Cyanverbindungen und Strychnin, vorzugsweise auf die vorderen Bündel des Rückenmarkes lähmend wirke.

---

†) Comptes rendus 1851, XXXII, p. 592.
††) Illustr. medizin. Zeitung 1852, I, 355.
†††) Württemb. naturwissensch. Jahreshefte, 18. Jahrg. S. 132.

Mit der kalten Natur, dem schwachen Stoffwechsel, dem langen Winterschlafe dieser Thiere ständе es nicht im Widerspruche, wenn sie, statt einen Winter zu schlafen, gänzlich abgeschlossen von Wärme, Luft und Licht, viele Hunderte, Tausende von Wintern schlafen würden. Von Zeit zu Zeit wird berichtet, daß in Sandstein=, Quarz= und Marmorblöcken eingeschlossene Kröten, selten Frösche oder Eidechsen, bei deren Sprengung entdeckt wurden, so noch 1862 in den Kohlenwerken von Newport in England 300 Yards unter der Erde in einem Steinkohlenblock eingeschlossen ein lebender Frosch *).

Bei Amphibien ist schon einiges Gedächtniß vorhanden, und namentlich sind von Kröten, welche sehr alt werden können, einige Fälle anfangender Zähmung vorgekommen. Nach Arscott berichtet Smellie†) über eine wenigstens 36 Jahr alte, große, sehr zahme Kröte, welche immer erwartete, daß man sie auf den Tisch setzte und mit Insekten fütterte, und Scheitlin††) sagt, die gewöhnliche Kellerkröte lasse sich völlig zähmen, so daß sie auf den Ruf aus dem Winkel hervorhüpft, Fliegen aus der Hand holt und ihren Wohlthäter kennt. Man kann sie sogar gewöhnen, zu einer bestimmten Stunde hervorzukommen, so daß sie die Zeit unterscheidet. Von den Fröschen heißt es: „Sie haben schöne, lebhafte Augen und ein fröhliches Herz." Sie haben ferner ein Sprachorgan, doch nur die Männchen. „Tausende vergnügen sich mit einander und alle Teiche werden lebendige Chöre. Man unterscheidet deutlich vier Stimmen und wieder, daß ein jeder seine eigene Stimme, sein eigenes Sprachorgan hat. Ihre Concertstimme ist aber eine andere als die, mit welcher sie ihre Weibchen locken; diese können mit einer anderen Stimme erwiedern."

---

*) Nach dem „Zoologist" 1850 p. 2789 wurden absichtlich eingemauerte Kröten nach 16 Jahren noch lebend gefunden. Vergl. auch 1849 p. 2458, 1851 p. 3266. Nach Monin fand man eine lebende Kröte in einem Kieselblock eingeschlossen. Compt. rend. XXXIII 1851, p. 61. Seguin umgoß Kröten mit Gyps und fand einige nach 5—6 Jahren lebend und wohl erhalten. Compt. rend. XXXIII, 1851, p. 300.

†) l. c. II, 282.

††) l. c. I, 473.

## Die Reptilien

weichen von den Amphibien darin ab, daß ihre Embryonen wie
jene der Vögel und Säugethiere von einer eigenen Hülle, dem
Amnion, umgeben ſind, welche den Amphibien und Fiſchen
fehlt, und daß ſich bei ihnen, wie bei den beiden oberſten
Klaſſen, eine Allantois bildet.    Sie haben bereits, wie Vögel
und Säugethiere, zwei Herzkammern, welche aber noch unvoll-
kommen getrennt ſind, ſo daß noch theilweiſe Vermiſchung des
arteriellen und venöſen Blutes ſtattfindet.    Gehirn und Sinnesorgane ſind etwas beſſer entwickelt, als bei den Amphibien,
die geiſtige Regſamkeit iſt bedeutender, die meiſten Arten leben
am Lichte und ſind oft ſehr behend und raſch in ihren Bewegungen.   Von den drei Ordnungen: Schildkröten, Schlangen
und Eidechſen, zeigt die erſte noch am meiſten jenen apathiſchen
Charakter und jene Zählebigkeit, welche den Amphibien zukommen; nur einige Gattungen, die Raubthiere dieſer meiſt von
Pflanzenſtoffen lebenden Ordnung, welche Fiſche und Waſſer-
vögel verzehren, ſind behender und vermögen mit ihren ſchnei-
denden Hornkiefern gefährlich zu beißen, wie z. B. die nordamerikaniſche Chelydra serpentina.   Heller berichtet von
einer Cinyxis in Yucatan, daß ſie, von einem Alligator ver-
ſchluckt, ſich in ihre Schale zurückziehe und dann ſich mit ihren
ſcharfen Kiefern durch den Bauch des Alligators freſſe und
dieſen tödte†).    Die auf den ſchwarzen rauhen Lavafeldern der
Gallopagos lebende Schildkröte, wahrſcheinlich Testudo indica,
lebt von den Cactus, welche dort wachſen, höher oben von
Baumblättern, der Beere Guayavita und einer Flechte; Darwin begegnete zwei ſehr großen Thieren dieſer Art, jedes wenig-
ſtens 200 Pfund ſchwer; eine fraß ein Stück Cactus, ſah ihn
an und ging dann ruhig weiter; die andere ziſchte tief und
zog den Kopf ein.   Sie müſſen aus den waſſerloſen Gegenden,
um zu trinken, von Zeit zu Zeit hinauf in die Berge zu den
Quellen gehen, welche die Spanier auffanden, indem ſie den
breiten, wohl ausgetretenen Schildkrötenpfaden folgten.   Nach-

---

† Reiſen in Mexiko, S. 313.  Leipzig 1853.

dem sie 3 — 4 Tage bei den Quellen verweilt haben, strotzt Blase und Herzbeutel längere Zeit von Wasser, welches die Einwohner trinken, indem sie bei heftigem Durst eine solche Schildkröte tödten. Zur Paarungszeit blökt oder brüllt das Männchen, die Eier werden im Oktober gelegt. Ihr Gehör ist sehr schwach, das Fleisch wird vielfach gebraucht, das Fett gibt schönes helles Oel. Darwin glaubt, diese Schildkröte sei von den Gallopagos aus durch die Bukanier in die anderen Erdgegenden gebracht worden, wo sie sich jetzt findet. — Die Seeschildkröten haben hingegen ein feineres Gehör; sie tauchen augenblicklich unter, wenn man sich ihnen, die auf dem Meeresspiegel schwimmend schlafen, im Boote nähert, um sie zu harpuniren, und hiebei nur etwas Geräusch macht; sie weiden auf dem Grunde des Meeres das Seegras ab, wie Kühe eine Wiese.

Bei den Schlangen überwiegt mehr als bei allen übrigen Thieren die Wirbel- und Rippenbildung, wodurch sie andere Thiere zu umschlingen und zu erdrücken, auch Bäume zu erklettern befähigt werden, indem die Hunderte von Rippen unter der Haut eben so viele Anhaltspunkte gewähren. Die oft so raschen Bewegungen der Schlangen, das Züngeln mit der scheinbar doppelten, weil bis zur Wurzel gespaltenen Zunge, der Blick der Augen, das schnell tödtende Gift vieler und der ekelhafte Geruch ihres Athems ließen die Schlangen von jeher als unheimliche Thiere erscheinen, wozu sich noch die Vorstellung von ihrer List gesellte, so daß sie wohl auch als Träger besonderer Weisheit und Kenntniß verborgener Dinge, als Besitzer geheimnißvoller Kräfte gefürchtet und von Völkern alter und neuer Zeit, die eine gewisse Culturstufe nicht überschritten haben, verehrt und angebetet wurden. Die größte Zahl, unter ihnen viele giftige des Landes und Meeres, gehört den wärmeren Ländern an, in Deutschland leben nur vier Arten: die giftige Otter, Vipera Berus, und drei unschädliche Nattern, nämlich die österreichische, die gemeine Ringelnatter und die im Alterthum verehrte Aesculaps-Natter, Coluber flavescens. Diese letzte, häufig von Krain bis zum Garbasee, findet sich in Deutschland nur in einem Taunusthale, unfern Wiesbaden,

woselbst das berühmte Mineralwasser Schlangenbad von ihr
den Namen erhielt, wohin sie vielleicht schon von den Römern
importirt wurde.   Dort wird sie, die ganz harmlos ist und bis
6 Fuß lang werden kann, den Badegästen vorgezeigt und ver-
kauft.   Der Otter oder Kupferschlange erliegen noch alljährlich
Holz und Beeren ꝛc. sammelnde Menschen, auch Pferde und
Kühe; nach Wolley kriechen die Jungen in den Magen ihrer
Mutter als Zufluchtsstätte.   Sie ist dumm und wild und zeichnet sich nach Linck durch ihren hartnäckigen Widerstand gegen
alle Versuche, ihr Vertrauen zu gewinnen, unvortheilhaft aus.
„Da hilft nicht tägliches Schönthun, nicht Vermeidung alles
Dessen, was ihren Argwohn nähren könnte; die Fähigkeit, zu
begreifen, daß sie nichts zu fürchten hat, geht ihr ab." †)   Das
Geräusch der Klapperschlangen wird durch die mittelst Muskelkraft in tetanische Erstarrung versetzte Schwanzspitze hervorgebracht und besteht aus vielen einzelnen, in den kleinsten Intervallen auf einander folgenden Stößen.   Man hat es mit dem
Katzenschnurren, dem Geräusch des Scheerenschleifens oder eines
starken Rotationsapparates verglichen.   Die sechs Fuß lange
Schlange Leonatus maculatus auf Cuba soll, wenn sie nicht
fliehen kann, den Angreifer umwinden und ihn tüchtig mit dem
Schwanze fuchteln ††).

    Von der sogenannten Zauberkraft der Schlangen spricht
bereits Pantoppidan, der freilich manchmal im Charakter
seiner Zeit neben Wohlbegründetem auch nur Eingebildetes
und Volksmeinungen wiedergibt.   Auch in Norwegen sei der
Glaube verbreitet, daß Schlangen Vögel bezaubern könnten,
was er zwar nicht selbst gesehen, aber von Solchen gehört, in
deren Aussage er kein Mißtrauen setze.   Zur Bestätigung führt
er noch Aelian II, 21 und das Hamburgsche Mag. IV, 85
an, woselbst C. J. Sprengel's Erfahrung mitgetheilt ist,
der eine Maus gegen eine Natter losließ, „welche einige Wen-
dungen um diese machte, ein wenig quiekte und darauf gerade
in den offenen Mund der still liegenden Natter hineinlief."

---

†) Die Schlangen Deutschlands. Stuttgart 1855.
††) Sivers, Cuba, die Perle der Antillen. Leipzig 1861, S. 233.

Prinz Maximilian v. Neuwied erklärt zwar die angebliche Bezauberung durch Klapperschlangen für eine Fabel; in den zoologischen Gärten tanzen kleine Säugethiere und Vögel ungenirt auf ihnen herum, er habe selbst kleine Thiere in Amerika mit ihnen zusammengebracht, aber nie Bezauberung bemerkt. Hiegegen ist einzuwenden, daß man in solchen Fällen von gefangenen Thieren, welche sich in abnormen Umständen befinden und gefüttert werden, nicht auf das Verhalten im wilden Zustande schließen darf. Eigentliche Bezauberung (die beim Menschen durch den magisch erregten Willen geschieht) braucht man übrigens hier nicht anzunehmen: der Anblick des furchtbaren Feindes, seine funkelnden Augen, sein scheußlicher Geruch können durch Schrecken lähmen und die Besinnung rauben. — Castelnau sah in Nordamerika ein Eichhörnchen, umgeben von Vögeln, die es durch ihr Geschrei warnten, von Zweig zu Zweig in den Rachen einer schwarzen Schlange herabtaumeln†). Linck meint übrigens doch, auch unsere Ringelnatter, wie wahrscheinlich andere Schlangen, übe in seltenen Fällen eine Zauberkraft auf die Frösche aus. In eigenthümlicher Stellung und mit besonders wehklagendem Rufe, unfähig zu fliehen, sitzen sie bisweilen um eine Ringelnatter herum und lassen sich einer nach dem andern verschlingen.

Die Menschen schrecken, namentlich wenn sie von Noth gedrängt oder von den Leidenschaften der Ruhm= und Gewinnsucht gestachelt werden, vor Nichts zurück und spielen auch mit Gefahr und Schrecken. Seit den ältesten Zeiten hat man Giftschlangen zu Künsten abgerichtet, in Indien die Brillenschlange, in Aegypten den Aspis, Nescher, der auch zu Hinrichtungen und Selbstmord diente. (Cleopatra.) Wenn der Schlangenbeschwörer eine Brillenschlange abrichten will, reizt er sie mit einem Stocke, bis sie sich emporrichtet und beißen will, wo er ihr dann einen Napf vorhält, an den sie sich stößt, worauf er mit dem Stocke ihren Kopf umwendet und sie wieder reizt. Indem sie fortwährend durch den Napf getäuscht wird, sucht sie nicht mehr zu beißen, sondern folgt der Bewegung

---

†) Froriep's Neue Notiz. Nr. 475.

der Hand, welche man ihr vorhält. Den Aspis versetzen die
Gaukler schon zu Pharao's Zeit, wie noch jetzt, durch Drücken
hinter dem Kopfe in Starrkrampf, so daß die Schlange steif
wie ein Stock wird, und rollen hierauf, wenn sie sie aus der
Katalepsie erwecken wollen, den Schwanz zwischen den Händen.
Auch lehren sie dieselbe und die Brillenschlange allerhand Bewegungen; letztere hat ja hievon den Namen: die tanzende,
Naja tripudians. Manche brechen ihnen vor dem Abrichten
die Giftzähne aus oder lassen sie bis zur Erschöpfung in Lappen
beißen; Andere haben auch dieses nicht nothwendig, weil sie
besondere Künste besitzen, die Schlangen anzulocken und willenlos zu machen. Kretzschmar†), nachdem er von der un-
glaublichen Menge giftiger Thiere: Spinnen, Skorpionen,
Schlangen der Kapkolonie gesprochen, wobei er einen Zusammenhang hier wie anderwärts zwischen der Verderblichkeit des
Klima's und den Giftthieren gefunden, welche das Blut der
Verwundeten noch schneller zersetzen als die klimatischen Krank-
heiten, erzählt von einem Griqua, einem Schlangenzauberer,
der an sehr verschiedenen Orten die Schlangen durch Pfeifen aus ihren Löchern lockte, so daß sie immer näher kamen
und endlich an ihm hinaufkrochen. Ließ man Hühner von solchen Schlangen beißen, so starben sie; die Giftzähne waren
also nicht ausgebrochen; K. findet es unwahrscheinlich, daß
etwa die Schlangen vorher dressirt worden wären. Er meint,
der Körper der „Giftdoctoren und Schlangenzauberer" am Kap
sei von einem Gegengift durchdrungen, welches nicht nur das
Gift jener Giftthiere in einem anderen Organismus neutrali-
siren kann, sondern sogar die Giftthiere selbst zu tödten vermag.
Spinnen, in jeder Hütte sonst so häufig, kommen nicht in die
der Giftdoctoren. Kretzschmar sah oft, daß ein Lappen von der
Kleidung eines solchen Menschen, auf eine große Spinne oder
Giftschlange gelegt, sie lähmte und bald tödtete. Diese Menschen müssen eine eigene Schule durchmachen, sich oft von giftigen Thieren stechen und beißen lassen, wobei eine Stufenfolge
beobachtet wird.

---

†) Südafrikanische Skizzen, S. 171—183. Leipzig 1853.

Die Eidechsen oder Saurier sind durch mancherlei Uebergangsformen mit den Schlangen verbunden und erreichen in den Krokobilen ihre höchste Ausbildung. Unter den Eidechsen gibt es eine Menge niedlicher, zierlicher, schön gefärbter, rasch beweglicher Thiere; das oft kluge Auge läßt schon auf ein gewecteres Seelenwesen schließen, und manche sind einer gewissen Zähmung fähig, lernen auch ihren Wohlthäter unterscheiden. So mannigfaltig wie ihre Formen sind auch ihre Sitten. Der niedliche Hemidactylus frenatus Boie kriecht Abends an allen Wänden der javanischen Dorfhäuser umher und fängt mit bewundernswürdiger Schnelligkeit Mücken; der große, widerliche, gelbe, braungefleckte Platydactylus guttatus Cuv. lebt besonders unter den Dachsparren und belästigt Nachts durch sein immerwährendes Geschrei: Gék — ooh. Das Chamäleon hält man in Südspanien in den Häusern, um Fliegen zu fangen, was es mit seiner langen Zunge sehr geschickt vollbringt, dabei die Augen, deren jedes vom anderen unabhängig sich bewegt, nach verschiedenen Richtungen wendend. Polydaedalus niloticus Wagl. der Warran el Bahr der Araber, wird über 6 Fuß lang, verbirgt sich beim Erscheinen eines Menschen sogleich im Wasser, schwimmt und taucht gut, obwohl er keine Schwimmhäute hat. Die Unterkieferäste, nur durch Bänder verbunden, erlauben ihm, gleich den Schlangen, große Thiere zu verschlingen. Psammosaurus griseus Fitz., der Erdwarran, Warran el Ardt, höchst muthig, bösartig, springt Menschen und Thieren nach dem Gesicht oder beißt sich in die Beine ein, wird fast 6 Fuß lang und lebt an wüsten Orten Aegyptens und Nubiens. Oreocephalus (Amblyrhynchus) cristatus, eine Eidechse aus der Familie der Leguane, abschreckend häßlich, bis 20 Pfund schwer, findet sich auf den schwarzen Lavaklippen der Gallopagos und holt, was bei den Sauriern ganz einzig ist, ihre Nahrung aus dem Meere, indem sie Seetang frißt. — Manche Gegenden wimmeln von eidechsenartigen Thieren; am Meeresstrande und den Flußufern der tiefen Gegenden von Costa Rica kommen nach M. Wagner gewaltige Saurier in furchtbarer Zahl vor. So Crocodilus lucius und eine andere Art mit ganzen Schwimm-

häuten an den Füßen, dem C. rhombicus verwandt, und große,
graue Leguane.

Die krokodilartigen Saurier waren in der Vorzeit durch
eine Fülle von zum Theil meerbewohnenden Formen vertreten,
die ſich vom Typus unſerer Krokodile ſehr weit entfernen und
die man Meerdrachen nennt. Von den jetzt noch lebenden
Krokodilen iſt das Nil-Krokodil, das die alten Aegypter verehrten, mit goldenen Ringen ſchmückten und nach dem Tode
mumiſirten, das bekannteſte. Die Nil-Krokodile*) werden nach
Brehm ſehr alt, wahrſcheinlich mehrere hundert Jahre. Sie
wachſen ſehr langſam; Brehm ſah ſie nur bis 16 Fuß lang,
ſolche von 20 Fuß gehören zu den größten Seltenheiten. Das
Krokodil iſt auch auf dem Lande ſehr behend und kann ſich im
engen Kreiſe raſch drehen. Auf dem Lande flieht es indeß den
Menſchen, entfernt ſich manchmal meilenweit vom Strom, eilt
aber, verfolgt, dieſem pfeilſchnell in geradeſter Richtung zu.
Eines konnte mit den ſchnellſten Reitkameelen nicht eingeholt
werden, und brüllte dabei laut. Manche verbergen ſich im
Schlamme vertrockneter Tümpel und Flüſſe. Viele Menſchen
und Thiere gehen alljährlich durch die Krokodile zu Grunde,
welche durch ihre Schnelligkeit ſogar Vögel erjagen zu können
ſcheinen, und deren Rückenpanzer nur Kugeln aus gezogenen
Gewehren durchbohren. Auch auf Ceylon graben ſich die Krokodile, welche einer anderen Art angehören, in der heißen Jahreszeit in den Schlamm, und auch manche Fiſche ſcheinen dieſes,
nach Emerſon Tennent, zu thun, da oft beim Eintritt der
Regenzeit ausgewachſene Fiſche an Orten erſcheinen, wo ein
paar Tage früher noch harter Lehm war. Man lieſt von
einem Krokodil-See, 8 Meilen von Corrabſchi in Belutſchiſtan;
die Ungethüme kommen, etwa 60 an der Zahl, auf den Ruf
ao! ao! eines Fakirs an das Ufer, legen ſich auf ſeinen Ruf:
Bedſchitho! (Legt euch) platt auf den Bauch und ſperren die

---

*) Geoffroy St. Hilaire macht wohl mit Unrecht aus ihnen drei
Arten: C. vulgaris Cuv. marginatus Geoffr., Suchus Geoffr., und nach den
Mumien noch eine vierte verſchwundene Art: C. lacunosus Geoffr.

Rachen auf, Fütterung erwartend. — Bartram wurde einst
in Carolina auf allen Seiten von Alligatoren angegriffen und
fand es nach langem Kampfe zuletzt gerathener, sich mit seinem
Boote ans Land zu flüchten. In der Regel scheuen aber die
Alligatoren Nordamerika's die Weißen und verlassen bei Ankunft von solchen das Ufer, während der Geruch des Negers
sie anlockt. Die Schwänze der jungen Alligatoren sollen trefflich schmecken. Nach Squier[†] haben die Alligatoren bisweilen furchtbare Kämpfe unter einander, worin viele getödtet
werden; die Männchen zerstören alle Eier und fressen alle
Jungen ihrer eigenen Art, deren sie habhaft werden können.
Bruch[††] theilt eine Beobachtung über zu Hause gehaltene,
sehr zahm gewordene Eidechsen unserer gemeinen Art Lacerta
agilis mit. Er brachte zu ihnen, die mit Regenwür-
mern gefüttert worden waren, eine ganz junge Ringelnatter;
sie fuhren auf sie zu und wollten sie packen; da die Natter
aber tüchtig um sich biß, flohen sie voll Schrecken. Als ihnen
Bruch wieder Regenwürmer brachte, betrachteten sie sie zwar
lüstern, flohen aber bei jeder Bewegung der Würmer, und erst
am andern Tage wagte es eine besonders kühne und hung-
rige, wieder einen Wurm zu nehmen. Sie gewöhnten sich an
die Natter, diese entwischte, wurde sterbend wieder gefangen
und in den Käfig gesetzt, wo die Eidechsen sie nun furchtlos
am Schwanze zu packen wagten. Bruch sagt: „Das Gedächtniß dauerte hier nicht lange, aber Uebereilung, Erfahrung,
Ueberlegung, Gewöhnung, Vergessen und neuer Irrthum sind
unverkennbar."


## Die Vögel.

Wenn Eleganz der Formen, Leichtigkeit der Bewegungen,
häufig auch Anmuth im Benehmen eine Thierklasse liebenswürdig erscheinen lassen können, so haben die Vögel auf diese
Bezeichnung ein vorzugsweises Anrecht. Es kommt hiezu auch

---

[†] In s. Werke über Nicaragua.
[††] Der zoolog. Garten 5. Jahrg. Frankfurt 1864, S. 421.

noch ihre nicht so bedeutende Größe, wodurch auch die scharf be=
waffneten unter ihnen nur selten dem Menschen gefährlich wer=
den können, und die Begabung mit Gesang, womit sie das
meiste zur Belebung der Natur beitragen. Ist die Organisation
freilich überall der Ausdruck des innern Wesens, so gilt dieses
von den Vögeln in besonders augenfälliger Weise, wo Psyche
und äußere Erscheinung sich gleichsam vollkommen decken. Um
die Vogelseele und ihr Leben und Treiben zu begreifen, mag
es nützlich sein, einen Blick auf die Organisationsverhältnisse
dieser Klasse zu werfen.

Ihr auffallendster Charakter ist ohne Zweifel, daß die Vor=
derglieder, welche beim Menschen und den Quadrumanen als
Arme, bei den übrigen Säugethieren meist als Beine, selten
als Flossen sich darstellen, zu Flügeln umgewandelt sind, Or=
ganen, wesentlich dazu bestimmt, den Vogel in die Luft zu er=
heben und in ihr zu bewegen, nur selten zur Unterstützung beim
Laufe dienend, wie bei den Straußenartigen, oder des Schwim=
mens im Wasser und Fortrutschens auf dem Lande, wie bei
den Pinguins, oder zur Vertheidigung, wie z. B. bei Schwänen,
welche mit Flügelschlägen Katzen und Marder von ihrer Brut
abhalten. Die nackten vorstehenden Kiefer des Vogels bilden
seinen Schnabel, der kleine Kopf steht auf einem langen Halse,
denn der Schnabel, da die Vorderglieder nicht zum Erfassen
von Gegenständen dienen, ist das vorzüglichste Organ dafür,
und der Kopf muß daher in einem gewissen Umkreise freie Be=
weglichkeit haben. Dann fallen die meist federlosen beschuppten
Füße auf, und wenn man das Skelet betrachtet, das gewaltig
große Brustbein, an welches sich die mächtigen Muskelmassen
ansetzen, welche die Flügel bewegen. Die Befiederung, so
charakteristisch für den Vogel, nimmt an verschiedenen Stellen
sehr abweichende Beschaffenheit an, dient am größten Theil der
Oberfläche zur Bedeckung und zum Schutz, entfaltet sich am
Schwanze zu Steuerfedern, an den Flügeln zu Schwungfedern,
die bei den höchsten und besten Fliegern lang und zahlreich
sind, und bildet manchmal am Kopfe zierliche Federbüsche oder
Hauben. Die Lungen des Vogels sind in eine durchbrochene
Haut gehüllt, um die warme verdünnte Luft durch ein System

von Canälen in die verschiedensten Körpertheile gelangen zu
lassen, unter die Haut, in die (mit Ausnahme der straußartigen
Vögel und des Kiwi=Kiwi, wo auch die Lungenhaut nicht durchbrochen ist) hohlen marklosen Knochen, selbst in die Federn.
Dadurch wird der Vogel, wie unter den Gliederthieren das
Insekt, zu einem wahren Luftthiere, und geschickt, nicht nur die
Temperaturänderungen, sondern gar Manches, was sonst noch
in der Atmosphäre geschieht oder sich in ihr vorbereitet, oder
wozu sie durch Meer und Erdfeste und kosmische Einflüsse angeregt wird, mit großer Feinheit und Sicherheit selbst schon
im Voraus zu empfinden, und sein Benehmen, namentlich auch
die Wanderungen nach diesen Gefühlen einzurichten. Aus diesem eben so innigen als energischen Verkehren mit der Luft
erklärt sich auch die hohe Blutwärme des Vogels und die
Energie seiner Muskelfaser, welche sehr groß sein muß, um
ihn in ein Medium erheben zu können, welches mehrere hundertmal leichter als sein eigener Körper ist. Durch die Leichtigkeit
ihrer Bewegung, welche ihnen gestattet, die höchsten Gebirge
und selbst breite Oceane zu überfliegen, und ihre Wanderungen
weiter auszudehnen als alle anderen Thiere, erhalten die Vögel
so zu sagen einen kosmopolitischen Charakter.

Das Stimmorgan des Vogels befindet sich nicht, wie beim
Menschen und den Säugethieren, am Anfange der Luftröhre,
sondern unten an ihrer Gabelung, und eine ganze große Abtheilung der Vogelklasse hat in diesem unteren Kehlkopfe fünf kleine
Muskelpaare, den sogenannten Singmuskelapparat. Sunde-
vall†) hat nachgewiesen, wie die Befiederung des Flügels
mit dem Singmuskelapparat zusammenhängt und wie dessen
Vorhandensein oder Fehlen ohne Ausnahme durch zwei verschiedene Bildungen des Flügels angekündigt wird. Die Singvögel bilden eine eigene, sehr homogene Gruppe; die Singmuskeln müssen aber als der Ausdruck einer Eigenthümlichkeit
in der Organisation, nicht als ein Singapparat angesehen werden, denn sie sind auch bei nicht eigentlichen singenden Vögeln:
Raben, Hehern, vielen exotischen Sippen und den Weibchen

---

†) In Cabanis' Journal f. Ornithologie, März 1855, S. 119 ff.

vorhanden und fehlen hingegen bei den Meerenten, einigen
Raubvögeln, dem Haushahn, der Wachtel, welchen doch wirk-
licher Gesang zukömmt.   Das Spielen der Tetraonen, das
Lärmen des Puters, die eigenen Laute während der Fortpflanzungszeit beim Rebhuhn, den Schnepfen, mehreren Tringa-
arten sind ihrem Wesen nach dasselbe, was der Gesang ist. —
Das entwickeltste Sinnorgan bei den Vögeln ist das Auge,
welches bei manchen eine unglaubliche Schärfe erreicht, so daß
Falken aus hoher Luft herab eine Maus auf dem Felde laufen
und Geier aus großen Fernen eine Thierleiche auf der Erde
liegen sehen.   Es gibt, wie in der Klasse der Säugethiere keine
einzige eierlegende, so in jener der Vögel keine einzige lebendig
gebärende Art, während man bei Reptilien, Amphibien, Fischen
beide Fortpflanzungsarten findet.   Die Eier der Vögel zeichnen
sich vor allen anderen Thiereiern durch ungemeine Größe und
durch sehr bedeutenden Kalkgehalt der Schale aus.   Es waren
schon längst die unteren Klassen der Wirbelthiere und selbst die
Säugethiere durch einige Arten vertreten, ehe im Entwickelungs-
proceß der thierischen Schöpfung die ersten Vögel erschienen.

Zur reizenden Erscheinung dieser Thiere trägt das Gefieder mit seinem Farbenglanze ganz wesentlich bei und steht
zugleich in inniger Verbindung mit dem Geschlecht und Alter,
so daß Männchen, Weibchen und Junge oft verschieden gefärbt
sind, und mit dem Lebensgange des Vogels. Es läßt sich schon
von vornherein denken, daß dünne ausgebreitete Organe, welche
fortwährend der Luft ausgesetzt sind, nur eine gewisse Zeit
hindurch funktioniren können, dann durch Austrocknung und
Abreibung ihre Geschmeidigkeit und Elasticität verlieren und
durch neue ersetzt werden müssen, — ein Verjüngungsproceß,
den man Mauser nennt und der für den Vogel viel mehr
angreifend ist, seine Stimmung und Lebenskraft viel mehr alte-
rirt, als die Härung für die Säugethiere, weßhalb die Vögel
um die Zeit der Mauser still und trübsinnig werden und zartere Individuen bei ungünstigen Witterungs- und Nahrungs-
verhältnissen oder in der Gefangenschaft leicht unterliegen.
Früher nahm man an, daß die Farben der Vogelfedern durch
Pigmentkörnchen entstehen, welche sich in den Federzellen

ablagern, aber die physikalische Forschung hat erwiesen, daß selbst sehr intensive Farbstoffe, z. B. Carmin und Zinnober, an sich farblos sind und nur durch ihr bestimmtes Verhältniß zum Licht gefärbt erscheinen, was nun auch für die Federn gilt. So sieht man die bekannten glänzenden Halsfederchen des rubinkehligen Colibri's nur in reflektirtem Lichte purpurn und goldglänzend, in durchfallendem gelbbraun und matt. Aber obschon die Farben nicht in früherem Sinne als fertige, durch bestimmte Körnchen dargestellte in den Federn sind, so werden sie doch bedingt durch die chemische und physikalische Beschaffenheit ihrer Moleküle und deren mechanische Anordnung in Verbindung mit ihrer Stellung zum Lichte, weßhalb sie bei einer Veränderung der letzteren, Wechsel der Beleuchtung ꝛc. als andere sich darstellen. Die Oberfläche der Federn ist nämlich nicht glatt, sondern rauh, schuppig, gefasert, gestreift ꝛc., so daß die auffallenden Lichtstrahlen auf verschiedene Weise zurückgeworfen, gebrochen, zerlegt werden und so prismatische und Interferenzphänomene entstehen, indem das weiße Licht in seine farbigen Strahlen zerlegt und diese dann zurückgeworfen werden. Man denke hiebei an die Farben der Seifenblasen, des von der Sonne beschienenen Wassers im Glase, an das Irisiren der Haare, der Glasscherben, der Perlmutter, wo ja die Farben auch nicht als solche in den Körpern vorhanden sind, sondern erst durch Wechselwirkung der Substanzen mit dem Lichte erzeugt werden. Im metallisch glänzenden Gefieder sind so wenig Kupfer, Gold, Silber ꝛc. enthalten, als in den eben so schön glänzenden Panzern vieler Käfer, den Schmetterlingsschüppchen u. s. w. Die Maler bringen den schönsten Goldglanz hervor, indem sie Carmin mit Lack übermalen, ein ebenfalls rein optischer Effekt. Mit der Abreibung und dem Wachsthum muß die Oberfläche und hiemit auch die Färbung sich verändern, namentlich das Ansehen der schillernden und metallischen Farben.

Jedermann weiß, daß mit den Jahreszeiten sich das Ansehen des Vogelgefieders ändert. Bis in die letzten Jahre glaubte man, daß die Mehrzahl der Vögel jährlich zweimal mausere, nämlich im Frühjahre, durch welche Mauser das sogen.

Hochzeitskleid erzeugt werde, und im Herbste, wo das Winterkleid kommt *). Da trat Schlegel in Leyden mit der Behauptung auf, daß bei allen Vögeln jährlich nur eine vollständige Erneuerung des ganzen Federkleides stattfinde; die
jungen Vögel mausern zum erstenmale im Herbste des Jahres,
welches auf ihr Geburtsjahr folgt. Sonst findet die Mauser
immer im Spätsommer statt und dauert bei den meisten Vögeln
4 – 6 Wochen, bei den Entenartigen viel länger. Außer der
Mauser finde aber ein Entstehen einzelner Federn statt, namentlich neuer, früher nicht dagewesener, z. B. der Federn des
Halskragens beim Kampfhahn, Tringa pugnax, der langen
Federn der Paradiesvögel um die Fortpflanzungszeit. In solchen Fällen wirke ein Ueberschuß von Kraft, die Mauser hingegen sei ein schwächender Proceß. Mit der Entwicklung
des Geschlechtstriebes nehmen aber auch die alten
fast vertrockneten Federn einen nochmaligen Aufschwung, erzeugen neue Barten und Bärtchen, verlängern
sich manchmal, nehmen mehr Pigment auf, wodurch das Hochzeit-
oder Prachtkleid dieser Zeit entsteht, welches durch die
mannigfachsten Verfärbungen der Federn zu Stande kommt;
weiße Federn werden braun oder schwarz oder umgekehrt;
Metallfarben entstehen auf dem verschiedensten Grunde, Roth,
Grün, Blau bilden sich auf weißen, gelben, braunen Federn ꝛc.,
und zwar alles Dieses in wenigen Tagen. Man denke
hiebei an den Staar, wenn er Ende Februar oder Anfangs
März aus fernen Landen ermüdet von der langen Reise an-
kömmt, mit mattem glanzlosen Gefieder, das aber schon nach
wenigen Tagen in blau und grünem Stahlglanze schimmert,
wobei an eine totale Erneuerung der Federn in so kurzer Zeit

*) Das Schneehuhn, Tetrao lagopus, hätte nach Hanf sogar eine drei-
malige Mauser und demzufolge ein verschiedenes Sommer-, Herbst- und
Winterkleid. — Die westafrikanischen Vögel scheinen (nach Hartlaub)
nur einmal zu mausern; ein besonderer Unterschied zwischen Jugend- und
Alterkleid findet sich nur bei wenigen, z. B. den Nectarinien, bei welchen,
wie bei den Colibri's, im ersten Jahre von den herrlichen Metallfarben
keine Spur vorhanden ist. Bei vielen Vögeln dieser Erdgegend sind Männchen und Weibchen sehr verschieden gefärbt.

nicht zu denken, sondern vielmehr anzunehmen ist, daß der mit
der Wiedergewinnung der Heimath neu gekräftigte Lebenstrieb,
der zur Paarung und zum Nestbau anregt, auch in die fast
vertrockneten Federn neue Saftströme treibt. So werden manchmal auch die Haupthaare in der Jugend bei einem plötzlichen
Aufschwung der Lebenskraft in kürzester Zeit intensiver gefärbt
oder verlieren im Gegentheil bei manchen Menschen in Folge
großen Schreckens oft in einem oder wenigen Tagen ihre Farbe
und sterben ab.

Diese gegen die gewohnten Vorstellungen so sehr verstoßende
Ansicht Schlegel's erweckte lebhaften Beifall und eben so lebhaften Widerspruch. So erklärte v. Homeyer Schlegel's
Behauptung, „daß die jungen Vögel zum erstenmal im Herbste
des Jahres mausern, welches auf dasjenige folgt, in welchem
sie geboren worden", für einen großen Irrthum. Bei weitem
die meisten Vögel mausern nach ihm bereits im ersten Herbste
ihres Lebens, namentlich alle kleineren; manche im Frühling,
der auf ihr erstes Lebensjahr folgt, z. B. die Edelfalken; andere, wie der Rauhfußadler, erst im Juni oder Juli ihres
zweiten Lebensjahres. Tauchenten sind in fortwährendem Feder-
wechsel begriffen, der, im October beginnend, im April noch
fortdauert, wo diese Vögel die deutschen Ostseeküsten verlassen.
Schlegel behauptet, Ausfallen und Entstehen der Federn sei
durch das Gesetz der bilateralen Symmetrie bedingt; dies treffe
zwar bei den meisten Arten zu, aber nicht bei allen; die junge
Eiderente mausert stets an einer Seite der Brust und des
Halses früher als an der entgegengesetzten; ähnlich viele Tauchenten. Wiederbelebung des Gefieders finde nicht in dem Maße
statt, wie Schlegel behauptet; Treiben neuer Barten und Bärtchen des Gefieders müsse bestimmt verneint werden. Nicht
alle Vögel tragen zur Fortpflanzungszeit ihr schönstes Kleid;
die große Mehrzahl der Vögel erlangt dies durch eine neue
Mauser, nicht durch Verfärbung; der Fortpflanzungsproceß
stehe mit dem Verfärben in keiner so innigen Beziehung. Veränderungen des Gefieders geschehen allerdings, doch gehen sie
nicht so weit, wie Schlegel behauptet; Weiß und Schwarz
z. B. gehen wenigstens bei keinem europäischen Vogel ineinander

über. Nach v. Homeyer gewinnen die Farben nach der
Mauser eine höhere Ausbildung. Jede Verfärbung entspringt
und verläuft gleichmäßig an dem sich benachbarten Gefieder,
beginnt fast unmittelbar nach der vollendeten Mauser und bildet
einen lang dauernden Proceß. Ein Verfärben einzelner Federn,
mitten zwischen unverfärbten, findet nie statt, indem das fär-
bende-Princip auf das ganze davon betroffene Gefieder gleichzeitig wirkt. Der verstorbene Pastor Brehm, welcher gleichfalls gegen Schlegel spricht, hebt besonders hervor, daß nicht
alle Vögel zur Paarungszeit am schönsten gefärbt seien: so
nicht die Raubvögel, Krähen- und Spechtartigen, Drosseln,
Sänger, Scharben, Pelecane und andere. Gloger sah die
Verfärbung im Frühling als theilweise und nach einer längeren
Winterruhe erfolgende Fortsetzung und Vollendung der allgemeinen oder Herbstmauser an und hielt ein Wiedererwachen der
Lebensthätigkeit in ganz alten Federn, ein Fortwachsen an
den Rändern u. f. w. für unmöglich. Martin in Berlin
hingegen stimmt Schlegel bei, daß das Hochzeitkleid sich ohne
Mauser, ohne Erzeugung neuer Federn durch bloßes Verfärben
des Winterkleides in Folge der erhöhten Lebensfunktion und
zwar binnen wenig Tagen bilde. — Schlegel hat meines Er-
achtens eine neue Wahrheit gefunden, aber sie gilt nicht in dem
Umfange und der Allgemeinheit, in welcher er sie geltend machen
will. So eingreifend wirkt der Mauserungsproceß auch auf
das Seelenleben, daß nach demselben Singvögel ihren Gesang
wieder einüben und Edelfalken von neuem dressirt werden
müssen.

Die Vögel sind im Allgemeinen sehr reinliche Thiere, putzen
aber auch deßhalb ihr Gefieder, weil ihnen das Verkleben der
Federn unangenehme Empfindungen, Zerren der Haut ꝛc. verursacht. Ziegenmelker und Reiher haben unten gesägte Krallen,
wahrscheinlich zur Reinigung des Gefieders und Abkämmung
des Ungeziefers an Stellen, die sie mit dem Schnabel nicht
erreichen können; Ziegenmelker vielleicht auch zum Festhalten
glatter Käfer. Die meisten Vögel baden gerne, im Wasser
oder auch im Sande; Araber der Wüste reiben auch in Er-
mangelung des Wassers zu den vorgeschriebenen Waschungen

den Körper mit Sand ab. Manche Vögel lieben es, sich mit Staub zu bepudern, z. B. der Zaunkönig. Eine Anzahl besitzt eine sogenannte Bürzeldrüse, deren ölige Absonderung sie zum Einsalben des Gefieders verwenden, aber bei vielen, denen die Bürzeldrüse fehlt, ist doch das Gefieder eben so glatt und dicht; so auch am Kopfe der Vögel überhaupt, wohin sie beim Putzen nicht gelangen können.

Die Fortpflanzung der Vögel bietet eine Menge der interessantesten Phänomene dar, und vorzüglich im Nestbau entwickelt sich ein wundersamer Kunsttrieb. Viele Vögel werden erst im zweiten bis fünften Jahre fortpflanzungsfähig und entfernen sich bis dahin oft weit und lange von den Stellen, wo sie ausgebrütet wurden, um, wenn sie zeugungsfähig sind, wieder dahin zurückzukehren, weil ihr Instinkt ihnen sagt, daß sie daselbst reichliche Nahrung finden. Die meisten Vögel leben monogamisch, ein Männchen mit einem Weibchen zusammen; Polygynie kommt vorzüglich bei den Hühnerartigen vor, wo die Männchen sich auch durch ansehnliche Körpergröße, schmuckreicheres Gefieder und stärkere Stimmentwickelung auszeichnen. Bei weitem die meisten Vögel machen für ihre Eier ein Nest, nur wenige legen die Eier in Sandgruben oder, wie eine Anzahl nordischer Schwimmvögel, in Vertiefungen auf Felsen, und bringen dann beim Brüten kahlgerupfte Stellen am Unterleibe, die sogenannten Brütflecke, über die Eier. Bei den Odinshühnern, Phalaropus cinereus und platyrhynchus, ist das Weibchen größer, prächtiger gefärbt und hat keinen Brütfleck, das kleinere, grauliche, unansehnliche Männchen hat hingegen einen Brütfleck. (Steenstrup.) Der Sandregenpfeifer läßt nach Naumann seine in den Sand gelegten Eier meist von der Sonne ausbrüten und setzt sich nur bei trüber Witterung und in der Nacht darauf. Der Strauß läßt in den heißen Gegenden Afrika's seine in ausgescharrte Sandgruben gelegten Eier bloß durch die Sonne ausbrüten, in den kühleren und höheren setzt er sich wenigstens bei Nacht auf dieselben. Man behauptet, daß die Straußweibchen überzählige Eier außer den Nestern legen, welche den neu ausgekrochenen Jungen zur Nahrung dienen. Sonderbar genug enthalten die Straußeneier öfters

kleine Steine, zwei und mehr an der Zahl; Barrow fand in
einem neun, in einem anderen zwölf Stück, bohnengroß, oval,
gelb, sehr hart. Beim amerikanischen Strauße vereinigen sich
nach Darwin†) mehrere Hennen, um zuerst einige Eier in
ein Nest und dann in ein anderes zu legen, welche dann von
den Männchen ausgebrütet werden. Die Ziegenmelker machen
kein Nest, sondern legen ihre beiden Eier gerade auf den Boden
und bringen die Brutflecke an der Bauchmitte und Unterbrust
darüber. Bei den allermeisten Vögeln besitzen nur die Weibchen
das Talent zum Nestbauen, und die Männchen tragen bloß
Material zu; bei einigen wenigen monogamischen Vögeln bauen
hingegen beide das Nest und wirken manchmal hiebei zusammen,
so daß z. B. beim Pirol das eine den Halm an einem Ende
festhält, während das andere im Fluge ihn um einen Zweig
wickelt. Nach Audubon bauen dieselben Vogelarten an verschiedenen Orten sehr verschiedene Nester und legen nach den
Orten mehr oder weniger Eier. Die künstlichsten Nester kommen bei den Sing- und Hockvögeln vor; manche haben röhren-
förmige Zugänge, andere sind zum Schutz gegen die Schlangen
an die äußersten feinsten Baumästchen aufgehängt. Der Schneider-
vogel, Sylvia sutoria, näht sein Nest mittelst eines Fadens
aus Blättern zusammen; sehr künstliche Nester verfertigen die
Webervögel in Ostindien und Afrika. Beim gemeinen Webervogel (Quelea sanguinirostris Reichenb., der feuerfarbige
Webervogel heißt Euplectes unicolor) arbeiten beide Geschlechter an ihrem durch eine Klappe verschließbaren Nest und zwar
nur mit dem Schnabel, ohne Zuhilfenahme der Füße. Die
Nester der Webervögel in Habesch sind sehr kunstvoll, eine
Ausnahme macht jedoch der schwarze Weber (Textor alecto);
er ist, sagt Brehm, ein Fink und erinnert doch an die Drossel,
ist ein Webervogel und baut doch ein elsterähnliches Nest. —
Amadina squamifrons baut nach Andersson im Damara-
lande ihr sehr festes Nest aus einem schönen wollähn-
lichen Pflanzenstoff. Wenn das Weibchen sich entfernt, verbirgt sie den Zugang vollständig. Ueber demselben ist eine

†) Entstehung der Arten ꝛc. S. 228.

kleine Vertiefung, in welcher das Männchen die Nacht über
sitzt. Die Colibri's machen ihre Nester aus Baumwolle, mit
welcher sie Baumflechten, trockene, zartere Pflanzenstoffe, die
braunen Schuppen der Farrenwedel, Wurzelfasern ꝛc. verweben;
Tr. eurynomus webt in sein Nest die rothe, brasilische Flechte
Spiloma roseum ein und deren Farbstoff färbt unter dem Einfluß
der Brutwärme die Eier ganz gleichförmig carminroth. Die
Befestigung der Colibrinester ist sehr verschieden, die Zahl der
Eier immer zwei, sie sind länglich und im Verhältniß zur
Körpergröße ziemlich groß, fünf bis sieben Linien lang *). —
Unser Bienenwolf, Merops apiaster, macht in Gesellschaft in
hohen sandigen Flußufern vier bis fünf Fuß lange Gänge und
nistet in diesen gesellig; auch Merops Bullockii in Nordostafrika nistet an steilen Uferwänden gesellig; Brehm fand eine
Nistkolonie mit mehr als 80 runden Eingängen zu den back-
ofenförmigen Nesthöhlen auf kaum 20 Quadratfuß Fläche. Bei
der geselligen Loxia in Südafrika vereinigen sich zahlreiche Individuen zur Verfertigung eines großen dichten Schirmes auf
Bäumen, unter welchem sich die höchst zahlreichen, immer sich
vermehrenden Nester der einzelnen Pärchen befinden. Die westafrikanischen Vögel stehen im künstlichen Nestbau den unserigen
nicht nach, und es kommt derselbe wie bei uns vorzüglich nur
den Singvögeln zu. Bloß die Nester zweier großen Stelzenvögel machen eine Ausnahme; das des gewaltigen Balaniceps
rex, aus Pflanzen und Lehm gemacht, hat bis 12 Fuß im

---

*) Von diesen kleinsten und prächtigsten Vögelchen kennt man mehrere
hundert Arten, ausschließlich Amerika bewohnend. S. Reichenbach's
Aufzählung in d. „Erinnerungsschr. z. Gedächtnisse an die siebente Jahres-
versammlung der deutschen Ornithologen-Gesellschaft", hersg. v. Cabanis.
Cassel 1854. Nach Prinz v. Neuwied saugen sie nie Honig, sondern leben
nur von Insekten, ihre Zunge ist keine Röhre, sondern besteht aus zwei
langen dünnen Muskelcylindern; die Zungenbeinhörner steigen wie bei den
Spechten unter der Haut gegen die Schnabelwurzel herüber und die Zunge
bildet, weil die Spitzen der Cylinder getrennt und gefranzt sind, einen
Greifapparat, eine Zange und zugleich ein Tastorgan. Die Colibri's sind
Blumenspechte. Auch die vielen neuholländischen Vögel, welche man Honigsaft saugen läßt, sind wohl meist Insektenfresser.

Umfang, und das 18 Fuß im Umkreis haltende Nest von Sco-
pus Umbretta umfaßt ein Vorzimmer, einen Salon und das
Schlafgemach; im Vorzimmer hält der eine der beiden Gatten
Wache. (Hartlaub.)    Unsere Uferschwalbe höhlt mit ge-
schlossenem Schnabel im Ufer Kanäle von 2—3 Fuß Tiefe,
auf deren Boden sie ihr Nest aus trockenem Gras und Kräu-
tern macht.

Jeder Leser hat wohl von den eßbaren Vogelnestern gehört,
welche einige Arten der Salangane, Collocallia, verfertigen,
eines Vogelgeschlechtes, das unseren Mauerschwalben verwandt
ist, mit denen es auch im Skeletbau zunächst übereinstimmt.
Collocallia esculenta und nidifica finden sich in Java, Col-
loc. troglodytes, francica in Malacca, den Philippinen, auf
Mauritius. In der Mundhöhle und im Schlunde dieser Vögel,
denen der Kropf fehlt, der sonst so allgemein den Vögeln zukömmt, finden sich zahlreiche Drüsen, und der Schlund hat
innen Längsfalten†).    Die Nester werden theils aus dem
Schleim von Meeresmollusken, theils aus dem des Mundes
und Schlundes der Vögel gemacht, die aber auch Insekten
fressen. — Die Salangane kommt nach Junghuhn auf Java
sowohl an der Küste als auf den Bergen des Innern vor,
immer in Felshöhlen.    Die Nester werden gesammelt und bilden einen nicht unbedeutenden Handelsartikel.    Sie legt viermal im Jahre Eier und macht jedesmal ein neues Nest; Männchen und Weibchen brüten abwechselnd.    Diese Vögel fliegen
pfeilschnell durch die engsten Spalten, auch wenn es vollkommen finster ist, ohne anzustoßen.    Die Javanesen sammeln
jährlich viermal die Nester und doch vermindert sich die Zahl
der Schwalben nicht, ohne Zweifel, weil man doch nicht alle
Nester findet.    Die Pflücker der Nester, welche in manchen
Gegenden eine eigene Kaste bilden, rufen vor Beginn ihres oft
gefährlichen Geschäftes die Göttin Durga, Siwah's Gemahlin, an.

---

†) Bernstein, Beiträge z. nähern Kenntniß der Gattung Collocallia.
Bonn 1856. (In Nov. Act. Acad. Leop. Carol. XXVI, I.) — Nach Hänsel
soll die Salangane zweierlei Nester machen: das Weibchen das Eiernest,
das Männchen daneben ein anderes zum Ausruhen.

Ich muß noch der sonderbaren Megapodiden gedenken,
einer Familie hühnerartiger Vögel von der Größe unserer Fasanen und Perlhühner, welche Insekten und Körner fressen,
mit sehr kleinem Gehirn, in Australien, Neuguinea, einigen
indischen Inseln und den Philippinen lebend und zu drei
verschiedenen Sippen: Leipoa, Talegalla und Megapodius
gehörend, die einen ganz eigenthümlichen Instinkt haben,
indem sie Haufen von Pflanzen, Reisig 2c. zusammenscharren
und die Eier, welche sie in selbe legen, durch die Gährungs-
wärme ausbrüten lassen, welche sich durch die Verwesung der
organischen Stoffe entwickelt. Aus diesen natürlichen Brütöfen
kommen dann die Jungen ganz befiedert und fähig, ihre Nahrung zu suchen, hervor. Leipoa ocellata in Neuholland läuft
ungemein schnell; die domförmigen Wälle, welche Männchen
und Weibchen aus Sand, Muschelschalen, Erde, Pflanzentheilen
zusammenscharren und häufen, messen 12—13 Ellen im Umkreise bei zwei bis drei Fuß Höhe, und doch werden höchstens
nur acht, drei und einen halben Zoll lange, äußerst zerbrech-
liche Eier in sie gelegt. Auch die ungeheuer großen, bis 60 Fuß
im Umkreis und 15 in der Höhe haltenden Haufen von Megapodius tumulus bestehen mehr aus Sand und Muscheln, als
aus Pflanzentheilen. Bei Talegalla Lathami scharren viele
Männchen und Weibchen einen gemeinschaftlichen ungeheuren
Haufen abgestorbener Pflanzentheile zusammen, in welchem die
Wärme bis auf 95 Grad Fahrenheit steigt und aus welchem
man manchmal einen ganzen Scheffel Eier herauszieht, die alle
mit der Spitze nach unten in die Löcher gelegt werden, welche
sie mit ihren großen Füßen in den Haufen scharren. Man
hat im Regentspark in London gesehen, daß das Männchen
die Temperatur sehr genau beobachtet und die Eier meist bedeckt hält; nur an ganz heißen Tagen legt es sie bloß. Die
Jungen können schon am zweiten Tage fliegen, nachdem sie
sich aus dem Haufen herausgearbeitet. Auf den Nicobaren
lebt Megapodius nicobaricus, dessen Sandhaufen den Eingeborenen, welche von Zeit zu Zeit die Eier wegnehmen, sehr
angenehm sind. Auf den Molukken kommen mehrere Arten

dieser Vögel vor. Tehsman†) schreibt hierüber: „Eine an=
dere Seltenheit der Moluken ist der Burung (Vogel) Maleo
(Megapodius), von welchem es ebenfalls mehrere Arten gibt.
Dieser fasanartige Vogel ist kleiner als ein gewöhnliches Huhn;
seine Eier sind aber viel größer als die eines welschen Huhns.
Eine Art davon gräbt ihre Eier in den Sand des Strandes,
andere machen gemeinsam zu 4—10 eine Art Nest in den
Wäldern, welches aus Blättern, Aestchen und allerlei rauhen
Stoffen zusammengesetzt ist, und einen Durchmesser von etwa
12 Fuß, dabei aber eine Höhe von einigen Fuß hat; meistens
sieht man diese Materialien halb verwest und in Erde ver=
wandelt. Hier hinein nun graben diese Vögel mit ihren star=
ken Pfoten Löcher, in welche sie ihre Eier legen und das wei=
tere Ausbrüten der Natur selbst überlassen."*)

Bei vielen Vögeln brüten nur die Weibchen, bei den Spech=
ten, Schneespornern, Sänger= und manchen Drosselarten, nor=
dischen Bachstelzen, Tauben, Regenpfeifern, vielen Schwimm=
vögeln brüten beide Geschlechter. Oft erheitert das Männchen
das brütende Weibchen mit Gesang. In heißen Gegenden
brüten dieselben Vögelarten weniger anhaltend als in kalten,
wo sie fortwährend auf den Eiern sitzen. Manche Vögel kön=
nen das Brüten ziemlich oft und lange unterbrechen, ohne daß
dieses das Auskommen der Brut verhindert; so namentlich
mehrere am Meerstrand lebende Wadvögel, die Seemöven,
Meerschwalben, die Rauchschwalbe (diese stundenlang); Enten=
und Hühnerarten verlassen hingegen die Eier nur auf möglichst
kurze Zeit. Die Weibchen von Muscivora regia Gray, Musci=
capa polyglotta und anderen brasilischen Vögeln sollen, wenn
das Männchen während des Brütens getödtet wird, sich also=
bald um ein anderes Männchen umsehen, mit diesem die Zucht
fortsetzen und es auf solche Art manchmal bis zu einem Dutzend
Männchen bringen. (Burmeister.) Kalm erzählt einen Fall,
wo von einem brütenden Schwalbenpärchen das Weibchen starb.

---

†) Reise nach den Moluken in der „Bonplandia", 1. Mai 1862.
*) Unsere Ringelnatter läßt auch ihre Eier in gährenden Sägspähnen,
bei Mistbeeten rc. ausbrüten.

Man schaffte es aus dem Neste, worauf das Männchen ein paar Stunden brütete, jedoch bald fortflog und mit einem anderen Weibchen zurückkehrte, welches die Jungen ausbrütete und auffütterte. Daß man endlich in China Enteneier, in Aegypten seit uralter Zeit Hühnereier in eigenen Oefen künstlich entwickelt, ist allbekannt. Nach Plinius brütete die römische Kaiserin Livia ein Ei in ihrem Busen aus, und Réaumur erzählt mehrere solcher Beispiele, unter anderen das von einer Dame, welche vier junge Goldfinken ausbrütete.

Eine, den gemeinen Troupial ausgenommen, nur bei der Familie der kukuksartigen Vögel vorkommende Eigenheit ist, die Eier nicht selbst auszubrüten, sondern sie von anderen Vögeln, in deren Nester sie gelegt werden, ausbrüten zu lassen*). Von unserem Kukuk kannte sie bereits Aristoteles, welcher zugleich behauptet, der junge Kukuk fresse Eier und Junge seiner Pflegeältern, worin ihm Opel Recht gibt, was aber doch nur ausnahmsweise zu geschehen scheint. Die Männchen des Kukuks halten bestimmte Walddistrikte gegen jeden anderen fest, und locken in diesen die Weibchen durch ihren Ruf herbei; die Weibchen wandern von Distrikt zu Distrikt, paaren sich nach einander mit verschiedenen Männchen und legen in deren Gebiet das Ei ab. Aber erst wenn das Weibchen sicher ist, daß die Pflegeältern des Eies sich annehmen, fliegt es in das Gebiet eines anderen Männchens, paart sich wieder und legt ein Ei und so fort, bis die ganze Zahl der Eier gelegt ist. Es gibt nämlich nach Prevost fünf- bis sechsmal mehr Männchen als Weibchen, und die successiven Paarungen erlauben dem Weibchen nicht, selbst seine Eier auszubrüten. Alte Weibchen sind weinröthlich gefärbt; bereits Linné kannte die rothbraunen Kukuke, hielt sie aber für eine vom grauen Kukuk abweichende Art. Kukuksweibchen legen Eier von verschiedener Färbung und Zeichnung, jedes im Allgemeinen in Nester solcher Vögel, deren Eier dem seinigen entsprechen, in andere nur ausnahms-

---

*) Daß auch der gemeine Troupial, Icterus minor (Fringilla pecoris Linn.), ein amerikanischer Vogel, seine Eier in die Nester anderer Vögel lege, wird von Azara und Wilson angeführt.

weiſe, wenn es an entſprechenden fehlt. Und zwar gilt dies
nicht bloß für unſeren Kukuk, Cuculus canorus, ſondern für alle
Species der eigentlichen Sippe Cuculus\*). Man kennt gegen
40 Vögelarten, in deren Neſter unſer Kukuk ſeine Eier legt
(meiſt Sylviariae, auch Granivorae). Nach den verſchiedenen Lo-
kalitäten treten vorherrſchende Färbungen der Kukukseier auf.
Daß die Eier in Neſter mit Eiern entſprechender Färbung gelegt werden, ſcheint darauf zu beruhen, daß die Pflegeältern
das untergeſchobene Ei dann nicht ſo leicht als ſolches erkennen.
Dieſelben verfolgen und vertreiben den Kukuk, wenn er in die
Nähe ihres Neſtes kömmt, und dieſer benützt deren Abweſenheit, um ſein Ei in das Neſt zu bringen. Manchmal finden
ſich zwei verſchieden gefärbte Eier im ſelben Neſte, die von
zwei verſchiedenen Weibchen herrühren, da eines in daſſelbe
Neſt nur immer ein Ei legt. Manche Kukuksweibchen legen
ihre Eier auf die Erde und tragen ſie dann im Schnabel in
das gewählte Neſt, wenn ſie durch die Anweſenheit der Beſitzer
verhindert ſind, direkt in ſelbes zu legen\*\*). Die Eier ſind
kaum größer als die des Sperlings oder der Bachſtelze, und
in Farbe und Zeichnung mit Punkten, Strichen, Flecken ſehr
verſchieden, was man von der ungleichen Nahrung ableiten
will. Es ſind Kunze und Baldamus, welche behaupten,
daß ſie oft den Eiern der Neſtvögel gleichen, was Opel, wie
ich glaube mit Unrecht, beſtreiten und die Aehnlichkeit mehr
dem Zufall und der ſehr variirenden Färbung aller Eier zu-
ſchreiben möchte. Wenn die Bienenkönigin weiß, ob ſie ein
männliches, weibliches oder Arbeiterei legen wird, ſo kann auch

---

\*) Cuculus flavus, cineraceus, solitarius, serratus, niger, lucidus, aura-
tus, glandarius. — Opel gibt folgende Vögel an, in deren Neſter unſer
Kukuk ſeine Eier legt: Sylvia hortensis, cinerea, curruca, tithys, phoenicu-
rus, rubecula, arundinacea, palustris, cariceti, locustella, trochilus, hypolais,
Accentor modularis, Troglodytes vulgaris, Saxicola rubetra, Motacilla alba,
flava, Anthus campestris, pratensis, Alauda arvensis, Emberiza citrinella,
Lanius collaris, Fringilla montifringilla, Emberiza aureola.

\*\*) Der Ziegenmelker Carolina's trägt ſeine Eier bei Gefährdung im
Rachen fort, um ſie anderwärts unterzubringen; manche Tagraubvögel tragen ihre Jungen fort, wenn ihnen Gefahr droht.

der Kukuk wissen, in welches Vogels Nest das Ei, welches er
zu legen im Begriffe ist, am besten passen, also die Täuschung
der Pflegeältern möglich machen wird, und es ist dabei sogar
denkbar, daß seine Phantasie auf die Färbung des Eies ein=
wirken kann, nachdem er zuvor das Nest recognoscirt und die
Eier der Pflegeältern gesehen hat.   Auch die Eier des afrika=
nischen C. (Coccytes) glandarius haben nach A. Brehm ganz
die Färbung der Eier der ägyptischen Nebelkrähe, Corvus cor=
nix, in deren Nest er sie legt.   Während unser Kukuk seine
Eier in die Nester viel kleinerer Vögel absetzt, als er selbst ist,
findet hier das Umgekehrte statt, indem jener Kukuk viel kleiner
ist, als die Nebelkrähe.

Der junge Kukuk wirft nach Jenner, nachdem er kaum
ausgekrochen und noch blind ist, die mit ihm ausgebrüteten
Vögelchen aus dem Neste, indem er sich unter sie drängt, wel=
ches Geschäft ihm durch eine Grube auf dem Rücken erleichtert
wird, die sich zwölf Tage, nachdem er aus dem Ei geschlüpft
ist, ausfüllt.   Dieser Beobachter sah auch einmal zwei junge
Kukuke in einem Neste zwei Tage mit einander kämpfen, bis
der stärkere den schwächeren über Bord warf.   Prévost u. A.
fanden manchmal todte Kukuke in Nestern in Baumlöchern,
welche letzteren zu eng waren, um den Vogel heraus zu lassen.
Die jungen Kukuke im ersten Kleide sind in der Färbung sehr
verschieden, erst roth oder dunkelbraunroth mit tiefbraunen
Schwingfedern.   Ist der junge Kukuk herangewachsen, so können
ihn seine Pflegeältern nicht mehr genügend ernähren, und er
bettelt mit zirpender Stimme Nachbarvögel um Nahrung an,
die ihm bereitwillig gereicht wird.   Die kleinen Vögel verschie=
dener Arten der Umgegend versammeln sich bei ihm, um ihm
Futter zuzutragen, und ziehen ihm auch nach, um ihn zu er=
nähren, so lange er dieses bedarf*).   Die so auffallende Ano=
malie im Leben der Kukuke hat einen ersten Grund in der
ungleichen Zahl beider Geschlechter, einen zweiten in der durch
größere Zeitintervalle unterbrochenen Reife der Eier, — aber

---

*) S. Jenner in Philosoph. Transactions 1788.   Prévost im l'In-
stitut 1834, p. 418.   Opel, Der Kukuk, 2. Aufl. Dresden 1861.

diese physiologischen Momente erklären nicht Alles. Am unbegreiflichsten ist mir stets der zuletzt angeführte sympathetische Zug geblieben, welcher die kleinen Vögel bewegt, sich um den jungen Kukuk zu sammeln und ihn noch nach dem Verlassen des Nestes zu nähren, den jungen Kukuk, der doch den Untergang ihrer eigenen Brut herbeigeführt hat. Ich kann mir nur vorstellen, daß sie durch eine Verirrung des Naturtriebes in ihm gleichsam ein höheres Wesen erblicken, dem zu dienen und es zu ehren ihnen eben so sehr geboten scheint, wie etwa die alten Peruaner und Mexikaner in den ankommenden Spaniern, die den Untergang ihrer Raffe herbeiführten, Götter oder Abkömmlinge ihrer Götter zu sehen glaubten.

Was die Bewegungen der Vögel betrifft, so mögen nur über die am meisten charakteristische, den Flug, einige Bemerkungen folgen. Alle Vögel, welche den Typus ihrer Klasse nur einigermaßen ohne Deflex, ohne Abweichung nach anderen Typen hin darstellen, sind flugfähig, und alle Züge ihrer Organisation vereinigen sich, das Fliegen möglich zu machen. In den höheren Schichten leistet die Luft wegen ihrer geringeren Dichtigkeit geringeren Widerstand, weßhalb sich die Vögel, wenn es ihre Athmungsverhältnisse gestatten, sehr hoch, namentlich bei größeren Reisen, in die Luft erheben. Bei jeder großen Muskelanstrengung wird der Athem angehalten, namentlich auch beim Fluge. Die Vögel füllen nach Treviranus†) vor dem Aufschwingen ihre Luftbehälter mit Luft und zehren während des Fluges von derselben, indem die Lungen sie, wie sonst die äußere Luft, einziehen und ausstoßen. Einer der besten, wo nicht der beste Flieger, der männliche Fregattvogel, Tachypetes Aquila, hat einen Kehlsack, den er beim Beginn des Fluges strotzend mit Luft füllt und dessen innere Haut nach Burton so gefäßreich ist, daß sie als eine Art Kieme funktioniren, zeitlich daher die Lungenfunktion unterstützen kann. Eine zu bedeutende Körpergröße verträgt sich nicht mit dem Fluge, daher mangelt den größten Vögeln, den Straußen und Casuaren, das Flugvermögen. Prechtl hatte zwar behauptet, es wären

---

†) Erscheinungen und Gesetze des organischen Lebens I, 251.

eigentlich noch viermal größere fliegende Vögel möglich, aber
nach Bergmann wachsen die ungünstigen Verhältnisse mit
der Größe des Körpers ungemein. Ein Vogel, nach allen
Dimensionen doppelt größer, wird hiemit achtmal schwerer,
während seine Muskelkraft nur viermal größer ist. Wächst
nämlich die Körperausdehnung wie 2, 3, 4, 5, so wächst die
Muskelkraft im Quadrat hievon, also wie 4, 9, 16, 25, das
Gewicht hingegen im Cubus, also wie 8, 27, 64, 125.

Die besseren und besten Flieger unter den Vögeln bewegen
sich mit einer Geschwindigkeit, welche die gewöhnliche der Eisen=
bahnzüge ansehnlich übertrifft, wenn wir für letztere drei bis
vier geographische Meilen in der Stunde annehmen. Schon
die Saatkrähe legt bei einer Fluggeschwindigkeit von 36 Fuß
in der Sekunde etwa 5½ geographische Meilen in der Stunde
zurück; eine Haustaube macht 40 Fuß in der Sekunde; Falken
und Adler 68 bis gegen 80 Fuß. Brieftauben machen nach
direkten Beobachtungen, wie Falken und Adler, bis 60 engl.
Meilen in der Stunde und halten diese Anstrengung zehn und
mehr Stunden ohne Rast aus; Schwalben legen 10 geograph.
Meilen zurück und fliegen in drei bis fünf Tagen aus Deutsch=
land bis in das Herz Afrika's. Prechtl hält zwar den Condor
für den besten Flieger, für eine wahre Flugmaschine, aber der
Fregattvogel, den man oft 100—150 geographische Meilen
weit von jedem Lande, von jeder Klippe, auf der er ruhen
könnte, über dem hohen Meere findet (auf das Wasser läßt er
sich nie nieder und vermag von demselben nicht aufzufliegen),
scheint den Vorzug zu verdienen. — Falken, Weihen und Adler
sieht man manchmal mit unbewegten Flügeln wie am selben
Punkte der Luft schweben, aber meist ist dies nach Babinet
nur scheinbar. Wenn er auf Berggräten in gleicher Höhe
mit den Vögeln war, so sah er sie vielmehr sich dann auf
immer tieferen Stellen der gegenüber liegenden Felswände pro=
jiciren, sie sanken also allmälig, was man von unten her nicht
so leicht wahrnehmen kann. Das Sinken geschieht aber lang=
sam wegen der starken Reibung, welche die mit unzähligen
Rauhigkeiten besetzten Federn gegen die Luft üben. Wenn ein
Vogel sich wirklich in gleicher Höhe erhält, so geschieht es in

Folge sehr kleiner zitternder Flügelbewegung, wie General Niel
bei den Geiern Algeriens mit dem Fernrohre beobachtete. —
Was für Gefühle müssen in der Seele eines Vogels erwachen,
der aus seiner Höhe einen unermeßlichen Horizont überschaut,
für den Gebirge und Oceane kein Hinderniß sind, in der kürzesten Zeit aus der kalten in die Tropenzone, von der eis-
erfüllten Höhe der höchsten Berggipfel an das Ufer des Meeres
zu gelangen! Diese Gefühle und Vorstellungen würden noch
viel inhaltsvoller und fördernder sein, wären nicht neben diesen
außerordentlichen Gaben auf der einen Seite, hemmende Schranken auf der anderen aufgerichtet.

Als von den Wanderungen der Thiere überhaupt gesprochen wurde, ward bereits der Vögel in bevorzugter Weise
gedacht, so daß nur weniges sie speciell Betreffendes noch zu
erwähnen ist. — Die guten Flieger wandern bei Tage, die
minder guten bei Nacht. Die Zugvögel ziehen in Europa süd-
westwärts, in Nordostamerika südostwärts. Beim Wandern
werden bestimmte Routen und bestimmte Stationen eingehalten;
eine solche Station ist z. B. Helgoland, woselbst man 326 Arten
Vögel beobachtet hat; darunter auch afrikanische und amerikanische. Viele kleinere Vögel wählen beim Wandern größere
zu Anführern; an der Ostsee z. B. lassen sich Schaaren von
Strand-, Wasser-, Küsten-, Schlammläufern ꝛc. von einem
großen Wasser- oder Sumpfläufer anführen. Der große Goldregenpfeifer läßt sich hingegen von einem kleinen Alpenläufer,
Pelidna alpina, leiten, und gehorcht, bis er, der Goldregenpfeifer, sich gepaart hat. Nach Pennant wandern bei weitem
nicht alle Wachteln; viele ändern nur ihre Reviere und ziehen
im Winter an die Seeküsten. — Brehm war sehr verwun-
dert, zu unserer Winterzeit im tropischen Afrika eine Menge
unserer Vögel mit den einheimischen zusammen zu finden.
Südlich vom 12° s. Br. in Nubien sah er unsere Schwalben
und andere Zugvögel immer noch südlich gehen; Ganzenbach
fand, daß in Smyrna, wo doch der Winter nur eine Regenzeit
ist, das Wandern, Kommen und Gehen der Vögel wie in unseren Gegenden geschieht; zahlreiche Arten erscheinen im April
und Mai plötzlich, wohnen sich ein, verschwinden aber im

September und Oktober wieder, wie bei uns, trotz der nicht niederen Temperatur, so daß weniger klimatische, als gastrische Einflüsse so außerordentliche Unruhe in die Vogelwelt zu bringen scheinen. Die Araber nennen die Schwalben „Vögel des Paradieses", weil sie, wie Brehm schreibt, neben dem flammenden Schwerte des Cherub vorbeihuschten, um dem aus Eden verstoßenen Menschen zu folgen. Vom Juni bis zum Frühjahr fehlen in der Krim Singvögel gänzlich; mit dem ersten Frühling setzen die Wandervögel von Kleinasien durch die Krim, woselbst dann jeder Busch lebt, nach Europa über; den ganzen Sommer hält sich nicht einmal ein Sperling dort auf. — Eine der zahlreichen Colibri-Arten, Trochilus Colubris, wandert im Sommer in den hohen Norden Amerika's, und M. Wagner fand ihn an der Mündung des St. Lorenzstromes in den traurigen Fichtenwäldern mitten unter nordischen Singvögeln. Auf den Karolinen (Ualan ꝛc.) fand Kittlitz dieselben Stelzenvögel, die er in Kamtschatka gesehen, unter · anderen Strepsilas collaris, Charadrius pluvialis. Sie wandern nach ihm alle Jahre aus dem so weit entfernten Norden hieher.

Rücksichtlich der Schwalben wurde früher vielfach behauptet, daß sie den Winter in Erstarrung in Baum- oder Mauerlöchern oder unter dem Eise zubrächten, und der Streit, ob dieses möglich sei oder ob sie wegzögen, wurde im vorigen Jahrhundert und auch noch in diesem mit Erbitterung geführt. Man kann nicht zweifeln, daß die große Masse wegzieht, — ein großer Theil der Zeugnisse für ihr Hierbleiben in einem lethargischen Zustande kann aber nicht ohne Weiteres verworfen werden*). Aus unbekannten Gründen scheint wirklich eine geringe Zahl von Individuen, vielleicht solche, die die Wanderung nicht mitmachen konnten, bei uns Winterschlaf zu halten, da die Bedingungen zum wachen Leben für Insektenfresser in den kälteren Ländern nicht gegeben sind. Das Vermögen zu erstarren ist nicht bloß auf die eigentlich lethargischen Thiere beschränkt, sondern diesen nur in besonderem Grade eigen. Man kann

---

*) Neuere gewichtige Zeugnisse für den Winterschlaf von Schwalben in Gewässern s. in Froriep's Tagesber. 1850, Nr. 197.

bei den winterschlafenden Thieren keine organischen Eigenthümlichkeiten finden, aus welchen diese Erscheinung zu erklären
wäre.

Die Vögel verbreiten sich über die ganze Erde;
manche Arten haben ihre Heimath an der Schneegrenze der
Gebirge, andere auf den Felsen der Polarzonen, und wenn an
den Polen oder doch am Nordpol offenes Meer ist, was übrigens bezweifelt werden muß, so würde es auch an den Polen
nicht an zahlreichen Vögeln fehlen, die sich aus dem Meere
nähren. Manche Vögel, unter anderen gewisse Papageiarten,
haben sehr kleine Verbreitungsbezirke, finden sich z. B. nur auf
einzelnen Inseln, andere sind über ganze Continente verbreitet,
und manche über den größten Theil der Erde. Eine Anzahl
europäischer Schwimm- und Stelzenvögel brütet auch in Nordamerika; unser Eichel- und Nußheher, der Eisvogel, die weiße
Bachstelze, die Kohlmeise finden sich auch im Himalayah, eben
so die große Heerschnepfe, welche auch in Neuholland und Indien vorkommt. Manche Stelzenvögel, welche sich von Wasserinsekten nähren, welche sie überall finden, sind eigentlich kosmo-
politische Vögel. Unseren dreizehigen Specht und die Elster
trifft man bis nach Kamtschatta hinein. Die Insekten- und
Früchtefressenden Vögel, dann die Hühnerartigen, werden gegen
den Aequator zahlreicher, die Schwimmvögel gegen die Pole.
Tag- und Nachtraubvögel, mit Ausnahme der Geier, welche
nur in warmen Ländern leben, kommen über die ganze Erde
vor, Papageien nur zwischen den Tropen und den angrenzenden Theilen der gemäßigten Zonen, Pinguins nur auf der südlichen Halbkugel, Colibri's nur in Amerika.

Sehr eigenthümlich ist die Vogelwelt Australiens, Neuguinea's
und der indischen Inseln; die von Madagaskar ist ein Gemisch
von afrikanischen, australischen und eigenthümlichen Formen.
Die Vögel Guinea's und Senegambiens zeigen nach Hartlaub
Verwandtschaft mit den indischen; zugleich findet man dort etwa
80 europäische Arten, worunter 34 Stelzenvögel, dann der
rothe Würger, die Rauchschwalbe, die Gartengrasmücke; auf
der Insel St. Thomé findet sich unser Kukuk und die Mandelkrähe. Aehnlich wie in Amerika manche der schönsten Colibri's

um die höchsten Gipfel der Anden schwärmen, gehen in Afrika manche Nectarinien bis 12000 Fuß hoch*). — Hollboell hebt die boreale Tendenz der grönländischen Vögel hervor; die große Mehrzahl strebe beständig nach Norden, niste dort und lasse sich ungern durch Eis und Dunkelheit nach Süden drängen; wie in anderen borealen Ländern gebe es weit mehr Individuen im Norden als im Süden; in Grönland speciell liege die eigentliche Brütezone bedeutend nördlicher als in anderen Ländern**). Auf dem hohen Ocean sieht man nur noch Sturmvögel und hie und da Fregattvögel, und bei der Annäherung an Amerika manchmal Tropikvögel.

Hinsichtlich der intellektuellen Fähigkeiten stehen die Vögel keinesweges so unbedingt unter den Säugethieren, wie man früher angenommen hat, und viele Vögel sind den Nagern, Beutelthieren, Insektenfressern, Fledermäusen, selbst manchen Wiederkäuern sogar an Verstand überlegen. In keiner Klasse ist dabei ein solches Gleichgewicht des Verstandes und Instinktes wahrzunehmen. Der ältere Brehm in einer Abhandlung über den Verstand der Vögel†) führt als Beweis für denselben an, daß auf Island die Jagdfalken in der Nähe der Vogelberge, in Afrika die Edelfalken stets in der Nähe der Taubenkolonieen horsten. Dann, daß die Dohlen, Thurm- und andere Falken in Städten wohnen, weil sie sich da sicherer fühlen als auswärts. Die Haubenlerchen folgen den Kunststraßen, die Sperlinge dem Getreidebau; so kamen letztere nach Sibirien. Manche

*) In Nordostafrika leben etwa 10 Arten von Nectarinia, welche hier die Colibri's vertreten. Sie saugen angeblich mit ihren Spechtzungen den Blumennektar, verschmähen aber auch kleine Insekten nicht. Ihr Gefieder glänzt wie Edelgestein und sie sind höchst munter und intelligent.

**) Nicht südlicher als unter dem 75° n. Br. nistet Xema Sabini; nicht südlicher als bis zum 70°: Linota Hornemanni, Anser bernicla, Lestris Buffonii, Tetrao rupestris, Tringa alpina, maritima, Sterna arctica, Phalaroopus hyperboreus, platyrhynchus, Larus leucopterus, glaucus, Lestris pomarina, parasitica. — In Nordamerika brüten nach Richardson folgende Vögel bis zum 74° n. Br.: Falco islandicus, peregrinus; bis zum 75°: Emberiza nivalis.

†) In d. Zeitschrift: Aus allen Reichen der Natur, 2. Band, 1. Heft, Frankfurt 1859.

Vögel werfen Knochen oder Muscheln hoch herab auf Felsen, um sie zu zertrümmern. Brehm hatte einst einen Steinadler, den er mit Krähen fütterte; bald war er von allen Krähen einer ganzen Quadratmeile gekannt, und sobald eine ihn erblickte, fing sie fürchterlich zu schreien an, so daß alle anderen schon in bedeutender Entfernung flohen. Sehr klug sind auch die Haussperlinge im Gegensatz zu den Feldsperlingen. Auf dem Prießnitzersee jagte Brehm mit Bonde und Schilling einmal einen Haubentaucher. Brehm und Bonde stiegen in einen Kahn, Schilling stellte sich am Ufer auf, wo seichtes Wasser war. Die im Kahn suchten den Vogel nun nach dieser Stelle zu treiben, weil er im tiefen Wasser wegen des Untertauchens nicht zu schießen war. Es gelang dieses, sie glaubten schon seiner sicher zu sein und doch entkam er ihnen. Er ließ sich nämlich nahe an jenes Ufer, wo eine große Heerde Kühe weidete, treiben, flog dann rasch auf und strich ganz nahe über die Kühe hin, so daß sie nothwendig auch eine Kuh hätten treffen müssen. Am Ende der langen Heerde angekommen, wo er außer Schußweite war, erhob er sich hoch in die Luft und flog nach dem oberen, dicht mit Rohr bewachsenen Theile des Sees, wo er sich ins Rohr stürzte. — Nicht alle Individuen derselben Species haben gleichen Verstand; Brehm schoß oft Lanius minor; manchmal gelang es ihm durchaus nicht, nicht einmal mit Jungen, weil die alten Vögel zu schlau waren und die Jungen bei Erblickung der Gefahr vom Baume stießen, um mit ihnen fortzufliegen, wenn sie dieses auf das Schreien nicht sogleich thun wollten. Daß manche Kolkraben, Papageien 2c. besser sprechen lernen als andere, beruht auf ihrem größeren Verstand.

Die Vögel zeichnen sich im Allgemeinen durch bedeutend entwickelten Zeit= und Ortssinn, manche durch gutes Gedächtniß und Nachahmungsgabe aus, wie die Papageien, der Staar, der Kanarienvogel und andere. Die reiherartigen Vögel stehen zwar am höchsten, aber es gibt auch in anderen Ordnungen Beispiele vorzüglicher Begabung. Der Rabe läßt in Grönland Muscheln auf die Klippen fallen, um sie zu zerschellen. Ein zahmer Rabe des Grafen Schafgotsch in Schlesien, der frei die

benachbarten Waldungen durchstreifte, kam einmal nicht wieder.
Nach einigen Jahren, als ein Bedienter des Grafen eben
auf der Reise war, flog und krächzte ein Rabe, ohne Zweifel
der einst entflohene, um ihn her und schien sehr erfreut zu
sein. Er ließ sich bald greifen und mit nach Hause nehmen.
Die Rabenkrähen (aber auch Amseln und Rothkehlchen) war=
nen andere Vögel vor Raubvögeln, Jägern, Hunden; die Raben=
krähe, Corvus corone, ist besonders auf den Taubenhabicht
erpicht, kommt von weitem mit leidenschaftlichem Geschrei
herbeigeflogen und greift ihn an. Von der Dohle bemerkt
Scheitlin†), daß sie gezähmt werden könne und den Umgang
mit Menschen dem mit ihren Genossen ganz und gar vorziehe,
und beim Menschen bleibe. „Schlau und dumm schielt sie
alles Neue, besonders Glänzendes, an und probirt das Stehlen
früh. Bei ihren Flügen machen sie oft gewaltige Schwen=
kungen in der Luft, und einzelne scheinen zu commandiren, flie=
gen voran oder an den Seiten oder der Mitte des Kreises.
In einer gewissen Stadt (St. Gallen?) hatte man, um die
Dohlen, als angeblich den kleinen Vögeln verderblich, abzu=
halten, alle Mauerlöcher der Thore und Thürme zumauern
lassen. Als die Dohlen im Frühling kamen und Besitz nehmen
wollten, erhob sich gewaltiges Geschrei und großer Jammer;
sie jammerten völlig menschlich und traurig, und böse trieben
sie sich immer schauend und suchend um den alten Thurm
herum, zerrten aber bald neue Löcher zu Wohnungen. Aber
heftig erschrocken und wild, nicht wissend was thun und denken,
waren sie, als sie im nächsten Frühjahr einen großen alten
Thurm, auf dem sie seit Jahrhunderten in größter Menge zu
nisten gewohnt waren, ganz weggrasirt fanden." — Der Kibitz
kennt auch die Flinte und flieht Jeden, der eine solche trägt,
daher man sie verbergen muß, wenn man Kibitze schießen will.
Ein Strauß klingelte zum Mittagsmahl, wenn man nach seiner
Ansicht zu lange hiermit zögerte††). Man hat beobachtet, daß
Wasserhühner den Deckel der Futterkasten von Fasanen öffneten.

---

†) Thierseelenkunde II, 43.
††) Annales d. sc. natur. XXII, 402.

Die Kohlmeise klammert sich im Winter an Bienenstöcke und
hämmert mit dem Schnabel daran, um Bienen herauszulocken,
welche ihr dann zur Beute werden. Troegel setzte einmal
in die Mitte seiner Vögel einen ausgestopften Falken, welcher
ihnen unbeschreiblichen Schrecken verursachte. Einige Tage
nachher erkannten sie den Ungrund ihrer Furcht und setzten sich
ganz ruhig auf seinen Kopf und Rücken. Eine Schwalbe in
Paris stahl Material von einem benachbarten Neste, wenn
eben dessen Besitzer fortgeflogen waren, um es zu dem ihrigen
zu verbauen. Troegel sah in Berlin einen Gimpel, der sechs
Arien pfeifen konnte, worunter zwei sehr lange. Er führte sie
ganz genau aus und machte vor jeder eine graciöse Verbeugung
gegen die Zuhörer. In Marseille besaß ein Kaufmann einen
grauen Papagei, welcher 32 Redensarten kannte, wobei er sich
nie in einem Worte irrte. Wenn man haben will, daß Vögel
auf Pfeifen herbeikommen, so füttert man sie nur, während
man pfeift. — Hinsichtlich des Grades der Intelligenz verhalten sich die einzelnen Ordnungen sehr ungleich, und am
tiefsten stehen hierin die Schwimmvögel und Hühnerartigen,
am höchsten die Sing- und Stelzenvögel, namentlich die Reiherartigen. Der Puter zeigt eben so viel Bornirtheit als Eigensinn; von zwei Putern, die ich einmal beobachtete, und die
ganz gleichzeitig in regelmäßigen Intervallen von wenigen
Minuten ihr eintöniges Geschrei erschallen ließen, wobei sie
immer die Flügel schüttelten und nachschleiften, hatte der eine
die Begierde auf meinem Stiefel zu stehen, und kam immer
wieder, so oft er auch abgetrieben wurde. Wenn man eine
Henne mit Gewalt auf einen Tisch niederdrückt, sie den Schnabel gerade ausstrecken läßt und dann über Kopf und Schnabel
weg einen breiten Kreidestrich über den Tisch zieht, so liegt sie
Stunden lang auf dem Bauche ruhig, unverwandt den Strich
mit beiden Augen ansehend — vermuthlich weil sie aus Mangel
an Verstand dem Striche die Gewalt der Hand zuschreibt, welche
sie niederdrückte, von ihr aber nicht gesehen wurde, und nun
diese Gewalt für fortdauernd hält. Wie man ihre Augen vom
Strich abwendet, springt sie sogleich auf†).

†) Göze, Nützliches Allerlei, Bd. 4, Nr. 16.

Weil in jeder Thierklasse sich wieder die Idee der Universalität verwirklicht, so weit dieses die Umstände erlauben,
so trifft man auch bei den Vögeln die verschiedensten Gemüths-
arten und Charaktere. Die Raubvögel zeichnen sich im Allgemeinen durch Kühnheit aus, am meisten die Falken; die Singvögel haben einen heiteren, lebhaften Charakter, mit dem sich
bei den Rabenartigen Schlauheit und Possenhaftigkeit verbinden; die Nachtigall und einige andere offenbaren ein tiefes,
schwärmerisches Gefühl, die Tauben sind verliebter Complexion,
die Straußartigen sind täppisch und grob, die Enten und Gänse
neugierig und einfältig, bei den Männchen der in Polygamie
lebenden Hühnervögel gibt sich Herrschsucht und Stolz kund.
Sie brüsten sich, stolziren einher, entfalten die Flügel, erheben
herausforderndes Geschrei, blasen, wie nach Audubon die
wilden Truthühner, Luft aus, und an diesem Gebahren nehmen
sogar die Weibchen Theil, wenn sie mit Männchen zusammen-
treffen. Der Auerhahn und andere Tetraonen, z. B. der Birk-
hahn und Cupido, balzen oder falzen. So nennt man die
eigenthümlichen Töne, welche der auf einem Baume sitzende
männliche Vogel vor der Paarung von sich gibt, während sich
unter dem Baume die Hennen um ihn sammeln. Der brün-
stige Auerhahn läßt sich (nach Burdach) auf einem freistehen-
den Aste nieder und gibt wiederholt ein lautes, zweitöniges
Schnalzen von sich; dann kommt das eigentliche Balzen, das
mit jenem Schnalzen beginnt, worauf mehrere gurgelnde Töne
folgen, dann ein sehr lauter, hoch klingender Knall, wobei er
sich mit gesenkten Flügeln und ausgebreitetem, aufgerichtetem
Schwanze auf dem Aste wiegt; zuletzt folgt zwei Sekunden
lang ein Ton wie Sensenwetzen, während welcher Zeit er weder
hört noch sieht, und selbst sitzen bleibt, wenn der Jäger auf ihn
geschossen und gefehlt hat. — Schomburgk theilt vom sogen.
Felsenhuhn, Rupicola aurantia, welches er im Canakugebirge
im südlichen Amerika beobachtet hat, wo es auf dem höchsten
Punkte, ganz abgesondert von anderen Vögeln, haust, eine
artige Beobachtung mit. Dieser Vogel, der zu der Ordnung
der Schreivögel gehört, dessen Männchen feurig orangeroth,
die Weibchen bescheiden erdbraun befiedert sind, hat die eigen-

thümliche Sitte, daß in der Paarungszeit viele Individuen um
eine kahle Felsstelle sich versammeln; ein Männchen beginnt
hier einen wunderlichen Tanz, wobei es seine Flügel halb aus-
breitet, den Kopf nach allen Seiten herumwirft oder stolz mit
fächerartig ausgebreitetem und aufgerichtetem Schwanze einher-
schreitet, bis es ermüdet einen besonderen Ton ausstößt und
dann zum nächsten Busche fliegt, worauf ein anderes erscheint
und mit den mannigfachsten Abänderungen den gleichen Tanz
beginnt, wobei gegen zwanzig als Zuschauer figurirten.

Unter den Instinkten der Vögel ist auch derjenige sehr
bemerkenswerth, der ihnen das angemessene Verhalten gegen
Raubvögel eingibt. Verfolgt ein Seeadler Wildenten, so fliegen sie aus dem Wasser auf und hin und her, weil er nicht
schnell genug ist, sie im Fluge zu haschen; verfolgt sie hingegen
der ungemein rasche Wanderfalke, so fliegen sie nicht auf, sondern tauchen fortwährend unter. Erscheint der Taubenhabicht,
der furchtbarste Feind, welcher fliegende und sitzende Vögel
gleich gut fängt, so ziehen sie sich eng zusammen und erregen
durch fortwährendes Schlagen mit den Flügeln einen Staub-
regen, welcher sie unsichtbar macht. Der Instinkt veranlaßte
im Frühling 1816 die Eisvögel, ihre Nester an den kleinen,
hochuferigen Bächen zu machen; bald darauf schwollen die
Flüsse so an, daß alle Nester an denselben vernichtet worden
wären. Vögel verlassen Teiche, die im Sommer austrocknen
wollen, schon im Frühling und suchen andere auf, die das Wasser
den Sommer über behalten. Im März 1843 begaben sich die
Kibitze Thüringens auf die Bergebenen; Anfangs Mai wurden
die Niederungen ganz überschwemmt, die Bergebenen erhielten
aber die für die Kibitze passende Beschaffenheit. So zeigen auch
die Vögel durch ihr Bleiben oder Gehen, ob der Winter streng
oder gelinde werden will. (Brehm.)

Bei einzelnen Vögeln entwickeln sich ganz besondere
Triebe und Sitten. Zu den Vögeln, welche glänzende
Gegenstände lieben und forttragen (was schwerlich, wie Manche
vermuthen, in einer Verwechslung derselben mit glänzenden
Käfern beruht), gehört auch der blaue Kernbeißer Nordamerika's,
Fringilla coerulea. Der kleine windschnelle Uferrenner, Hyas

aegyptiacus, der Krokodilwächter der Araber, wird, ohne es zu wollen, zu einem Wächter des Krokodils. Seine Gewandtheit schützt ihn vor den Krokodilen; er läuft auf den schlafenden herum, die daran sitzenden Egel und Wasserinsekten absuchend. Weil er die Gewohnheit hat, bei Ankunft eines Menschen laut zu schreien, so erwacht dadurch das Krokodil und kriecht dann gewöhnlich in das Wasser. Der ägyptische Sporenkibitz, Hoplopterus spinosus, hat die Gewohnheit, beim Ansichtigwerden des Jägers diesem in immer engeren Kreisen um den Kopf zu fliegen, wobei er mit lautem Geschrei die übrigen Vögel verscheucht. Der Madenhacker, Buphaga africana, liest Ochsen und Nashörnern das Ungeziefer ab und warnt letztere zugleich, indem er bei Ahnung einer Gefahr fast lothrecht auffliegt und gellend schreit. Ein afrikanischer Reiher, Ardea bubulcus, befreit die Elephanten und Büffel von Ungeziefer, Crotophaga Ani in Amerika die Rinder und Pferde. Die sehr wohlschmeckenden Pteroptochus albicollis und megapodius, in Chili allenthalben bis zu bedeutenden Höhen verbreitet, laufen sehr schnell mit gerade aufgerichteten Steißfedern von einem Gebüsch zum andern. Unser Dornbreher spießt Insekten, namentlich Roßkäfer, reihenweise auf Dornen, um sie dann gelegentlich zu verzehren. Ein anderer Vogel der Würgerfamilie, Collurio Smithii, frißt Insekten, aber auch Amphibien und kleinere Vögel; letztere beide hängt er mittelst einer aus einem Pflanzenstengel gemachten Schlinge fest und kunstreich an Baumzweigen auf. Eben so der „Fiscal", Lanius collaris; die Schlinge hält immer den Hals des Opfers zusammengeschnürt. (Hartlaub.) In der Gefangenschaft verschlechtern oder verändern sich oft die Sitten der Vögel. Wodzicki beobachtete einen Wachtelkönig, der im Käfig junge Vögel würgte und mit größtem Appetit verzehrte; ferner eine Wasserralle, welche Vögel tödtete, aber nur die Eingeweide fraß, und Haßkarl berichtet von einem schwarzen Kakadu mit rothen Kronfedern aus Neuguinea, der sich als eifriger Fleischfresser zeigte und arge Verheerung unter einer im Käfig befindlichen Heerde Meerschweinchen anrichtete†). — Auch besondere geographische

---

†) In b. Zeitschr. Bonplandia, 1. Mai 1862.

Verhältnisse können eigenthümliche Gewohnheiten erzeugen. In den Polarländern, wo im Sommer die Sonne beständig über dem Horizonte steht, begeben sich die Vögel immer zu bestimmten Stunden an ihre Schlafplätze, welches Beispiel auch Capitän Beechey und seine Gefährten mit Nutzen nachahmten.

So verschieden die einzelnen Ordnungen der Vögel sich auch darstellen, so sind die Differenzen doch minder groß als bei den Säugethieren, indem die typische Idee, der Begriff des Vogels schärfer gefaßt ist, so daß namentlich im Nerven= system und Skelet in den Hauptsachen große Uebereinstimmung herrscht. Linné stellte die Raubvögel zu höchst, Illiger die Papageien, Oken die Straußartigen; jetzt betrachtet man die Singvögel (zu welchen zoologisch auch Raben, Heher, Paradies= vögel gehören) als diejenigen, welche den typischen Charakter der Klasse am reinsten und vollendetsten darstellen. Den Vögeln mit Singmuskeln stehen alle anderen gegenüber; am weitesten entfernen sich von ihnen die Schwimmvögel, an welche sich die Stelzenvögel, Hühner= und Straußartigen anschließen. Die Raubvögel kommen in Bau und Federbekleidung der Flügel mit den Wasservögeln, den Stelzenvögeln und Hühnern über= ein; Sundevall betrachtet die Raubvögel und Hühnerartigen als Modifikationen derselben Grundform, die sich nach zwei Richtungen: zu Pflanzen= und Fleischfressern, ausgebildet hat. Raubvögel, Tauben, Papageien, Kukuke und Spechte haben einige Züge mit den Singvögeln gemein, welche den Schwimm= vögeln, Stelzenvögeln und Hühnern fehlen.

Die Schwimmvögel imponiren in der Natur durch die Massenhaftigkeit ihres Vorkommens. Schon vor langer Zeit haben Harvey u. Martin die unendliche Menge der Bassans= Gänse auf dem Baß=Eiland in der Meerenge von Forth und auf den Felsen von St. Kilda geschildert[†]. Hollboell be= schrieb die Vogelberge Grönlands mit ihrer unzählbaren Menge von Vögeln; einige dieser großen Felsen liegen weit hinein im Meerbusen, andere an der offenen See; sie sind gegen alle möglichen Himmelsgegenden gerichtet und haben nur eine gemein-

---

[†] Smellie, Philos. d. Naturgeschichte II, 254.

same Eigenschaft, nämlich die, den Vögeln Nahrung während
der Brütezeit zu verschaffen. Uria Brünnichii ist der zahlreichste von allen Vögeln Grönlands, der Fels Kaffarsoak derjenige, wo die meisten brüten. „Dieser Fels, gewiß dreiviertel
Meilen lang und einer der höchsten in Grönland, ist besetzt
mit Nestern, so weit man sehen kann, so daß die obersten Vögel
wie Fliegen aussehen, wenn sie aus- und einfliegen." Hollboell meint, man könne kaum ein Bild von der Menge dieser
Vögel geben, die ein Hauptnahrungsmittel der Grönländer
sind. . Die Guanoberge der Chincha-Inseln entstanden hauptsächlich durch die Anhäufung der Excremente einer Art See-
schwalbe, außerdem nisten dort auch Pelekane, Möven und
andere Seevögel; dieser Guano wurde schon von den Incas
gebraucht und geschätzt; weniger beträchtlich sind die Guano-
Massen an der afrikanischen Küste. Erman wurde am kas-
pischen Meere von den Küstenbewohnern gesagt, daß viele aus
der Ferne wie Kreide glänzende Felsen aus Vogelmist beständen,
welcher, seit Jahrhunderten angehäuft, von der Sonne gebleicht
worden sei. Die Pinguins leben in der südlichen Halbkugel
in Schaaren von dreißig bis sechszig Tausend und mehr beisammen. Während der Ueberschwemmung des Nils sieht man
oft 1000 — 1200 Pelekane zugleich, noch viel zahlreichere
am Menzaleh-See, wo sie oft Strecken von halben Meilen
bedecken.

Die Bewegungen und Sitten der Schwimmvögel, die Art
wie sie tauchen, schwimmen und fliegen, weichen nach den Sippen
ungemein ab. Der Pelekan kann wegen seines Kehlsackes nur
schwimmen, nicht tauchen, der gemeine Schlangenhalsvogel,
Anhinga, Plotus Levaillantii schwimmt ganz unter dem Wasser,
nur der dünne, einer Schlange gleichende Hals ragt hervor und
bewegt sich nach allen Seiten; auch Plotus melanogaster
Latham auf Java schwimmt tief unter dem Wasserspiegel, über
den er nur seinen Kopf emporhebt. Der Albatroß, Diomedea
melanophrys Temm. (an der Ostküste Südamerika's) eilt verfolgt
mit halb ausgebreiteten Flügeln so über das Wasser hin, daß
er dessen Oberfläche mit den Zehenspitzen halb schwimmend,
halb laufend berührt, wobei er den Körper sehr aufrichtet. (Kittlitz.)

Der von den Seefahrern Wettläufer oder Dampfbootsente ge-
nannte Wasservogel kann wegen Kürze der Flügel nicht fliegen,
taucht auch schlecht, aber mit Hülfe der Flügelstümpfe springt
er auf der Oberfläche des Wassers mit einer überraschenden
Schnelligkeit dahin und läßt auch das schnellstrudernde Boot
weit hinter sich zurück. Das Plätschern mit seinen Flügeln
gleicht dem Arbeiten der Schaufeln eines Diminutiv-Dampf-
bootes und hat Anlaß zu der Benennung desselben gegeben †).
Die Eidergans, Somateria spectabilis, taucht nach Hollboell
um ihre Nahrung selten weniger als 30 Faden tief unter.
„In der Fähigkeit, auf den Grund unterzutauchen, übertrifft
S. spectabilis bei weitem alle anderen Vögel Grönlands und
bleibt auch am längsten unter Wasser. Sie taucht auf so tie-
fem Wasser, als Hollboell Conchylien fand, nämlich bis 65 Faden
oder 200 Ellen Tiefe. Um so tief zu tauchen, seine Nahrung
aufzusuchen und wieder an die Oberfläche zu gelangen, braucht
der Vogel allerhöchstens 9 Minuten, aber gewöhnlich bleibt er
bei gleicher Tiefe nur 4—6 Minuten unten. Um unter dem
Wasser sich vorwärts zu bewegen, braucht er seine Flügel, und
die wenigen Male, daß H. S. spectabilis der Nahrung nach-
gehen sah, führte er dies schwebend, nicht gehend aus. Die
Pinguins sollen im Wasser ihre Flügel als Flossen brauchen;
von dem chiloesischen Pinguin, der auf dem Lande ziemlich gut
fortkommt, sah v. Bibra in den Straßen von Lima gezähmte
Individuen herumlaufen.

Obschon die Schwimmvögel auf der Skala der Intelligenz und des Gefühls in ihrer Klasse sehr tief stehen, so
fehlt es selbst bei ihnen nicht an Beweisen für deren Vorhandensein. Daß die Gänse das Kapitol gerettet haben, wollen
wir zwar nicht hoch anschlagen. Plinius sagt ††): „Auch die
Gans ist ein aufmerksamer Wächter, was sich bei der Vertheidigung des Kapitols bekundete, während damals die Hunde

---

† ) Erdumsegelung der königl. schwedischen Fregatte Eugenie, 1851
bis 1853. Aus dem Schwedischen von v. Etzel. 2 Bde. Berlin 1856.
1. Bd. S. 131.

†† ) Histor. nat. L. X c. 21.

durch ihr Schweigen Verrath übten. Ja, man hat auch Beispiele besonderer Zuneigung von ihnen; so liebte zu Aigion
eine Gans einen Olenischen Knaben (Amphilochos) wegen seiner Schönheit, und eine andere die Citherspielerin des Königs
Ptolemaios, Glauke. ... Eine war die beständige Begleiterin
des Philosophen Lakydes, die nie von ihm wich." Bingley†)
erzählt von einem grauen und weißen Gänserich, die, mit drei
Weibchen zusammenlebend, oft wüthend um dieselben kämpften,
so daß man sie auseinander bringen mußte. Als der weiße einst
unterlag und fast das Leben eingebüßt hatte, während die Weibchen den Sieger umgaben und ihm folgten, liebkoste ihn B.,
und der Gänserich faßte die größte Zuneigung zu ihm. Am
andern Tage. wiederholte sich dies, aber der Gänserich war
damit nicht zufrieden, sondern schien das Verlangen zu haben,
zu den Gefährtinnen geführt zu werden, wo im alsbald wieder
entbrennenden Kampfe Bingley's Beistand dem weißen zum
Siege verhalf, der nun bei den Weibchen blieb und Bingley,
wenn er vorüber ging, nur mit den Flügeln schlagend aus der
Ferne anschrie. Als aber die Weibchen brüteten, folgte Jacob
Bingley überall, ganze Tage lang durch Park und Wald, ja
sogar in die Kirche und in die Stube. Weil er aber in den
Zimmern viel beschädigte und verunreinigte, mußte man ihn
einsperren, und Bingley bekam ihn nicht mehr zu sehen. Jacob
war ein ganzes Jahr lang fortwährend unruhig und starb
dann vor Kummer, nachdem er zum Skelet abgemagert war.

Landbeck gibt nicht uninteressante Nachrichten über den
gleichen so allgemein für einfältig gehaltenen Vogel, unter anderen über die in Württemberg allbekannte „Regimentsgans",
welche 1853 in Ulm ihr Leben endete††). Eine dieser Gänse,
welche ein Haushund aus den Klauen eines Fuchses errettet
hatte, faßte ungemeine Anhänglichkeit für ihren Retter, die bis
zu dem sechs Jahre später erfolgten Tode des Hundes währte.
Drei andere Gänse schlossen sich dem Dorfschulzen und Aus-
rufer von Mößingen in Württemberg an, und namentlich that

---

†) Thierseelenkunde II, 218.

††) Im „Buch der Welt", Stuttgart, Jahrgang 1850, S. 31, 191.

sich unter ihnen ein Gänserich durch die treueste Anhänglichkeit
hervor. Er begleitete, wenn immer möglich, den Schulzen
überall und suchte ihn allenthalben, selbst im dichtesten Gewühl
des Jahrmarktes auf. „Die erste Veranlassung zu diesem merkwürdigen Attachement mag die sehr gute Stimme des Schulzen
und der durchdringende Klang der Schelle beim Ausrufen gegeben haben, da die Gänse an solch auffallenden Tönen Gefallen
finden." Gänse sollten in einem Stalle eingeschlossen werden,
befreiten sich aber dadurch, daß sie den Strick faßten, durch
welchen die Thüre von ihnen aufgezogen wurde. Da sie ihn
durch Schnappen nicht erreichen konnten, kauerte sich endlich
eine von ihnen nieder und eine andere trat auf ihren Rücken
und gelangte so zum Zwecke. Abermal eingesperrt, wiederholte
sich das Gleiche. Im Dorfe Grindel bei Butzbach drängte sich
ein Gänserich unter die jubelnde Menge, welche eine Kirchweih-
musik begleitete, und folgte ihr, anfangs zurückgewiesen, in
Häuser und Stuben. Ein anderer Gänserich begleitete zu Neu-
jahr den Singchor und verweilte gerne bei klatschenden Frauen
auf der Gasse. Fischer†) erzählt Folgendes: Eine alte Frau
in Reutlingen besaß eine Heerde Gänse, denen sie zu ziemlich
bestimmter Zeit Nachmittags von ihrem Fenster aus Futter zu-
warf. Eines Tages unterblieb dies, und die vor dem Hause
versammelten Gänse erhoben ein Geschrei, das aber nicht gehört
oder nicht beachtet wurde, weil die Frau Kaffeevisite hatte.
Da sprang der Anführer, der Gänserich, auf einen vor dem
Hause liegenden, als Sitz dienenden Stein und riß von hier
aus an der Glockenschnur, bis die Frau erschien und ihre Gabe
spendete.

Einige Arten aus der Ordnung der Stelzen- oder Wat-
vögel, welche eine Menge reizender und bedeutungsvoller Formen enthält, kommen in außerordentlicher Menge vor. Heuglin spricht von „Millionen" von Königskranichen, Grus pavo-
nina, am Tsanasee in Abyssinien; Shaw erblickte vom Berge
Carmel aus Storchzüge, eine halbe englische Meile breit und
mehrere Stunden dauernd. Manche Züge überwintern schon in

†) Aus dem Leben der Vögel. Leipzig 1863, S. 39.

Südeuropa, z. B. in Konstantinopel, Sevilla; der Hauptsammel-
platz ist aber immer die nordafrikanische Küste. Der europäische
Flamingo kommt zwar nicht in großen Massen vor, aber doch
in Schaaren von mehreren hundert Individuen*). — Einige
Vögel dieser Ordnung haben durch ihre ansehnliche Gestalt die
Aufmerksamkeit der Menschen schon in alter Zeit auf sich gezogen, wie namentlich die Reiher, Kraniche, Störche, von welchen letzteren es in den Tropenländern mannshohe Arten gibt,
andere durch den Nutzen, welchen sie durch Vertilgung von
Reptilien, Amphibien, Insekten und Würmern stifteten, wie
der den Aegyptern heilige Ibis, der nach Vierthaler heut
zu Tage nicht mehr in Aegypten und Nubien, sondern nur im
heißesten Afrika, namentlich in Sennaar, vorkömmt. Der
Jungfernkranich, Grus virgo, ist nach Brehm und M. Wagner ein sehr schöner, reinlicher Vogel mit seidenweichem Gefieder und Federzöpfchen am Hinterhaupte, voll Anmuth und
von erstaunlichem Verstand, welcher nach kurzer Gefangenschaft
sehr zahm und zutraulich wird. Er hat merkwürdige Sitten,
liebt den Tanz, zu dem er sich in Gesellschaft einfindet und in
Reihen ordnet. Auch gefangene Individuen, welche sehr zahm
werden, sah Wagner öfters mit seltsamen Bewegungen und
Sprüngen tanzen†). Eine andere Kranichart, Grus leucoge-
ranus in Japan, darf nur für den Kaiser gefangen und von
ihm verspeist werden. Die gemeinen Kraniche ziehen in geordneten Schaaren, stellen beim Fressen und Schlafen eine Wache

---

*) Amerika hat andere Arten dieser wunderbaren Vogelsippe, mit dem
längsten aller Vogelhälse, den überlangen Reiherfüßen, die aber Schwimmhäute haben, und dem sonderbaren Schnabel, einer Sippe, die sich auch im
Bau der Zunge, des Magens und Darmes, des Herzens und der Lungen
den Entenartigen Vögeln nähert. Phoenicopterus andinus Philippi findet
sich in der hohen Cordillere Chili's, von Copiapo bis Peru, wo er in
den 10—13000 Fuß über dem Meere liegenden Seen brütet. Schon
Garcilase de la Vega erwähnt ihn unter dem Namen Parrihuana:
in der Wüste Atacama heißt er Parrina; Bollaert nennt ihn den roth-
brüstigen Flamingo. Er hat keinen Daumen, nistet auf den hohen
Alpseen. Der gewöhnliche chilenische Flamingo heißt Ph. ignipalliatus. In
der Jugend sind die europäischen und die chilenischen Flamingos grau.

†) Reise nach Kolchis, S. 326.

16 *

aus und haben immer mit einander zu schwätzen.   Manchmal
tanzen sie und werfen zur Kurzweil Gegenstände in die Luft.
In der Gefangenschaft gewöhnen sie sich an menschliche Speise
oder an die der Hunde; manche folgen ihrem Herrn wie ein
Hund nach, fliegen auch wohl fort und kommen immer wieder.
Ein Kranich dieser Art wollte nicht mit seinen Genossen fort-
ziehen, als die Zeit der Wanderung kam, sondern bei den
Menschen bleiben.   Als einem zahmen Kranichmännchen sein
Weibchen getödtet worden war, trauerte es längere Zeit und
wurde später der Freund eines Ochsen, den es stets auf die
Weide begleitete und zugleich sich zum Aufseher über das übrige
Weidevieh und das Geflügel machte, das er vertheidigte, in
guter Ordnung hielt, fremdes verscheuchte, Streit mit seinem
starken Schnabel schlichtete.   Wurden die Pferde angespannt,
ging der Knecht für Augenblicke weg, so stellte er sich vor sie
hin, und wenn sie unruhig werden wollten, so schrie er sie
mit ausgebreiteten Flügeln laut an.   Nur gegen die Truthühner
und Schweine hatte er Abneigung.   Schalt man ihn manchmal,
so verbarg er den Kopf unter einem Flügel und blieb reuig
stehen.   Er erkannte im Spiegel seine Gestalt und machte
drollige Sprünge vor demselben.   Jedes Jahr besuchte er die
wilden Kraniche, wenn sie angekommen waren, hatte aber oft
Streit mit ihnen und kam zerzaust nach Hause.   Als einst ein
geschossener auf dem Hofe ausgeweidet wurde, theilte er zornige
Schnabelhiebe aus, fürchtete von nun an das Messer und
wollte an dieser Stelle nie mehr sein Futter holen.

Ein Herr Ruß berichtet†) von einem zahmen Kranich, den
er vom Ei an aufgezogen und mehrere Jahre besessen hatte,
welcher, als er heranwuchs, den ganzen Hühnerhof, selbst die
Puter beherrschte, und seinem Herrn so ergeben war, daß er
auf einen Pistolenschuß oder lauten Pfiff vom Ufer des Sees,
wo er oft Schnecken und kleine Fische suchte, sich sogleich hoch
in die Luft erhob und zum Herrn flog.   Er liebte dessen
Schwester ungemein, weil sie ihn oft mit Stubenfliegen, seiner
Leckerei, versorgte, haßte aber die Kinderfrau, weil sie ihn von

---

†) In Westermann's illustr. Monatsheften, Dec. 1863, S. 281.

den Erdbeerbeeten vertrieb, mit unvertilgbarem Grimm, und griff sie überall an, wo er sie allein fand, nie aber, wenn sie ein Kind, auch nur das kleinste, bei sich hatte. Mit allen Thieren des Hofes lebte er in bestem Einvernehmen, die Katzen und einen mürrischen Dachshund ausgenommen; mit Feldmann, dem alten Hühnerhunde, hatte er innige Freundschaft geschlossen. Der Ref. behauptet, außer dem Hunde sei kein Thier zu verständigem Umgang mit dem Menschen so geeignet wie der Kranich; er verstehe den Menschen am besten und könne seine eigenen Gefühle in ausdrucksvollster Weise zu erkennen geben. „Putz" folgte seinem Herrn auf Tritt und Schritt; um ihn zu prüfen, lockte ihn dieser einst mit in die Stube hinein, wo er sonst immer mit Schlägen zurückgewiesen wurde. Er stutzte einen Augenblick, hüpfte aber dann freudig hinein und setzte sich, als er nun hinausgetrieben werden sollte, aufs tapferste zur Wehr, selbst gegen die Mutter des Herrn, was er sonst nie gethan, und ging erst hinaus, als es ihm der Herr befohlen. (Dies ist ein eclatanter Beweis vom Rechtsgefühl dieses merkwürdigen Thieres.) Auf der Jagd war er immer mit Feldmann zusammen und jagte mit ihm den Hasen, halb laufend, halb fliegend, und stieß, wenn das Wild erlegt wurde, ein triumphirendes Krah, Krah! aus. Wenn Herr und Hund auf dem Anstande regungslos standen, so machte er, am See auf- und abspazierend, die Wasservögel sicher, so daß sie sorglos nahten, und wenn der Hund einen geschossenen brachte, gestikulirte er unter großem Geschrei mit Flügeln und Schnabel. Einst stand er in der Schußlinie, wodurch dem Herrn ein seltener Taucher entging, so daß ihm dieser im Aerger einen kleinen Schlag gab; auf das ging der Kranich nie mehr weg, sondern stand stundenlang wie Herr und Hund regungslos im Gebüsch, bis ihm ersterer die Erlaubniß zum Gehen gab. Im dritten Jahre, als er ganz ausgewachsen und ein prächtiges Thier war, übertrug er die Feindschaft von der Kinderfrau auf fremde, besonders geputzte Damen, und zerriß einst einer Besucherin Kleid und Hut, und hätte sie ernstlich beschädigt, wäre nicht der Herr zu Hilfe gekommen. Dieser beschloß hierauf, das ihm so liebe Thier einem 4 Meilen entfernt wohnenden Lieb-

haber zu ſchenken, wohin es in einem dicht verhangenen Korbe
gebracht und bei der Ankunft gut gefüttert wurde. Am näch=
ſten Morgen aber war der Kranich wieder beim alten Herrn,
welcher, ſeinen Entſchluß bereuend, ihn wieder behalten wollte.
Wenige Tage darauf fiel aber der Kranich von einem Schuſſe
getroffen, den der entrüſtete Liebhaber der von ihm beſchädigten
Dame auf ihn abgefeuert hatte.

Keyßler †) erzählt Folgendes aus Tübingen: Im Hofplatz
des Collegiums daſelbſt lebte ſeit vielen Jahren ein zahmer
Storch. In ein Storchenneſt auf einem benachbarten Hauſe
that ein im Collegium ſtudirender Graf v. Gräfenitz einſt einen
Schuß, wodurch wahrſcheinlich der im Neſte ſitzende Storch
verwundet wurde, weil er mehrere Wochen nicht ausflog; dann
zog er mit den übrigen zur gewöhnlichen Zeit fort. Im fol=
genden Frühling kam ein Storch in den Hof des Collegiums
und fiel den zahmen mit Wuth an. Verjagt kam er immer
wieder und beunruhigte den zahmen den ganzen Sommer durch,
wobei das übrige Federvieh dem zahmen beiſtand. Im folgen=
den Jahre kamen vier Störche über den zahmen, im dritten
Frühling über zwanzig, und tödteten ihn, ehe man noch Zeit
hatte, ihm zu helfen. Dies ſetzt einen förmlichen Plan voraus
und ich glaube, daß die Störche in unrichtiger Gedanken=
verbindung jenen Schuß, der einen Kameraden verwundete, in
Verbindung mit dem zahmen Storch als vermeintlichen Ver=
anlaſſer des Schuſſes brachten. Daß die Rache nicht gleich im
erſten Frühling ausgeübt wurde, kann ſeinen Grund darin
haben, daß es dem Verwundeten nur allmälig gelang, den an=
deren ſeine Ueberzeugung beizubringen. Der zahme hatte ſich
ja viele Jahre vor jenem Schuſſe unbehelligt im Collegium
aufgehalten. Scheitlin, der den Storch im Freien und in
der Gefangenſchaft vielfach beobachtet hat, ſchreibt ††), daß manch=
mal die Störche einer ganzen Gegend ſich verſammeln und
nach langem Klappern mit dem Schnabel, was vorzüglich die
älteren Individuen thun und was bei ihnen die Verſtändigung

---

†) In ſ. „Neueſten Reiſe durch Deutſchland, Böhmen ꝛc." 15. Schreiben.
††) l. c. II, 78.

vermittelt, Krieg mit den Störchen einer anderen Gegend
beginnen. Der Kampf wird in hoher Luft mit dem Schnabel
geführt, und sie verwunden sich oft gefährlich. Er spricht vom
sogen. Gericht der Störche, wobei sie einen Kreis bilden und
nach gepflogener Berathung plötzlich auf einen in der Mitte
stehenden, entweder eine Ehebrecherin oder einen Schwächling
oder sonst Mißliebigen losstürzen und ihn durchbohren, eine
außerordentliche, seit Aelian noch nicht aufgeklärte Sache. —
Geräth ein Haus, auf dem sie nisten, in Brand, so tragen sie
die noch nicht flüggen Jungen auf dem Rücken fort, in See-
städten gehen sie frei und ungenirt unter den Menschen herum,
Nahrung suchend. In der Gefangenschaft brauchen sie den
Schnabel nie gegen den Herrn, zeigen vor Katzen, selbst vor
ausgestopften, ungemeine Furcht, spielen wie Kinder mit Kindern, sie verfolgend und sich verfolgen lassend, neckend, zupfend,
ungeachtet ihres sonstigen feierlichen Ernstes.

Die Reiher erweisen sich nach Beobachtungen im zoologischen
Garten zu Hamburg, im Gegensatz zu anderen Stelzenvögeln
als äußerst listige und mordgierige Vögel; ein Purpurreiher
fängt oft Sperlinge, die er durch unbewegliche Haltung sicher
macht, bis unversehens und blitzschnell der scharfe lange Schnabel
auf einen herniederzuckt, der dann im Augenblick verschlungen
ist; ein Fischreiher, der mit seinen, obschon gestutzten Flügeln
noch ganz leidlich fliegen kann, hielt sich den Tag über ruhig
im Garten und that ganz harmlos, Nachts aber flog er an
den Goldfischteich eines benachbarten Parkes und räumte unter
den Goldfischen fürchterlich auf, wobei er sich so scheu zeigte,
daß ihn der erbitterte Besitzer nie zum Schuß bekommen konnte,
während er im zoologischen Garten furchtlos vor den Beschauern
sitzen blieb, was auf ein Bewußtsein seines freventlichen Trei-
bens auf fremdem Gute schließen läßt †).

Die Riesenvögel oder Straußartigen nähern sich
zwar in einigen oberflächlichen Zügen der Organisation den
Säugethieren, büßen aber darüber manche wesentliche Charaktere des Vogels, unter Anderem die Flugfähigkeit, ein, indem

---

†) Brehm u. Zimmermann, l. c. S. 146.

sie keine oder wenigstens keine steifschaftigen Schwungfedern
besitzen, auch ihre Brustmuskeln sehr schwach, die Schenkel-
muskeln hingegen ungemein entwickelt sind, was sie zum raschen
Laufen und Springen befähigt. Sie waren in früheren Erdperioden durch zahlreichere, zum Theil noch kolossalere Sippen
repräsentirt als in der Gegenwart. Die jetzigen straußartigen
Vögel gehören sämmtlich der südlichen Halbkugel an; aber zur
frühesten Tertiärzeit lebte in Europa Gastrornis Parisiensis
Hébert, dessen Knochen man im Pariserbecken fand, ein Riesenvogel, der wahrscheinlich auf dem Wasser schwamm und auf
dem Lande auf einem Beine schlief wie ein Storch. Die bekannten Fußspuren im rothen Sandstein von Massachusetts, der
wahrscheinlich in die Zeit der Trias gehört, schreibt man straußartigen Vögeln von fast 20′ Höhe zu. Der afrikanische Strauß
scheint sich erst nach seiner Entstehung nördlich vom Aequator
ausgebreitet zu haben. Die Riesenvögel waren in früheren
Zeiten zahlreicher als jetzt; Marco Polo's Vogel Ruc, Aepyornis maximus, lebt vielleicht jetzt noch auf Madagaskar, wie
Hofstetter glaubt; man hat von ihm in Paris ein Ei von
2³/₄ Fuß Umfang und 10½ Litre Inhalt. Bei Flacourt[†)]
ist die Rede von einem Riesenvogel Vouron-patra, vielleicht
identisch mit Aepyornis. Die verschiedenen Arten von Apteryx,
nächtliche Vögel, welche sehr rasch laufen und springen, verschwinden mit dem Vordringen der Europäer auf Neuseeland
sehr rasch. Die zahlreichen Arten der Moa's: Dinornis, Pa-
lapteryx, Aptornis, von welchen Dinornis giganteus 14 Fuß
hoch wurde, der niedrigere D. elephantopus die dicksten Knochen
hatte und unter allen Vögeln am meisten den Pachydermen
unter den Säugethieren glich, wurden von den Eingeborenen
erst in den letzten Jahrhunderten ausgerottet und hatten nach
ihren Traditionen ein glänzendes Gefieder. Der bekannte
Dodo auf Ile de France und benachbarten Inseln wurde im
17. Jahrhundert ausgerottet und man hat ungeachtet einiger
nach Europa gebrachten Ueberbleibsel nicht über seine systema-
tische Stellung ganz in das Klare kommen können, denn wäh-

†) Histoire de la grande île Madagascar, 1661.

renb ihn die Einen zu den strauß- oder hühnerartigen Vögeln
bringen, rechnet ihn nach Bonaparte's Vorgang Allis zu
den Taubenartigen, weil er wie diese 11 Platten in der, Skle-
rotica genannten Haut des Auges hatte.

Der Dodo war ein ziemlich dummer Vogel von schmack-
haftem Fleische und mußte, weil er nicht fliegen konnte, auf
dem beschränkten Areal einiger Inseln bald den Nachstellungen
unterliegen. Die straußartigen Vögel zeigen keinen besonderen
Grad von Intelligenz und Zähmbarkeit, obwohl es ihnen im
wilden Zustande nicht an Mitteln fehlt, ihren Unterhalt zu
finden und ihren Verfolgern zu entgehen. Die Stimme des
afrikanischen Straußes hat nach Andersson die größte Aehnlichkeit mit dem Brüllen des Löwen; seine Stärke ist ganz unglaublich, so daß er mit einem Fußstoß einen Hund oder Panther tödtet, seine Schnelligkeit größer, als die eines schnellen
Pferdes (doch nicht so anhaltend); er läuft vielleicht manchmal
in $1/2$ Minute eine englische Meile, wobei seine Schritte 12
bis 14' lang sind. Sein Gewicht erreicht 300 Pfund und
darüber. In der Gefangenschaft ist er dumm, manchmal boshaft, in seiner Heimath, der Wüste, hingegen lebhaft, vorsichtig,
schwer zu beschleichen. Man sieht ihn nie in der Gesellschaft
von Vögeln, wohl aber von Zebra's, Gnu's, Springböcken zc.
Gleich dem Kameel hat er an Brust und Bauch harte Schwielen zum Aufstützen in der Ruhe. Wie manche Rothhäute, um
Hirsche zu jagen, die Gestalt eines Hirsches nachahmen, so die
Buschmänner den Strauß, indem sie mittelst eines Gerüstes,
welches einen Straußenleib darstellt, und eines ausgestopften
Straußenhalses und Kopfes diesen Vogel nachahmen und so
sich in die Nähe weidender Strauße gesellen, welche sie dann
mit ihren vergifteten Pfeilen tödten.

Bei den Raubvögeln ist die Organisation auf Verfolgung, Angriff und Ueberwältigung eingerichtet, womit sich die
gefälligen und liebenswürdigen Eigenschaften, auch Gesang,
künstlicher Nestbau, blühende Farben des Gefieders u. s. w.
wenig vertragen. Der Schnabel ist mächtig, mit scharfer Haken-
spitze des Oberkiefers, die Krallen sind stark, mehr oder weniger
krumm, bei den typischen Raubvögeln, den Adlern und Falken,

sehr scharf, das Auge ist vortrefflich; die Schwungfedern sind
lang, der Flug ist hoch und schnell. Bei diesen Vögeln, mit
Ausnahme der Geier, die meist gesellig sind, lebt jedes Individuum einsam in seinem Jagdrevier, und nur über die Fortpflanzungszeit halten sich Männchen und Weibchen zusammen.
Das Nest ist kunstlos, die Eier sind wenig zahlreich und die
Eltern begnügen sich, den Jungen Nahrung zuzutragen, ohne
sie zu ätzen, d. h. ihnen dieselbe bissenweise in den Schnabel
zu stecken, wie es die Singvögel und andere thun. Die Farben des Gefieders sind trüb und scheckig, die Sitten sind wild
und scheu, so daß Zähmung nur unvollkommen, Abrichtung nur
für den Raub gelingt und Beispiele besonderer Intelligenz oder
Anhänglichkeit in dieser Ordnung nicht bekannt sind.

In den Nachtraubvögeln kommt etwas Katzenartiges und
zugleich Papageienartiges zum Vorschein; sie lieben Grimassen-
schneiden und sonderbare Bewegungen, wenigstens in der Gefangenschaft. Die Eulen werden von fast allen Vögeln (von
Adlern wie Zaunkönigen) gehaßt und am Tage beleidigt oder
angegriffen, weil ihr Instinkt ihnen sagt, wie gefährlich die
Eulen bei Nacht für sie sind. In den Geiern, einer Familie
der Raubvögel, welche mit wenigen Ausnahmen den heißen
und warmen Ländern angehört und von denen keine einzige
Art in den kalten Zonen vorkömmt, tritt neben einer gewissen
Annäherung an hühnerartige Vögel, z. B. Puter, öfters etwas
Niedriges, Gemeines hervor, was mit ihrer Lebensweise und
Nahrung, die meistens aus Aas besteht, zusammenstimmt, jedoch
in einigen der höchsten Formen, namentlich dem Condor, nicht
mehr wahrzunehmen ist. Der Condor der Anden, Sarcorham-
phus Gryphus, raubt bald auf den Gebirgen die neugeborenen
Kälber und überfällt und tödtet gemeinschaftlich verirrte jüngere
Rinder, bald steigt er in die Tiefen herunter, besonders nach
Stürmen, um an der Meeresküste die ausgeworfenen Thier-
leichen zu verzehren. Der Condor der Felsgebirge in Nord-
westamerika, S. californianus Taylor, ist dem Condor der
Anden nahe verwandt. Der Kopf ist bis zum Schnabelansatz
von schön citrongelb gefärbter, faltiger Haut bedeckt. Die
Flügelbreite wird von 8—13' angegeben; das Weibchen ist

kleiner als das Männchen. Flugkraft und Muskelstärke in Beinen, Kopf, Hals sind außerordentlich, der Sehkreis wohl eben so weit als beim Anden-Condor, der, wie behauptet wird, weiter sehen kann als irgend ein anderes lebendes Wesen†). — Früher wurde behauptet, daß die kleineren südamerikanischen Geier aus Respekt vor dem sogenannten Geierkönig, Sarcorhamphus papa, zurückbleiben, bis dieser sich gesättigt, was jedoch nach Prinz v. Neuwied eine Fabel ist, indem sie oft gleichzeitig an demselben Cadaver zehren.

In der Mitte zwischen Geiern und Adlern steht der Lämmeroder Bartgeier; es ist zweifelhaft, ob die Bartgeier der Schweiz, Corsika's, Spaniens, Griechenlands, Asiens ꝛc. wirklich verschiedene Arten oder nur klimatische Varietäten seien*). Nach Brehm frißt der Geieradler Aas und Knochen von Säugethieren, und wenn er weder das eine noch andere findet, raubt und tödtet er lebende Thiere; der Hunger macht ihn zu einem kühnen und furchtbaren Räuber. Er verschluckt und verdaut durch seinen stark auflösenden Magensaft die größten Knochen, und seine Gefräßigkeit ist außerordentlich. Er führte nach Tschudi††) schon öfter Kinder in die Luft, selbst Füchse, unterlag aber im letzteren Falle, da ihm diese Kehle oder Leib aufbissen. Er sprengt, mit rauschendem Flügelschlag herabfahrend und die Thiere aufs äußerste erschreckend, wohl Schafe, Ziegen, junge Rinder über die Felsen in Abgründe hinab, wo sie sich zerschmettern und er dann nach Belieben von ihnen zehren kann. (Schrecken zu erregen und dadurch das Wider-

---

†) Cabanis, Journ. f. Ornithologie, Januar 1857.

*) Nach Dr. Lindermayer in Athen findet sich der von den Hirten sehr gefürchtete Bartgeier auf allen Gebirgen des Peloponneses und Nordgriechenlands so wie auf Euböa; er brütet schon im Januar. „Die Vögel Griechenlands" im 3. Jahresber. d. naturhist. Vereins in Passau. Passau 1860. Den in Sardinien und den Pyrenäen hat man Gypaëtos occidentalis genannt, den in Sibirien G. altaicus; in Aegypten kommt ein fast ungefärbter Bartgeier vor. Die rothe Farbe der Lämmergeier soll nach Meves von ansitzendem Eisenoxyd kommen, vielleicht durch Baden in eisenhaltigen Quellen.

††) Thierleben der Alpenwelt, 324 ff.

stands- oder Fluchtvermögen zu lähmen, ist ein Verfahren meh-
rerer Raubthiere, wie denn auch der Bär mit Gebrüll auf die
Beute einstürzt.) — Die Raubvögel κατ' ἐξοχήν, die eigentlich
typischen Formen sind die Falken, deren größte Formen als
Adler unterschieden werden. Einer dieser Falken, der Jagd-
falke (Falco candicans, islandicus u. groenlandicus Brehm's
ist nach Hollboell derselbe Vogel) wurde bekanntlich und wird
z. B. noch in Schottland und Persien zum Stoßen auf andere
Vögel, namentlich Reiher, dressirt. Der Stein- oder Goldadler,
den man bisweilen über den Gipfeln des Wetterhorns und
Eigers schweben sieht, galt schon früh als ein Sinnbild der
erhabenen Stärke und Kühnheit; zum Heereszeichen für die
römischen Legionen weihte den Adler, den Vogel Jupiters,
Cajus Marius in seinem zweiten Consulate, wie Plinius berichtet, und der erste Napoleon hat dieses für die französischen
Regimenter nachgemacht. Fremde Erdtheile haben noch viel
gewaltigere Adler als Europa; so Südamerika den Harpye-
adler, von dem Cuvier sagt, daß er einem Menschen mit
einem Schnabelhiebe den Kopf zu spalten vermöge, und Central-
asien den bärtigen schwarzen Adler, Aquila nobilis, von dem
Atkinson berichtet, daß er Wölfe angreift und tödtet, und
daß die Kirgisen ihn zur Jagd abrichten.

Die Papageien, zur Ordnung der Paarzeher gehörend,
bei welchen zwei Zehen nach vorne und zwei nach hinten gerichtet sind, kommen in einigen hundert Arten von der Größe
eines Sperlings bis fast zu der eines Adlers vor, und das
Gefieder der Mehrzahl zeigt lebhafte Elementarfarben, namentlich grün, gelb, orange, scharlach- und purpurroth; schwarze
Papageien gibt es nur in Australien, den Papua-Ländern und
auf Madagaskar. Manche sind mit Federhauben geziert, andere mit langen Schwanzfedern. Sie leben gesellig und sind
im Ganzen ein lärmendes, kreischendes, auf Bäumen sein Wesen
treibendes Volk. Ihre fleischige Zunge macht sie geschickt,
menschliche Worte nachzusprechen, was am besten dem grauen
Papagei Afrika's gelingt, der schon ein Liebling der Damen
des alten Roms war. Es kommen in dieser großen Vögel-
gruppe manche ungewöhnliche Formen und Lebensweisen vor;

am meisten weicht von dem herrschenden Typus wohl der Erd-
papagei Neuhollands ab, der, statt an den Bäumen auf und
ab zu klettern, wie ein Hühnervogel auf der Erde läuft, und
der gelbgrüne Kakapo oder Nachtpapagei Neuseelands, Strigops
habroptilus, welcher unter Baumwurzeln oder in Felsenlöchern
lebt und nur Nachts hervorkommt, ein Mittelglied zwischen
Eulen und Papageien, mit Eulengesicht. Auch der patagonische
Papagei klettert nicht; er wird in Chile gezähmt gehalten und
läuft wie Hausgeflügel umher, den langen keilförmigen Schwanz
horizontal haltend. Der Missouri-Papagei hängt sich, um zu
schlafen, mit dem Schnabel an einem Gegenstand auf. Der
nur wie eine Lerche große Inseparable (P. pullarius) aus
Afrika ist wegen seiner Zärtlichkeit so genannt worden, die so
weit geht, daß, wenn einer von den beiden Gatten stirbt, der
andere den Verlust nicht lange überlebt. Die Nestor, große
Papageien Neuseelands mit den Sitten der Raubvögel, haben
einen adlerartig weit übergreifenden Oberschnabel. Haast
schreibt über sie an Hochstetter†): „Unter den Vögeln spielen in den neuseeländischen Alpen Papageien, die großen Nestor-
arten, Nestor notabilis und Esslingii, die Rolle des Adlers
der europäischen Alpen oder des Condors der Anden. Sie
fliegen außerordentlich hoch und ruhen adlerartig auf ihren
Schwingen, sie umkreisen den einsamen Wanderer und lassen
dann und wann einen melancholischen Ruf hören, welcher aus
fünf chromatischen Tönen besteht. Selbst der sonst so muthige
Falke, F. brunneus, flieht vor dem Nestor, dem König der
südlichen Alpen."

Die Papageien können ungemein zärtlich und liebenswürdig
thun, sind aber nicht ohne Falschheit, vielerlei Launen unter-
worfen, eigensinnig und mit mancherlei Idiosynkrasieen behaftet,
in Folge welcher sie ohne besonderen Grund manche Menschen
nicht leiden können, andere ungemein lieben. Das hohe Alter,
welches sie erreichen (gegen hundert Jahre, was auch von
Adlern, Raben, Pelecanen und Gänsen behauptet wird), setzt
sie in Stand, mancherlei Erfahrungen zu machen, ohne daß

---

†) S. dessen „Neuseeland", S. 351.

aber ihr Verstand viel weiter entwickelt würde.    Pater Labat
berichtet von einem Ara, der seinem Herrn so zugethan war,
daß er ihn, einem Hunde gleich, mit Beißen aufs äußerste vertheidigte.    „Ich weiß", schreibt Zimmermann†), „ein zu-
verlässiges Beispiel, daß ein Papagei, der im Wohnzimmer
einer Familie hing und dort mehrere zu dieser Gehörende oft
gegen Abend zusammen sah, einst, als es schon völlig finster
war, eine außer dem Hause verheirathete Tochter einige Minuten
lang unterhielt.    Sie trat ins Zimmer und da sie ihre Mutter
da anzutreffen glaubte, so redete sie diese an.    Der Papagei,
der ihre Stimme genau kannte, grüßte wieder und fragte, wie
sie sich befände, that auch nachher noch zwei andere Fragen,
die völlig zusammenhängend waren, bis die mit dem Lichte
kommende Mutter der Täuschung ein Ende machte."    Um diesen Fall zu erklären, muß man annehmen, daß der Diskurs
von Tochter und Mutter wenigstens im Anfang immer sehr
stereotyp war.    Ein an der gleichen Stelle erwähnter Papagei,
der jeden Morgen eine vorbeigehende Frau Salz! rufen hörte,
durfte kaum die Frau erblicken, so sprach er, noch ehe sie rief,
das Wort Salz aus; Laut und Gesichtswahrnehmung verbanden
sich bald bei diesem Vogel.

Die das heiße Asien und Afrika bewohnenden Nashorn-
vögel, Buceros, sind nach Brehm phantastische Geschöpfe mit
ernst-komischen Bewegungen und Manieren, strecken im Fluge
den Hals lang aus und stürzen sich nach einigen Flügelschlägen
in einem Bogen tief nach unten, erheben sich aber rasch wieder
zur vorigen Höhe.    Ihr Flug ist der der Spechte, ihr Gang
der der Raben, ihr Betragen ein Gemisch aus dem der Hühner, Krähen und anderer Vögel.    Sie fressen Früchte und
Sämereien und sind höchst gutmüthig.    Der große schwarze
Buceros lunatus Temm. auf Java erregt trotz seines ungemein
hohen Fluges ein Fauchen, das man im Innersten der Häuser
vernimmt, und sein knarrendes Geschrei wird Stunden weit
gehört††).    Im heißen Amerika lebt die Sippe der Tucans,

---

†) In Smellie's Philos. d. Naturgesch. II, 219.
††) Junghuhn, Java II, 338.

Ramphastos, deren Gefieder sehr kontrastirende, scharf abge-
schnittene Farben hat, und welche gleich den Nashornvögeln
einen ungeheuren Schnabel besitzen, jedoch ohne den hornartigen
Aufsatz dieser. Diese gewaltigen Schnäbel hielt der verstorbene
G. R. Lichtenstein, wie er mittheilte, für pneumatische Apparate. Die Tucans stecken im Schlafe ihren Schnabel unter
einen Flügel. Von den durch die eigenthümliche Bewegung
ihrer Borstenzunge, mit welcher sie die Insekten unter den
Rinden und in den Löchern fassen, die ihr starker Schnabel
gemeißelt hat, merkwürdigen Spechten möge nur der Errero
(Schmied), eine der größten Arten mit buntem Gefieder von
Costa rica, erwähnt werden, der durch sein Schnabelhämmern
sehr täuschend den Schlag des Hammers auf den Ambos nachahmt, und von den Eisvögeln der neuholländische Rieseneisvogel,
Dacelo gigantea, welcher ein gewaltiger Vogel- und Mäuse-
tödter ist, während unser Eisvogel Fische verzehrt und von
ihren Gräten sein Nest macht. Jener zerpflückt die getödteten
Thiere, um sie geschmeidig zum Verschlucken zu machen, und
wirft die unverdaulichen Ueberreste wie ein Raubvogel als
Gewölle wieder aus.

Die zahlreiche Ordnung der Singvögel, Oscines, umfaßt mit wenigen Ausnahmen nur kleine Vögel, welche künstliche Nester bauen und ihre Jungen lange in denselben ätzen.
Die meisten fliegen gut und bewegen sich auf den Füßen meistens hüpfend. Ist überhaupt bei den Vögeln im Verhältniß
zu ihrer Körpergröße die Stimme, mit der der Säugethiere
verglichen, sehr entwickelt, so gilt dieses in besonderem Grade
bei den Singvögeln, wo sie zugleich zum Gesang sich ausbildet.
Diese Stimme umfaßt zwar nur wenige Töne, vier, höchstens
sechs, aber innerhalb derselben bringen sie viel mehr Abstufungen hervor, als wir mit unseren musikalischen Instrumenten,
so daß doch eine große Mannigfaltigkeit des Gesanges möglich
wird. Dieser ist, wie bekannt, fast nur auf die Oscines beschränkt, indem die anderen Vögel nur unmelodische Töne von
sich geben†), doch singt auch eine Falkenart, dann sehr ange-

---

† ) Athan. Kircher hat in s. Musurgia die verschiedenen Töne der
Haushühner durch Noten ausgedrückt.

nehm ein Papagei, Psittacus undulatus, und der schwarze Schwan in Neuholland soll Töne wie eine Aeolsharfe von sich geben. Fischer†) behauptet, daß es einzelne Individuen von Vögeln gebe, die schlecht und liederlich singen, und durch ihr Beispiel auch andere dazu verleiten, wie namentlich von einer Amsel im Stuttgarterthal angeführt wird, die falsch und schlecht, aber unaufhörlich sang, und der sich bald gleich schlecht singende beigesellten. Er führt auch Beispiele an, daß dieselben Vogel= arten in verschiedenen Gegenden verschieden singen. — Der Rabe um Neu=Archangel (Corvus Cacalotl Wagler?) steht unserem Kolkraben sehr nahe, hat aber einen förmlichen sonder= bar lautenden Gesang, und bringt dabei auch Töne hervor, die mit den eigenthümlichen Kehltönen der Koloschen und Aleuten viel Aehnlichkeit haben. In Grönland hat der Rabe nach O'Reilly eine Stimme wie ein bellender Hund. Es soll ein Vogel sein, der auf Ceylon die sogenannte Teufelsstimme hervorbringt; sein lauter, widerlicher Schrei soll den Gedanken großen Jam= mers erregen und Unheil verkünden. Bei einem Nashornvogel, Buceros hydrocorax L., auf Manilla bildet sich im hohlen Schnabelaufsatz beim Schreien ein paukenartiger Ton. Der zu den Schreivögeln gehörende Leiervogel in Neuholland macht alle möglichen Naturlaute nach, auch das Knarren der Räder, das Wiehern der Pferde und Bellen der Hunde. Er verhält sich hierin also wie die eigentlichen „Spottvögel", welche aber sämmtlich Oscines sind. So ahmt unser Weidenzeisig, Ripae= cola salicaria, manchmal den Gesang des Zaunkönigs, der Lerche, Schwalbe, den Wachtelschlag, das Zirpen des Sperlings und Buchfinken in schneller Aufeinanderfolge nach. In Ame= rika sind solche Spottvögel besonders Pipra polyglotta Wils., Garrulus cristatus Briss. und der eigentliche amerikanische Spottvogel, Turdus polyglottus, der schon die Aufmerksamkeit von Fernandez auf sich zog, und den die Mexikaner den vier= hundertzüngigen Vogel nannten, welcher die verschiedensten Stimmen und Geräusche nachahmt. Sein verständiges, leb= haftes und aufmerksames Wesen und die grenzenlose Mannig=

---

†) Aus d. Leben d. Vögel, Leipzig 1863.

faltigkeit seines eigenen Gesanges schildert nach Pennant, Sloane, Catesby auch Wilson†). Mit seiner eigenen Melodie beginnend, schließt er die Melodieen vieler anderen Vögel an, dieselben auf liebliche Weise verschönernd, wobei er sich, wie von sich selbst bezaubert, mit ausgebreiteten Flügeln erhebt, sich mit diesen herumdreht, auf den Kopf niederstürzt, Alles mit den sonderbarsten Bewegungen. Einer, den man im Käfig hielt, ahmte das Knarren des Wetterhahnes, das Krähen der Elster, das Miauen der Katze nach. Welche Begabung, welches Gedächtniß, Tonsinn und treue Auffassung erfordern Leistungen solcher Art! Der gelbe Troupial, Cassicus icteronotus, in der brasilischen Provinz Para, der in Gesellschaft sein von den Zweigen herabhängendes beutelähnliches Nest baut, so daß ein Baum von solchen Nestern oft ganz bedeckt ist, ahmt auch.den Gesang anderer Vögel sehr geschickt nach. Ein südamerikanischer Ziegenmelker ruft Whip poor will! ein anderer who are you? (Wer sind Sie?)

Gute Singvögel Nordamerika's sind außer der Spottdrossel nach Wilson besonders Fringilla meloda, Turdus melodus, rufus, migratorius, Oriolus Baltimorus, Loxia Cardinalis. Tryothorus modulator, „der Organist", ist nach d'Orbigny einer der besten Singvögel der Cordilleren. Er sagt von seinem Gesang: „Les gammes chromatiques les plus douces, la modulation des sons les plus purs et les plus étendus s'y succèdent rapidement." Der „Cilgero" kommt auf der Ostseite der Anden in Costa Rica vor und ist nach M. Wag-. ner der melodieenreichste aller Waldsänger, welcher Sprosser und Nachtigall, den arabischen Bulbul und die Spottdrossel weit übertrifft. Seine Töne gleichen den sanftesten der Lyra und Flöte. W. bekam ihn, der immer in den dichtesten Baumwipfeln sitzt, nie zu Gesicht. Ein anderer, doch weniger melodiereicher Vogel, Calandria, antwortet beständig dem Cilgero, und scheint sein unzertrennlicher Gefährte zu sein. Auch in den Anden Guatemala's findet sich der Cilgero, dort Zilgero genannt. Der Cilgero scheint dem Organist von Peru,

Troglodytes leucophrys nach Tschudi verwandt. Der Orga=
nist von Guyana und Brasilien soll Cyphorhinus carinatus
sein. In den Wäldern bei Santa Cruz in Brasilien trafen
Spix und Martius einen vielleicht zu den Drosseln gehö=
renden Vogel, der die Tonleiter von h¹ bis a² ganz regel=
mäßig durchsingt, so daß kein einziger Ton darin fehlt.

„Ein guter Sänger", sagt Brehm†), „ist in ganz Nord=
afrika eine sehr willkommene Erscheinung. Die Vögel des
Waldes verstehen es wohl, zu lärmen und zu schreien, sind
aber der edeln Singkunst größtentheils unkundig, und zumal
in Nubien und im Sudahn gibt es nur sehr wenige, welche
einigermaßen gut singen. Deßhalb wird der Droßling,
Picnonotus Arsinoe, bald zum Liebling aller Reisenden." —
Acrobates galactodes nennt Brehm Aegyptens Nachtigall.
Nach Anderen wäre in Nordostafrika Ixos Levaillantii der
beste Sänger. Auch in Westafrika sind gute Singvögel selten;
als die besten führt Hartlaub Hypergerus atriceps und
Melocichla mentalis an. In den hohen Bergwäldern Java's
singt eine Art Fliegenschnäpper, Muscicapa cantatrix Reinw.
sehr schön; der Hauptsänger auf Neuseeland ist der Kokorinoko,
Anthornis melanura, dann der Tui, Prosthemadera Novae
Zeelandiae; die dortige Lerche, Alauda Novae Zeelandiae,
scheint ganz stumm zu sein. Der wilde Kanarienvogel heißt
auf den Kanarischen Inseln Capirota und hat den schönsten
Schlag; er ist nicht grau, wie man früher glaubte, sondern
grün, und wurde bereits im sechszehnten Jahrhundert nach
Europa gebracht.

## Die Säugethiere,

welche die höchste Klasse des Thierreiches bilden, sind warm=
blütige Wirbelthiere, welche lebende Junge gebären, diese an
Brüsten säugen und durch Lungen athmen. Ihre Rumpfhöhle
ist stets durch ein Zwerchfell in Brust= und Bauchhöhle ge=
schieden, ihr Gesicht und ihre Kiefer sind von Muskeln bekleidet

---

†) Reise nach Habesch, S. 304.

und letztere fast immer mit eingeteilten Zähnen bewaffnet, ihr
Oberkiefer ist mit dem Kopfe verwachsen und nur der Unter=
kiefer in einer Grube des Schläfenbeines beweglich.  Das Ge=
hirn ist im Verhältniß zum Körper größer als in den vorigen
Klassen, namentlich durch bedeutende Entwickelung der Halb=
kugeln des großen Gehirns, und hat das vollständige Ueber=
gewicht über Rückenmark und Nerven erlangt; es zeigt in den
meisten Ordnungen gewundene Furchen, während die Gehirne
der unteren Klassen glatt sind.  Die sämmtlichen Sinnesorgane,
namentlich auch das Geschmackswerkzeug, sind in keiner andern
Klasse so vollkommen gebildet.  Die Form des Skeletes und
die hauptsächlich durch dieses bedingte allgemeine Körpergestalt
ändern bedeutend, und so sind auch die Enden der Gliedmaßen
sehr verschieden gebildet, je nachdem sie zum Gehen, Ergreifen,
Klettern, Schwimmen, Fliegen bestimmt sind.  Bei gewissen
Säugethieren kommen Hände vor, die sich dadurch von Füßen
unterscheiden, daß der Daumen den übrigen Fingern entgegen=
gesetzt werden kann.  Mit Ausnahme der Walthiere, welchen
die Hinterglieder gänzlich fehlen, besitzen alle Säugethiere vier
Glieder.  Selten ist ihre Haut ganz nackt, manchmal mit
Schuppen oder Schildern bedeckt, am häufigsten von einem Pelz
aus Haaren bekleidet, als deren Modifikationen manchmal
Wolle, Borsten, Stacheln auftreten.  Die Farben des Pelzes
sind fast nie lebhaft, sondern meistens trüb, sogenannte Erd=
farben, dem Charakter der Klasse gemäß, denn die Säugethiere
sind vorzugsweise die Erdthiere, die Vögel die Luftthiere, die
Fische die Wasserthiere, und die Reptilien und Amphibien
schwanken zwischen Erde und Wasser.  Diese für den Menschen
wichtigste und nützlichste Klasse, welche ihm die ersten Stufen
der Kultur ersteigen half und auch auf den obersten unentbehr=
lich ist, trat sparsam und nur in den niederen Formen der
Beutelthiere bereits in der Juraperiode auf, scheint aber dann
wieder ausgegangen zu sein, so daß es die ganze Kreideperiode
hindurch keine Säugethiere gab, bis sie auf einmal in den älte=
ren Tertiärschichten in Masse zum Vorschein kamen.  Nach
den vielfachsten Veränderungen, Aussterben zahlreicher älterer
und Entstehen neuerer Formen hat diese Klasse im Laufe der

Tertiärzeit, der diluvialen und alluvialen Periode endlich ihre gegenwärtige Beschaffenheit erhalten. Auch in psychologischer Hinsicht stehen die Säugethiere am höchsten; in keiner anderen Thierklasse finden sich so viele zähmbare und gelehrige Thiere, und einige haben sich als unzertrennliche Begleiter seit sehr früher Zeit an den Menschen angeschlossen.

Ich unterscheide bei den Säugethieren unvollkommnere und vollkommnere. Den ersteren fehlt im Gehirn, welches glatt ist oder nur wenige und flache Windungen hat, der sogen. Schwielenkörper, ihr kleines Gehirn ist wegen Kürze des Großhirns meist unbedeckt, und den trächtigen Weibchen fehlt der Mutterkuchen, eine Gefäßverschlingung zwischen Mutter und Frucht, in welcher das Blut beider durch die dicht aneinanderliegenden Gefäße eine Wechselwirkung und einen Austausch von Stoffen eingeht. Alle haben am Becken zwei eigenthümliche Knochen, Beutelknochen, und die Mehrzahl hat eine Beuteltasche, Marsupium, welche die Zitzen umgibt und durch jene zwei Knochen gestützt wird. Es gehören hieher lauter Thiere Neuhollands, der indischen Inseln und des wärmeren Amerika's, von denen in der gegenwärtigen Erdperiode in Afrika und Europa nichts vorhanden ist. Bei den einen haben Darm und Geschlechtsorgane eine gemeinschaftliche Mündung, etwa wie bei den Vögeln und Reptilien, welchen sie sich auch bei aller Unähnlichkeit der Gestalt noch in einigen anderen Zügen der Organisation nähern. So verhalten sich der Ameisenigel und das Schnabelthier Neuhollands, zahnlose Geschöpfe, von welchen das erstere, welches borstig wie ein Igel ist, in Wäldern von Ameisen lebt, die es mit seiner langen Zunge aufleckt, das andere, ein mehr nächtliches Wesen, an Gewässern Gänge und Höhlen gräbt, sehr gut taucht und schwimmt und sich von Wasserschnecken und Insekten nährt, die es mit seinem Schnabel ergreift, welcher dem der Löffelente ähnlich ist. Bei den anderen, Beutelthiere genannt, gelangen die Jungen, weil der Fruchthälter zu wenig Räumlichkeit für ihre Entwickelung bietet, in einem ganz unreifen Zustande, wo sie noch ein Pflanzenleben führen, an die von jenem Marsupium umhüllten und geschützten, langen und dünnen Zitzen, welche in ihren Schlund hinabreichen und an denen sie wie eine Frucht am Stiele hängen und hier ihre weitere Ausbildung erlangen. Oft noch, wenn sie schon von den Zitzen frei geworden sind und zu laufen vermögen, kehren sie bei Gefahr in die Stätte ihrer Entwickelung zurück, und die Mutter entflieht mit ihnen, während sie in anderen Gattungen auf den Rücken der Mutter springen und ihre Schweife um den der Mutter schlingen. — Die Klasse der Säugethiere scheint mit Beutelthieren begonnen zu haben, so daß die ersten auf der Erde in der Jura-Periode erschienenen Säugethiere Marsupialien waren, welche daher auch in dem hinsichtlich seiner Entwickelung am weitesten zurückgebliebenen Erdtheile, Australien, die vorherrschende Ordnung der Säugethiere bilden, wobei die höheren Ordnungen: Wiederkäuer, Dickhäuter, Raubthiere, Affen, ganz oder fast ganz fehlen. Die Marsupialien bilden einen Theil der vollkommneren Säugethiere vor, namentlich Nager und Raubthiere, weßhalb man bei ihnen von Beutelratten, Beutelmardern, Beutelhunden, Beuteldachsen, Beutelbären, Beutelmäusen ꝛc. spricht. Diesen Bestimmungen entspricht auch ihre Nahrung und Lebensweise, wie denn die einen vorzugsweise Blätter, Samen, Früchte, die anderen Insekten, die letzten größere Thiere verzehren; diese wie Mäuse in Höhlen und Gebüschen leben, oder wie Eichhörnchen auf Bäume klettern, einige auch eine Flughaut besitzen (Petaurus, Belideus Ariel), wie es fliegende Eichhörnchen gibt, andere Höhlen und Gänge graben, wie Dachse, die Känguruhs, auf den starken Schwanz sich stützend, mit den gewaltigen Hinterbeinen springend sich bewegen, wie gewisse Nager. Die Intelligenz all dieser Thiere steht auf einer tiefen Stufe; die Beutelmäuse, Phascogale, besitzen den Kunsttrieb, Nester in Baumlöchern zu machen. Man hat in Neuholland das große Känguruh halb gezähmt; es ist egoistisch und zeigt nie besondere Anhänglichkeit*).

---

*) Nach Bruhn (Mittheilungen über d. australischen Kolonieen) wäre der einzige eßbare Theil der Känguruhs der große Schweif, welcher eine gute Suppe gibt; das Fleisch sei nicht eßbar; das Fell gebe schönes, dauerhaftes Leder.

Alle vollkommneren Säugethiere besitzen einen Schwielenkörper im Gehirn und ihr Cerebellum ist von den Halbkugeln des großen Gehirns wenigstens theilweise bedeckt. Bei den trächtigen Weibchen bilden sich immer Fruchtkuchen aus. Es gibt unter ihnen solche, welche die Typen der unter den Säugethieren stehenden Klassen in ihrer Art nachbilden, und andere, welche den Typus der Klasse am reinsten, ohne Abwandlung oder Hinneigung zu anderen darstellen. Die Walthiere ahmen, so weit dieses innerhalb des Begriffes eines Säugethieres möglich ist, die Fische nach, haben einen fischartigen Leib, flossenähnliche Glieder, große Schwanzflosse. Sie theilen sich in solche, welche einen eigenthümlichen Blasapparat haben, vermittelst welchem sie die in den Lungen warm geworbene Luft mit Wasserdunst in Form von weit sichtbaren Rauchsäulen (nicht von Fontänen, wie man früher glaubte) aus den Nasenlöchern mit lautem Getöse ausstoßen können, so die Delphine, Pott- und Walfische, und in andere, denen ein solcher Blasapparat fehlt, wie die Seekühe und Dugongs, welche sich von Wasserpflanzen nähren und durch ihren zusammengesetzten Magen etwas an die Wiederkäuer erinnern. Die meisten Cetaceen leben gesellig und zeigen nur geringe Intelligenz. Beim Delphin sind die Halbkugeln des Großhirns ganz klein und lassen fast das ganze Cerebellum unbedeckt; großes und kleines Gehirn sind kurz aber breit†).

Die Walthiere leben gesellig und friedlich zusammen, selbst mehrere Arten unter einander; nur wenn sich unter die Fisch- oder Sepienfresser ein Trupp fleischfressender Zahnwale, Orca, mischt, welche alle übrigen als ihre Todfeinde fürchten, ist das Verhältniß anders. Mutter- und Jungenliebe sind bei den Walen sehr groß. Oft bestehen die großen Schaaren vorzugsweise aus Weibchen und Jungen, angeführt von einem alten Männchen. Das Zusammenhalten in Trupps beruht meist auf Familienverhältnissen; bei den großen ziehenden Schaaren

---

†) Stannius, Ueber den Bau des Delphingehirns, in Abhandlungen aus dem Gebiete der Naturwissenschaft. Herausgeg. vom naturwiss. Verein in Hamburg. I, 1846.

schließen sich verschiedene Trupps zusammen.  Die größten Wale finden sich nur in den großen Oceanen, nicht in Binnenmeeren, kommen aber oft nahe an die Küsten, zum Theil des Gebärens wegen, z. B. der Walfisch der Südhalbkugel, Leiobalaena australis, an die Westküste Afrika's.  Die Wanderungen der Walthiere erfolgen alljährlich in regelmäßigen Perioden, und sie suchen stets wieder dieselben Stationsplätze auf, wenn sie auch an denselben verfolgt werden und zum Theil unterliegen. An Islands Küsten kennt und unterscheidet man die einzelnen alljährlich wiederkehrenden Individuen.  Beim Wandern sollen die Walthiere stets gegen den Wind schwimmen.  Lassen sich sonst an Küsten, welche die Walfische besuchen, Menschen nieder, so verschwinden jene fast ganz; sie nehmen also wenigstens die Gegenwart der Menschen wahr.

Eine andere Reihe von Thieren, welche sämmtlich die heißen und warmen Länder bewohnen, lassen eine gewisse Annäherung an Charaktere der Reptilien erkennen.  Ihre Zähne haben weder Wurzeln noch einen Schmelzüberzug, die Schneidezähne fehlen stets, gewöhnlich auch die Eckzähne, und bei den Ameisenbären auch die Backenzähne.  Man nennt diese Säugethierordnung Zahnarme.  Die Windungen des Gehirns sind nur sparsam und flach und fehlen wohl ganz, das kleine Gehirn ist kaum bedeckt, der Leib manchmal von Knochengürteln oder Schuppen geschützt.  Es sind diese Geschöpfe, zu welchen die Faulthiere, Gürtelthiere, Ameisenfresser und Schuppenthiere gehören, träg, und gehen meist Nachts ihrer in Blättern oder Insekten bestehenden Nahrung nach.  Ihre Seelenkräfte zeigen ungemein geringe Entwickelung, so daß sie noch unter die Beutelthiere zu stehen kommen.

Eine dritte Reihe zeigt ein Phänomen, welches an die Vögel erinnert, nämlich den Flug, der aber bei den Fledermäusen auf ganz andere Weise bewirkt wird, nämlich durch häutige Ausbreitungen zwischen den Gliedern und dem Schwanz, welche beiderseits einen Flügel bilden, der in der Ruhe zusammengefaltet wird.  Diese Flughaut und die membranösen Gebilde an der Nase, so wie die oft sehr großen Ohren, sind zugleich durch die zahlreichen Nerven Gefühlswerkzeuge von staunens-

werther Feinheit, so daß die Fledermäuse selbst geblendet im
schnellen Fluge den kleinsten Gegenständen auszuweichen vermögen, indem sie, wie man sagt, den unendlich schwachen Luft-
druck fühlen, welcher durch dieselben erzeugt wird. Die Jungen
dieser abenteuerlichen und unheimlichen Nachtthiere werden von
der Mutter an den Zitzen oder in einem durch die Schenkel-
haut gebildeten Sacke getragen. Die Fledermäuse vereinigen
mit einem Mausfell das Gebiß der Raubthiere, theils mit
stumpfen Backenzähnen, wo sie dann Früchte fressen, theils mit
spitzen, in welchem Falle sie sich meist von Insekten nähren,
zum Theil, wie die Vampyre des heißen Amerika's, Blut
saugen. Die merkwürdige Nycteris thebaica in Aegypten
vermag aus einer kleinen Oeffnung ihrer Backentaschen die
geathmete Luft, indem sie die Nase schließt, zwischen den Körper und das lockere Fell zu treiben und dieses hiedurch ballon-
artig aufzublasen. Ihre bedeutendste Entwickelung erlangt diese
Säugethier-Ordnung in den heißen Ländern, wo die größten
und sonderbarsten Formen leben.

Je größer die Ohren einer Fledermaus, desto später fliegt
sie in der Nacht, wo sie sich dann fast ganz auf das Gehör
verlassen muß und die Insekten mit der Flughaut fängt. Die
blutsaugenden Fledermäuse werden in Brasilien und anderwärts
manchmal zu einer wahren Landplage, indem sie Pferde, Maulthiere, auch Rinder im Schlafe heimsuchen, ihnen eine ober-
flächliche Ader aufbeißen und die Thiere weniger durch das
Saugen als durch die Nachblutung auf das äußerste, selbst bis
zum Tode schwächen. Die blutsaugenden Fledermäuse Brasiliens haben nach Burmeister einen breigliederigen Mittel-
finger, alle übrigen Fledermäuse nur einen zweigliederigen.
Solche Vampyre leben in Masse in einer großen Grotte, welche
der Rio St. Francisco in Brasilien beim Katarakt von Paolo
Alfonso in den Granitfels an seinem Ufer gehöhlt hat. Die
von Früchten lebenden fliegenden Hunde, Calongs, Pteropus,
ziehen z. B. auf Java in der Dämmerung oft in ganzen Reihen
durch die Luft; man speist sie. Fledermäuse auf Ceylon sollen
nach Emerson Tennent den Saft der Kokosnußbäume trinken, bis sie davon berauscht werden. Unsere Fledermäuse fallen

in Winterschlaf, wobei sie sich mit den Hinterfüßen, den Kopf nach unten, in ihren Schlupfwinkeln aufhängen.

Die Psyche der Fledermäuse ist so eigen wie ihr physischer Bau. Es sind Thiere der Dämmerung und Finsterniß, wie die Eulen, von zähem Leben, scheu, listig, nicht ohne Bosheit. Nachdem sie den Winter in Lethargie zugebracht, schwärmen sie an den ersten lauen Abenden schon des Vorfrühlings aus; in hellen Sommernächten treiben sie sich neckend und Insekten mit der Flughaut haschend in der Luft herum. Mit verdeckten Augen, bloß durch ihr außerordentliches Gefühl geleitet, welches den kleinsten Luftwiderstand fühlt, fliegen sie nach Spallanzani's Versuchen zwischen den gespannten Schnüren eines Saales hindurch, ohne eine zu berühren, fliegen haarscharf zwischen Mauern durch und in das Labyrinth ihrer Schlupfwinkel, ohne anzustoßen. Man ist versucht, noch an eine andere Fähigkeit bei ihnen zu glauben, jener der Nachtwandler vergleichbar, weil das bloße Gefühl kaum auszureichen scheint. Frauenfeld†) sagt, der Grundzug des Charakters der Fledermäuse sei eine unbändige wilde Heftigkeit, die bei den größeren Arten auch schärfer hervortritt; doch gelang es ihm, eine Vespertilio discolor ungemein zahm zu machen.

Bei den genuinen, typischen Säugethieren unterscheide ich zuerst solche, bei welchen der vegetative Charakter überwiegt, meist große Thiere, von mehr sanftem Naturell, Pflanzenfresser, welche sehr häufig gesellig leben. Es sind Thiere ohne Schlüsselbeine, mit eingeschränkter Bewegung ihrer Vorderglieder, deren Finger, in Hufe eingeschlossen, nicht zum Ergreifen von Gegenständen dienen. Es fehlen ihnen öfters die Eckzähne und ihre Backenzähne haben breite Kronen zum Zermalmen der Pflanzenstoffe. Unter ihnen finden sich die nützlichsten, für den Haushalt des Menschen wichtigsten Thiere. Sie bilden die drei Ordnungen der Dickhäuter, Einhufer und Wiederkäuer. Bei den Pachydermen ist die Haut dick, nackt oder nur mit einzelnen Borsten besetzt, oder dicht behaart, oder mit einem Borstenpelz geschützt. Es sind plumpe, zum Theil sehr große Thiere

---

†) Haidinger's Berichte ꝛc. IV, 289.

der heißen und gemäßigten Länder, die bald nach der Kreideperiode in zahlreichen Formen erschienen, in der gegenwärtigen
Schöpfung aber bedeutend reducirt sind.   Bei den meisten sind
die psychischen Eigenschaften nichts weniger als glänzend, ihr
seelisches Wesen wie ihr leibliches ist vielmehr plump, roh, brutal,
aber eines ihrer Geschlechter macht eine merkwürdige Ausnahme
und verdient deßhalb näher betrachtet zu werden.   Es ist dies

## Der Elephant.

Wie ein Denkmal abenteuerlich großartiger Vergangenheit
ragt ein Thiergeschlecht in die Gegenwart herein, nur in äußerst
wenigen Arten und in einer sehr mäßigen Anzahl von Individuen noch die heißesten Länder der östlichen Halbkugel bewohnend, während es in früheren Erdperioden, an der Spitze
der damals so mächtigen Familie der Pachydermen stehend, als
ein herrschendes Geschlecht in zahlreicheren Arten und unermeßlich vielen Individuen auch über einen großen Theil der
gemäßigten und kälteren Länder sich ausbreitete. — Man hatte
lange Zeit nur zwei lebende Elephantenarten angenommen: den
indischen und den afrikanischen; jetzt ist man geneigt, eine dritte
Art, den Elephanten von Sumatra, zu unterscheiden, welcher
die beiden anderen verbindet, jedoch näher dem indischen steht
und hauptsächlich im Bau der Backenzähne abweicht.   Zeichnet
sich das Elephantengeschlecht überhaupt durch große Ohren aus,
so erreichen diese im afrikanischen Elephanten eine wirklich
enorme Länge.   Die Elephanten bewegen ihre ungeheuren Ohren,
welche gewöhnlich am Kopfe anliegend herabhängen, mit Leichtigkeit gleich Fächern zur Kühlung und Abwehr von Staub
und Insekten; der wundersam gebildete, äußerst bewegliche
lange Rüssel ist der größten Kraftentwickelung fähig und durch
seinen fingerförmigen Endfortsatz doch wieder zum Ergreifen
kleiner Gegenstände, wie Münzen, zum Entkorken von Flaschen,
Auflösen von Knoten geschickt; die ungeheuren Stoßzähne dienen zur Waffe gegen den Angreifer, welcher, wenn nicht zu
wuchtig, wohl auch mit dem Rüssel ergriffen, in die Luft geschleudert und unter den kolossalen Säulenfüßen zerstampft

wird. Die alten Elephanten fassen das Trinkwasser in den
Rüssel und lassen es aus diesem in das Maul laufen, die
jungen saugen mit dem Maule.   Weil der Elephant durch den
Rüssel athmet, so hält er ihn, wenn er Ströme überschwimmt,
was er, wenn sie auch sehr groß sind, mit Sicherheit thut,
über das Wasser empor.   Nach Marcel de Blés, der
23 Jahre auf Ceylon lebte, soll das Weibchen des Elephanten
9 Monate tragen und dieser nur ein Menschenalter erreichen†),
aber diese Nachricht scheint unzuverlässig und steht in Widerspruch mit allen neueren, nach welchen der indische Elephant
mit 24 Jahren ausgewachsen ist und gegen 200 Jahre alt wird.
Der englische Oberst Farrant erzählte M. Wagner††), daß
der Elephant am Ganges sich auch in Gefangenschaft begattet
und daß es mehrere Elephantenstutereien gebe, daß man aber
das Einfangen und Zähmen wilder Individuen vorziehe, weil
der junge Elephant sehr langsam wächst und vor dem dreißigsten
Jahre kaum zum Tragen größerer Lasten fähig ist.   Wilde
Elephanten vergießen beim Fang, wie Tennent angibt, häufige
Thränen.   Diese Thiere, sonst so klug, lassen sich, wenn sie
zwischen Pallisaden eingeengt sind, die sie leicht durchbrechen
könnten, immer wieder durch Knaben zurücktreiben, die dem
Trupp, wenn er wiederholt heranstürmt, weiße Stangen gegen
die Augen strecken und dazu Dah! Dah! schreien, was der
Elephant durchaus nicht vertragen kann.   Einmal gefangen, er-
gibt sich das kolossale Thier bald in sein Schicksal; man braucht
hiezu auch die Mitwirkung bereits gezähmter Individuen, welche
den widerspenstigen Wildling etwa mit den Rüsseln schlagen,
und wendet, wie bei den Falken, auch Hinderung des Schlafes
als Zähmungsmittel an.

Nur in gewissen Gegenden sind die Elephanten noch in
größerer Menge vorhanden, so z. B. in den Vorketten des
Himalayah, wo sie Wege bahnen, die, wie Hooker sagt, wahre
Muster der Straßenbaukunst und ganz das Gegentheil von
denen sind, welche die Eingeborenen angelegt haben, denn sie

---

†) Buffon, Suppl. à l'hist. nat. Par. 1782, 4°. t. 6, p. 25.
††) Reise nach Persien I, 215.

gehen in sehr geschickten Krümmungen. Auch in manchen Gegenden Ceylons sind sie noch ziemlich zahlreich, deßhalb hat
man in den Reisfeldern sogenannte Pilgaha's, Wartbäume,
in deren Aesten sich Sitze mit einem Strohdach befinden, in
die man auf einer Leiter steigt, um von ihnen aus die Büffel
und Elephanten zu beobachten und von den Feldern zu ver=
scheuchen. Auch auf den Inseln und an beiden Ufern des
Shire sah Livingston ungemein viele Elephanten, wohl
800; Heerde folgte auf Heerde. Aber dieses sind immer nur
einzelne Gegenden, während in vielen anderen, wo sonst Elephanten lebten, diese jetzt durch das Vordringen des Menschen
und die Zunahme der Bevölkerung ausgerottet oder verschwunden sind. Aus diesem Grunde wird auch das Elfenbein, dieser
wichtige Handelsartikel der Negervölker, immer theurer, so daß
zwei Stoßzähne eines starken männlichen afrikanischen Elephanten
jetzt nach Brehm 700—800 Thaler kosten.

Als Alexander d. Gr. mit seinem Heere nach Indien zog,
war der Elephant von den Indern, die doch erst nicht viel über
ein Jahrtausend zuvor als Arier in jene Gebiete gekommen
waren, schon lange gezähmt; er diente als Last= und Reitthier
und wurde im Kriege gebraucht, indem man kleine Thürmchen
mit Bogenschützen oder Speerwerfern auf seinen Rücken setzte,
eine Verwendung, die seit der Einführung der Feuerwaffen,
welche den Elephanten leicht scheu machen, weniger stattfindet.
Es ist ungewiß, ob die Elephanten der Karthaginenser, welche
sie in ihren Kriegen gegen die Römer gebrauchten und mit
welchen Hannibal über die Alpen nach Italien zog, aus Indien
eingeführt waren oder ob dieses Volk den afrikanischen Elephanten zu zähmen verstand, welcher jetzt für unzähmbar gilt†).
Im heutigen Indien wird der Elephant, dessen Kraft der von
sechs Pferden gleich geschätzt wird, zu mancherlei Verrichtungen
gebraucht und erhöht wesentlich die Pracht und das Ansehen
der Großen und Reichen, und findet selbst Gefallen daran,
wenn man ihn bei festlichen Gelegenheiten prächtig aufputzt;

---

† ) In Schlegel's indischer Bibliothek Bd. I findet sich eine schöne
Abhandlung: „Zur Geschichte des Elephanten."

sein Schritt ist nach Hooker für den menschlichen Körper im höchsten Grade ermüdend und aufreibend, so daß die Mohauts (Treiber) oft schon in jungen Jahren an Rückenmarkskrankheiten sterben.

Die Familie der Dickhäuter steht in psychischer Rücksicht ziemlich tief, und es erscheint daher als eine Anomalie, beim Elephanten Anlagen zu finden, welche ihn weit über seine Familiengenossen und den in Intelligenz und Gemüth begabtesten Säugethieren an die Seite stellen, obschon sich diese Vorzüglichkeit zum Theil erst unter dem Einfluß des Menschen entwickelt. Der wilde Elephant fällt leicht wieder in die Schlingen, in welchen er schon einmal gefangen wurde, was z. B. beim Fuchs und Wolf nicht vorkommt; der Elephant ist mehr verständig als listig. Die Domestikation ist deßhalb keine vollständige geworden, weil die Fortpflanzung in der Gefangenschaft doch nur selten stattfindet, der wild eingefangene Elephant mehr nur ein folgsamer Gefangener, als ein dem Menschen anhängendes Hausthier ist, und die Erinnerung an das wilde Leben, zu dem er gern zurückkehrt, kaum je vollständig erlischt. Die Seele dieses wundersamen Thieres zeigt deutliche Spuren von Rechtssinn, manchmal von Humor; der Elephant soll sein Bild erkennen, wenn man es ihm vorhält, was bei äußerst wenigen Thieren der Fall ist. Daß er den Wein (und Rum) liebt und manche Individuen große Mengen desselben trinken, führt schon Aristoteles an†); aber es gilt nicht von allen, wie z. B. der Elephant im Frankfurter zoologischen Garten sich um geistige Getränke nichts kümmert. Vor Mäusen soll dieser Koloß der Thierwelt sich so sehr fürchten, daß er am ganzen Leibe zittert und den Rüssel fest auf die Erde stemmt, wobei aus den Nachrichten nicht zu entnehmen ist, ob dieses nur von solchen Elephanten bekannt ist, denen einmal eine Maus in den Rüssel gelaufen ist, oder auf einer allgemeinen Idiosynkrasie beruht. Manchmal wird der Elephant verrückt und hat periodische Anfälle von Tobsucht.

Das gute Gedächtniß des Elephanten, sein Begreifen

---

† ) De animalibus, L. VIII, c. 11.

der Rede und Eingehen in den Willen des Menschen machen ihn zu vielerlei Verrichtungen geschickt. Man kennt Beispiele von Elephanten, die aus der Gefangenschaft entflohen, dann in der Wildniß lebend, hierauf nach mehreren Jahren wieder gefangen, sich aller Befehle und Verrichtungen noch wohl erinnerten†). d'Obsonville sah, wie zwei durch Versprechungen hiezu aufgemunterte Elephanten mittelst ihrer mit Leder geschützten Rüssel auf Anweisung des Cornacs eine Mauer einrissen, wobei sie die Stöße gleichzeitig führten und zu rechter Zeit, mit den Augen genau das Schwanken der Mauer beobachtend, zurückwichen, um nicht getroffen zu werden. Die Eingeborenen von Hindustan überlassen sogar, wenn sie in den Wald gehen müssen, öfters kleine Kinder dem Schutze des zu Hause bleibenden, an einer langen Kette befestigten Elephanten, und man sagt, daß derselbe sorgfältig wacht, daß ein Kind nicht der Kette zu nahe komme, indem er es sanft mit dem Rüssel faßt und wieder in seinen Raum bringt. Sonnini erzählt in Buffon's Naturgeschichte, daß ganz Neapel Augenzeuge von dem Verstand und der Lenksamkeit eines Elephanten gewesen sei, welcher Eigenthum des Königs war. Er holte für die Maurer, welche im Schlosse arbeiteten, Wasser in großen Kupferkesseln aus einem Brunnen, und nachdem er bemerkt hatte, daß man dieselben zum Kupferschmied schickte, wenn sie einer Ausbesserung bedurften, brachte er, als einst Wasser aus einem lief, dieses Gefäß selbst zum Kupferschmied und wieder nach Hause, nachdem es hergestellt war. Dieser Elephant ging frei in Neapel herum, spielte mit den Kindern, setzte sie manchmal mittelst des Rüssels auf seinen Rücken und hob sie wieder herab. Tornen erzählt in seiner Reise nach Surate, daß ein Elephant unter der Leitung eines Knaben Bauholz aus dem Flusse zog und dann die Baumstämme so geschickt auf einander legte, wie es nur Menschen hätten thun können. In den Philosoph. Transactions von 1799 sind Fälle mitgetheilt, welche erweisen, daß Elephanten ein erlittenes Unrecht nie vergessen und daß sie sonst ein sehr gutes Gedächtniß haben, was

---

†) Corse in Philos. Transactions 1799, p. 37, 40.

wohl den Wiederfang entflohener Elephanten, den Manche für
unmöglich halten, erleichtert, wenn sie nämlich bekannte Menschen unter den Jägern sehen.   Der Elephant ist, wenn gut
behandelt, eines der treuesten und dankbarsten Thiere; wer
sollte glauben, daß in diesem monströsen und kolossalen Körper
eine so liebevolle und zärtliche Seele wohnen könnte? Dies
hindert ihn jedoch nicht, auch Scharfrichterdienste zu thun, wie
man denn früher in manchen Gegenden Indiens Elephanten
zur Tödtung von Verbrechern verwandte, welche sie mit ihren
Füßen oder Stoßzähnen vollbrachten.   Unter sich sind die Elephanten ungemein anhänglich, stehen einander bei, und wenn
etwa Männchen und Weibchen nach einer Trennung wieder
vereinigt werden, so erweisen sie einander die größte Zärtlichkeit.

Der Elephant befriedigt gerne seine Rachelust bei erlittener
Beeinträchtigung oder Beleidigung. Ein weibliches Thier dieser
Art im Pflanzengarten zu Paris war einer Schildwache sehr
gram, die auftraggemäß die Besucher ermahnte, dem Elephanten
nichts zu fressen zu geben, und übergoß den Wächter öfters
mit Wasser aus dem Rüssel.   Dies war auch eines Tages geschehen; bald darauf mußte die Wache ihre Aufforderung vor
neuen Ankommenden wiederholen, worüber der Elephant in
Wuth gerathend der Wache das Gewehr entriß, mit den Beinen
darauf trat und den Lauf mit dem Rüssel wie einen Korkzieher
zusammenwand.   Ein Elephant soll einen Soldaten, der ihm
nicht ausweichen wollte, nach einigen Tagen, wo er ihn ohne
seinen Führer am Flusse traf, gepackt und ihn einigemal ins
Wasser getaucht haben; ein anderer, der seinen Cornac aus
Rache getödtet, soll, als die verzweifelnde Frau dessen Söhne
vor seine Füße warf, ruhig geworden, den ältesten sich auf den
Rücken gesetzt und keinen Anderen auf sich haben leiden wollen.
Bekannt ist die Anekdote aus Goa, wo ein von einem Hand-
werker öfters geneckter Elephant einst den Rüssel mit schmutzigem
Wasser füllte und dieses dann im Vorbeigehen in Strömen
auf ihn spritzte.   Ein in der Brunst wüthend gewordener Elephant, vor dem Alles auf dem Markte floh, auch seine Wohl-
thäterin, eine Gärtnersfrau, die im Schrecken ihr Kind vergaß,

ergriff dieses ganz sanft und setzte es bedächtig auf die Seite. Elephanten ziehen an Seilen schwere Balken an einen bestimmten Ort, wenn man ihnen diesen nur einmal gezeigt hat, und heben sie über hindernde Gegenstände weg. Will Jemand den Herrn erschrecken, so läuft der Elephant mit allem Anschein von Wuth auf den zu, der erschrecken will, und steht vor dem Menschen plötzlich ruhig, ohne ihm etwas zu Leibe zu thun; will der Herr Jemandem einen Streich spielen, so sagt er es dem Elephanten, der dann im Rüssel Wasser und Schlamm sammelt und es auf die betreffende Person oder Sache spritzt. Plutarch erzählt von einem Elephanten in Rom, der zum Tanzen abgerichtet wurde, aber wegen seiner Ungeschicklichkeit öfters Schläge bekam, daß er sich im Mondschein auf die ihm zugemutheten Bewegungen eingeübt habe†).

Im Jahre 1828 in einem Treffen zwischen Engländern und Indiern setzte ein Trupp Soldaten einem Elephanten mit reicher Ladung besonders zu, der sich nach längerer Vertheidigung, die Reihe seiner Angreifer durchbrechend, zur Flucht wandte. Einige Reiter, von einem Offizier geführt, verfolgten ihn und kamen ihm sehr nahe, als er sich plötzlich wendete, mit dem Rüssel den Offizier ergriff und dann weit seinen Verfolgern voraus kam. Der Elephant gelangte zur Wohnung seines Herrn und stellte dort den weiter nicht beschädigten Offizier ab, der später ausgewechselt wurde. (Troegel.) Der in den vierziger Jahren im Regents-Park toll gewordene und erschossene Elephant sollte zuerst mit einer Orange vergiftet werden; er erkrankte, erholte sich aber wieder, weil die Gabe des Giftes zu gering war; man suchte ihm eine stärkere Dosis in einer anderen Orange, seinem Lieblingsfutter, beizubringen, er nahm sie aber nicht und fraß überhaupt keine Orange mehr, ohne sie erst hin und her gerollt und vielfach berochen zu haben. Dieser Elephant war abgerichtet, einen Schilling von der Erde aufzuheben und ihn in die Tasche dessen zu stecken, der ihn hin gelegt. Dr. Warnick legte einen Schilling in eine Ecke, die der Elephant nicht erreichen konnte; nachdem er sich einige Zeit besonnen,

---

† ) Plutarchi Chaeronensis opera, e. lat. interpretat. Xylandri II, 968.

blies er so kraftvoll gegen die Wand, daß der Schilling aus
der Ecke hervor und in seinen Bereich getrieben wurde. Graf
v. Görz†) rühmt die Kaltblütigkeit und den Muth der zur
Tigerjagd gebrauchten Elephanten, meist Weibchen, weil die
Männchen zu hitzig sind, selbst angreifen und den Jäger in
Gefahr bringen würden, während die Weibchen, selbst wenn
der Tiger an ihrem Rüssel hängt, mauerstill stehen und so
Gelegenheit für sicheren Schuß geben. Görz' Elephant hatte
sich einen Dorn in den Fuß getreten; alsbald blieb er stehen,
hob den verwundeten Fuß in die Höhe und forderte damit den
Mahout auf, ihm zu helfen. Dieser stieg ab und schnitt ihm
mit seinem stumpfen Messer den Dorn aus der Fußsohle; das
arme Thier brüllte laut vor Schmerz, aber hielt gelassen den
Fuß hin, bis die Operation vollendet war. Ein Pferd oder
Hund hätte nach der heilenden Hand gebissen oder geschlagen.
„Von Furcht ist beim Elephanten wohl keine Rede, vielmehr
spricht sich in seinem ganzen Betragen aus, daß er seiner Kraft
und Geschicklichkeit bewußt, sich dem Dienst mit völlig freiem
und gutem Willen unterzieht."

Der afrikanische Elephant zeigt nach Graf d'Escayrac
de Lautre††) doch auch große Klugheit. Während der
trockenen Jahreszeit irren die Individuen allein herum, mit
der Regenzeit bilden sie Trupps, jeder von einem alten Männchen angeführt, welches die Araber in Rücksicht auf seine wich-
tigen Funktionen Khabir nennen. Derselbe soll nämlich, wie
als vollkommen wahr behauptet wird, genau die Zeit berech-
nen können, wie lange in einer vom Tropenregen erfrischten
Gegend die Weide für seine Heerde reichen werde. Hat er sie
auf einen solchen Platz geleitet, so entfernt er sich, um andere
Gegenden aufzusuchen, und erscheint genau zu der Zeit wieder,
wenn fast jedes Kraut aufgezehrt ist, um dann die Heerde nach
einem anderen Weideplatz zu führen. Fällt ein solcher Elephant
in eine der zu ihrem Fange gegrabenen Gruben, so reichen ihm

†) Zu s. Reise um die Welt, Bd. III, 551.
††) S. dessen Werk über die Wüste und den Sudan

zwei andere ihre Rüssel zur Stütze, und ihrer unermüdlichen Arbeit gelingt manchmal die Befreiung. ·

Die anderen Dickhäuter zeigen wenig von dem Verstande und dem Gefühl, welche den Elephanten so sehr auszeichnen. Am verständigsten unter ihnen verhält sich noch der gemeine Tapir, den man in Brasilien oft zähmt und als Lastthier be= nutzt, als welches er bis 250 Pfund zu tragen vermag; man sagt, daß er seinem Herrn und Pfleger sehr anhänglich werde. Ueber den Tapir der Anden und den indisch=chinesischen Tapir ist in psychischer Hinsicht nichts bekannt. Das Geschlecht des Schweines steht in Bezug auf Zähmbarkeit immer noch höher als die noch übrigen Pachydermen, und übertrifft an Verstand das Schaf ziemlich weit. Durch seinen omnivoren Charakter und starke Vermehrung eignet sich das Hausschwein sehr zum Nahrungsthier und kommt in den meisten Gegenden der Erde fort; in psychischer Hinsicht hat es durch mehrtausendjährige Domestikation so viel wie nichts gewonnen. Durch eine Com= bination von widerwärtigen Eigenschaften steht dieses Thier ganz einzig da; es ist etwas, sich mit Wollust im Schlamm wälzen zu können; zu seiner übrigen Brutalität kommt noch die maßlose Gefräßigkeit, die oft selbst der eigenen Jungen nicht schont und die Kinder in der Wiege angreift[*]). Manche Reisenden und Naturforscher, wenn sie in Sennhütten über= nachten, ärgern sich über die beständige Unruhe und das ewige Geklingel der Ziegen; die Schweine sind noch unruhiger und viel widerwärtiger; in ihren Lauten liegt viel Ungeheuerliches und die ganze Nacht wechseln oft unerschöpflich die grinsende, höhnende Bosheit, der tückische Grimm, der grollende Zorn mit einander ab. Die Schweine kennen noch ihre Pfleger; in einigen Theilen Schottlands spannt man sie mit Esel und

---

[*]) Vom Hausschweine unterscheidet Fitzinger 63 Rassen und Unter=
rassen; Sitzungsberichte der k. k. Akademie, Bd. 29 (1855). Er will die
südasiatischen und afrikanischen Hausschweine von fünf verschiedenen Arten
ableiten und alle europäischen Hausschweine unter dem Namen Sus europaeus
vereinigen, — Annahmen, welche Nathusius meist widerlegt hat. (Die
Rassen des Schweines, Berlin 1860.) Unser europäisches Schwein leitet
Rütimeyer auch jetzt noch vom Wildschwein, Sus Scrofa ferus ab.

Pferd an den Karren. Man zeigte einst in London ein Schwein, welches die Stunde auf einer vorgehaltenen Uhr angeben und aus mehreren Alphabeten aufgegebene Namen zusammensetzen konnte, — natürlich; wie Kanarienvögel und Hunde, nur schein- bar auf bestimmte eingelernte Winke und Bewegungen des Dressirers. Auf Neuseeland ist das Schwein häufig verwildert und thut der Schafzucht Schaden, indem die Wildschweine den Mutterschafen folgen und die Jungen auffressen. Das eine der amerikanischen Nabelschweine, das Pecari, soll sich unschwer zähmen lassen und sich gelehrig, zugethan, nach Liebkosungen begierig zeigen. — Vom Nashorn kennt man jetzt sieben lebende Arten, von welchen vier Afrika angehören und sämmtlich zwei- hörnig sind, darunter eine weiße Art, drei Asien, von welchen Rhinoceros sumatrensis zwei Hörner, R. sundaicus und in- dicus nur eines haben. Das Nashorn der Sundainseln bahnt nach Junghuhn sich Wege auf Java noch über 10000 Fuß hohe Berggipfel, in welche Höhen der durch ganz Java, doch nur von 2000 — 7000 Fuß verbreitete Banteng, Bos sundai- cus, nicht mehr folgt. Diese Wege der Rhinocerosse auf den Bergen Java's sind kanalförmig, der Breite und Höhe des Thieres entsprechend, winden sich um die steilsten Kraterränder und ziehen sich an den schmalsten Jochen hin. Die Javanen befestigen oft auf deren Grunde sichelförmige Messer, von Moos und Reisig bedeckt, an welchen sich die Thiere den Bauch aufschlitzen. Die Nashörner gehen auf Java deßhalb in die höchsten' Regionen, weil daselbst viel mehr Gräser wachsen, während man tiefer unten auf dem Waldboden fast nur Lyco- podiaceen und Farrn trifft.

Bei den Einhufern sind alle Zehen verkümmert bis auf eine an jedem Fuße, und diese ist von einem breiten Hufe um- geben. Die pferdeartigen Thiere, welche für sich eine Ordnung bilden, sind schnell, kräftig, haben feines Gehör und guten Ge- ruch und leben in Trupps, die von einem Hengst angeführt werden, in den Steppenländern und auf den trockenen Hoch- ebenen Asiens und Afrika's. Durch seine Intelligenz und hohe Wichtigkeit für die Culturgeschichte des Menschen zeichnet sich wesentlich aus

## Das Pferd.

Nächst dem Hunde ist unter den Thieren das Pferd dem Menschen am innigsten verbunden, hat seit grauer Vorzeit an seinen Schicksalen Theil genommen, hat ihn auf seinen Wanderungen über die Erde begleitet, in seine Kämpfe und Schlachten getragen; das Pferd ist vorzugsweise das noble, ritterliche Thier. Kameel, Dromedar, Esel sind als eigentliche Reitthiere entweder zu groß oder zu klein, der Stier ist zu eigensinnig, zu ungelenk und auch nicht schön. „Setzt hingegen", sagt Fée, „einen geschickten Reiter auf einen edlen Renner, gebt ihm einen Rassehund zum Begleiter, bewaffnet ihn mit einem Karabiner und einer Damascenerklinge, laßt ihn über die Ebene galoppiren und ihr habt das Schauspiel eines vollkommenen Mannes mit Waffen zu seiner Vertheidigung, einem gelehrigen Diener und einem ergebenen Begleiter." Der Urstamm des Pferdes scheint nicht mehr vorhanden zu sein, ein Beweis für das hohe Alter seiner Zähmung. Als den Urtypus, welchem sich das verwilderte Pferd schon nach wenig Generationen nähert, sieht man die grauen asiatischen Steppenpferde an; die von Andalusiern abstammenden verwilderten Pferde der Pampas, die Mustangs, wie die amerikanischen verwilderten Pferde überhaupt, sind hellbraun und haben zurückliegende Ohren, während diese bei den zahmen Pferden (auch auf den ältesten Monumenten) aufrecht stehen. In der Mongolei gibt es einen Stamm vielleicht ursprünglich wilder Pferde, Tarpan genannt. Diese bleiben kleiner als das verwilderte und zahme Pferd, haben einen kleinen Kopf, lange Borsten an Kinn und Lippen, stark gewölbte Stirne, kleine tückische Augen, weit hinten stehende Ohren, dünnen Hals mit struppiger Mähne, Haarbüschel an den Fesseln, kurzen, grob und kraus behaarten Schweif, lohbraunes, fahles oder mäusegraues Fell, schwarzen Schweif und Mähne. Sie wandern nach den Jahreszeiten, sind unzähmbar, fallen die zahmen Pferde feindlich an und halten sich getrennt von den verwilderten Pferden, den Muzins. Die wilden Pferde auf den Hochebenen um den Oxus erhalten im Winter einen weißlichen, zottigen, bärenartigen Pelz. —

Cetti†) spricht von wilden (wohl nur verwilderten) Pferden in Sardinien, die Niemand angehören und die Jeder fangen darf, was aber nur des Felles wegen geschehe, da sie wegen ihrer Wildheit unbezähmbar seien. Auch auf der Insel San Antioco bei Sardinien habe es sonst solche wilde Pferde gegeben.

Das zahme Pferd ist in der Gegenwart in zahlreichen Rassen, verschieden in Bildung, Farbe, Größe über die Erde verbreitet; zu den größten Pferden gehören die englischen Bierbrauer- und Kohlenpferde, zu den kleinsten die Pony's der shetländischen Inseln, die Zwergpferde Corsika's und des indischen Archipels, welche letzteren ganz zierlich sind. Ein vollkommenes Pferd muß nach der Ansicht der Araber einen Mann mit Waffen, Kleidern zum Wechseln, Lebensmittel für ihn und sich und eine Fahne, selbst an windigen Tagen tragen, im Nothfalle noch einen Leichnam schleppen und den ganzen Tag ohne Fressen und Saufen laufen können. Von 7—14 Jahren sei das Pferd am meisten geeignet, die Anstrengungen des Krieges zu ertragen. Das edle arabische Pferd, Nedschbi, ist nach Pruner in neuester Zeit in Aegypten häufiger, aber lymphatischer und weniger ausdauernd geworden. Das nubische Pferd aus Dongola, von dessen Rasse nur spärliche Ueberbleibsel sich finden, erinnert an die Giraffe. „Eine hohe Statur, ein kleiner Kopf auf langem, fast rechtwinklig aufgesetztem Halse, lange Beine, ein schmächtiger, kurzer, nach hinten im spitzen Winkel abfallender Körper, ein oft wunderliches Gemisch von Farbe und ein unbändiges Temperament geben den wesentlichen Charakter dieser seltsamen Geschöpfe."††)

Das Pferd ist mit ziemlich feinem Witterungsvermögen und sehr empfindlichem Gehörorgan ausgestattet und zeigt besonders deutlich, wie vernünftige und schonende Behandlung thierische Anlagen zu entwickeln vermag, während sie bei rohem

---

†) Naturgeschichte Sardiniens I, 27. Nach Marmol Carvajal, Descripcion de Africa, von Cetti 1, 42 citirt, hätte sonst der wilde Esel in großen Heerden in Sardinien gelebt, was Cetti für eine Erdichtung hält.

††) Pruner, Zur Naturgeschichte und Anthropologie Aegyptens.

und dummem Wesen verkümmern. In Aegypten und auch in der asiatischen Türkei werden die Pferde sehr gut behandelt, wachsen so zu sagen mit den Kindern auf und werden dadurch äußerst zahm und gelehrig. Diese und arabische Pferde bleiben stehen, wenn der Reiter herabfällt. Bei den Tataren und Kirgisen werden die Pferdeheerden in Tabunen abgetheilt, jede mit einem Hengst, der seine Tabune zusammenhält und der nach Pallas eine Stute, welche die seine verläßt und mit einem anderen Hengst Umgang hat, nicht mehr bei der seinen leidet. Diese Pferde vertheidigen sich oft mit Glück gegen Wölfe, indem die Hengste dieselben mit Vorderhufen und Gebiß muthig angreifen und sie oft mit einem Schlage tödten, während die Stuten und Walachen einen Kreis um die Fohlen bilden. Pantoppidan schreibt: „Wenn ein Pferd einen Bären in der Nähe wittert und es hat Stuten oder Füllen bei sich, so jagt es diese hinter sich zusammen und darauf greift es seinen Feind mit den Vorderfüßen an, welche es als ein paar Trommelstöcke gebraucht, und gemeiniglich behält es die Oberhand." †)

Die Karawanenpferde Asiens sind nach Moritz Wagner ††) bei allem Feuer mild, fügsam, klug und haben nichts von der Bosheit und Tücke der Mustangs in den Pampas oder von dem stierköpfigen Eigensinn der Walachen- und Kosakenpferde. Auf das Zeichen des Aufbruches zwei Stunden nach Mitternacht kehren sie mit ihren Schellen von der Weide zurück und finden auch in der Finsterniß ihren richtigen Ort bei ihren Herren und den Knechten, die sie striegeln, tränken und beladen, und stehen beim letzten Akt mitten im Gewühl unbeweglich still. Die Karawanenpferde marschiren in ganz gleichmäßigem Schritt und in gerader Linie, bleiben bei irgend einer Verwirrung sogleich unbewegt und setzen sich, wenn diese gehoben ist, von selbst wieder in Marsch. An die Spitze der Linie stellt man in der Regel die ältesten, erfahrensten und gescheidtesten Pferde und der Leitgaul läßt sich auch durch den Anblick ungewohnter Gegenstände, durch Blitz und Sturm nicht erschrecken, so daß

---

†) l. c. II, 70.
††) Blätter für literar. Unterhaltung, Leipzig 1853, S. 644.

seine Ruhe beschwichtigend auf die ganze Colonne wirkt, und er verirrt sich auch nicht in der finstersten Nacht. Das Gedächtniß dieser Pferde scheint auch sehr gut zu sein, so daß sich solche, welche in der Jugend beisammen waren und dann zu verschiedenen Karawanen kamen, nach Jahren wieder erkennen. Auf der Reise Wagners in den kolchischen Gebirgen stürzte ein Pferd auf dem schlüpfrigen Fels und der darauf sitzende türkische Beamte gerieth mit halbem Leibe unter das Pferd, während die andere Hälfte über einem fürchterlichen Abgrunde hing. Das kluge Thier schaute in den Abgrund mit offenen Rüstern und klaffenden Ohren und machte nicht die geringste Bewegung, so daß die Herbeigekommenen die Zügel und Rockschöße des Reiters fassen und beide glücklich auf die Beine bringen konnten.

Man erzählt sogar von Pferden, die ihrem herabgestürzten, im Steigbügel hängen gebliebenen Reiter aus diesem geholfen, von einem Füllen, das ein in einen Graben gestürztes Kalb bei den Ohren mit dem Maule herausgezogen, von Pferden, welche alten zahnlosen Kameraden das Futter vorkauten, auch von einem Walach, der so erbost über seinen Verschneider war, daß er ihn wüthend anfiel und tödtete, als er ihn später sah. Unter allen Affekten und Leidenschaften sind nämlich bei dem Pferde die mit der Kraft und Stärke verbundenen, die dem cholerischen Temperamente eigenen, vorzugsweise entwickelt, und man hat mancherlei Beweise vom Dasein des Stolzes und Ehrgeizes, der Rachsucht und Eifersucht bei diesem kraftvollen Thiere. In Mährisch=Weiskirchen ging 1864 ein bedeutender Pferdezüchter und Pferdefreund in seinen Stall, liebkoste zuerst eine bevorzugte Mutterstute und gab ihr zu trinken, was sie mit Wohlgefallen annahm. Als er aber dann einem anderen Pferde schmeichelte, verließ die Stute in höchster Eifersucht ihren Stand, stürzte auf den Hausherrn zu und packte ihn mit ihrem Gebiß so, daß er schwer verletzt worden wäre, hätten ihn nicht seine dicken Winterkleider geschützt †).

Zu welchen kunstvollen, bewundernswerthen Leistungen Pferde

---

†) Constitut. österr. Ztg. 22. März 1864.

dreſſirt werden können, weiß Jedermann, der nur einmal einen
Circus von Franconi oder Renz beſucht hat.   Der Kunſtreiter,
welcher ein Pferd dreſſiren will, ruft es freundlich an und lockt
es mit Zucker und Brod an ſich, zugleich mit hochgehaltener
Peitſche klatſchend, wo es dann ſpäter auf das bloße Klatſchen
zu ihm kommt.   Jede Lektion wird mit einem Piſtolenſchuß
geendigt, um dem Pferde die Scheu hievor abzugewöhnen. Um
es zu beſtimmen, den Meiſter zu küſſen, gibt ihm dieſer unter
einem beſtimmten Zuruf Zucker aus ſeinem Munde, wo dann
ſpäter der Zuruf allein ausreicht, und um es nießen zu machen,
wirft er ihm mit einer beſtimmten Bewegung Schnupftabak in
die Naſe und braucht dann ſpäter nur dieſe Bewegung zu
machen.   Er ſticht es mit einer Nadel hinter die Ohren, um
es zum Schütteln zu bringen, wo dann ſpäter die bloße Arm-
bewegung genügt, um das Schütteln herbeizuführen.   Schlägt
man ein Pferd auf die Krone eines Vorderſchenkels, ſo ſcharrt
es mit dem Fuße; der Dreſſirer tritt vor das Pferd, ſpricht
in fragendem Tone zu ihm und gibt ihm ſolche Schläge; ſoll
es nicht mehr ſcharren, ſo tritt er zurück.   Iſt dieſe Uebung
öfter wiederholt worden, ſo genügt künftig nur die gleiche
Stellung und der fragende Ton, um das Pferd ſo oft ſcharren
zu machen, bis der Dreſſirer zurücktritt, ſo daß das Pferd
ſcheinbar die Frage nach beſtimmten Zahlen richtig durch Scharren mit dem Fuße beantwortet.   Man verſtand das Dreſſiren
auch ſchon in früherer Zeit und manche edlen Pferde behielten
ihre Kraft und Geſchicklichkeit noch im höchſten Alter, wie denn
der im 16. Jahrhundert lebende Schriftſteller Brantôme
das königliche Pferd Quadrageant erwähnt, welches 32 Jahre
alt „nichts vergeſſen hatte“, den großen Renner Gonzaga aus
dem Marſtalle von Mantua, den ſtolzen Morean, den dem
Prinzen von Guiſe gehörenden „Gevatter“, der noch in allen
Schlachten diente; „ſo alt er war, es gab keinen beſſeren
Renner.“

Von den anderen Arten des Pferdegeſchlechtes iſt nur der
gewöhnliche Eſel und der afrikaniſche Eſel (Asinus africanus
Fitzinger, A. taeniopus Heuglin) gezähmt worden; der letztere, welchen die Araber Hamahr nennen, wird in der Sam-

chara, dem schmalen Küstenstriche Abyssiniens am rothen Meere gehalten. Diese Arten stehen an Begabung dem Pferde allerdings sehr nach; doch ist der gemeine Esel auch der Abrichtung fähig und man kennt von ihm einige Beispiele merkwürdigen Instinktes und Ortssinnes. So erzählt Rennie†), daß ein Esel aus einem gescheiterten Schiffe nach Gibraltar gelangte, und Kirby von einem Esel Valiante, welcher aus weiter Entfernung den Weg in sein altes Quartier zurückfand††).

Die Wiederkäuer haben ihren Namen von der mit einer besonderen Struktur des Verdauungsapparates verbundenen Eigenthümlichkeit, die schon einmal gekauten vegetabilischen Stoffe, welche ihre Nahrung bilden, nachdem sie schon verschluckt waren, abermals in den Mund zurück zu nehmen, um sie dort nochmals der Kauung und Salivation zu unterziehen. Sie besitzen nämlich vier (selten nur drei) Magen: den Pansen, Netzmagen, Blättermagen, Chylusmagen, welcher letztere dem einzigen Magen der übrigen Säugethiere entspricht. Nachdem das gekaute Futter in den ersten und zweiten Magen gelangt war, steigt es durch den Schlund wieder in die Mundhöhle auf und gelangt dann nach dem Wiederkauen sogleich in den dritten oder Blättermagen. Durch diese complicirte Einrichtung wird es möglich, aus Gras, Blättern, Rinden, Flechten die größtmögliche Menge von Chylus zu gewinnen und Massen von Fleisch, Fett und Milch zu erzeugen, welche den großen Nutzen der Wiederkäuer herbeiführen, die über alle Zonen sich verbreiten. Es sind bei diesen meist friedlichen, scheuen, gesellig lebenden Thieren besonders Geruch und Gehör entwickelt; ihre psychischen Fähigkeiten sind nur gering.

Das wichtigste Thier dieser Ordnung ist das gemeine Rind, dessen Urstamm erloschen ist, welches aber seit ein paar hundert Jahren in den Pampas Südamerika's in unermeßlichen Schaaren verwildert vorkommt; auch in den Shrubs, d. h. dem Niederwald längs dem Murrahstrom in Neuholland, trifft man nach Bruhn Heerden verwilderter Ochsen und Pferde. — Die

---

†) l. c. S. 22.
††) Introduction to Entomology IV, 496, Anm. a.

Kuh ist weniger intelligent als der Stier, bleibt gewöhnlich unempfindlich, wenn ihr Kalb oder andere Kühe vor ihren Augen geschlachtet werden, während der Bulle und auch der Ochse eine Todesahnung .haben, wenn man sie zur Schlacht= bank führt. Ihre Heerglocke kennen übrigens die Kühe und unterscheiden den Ton verschiedener Glocken. Neue Gegenstände reizen die Aufmerksamkeit der Rinder, sie bleiben z. B. betrach= tend vor einem neuen Brunnen oder Thor stehen, schauen neu= gierig unbekannte Menschen an, wie denn oft, wenn man auf den Alpen reiset, eine ganze Heerde herbeispringt und die Rei= senden anguckt — immerhin ein Beweis von der Erregbarkeit ihrer Seele. Der Stier hat nicht nur mehr Kraft, Muth und Schnelligkeit als die Kuh, sondern auch Trotz, Eigensinn und Verstand im höheren Grade; er verfährt häufig aggressiv, greift namentlich gerne Fremde an, und mancher hat schon den eige= nen Senn zum Kampfe auf Leben und Tod gezwungen. Der afrikanische Büffel ist der erklärte Feind des Menschen, flieht nicht vor ihm, sondern sucht ihn zu tödten, wo er ihn trifft. In Indien richten Gaukler die Stiere zu Kunststücken und gymnastischen Uebungen ab, was mit den unserigen nicht aus= führbar wäre. Von den Ochsen in der Kapkolonie erzählt Kretzschmar†), daß, wenn man auf dem Zuge oft lange nach Wasser umhergeirrt und dann die Thiere ein leises Brüllen und ein eigenthümliches Geräusch, dem Schnalzen der Fische ähnlich, vernehmen lassen, man sie augenblicklich ausspannt; sie strecken ihre Nasen in die Luft und laufen in scharfem Trabe nach einer bestimmten Richtung, welche unfehlbar zu Wasser führt, obwohl oft in großer Entfernung. Bei den Hottentotten werden Ochsen zur Führung der Heerden und Vertheidigung gegen wilde Thiere abgerichtet*).

Der Auerochs soll jetzt noch in den Pyrenäen vorkom=

---

†) Südafrikanische Skizzen, S. 104.

*) Ist der tauro-elephas der Alten aus Aethiopien und einigen Ge= genden Asiens eine Varietät unseres Rindes? Es gedenkt seiner Ludolf Aethiop. lib. I, c. 10, und Philastorgius (hist. eccles. lib. III, c. 2) hatte einen in Constantinopel gesehen.

men; er findet ſich nicht nur in der Bjelowjejer Waldeinöde, ſondern auch an 30—40 Werſt jenſeits des Narew in einem Walde auf den Gütern des Grafen Titſchkewitſch, dann im Kaukaſus. Die Kühe tragen durchſchnittlich in drei Jahren nur einmal, die größten Stiere erreichen bis 16 Centner Gewicht. Der Auerochs wächſt ſechs Jahre und lebt bis vierzig; das Fleiſch gilt für ſchmackhafter als Hirſchfleiſch, die Haut iſt ſchwammig und unbrauchbar. Im Jahre 1844 fanden ſich in der Bjelowjeja 993 Stück; jedes Jahr werden viele, beſonders jüngere, durch die Wölfe getödtet. — Der Büffel iſt nach Pruner in Aegypten aus Syrien eingeführt und von ſo mildem Charakter in Unterägypten, daß der Stier an den Pflug und an die Waſſerräder geſpannt werden kann; in Oberägypten läßt er ſich ſchon viel ſchwerer unter das Joch beugen. Man beutet vorzüglich die Milch aus, und die Landbewohner eſſen ſein Fleiſch viel häufiger als das des Rindes. Der Yack iſt im gebirgigen Perſien neben dem Pferd und Kameel das nützlichſte Hausthier und hat gleich dem Elephanten eine wunderbare Kenntniß der Stellen auf dem Schnee und an Abgründen, die ſein Gewicht und das des Reiters tragen können. Er bleibt im Winter ſich ſelbſt überlaſſen und weiß ſein Futter unter dem Schnee zu finden. Im Sommer ſchickt man ihn in die Schneeregion und behält als Geißeln für die Rückkehr der Alten die Jungen zurück. Man ſcheert ihn nur einmal im Jahre, ſein Schweif gibt die ſogenannten Roßſchweife der türkiſchen Paſchahs und die in Indien beliebten Fliegenwedel. Der Yack lebt heerdenweiſe und weiß ſich gegen die Wölfe zu vertheidigen. — Der nordamerikaniſche Biſon, obwohl lange nicht mehr ſo häufig wie früher, kommt doch jetzt noch in Zügen von vielen Tauſenden vor.

Das erſte Hausthier des Menſchen war wohl das Schaf. Unſer zahmes Schaf leitet man gewöhnlich von Ovis Ammon des Altai und Himalayah und vom Mufflon Sardiniens und Corſika's ab; nach Owen wäre das Schaf aber nicht in Europa heimiſch, ſondern mit dem Menſchen aus Aſien eingewandert, und es ſind von ihm nie unzweifelhafte foſſile Reſte gefunden worden. Die wilden Schafe (Ovis Ammon) am Himalayah

in Sikkim ſchilbert Hooker als von koloſſaler Größe, 4—5'
hoch, von der Naſe bis zum Schwanze 7' l.; er ſah ſie von
14—18000' Höhe. Nach dem Werke des Grafen bella Mar‐
mora über Sarbinien†) kommt auch heut zu Tage der Mufflon
ungemein häufig vor; er ſah auf den Gebirgen des Innern
oft Heerden von 50 Stück. Auf der Inſel Tavolara gibt es
viele verwilberte Ziegen, bie gejagt werben und ſich von
ben zahmen nur burch außerorbentlich große Hörner unterſchei‐
ben*). In Neuholland vermehren ſich die Schafe viel raſcher
als in Europa, was nächſt dem auſtraliſchen Golde der Haupt‐
hebel für den Aufſchwung der bortigen Kolonieen iſt. An In‐
telligenz ſteht das Schaf der munteren, muthwilligen, freiheit‐
liebenben Ziege ſehr nach.

„Die Gemſen", ſchreibt Tſchubi††), „fliehen zwar nicht,
ſo lange ſie ben Menſchen ſehen, ohne ſich von ihm beobachtet
zu glauben, und verfolgen mit hochgehobenem Kopfe jebe ſeiner
Bewegungen mit der größten Aufmerkſamkeit; ja ein ſonber‐
bares, närriſches Benehmen des Jägers kann ihre Neugierbe
ſo ſehr feſſeln, baß der Gefährte beſſelben, wenn er nicht be‐
merkt worden, Zeit gewinnt, von hinten zu nahen und zu
ſchießen. Doch iſt dies ſchwierig, wenn mehrere Thiere bei‐
ſammen ſtehen, ba ſie alsbann nach allen Seiten hin ausblicken
und ſtets bie Naſe witternb in die Luft ſtecken." Nach einer
Sage in ben bayeriſchen Alpen gibt Gemſenblut, ganz warm
getrunken, Muth, Entſchloſſenheit und ſicheres Auge, macht
ſicher vor Schwindel, bringt immer bie beſten Böcke in ben

---

†) 2. Auflage, Paris 1839.
*) Ogilby, Blyth und Sclater betrachten das zahme Schaf, O.
Aries, als beſondere Species und ſtellen außerbem 16 Arten wilber Schafe
auf: O. Gmelini Bl. in Armenien und Perſien, cylindricornis Bl., Kaukaſus,
Burrhel Bl. Himalayah bis 17000'; Polii Bl. Bolhara, cycloceros Sclater
Penbſchab, Hodgoni Bl. Nepal, Vignei Bl. Klein-Tübet bis 14000', Nahoor
Bl. Groß-Tübet, Ammon Pall. (Argali) Sibirien, nivicola Eschsch. Kamt‐
ſchatka; Musimon L. Corſika, Ophion Bl. Cypern; Tragelaphus Fred. Cuv.
Afrika; montana Desm. Felſengebirge, californica Dougl. Californien; Pro‐
baton Og. Venezuela.
††) Thierleben der Alpenwelt, S. 291.

Schuß und macht auch wohl kugelfest vor Herrschaftsjägern†).
Auch Tschudi führt an, daß besonders früher Jäger, im Glauben, schwindelfrei zu werden, vom warmen Blute der Gemse
kosteten. Glauben ja auch Cannibalen, daß die Kraft und
Tapferkeit eines bedeutenden erschlagenen Feindes in sie übergehen, wenn sie von seinem Fleische genießen. — Das schöne
Geschlecht der Hirsche ist in zahlreichen Arten über alle Zonen
verbreitet; die nördlichsten Species sind das Elenn- und das
Renthier (dessen Name vom skandinavischen ren, reinlich,
kömmt); ein Hauptjagdthier der Rothhäute war der Wapiti,
Cervus mexicanus; Europa und das gemäßigte Asien haben
den Edelhirsch, Damhirsch und das Reh; in Bengalen ist sehr
verbreitet C. Axis, auf Java der javanische Hirsch, C. russa
und C. muntjac, das javanische Reh, welches letztere, wie das
zarte Kantjil, Moschus javanicus, leicht zu zähmen ist. Ueber
einen zu vielen Kunststücken abgerichteten Hirsch hat Hennings
berichtet††). Ausgerottet seit mehreren Jahrhunderten ist der
„grimme Schelch" der Nibelungen*). — Ueber die besonders
in Afrika ungemein zahlreichen vielgestaltigen Antilopen und
andere Thiere hat Harris ein sehr interessantes Werk ge-
schrieben†††).

Das Kameel ist ebenfalls eines der ältesten Hausthiere,
dessen Zähmung in die vorhistorische Zeit zurückreicht. Von
den Kameelen und Dromedaren gibt es sehr verschiedene
Rassen; manche von unglaublicher Schnelligkeit und Ausdauer,
so daß sie 7 bis 8 Tage lang täglich 30 bis 36 Stunden
machen. Diese Thiere haben es möglich gemacht, die unermeßlichen Wüsten Asiens und Afrika's zu durchreisen auf den älte-

---

†) Geschichten aus dem Thierleben, herausgegeben vom Münchener
Thierschutzverein.

††) Ahndungen und Visionen der Thiere, S. 147.

*) Geinitz hat 1561 in Irland für das Dresdener geologische Museum
ein gewaltiges Skelet des Schelch, Cervus Hibernicus (euryceros, megace-
ros, giganteus alior.) erworben, dessen Geweihe von einer Endzacke zur anderen 13½ Fuß messen.

†††) Portraits of the game and wild animals of the southern Africa.
London 1840.

sten Handelsstraßen, welche die Menschheit hatte. — Das
älteste Kameel läßt sich nach Kolenati†) nie das Vorrecht
nehmen, die Karawane zu eröffnen. Auf den herkömmlichen
gegenseitigen Gruß der sich begegnenden Nomaden kommen sogleich Fragen zum Vorschein, welche die Kameele betreffen.
Wird dem Asiaten ein Kameel geboren, so äußert er eine gleiche
Freude, als wenn ihm ein Knabe geboren wäre; er ruft:
„Bruder, wir haben einen Freund mehr“, oder: „Bruder,
unsere Familie ist um ein Glied reicher.“    Die Liebe der
asiatischen Völker zum Kameele geht so weit und ist so alt,
daß schon im Koran die Freuden des Paradieses auch die Kameele mit ausmachen helfen, daß bei einigen Stämmen der
Araber, die schon vor Mohammed an eine Auferstehung glaubten, dem Verstorbenen eines seiner Kameele auf dessen Grabe
geschlachtet wird, damit es sich am Auferstehungstage mit seinem
Herrn zugleich einfinde.    Das Kameel war die Kanzel des
Propheten und er verkündete von ihm herab seine Gesetzgebung.
Die Bande sind mächtig, welche die Orientalen in der Wüste
an das Kameel binden. Es ist der Träger der ganzen Familie
und des Hausbedarfs, der Kämpfer in der Schlacht, der Retter
auf der Flucht, der Bekleider und Ernährer, der Erretter vor
dem Verdursten, der tägliche Durststiller durch die ernährende
Milch, der Entdecker der fernen Wasserquellen, der Vorher-
sager des Sturmes, der Warner vor dem Samum und vor
fernen Raubthieren, der Beschatter im verzehrenden Sonnen-
brande, der Leiter in der Wüste, der Sklave des Asiaten, dem
es unbedingt aufs Wort folgt, der Freund desselben, mit dem
er auf der faden Steppenreise redet, dem er seine Freude, sein
Leid, seine Geheimnisse anvertraut; es nimmt Antheil an seinem Gesange; die Verstärkung der Recitative, das Schwellen
des Trillers beschleunigen des Kameels Schritte.    Der Asiate
ist gegen das Kameel immer zärtlich, straft es nur mit Worten, leitet es nur mit einem Stabe, den er links oder rechts
am Kopfe des Kameels vorstreckt. Es ist zu verwundern, sagt
Kolenati, wie die Kameele ohne Obdach, in der brennendsten

---

†) Die Bereisung Hocharmeniens und Elisabethopols. Dresden 1858.

Sonnenhitze, im Sturme, Regen, oft von Sand oder Schnee bis an den Hals verweht, ihr Leben fristen.

Brehm hingegen beurtheilt das Kameel wohl zu ungünstig†). „Alle guten Eigenschaften des Thieres haben ihren einzigen Grund in seiner leiblichen Ausrüstung und in seiner Dummheit. Die gepriesene Geduld ist nichts Anderes als Gleichgültigkeit, die Milde nur Stumpfheit, die Folgsamkeit bloß Trägheit; in der That und Wahrheit ist das Kameel das dümmste, unge= schickteste, störrischste und böswilligste Säugethier, guter Behand= lung fast unzugänglich, denn es lernt kaum seinen Führer, sei= nen Herrn kennen; von Liebe und Anhänglichkeit keine Spur. Ueberlegung besitzt es gar nicht, kurz alle geistigen Fähigkeiten stehen auf der tiefsten Stufe; ein Rind ist dem Kameel gegen= über ein kluges Geschöpf. In dem einmal gewohnten Geleis geht es dahin; verläßt es dasselbe, so kann es den Menschen zur Verzweiflung bringen. Selbst die edelsten Rassen dieses abscheulichen Thieres zeichnen sich nur wenig vor den unebeln aus.... Mehr als andere Thiere, ist das Kameel der Sklave seiner Sitten und Gewohnheiten; was es einmal gelernt, thut es ohne Widerstreben, was aber vom Gewohnten abweicht, ist ihm fürchterlich." — Um das Kameel zum Knieen zu bestim= men, damit es sich beladen lasse, legt man es schon in der Jugend mit einer Decke über den Kopf nieder und gibt ihm seine Milch nur, nachdem man es auf die Beine geschlagen hat, damit es niederkniee. Die Türken lassen bisweilen zur Belustigung Kameele mit einander kämpfen. In Marokko richtet man sie ab, Verurtheilte mit dem Gebiß zu packen, in die Luft zu schleudern und dann zu zerstampfen.

Eine zweite Abtheilung der genuinen Säugethiere begreift die von lebhaftem, reizbarem Naturell, großer Beweglichkeit, mit vorzüglich ausgebildetem Athmungs= und Muskelsystem, freien, zum Ergreifen bestimmten Zehen, die oft scharfe Klauen tragen. Es sind nur mäßig große oder auch ganz kleine Thiere, von welchen der größere Theil auf animalische Nahrung ange= wiesen ist. Eine erste Ordnung begreift die Nager, meist

---

†) Ergebnisse meiner Reise nach Habesch 1863, S. 144.

kleine, sich stark vermehrende Thiere mit großen meißelförmigen
Schneidezähnen und vorzugsweise entwickeltem Geruch und Ge=
hör. Ihr Gehirn ist glatt, ohne alle Windungen, ihre Intel=
ligenz schwach, aber es fehlt manchen nicht an List, und es
treten bei ihnen Kunsttriebe auf, wie in keiner anderen Ord=
nung der Säugethiere. Manche sammeln in Folge eigenthüm=
lichen Instinkts Nahrungsvorräthe für den Winter.

„Ein Nagethier", sagt Flourens, „unterscheidet den Herrn,
der es pflegt, nicht von einem Anderen. Doch schließt sich das
Murmelthier an seinen Herrn an und verjagt, im Herbstwinkel
seinen Aufenthalt nehmend, die größten Hunde; Buffon hielt
es für erziehungsfähig." Die Stimme eines amerikanischen
Murmelthieres, Arctomys ludovicianus, ist dem Bellen eines
kleinen Hundes ähnlich, daher sein Name Prairiehund. So
unendlich zahlreich sind, nach Möllnhausen, diese Thiere, daß
man tagelang ununterbrochen zwischen den kleinen Hügeln hin
zieht, die sie aufwerfen, in deren jedem 2—3 Individuen leben.
Auf den ganz wasserlosen Hochebenen von Mexiko sind sie eben=
falls sehr zahlreich, scheinen also außer der Regenzeit mit dem
Thau allein auszukommen. Sie halten Winterschlaf und legen
keine Vorräthe an, spielen gern mit einander und besuchen sich.
Vertraulich mit ihnen lebt eine kleine Eule; Athene hypogaea
Bonap., meist doch nur in von den Murmelthieren verlassenen
Höhlen; in solchen findet sich auch die Prairie=Klapperschlange.
Sie sind kaum größer als Eichhörnchen, gelbbraun, von schmack=
haftem Fleisch, schwer zu erlegen. Stansbury traf zwischen
Fort Kearny und Fort Laramie ein großes Dorf oder Kolonie
dieser Thiere, eine halbe Meile lang. Sie sind sehr scheu und
flüchten bei Annäherung von Menschen in ihre Löcher, aus
denen sie nur die Köpfe vorstrecken und dabei fortwährend
bellen.

Die Listen des Hasen sind bekannt. Du Fouilloux be=
richtet von einem, der, so oft er das Hüfthorn hörte, in einen
Teich schwamm und in dessen Mitte auf den Binsen ruhte,
ohne sich von den Hunden aufjagen zu lassen; ein zweiter Hase
trieb nach zweistündiger Verfolgung einen anderen Hasen aus
seinem Lager und legte sich in dasselbe; andere setzten durch

zwei bis drei große Teiche oder krochen unter der Thüre durch
in einen Schafstall; einer verkroch sich in die Erde, als er die
Hunde laufen hörte; ein anderer sprang abwechselnd durch eine
Hecke, bald auf deren rechte, bald linke Seite, immer die Hecke
zwischen sich und den Hunden lassend; andere kletterten auf
eine Mauer und verbargen sich in einer mit Epheu überwach=
senen Schießscharte; manche sprangen auf einer Distanz von
200 Schritten wohl zwanzigmal bald auf die eine, bald die
andere Seite eines kleinen Flusses†). Hackenschlagen heißt
man, wenn der Hase plötzlich seitwärts springt, um den ver=
folgenden Hunden zu entgehen. Die Jungen lockt die Mutter
durch geräuschvolles Zusammenschlagen der Ohren. — Azara
berichtet, daß die Vizcacha alle Knochen auf dem Felde vor
den Eingang ihrer Höhle schleppe, um durch das Geräusch ge=
warnt zu werden, das dann ein nahender Feind verursacht. —
Das Schoberthier, Lagomys alpinus, in Nordasien sam=
melt im Sommer Gras und formirt aus demselben 5—6 Fuß
hohe Heuschober, in denen es den Winter zubringt und die ihm
zugleich zur Nahrung dienen. Die Nester unserer Waldmaus
sind nieblich, aus Holzspänchen, Grashalmen, Blättern verfer=
tigt. Die Zwergmaus macht Nester, die gewissen Vogelnestern
sehr ähnlich sind. Scheitlin bemerkt, daß einzelne, aber nur
einzelne Hausmäuse so wenig scheu seien, daß sie fast auf den
ersten Ruf, wenn man sie sieht und ihnen pfeift, herbeikommen
und Brod aus der Hand holen. Namentlich die Albinos unter
ihnen, die weißen Mäuse mit rothen Augen, werden sehr zahm.
Scheitlin findet nirgends angeführt, „daß manche Mäuse ein
wenig singen können, d. h. 6—7 melodische Töne in einer
Reihe von sich geben. Diese Töne sind vermuthlich Erinne=
rungen von Gesang oder Clavier." Ich würde diese Angabe
haben auf sich beruhen lassen, wenn nicht das Gleiche vor ein
paar Jahren in einem Jahrgange des zoologischen Gartens von
Dr. Weinland versichert worden wäre. Der Anklang an die
Vogelnatur, die bei manchen Nagern durch Kunsttriebe sich
äußert, erscheint also auch im Gesang.

---

†) Smellie, l. c. II, 156.

Am meisten unter allen Säugethieren ist der Kunsttrieb beim
Biber entwickelt, ein Nager, der in vielen Gegenden der alten
und neuen Welt bereits ausgerottet ist, wie z. B. im größten
Theile Deutschlands*), in Italien, am schwarzen Meere, in
Aegypten und Persien.   Man wollte behaupten, die Biber der
alten und neuen Welt seien verschiedene Arten und die der
alten Welt machten keine Bauwerke.   Man hat aber noch in
neuer Zeit an der Elbe, Lippe und anderen Flüssen Deutschlands kunstvolle, wenn auch (wegen der geringen Zahl der
Biber) nicht große Bauten gefunden, mit zwei in Kammern
getheilten Etagen, deren jede einen Ausgang nach dem Wasser
hatte.   Sind die Biber ganz einzeln vorhanden, so werden sie
vielleicht nur Erdhöhlen graben.   Prinz von Neuwied versichert, daß ihm selbst in Deutschland den amerikanischen ganz
ähnliche große Biberbauten bekannt seien.   Oberforstmeister
v. Meyringk hat einen solchen von der Elbe beschrieben, und
ein anderer befand sich auf den Gütern des Generals v. Jagow
bei Magdeburg†).   Die amerikanischen Biberjäger versicherten
den Prinzen immer, es befänden sich mehrere Kammern in
einem Bau; Cartwright bestreitet dieses; es fände sich nur
eine Kammer, aber es würden zuweilen zwei Baue auf einander gesetzt, was die Jäger verleite, zwei Kammern anzunehmen.
Ich verweise rücksichtlich der Biberbauten noch auf das S. 97
Mitgetheilte.   Sie veranlaßten Chateaubriand, der in Amerika
gereist war, zu folgendem Ausspruch der größten Bewunderung:
„Et je n'aurais vu dans cette vallée aucune trace de
l'intelligence divine!   Qui donc aurait mis l'équerre et le
niveau dans l'oeil de cet animal, qui sait bâtir une digue
en talus du côté des eaux et perpendiculaire sur le flanc
opposé? Savez-vous le nom du physicien, qui a enseigné

---

*) Die wenigen Biber an der Ammer in Bayern werden wohl kaum
noch lange ihrer Vernichtung entgehen. — Nach Schläfli findet sich der
Biber noch im Tigris-Euphrat-Gebiete.   Mittheilungen schweiz. Reisender.
Winterthur 1564, 2. H. S. 72.

†) Prinz v. Neuwied, Verzeichniß der auf seiner Reise in Nordamerika beobachteten Säugethiere.   Berlin 1862, S. 185.

à ce singulier ingénieur les loix de l'hydraulique, qui l'a rendu si habile avec ses deux dents incisives et sa queue aplatie? Réaumur n'a jamais prédit les vicissitudes des saisons avec l'exactitude de ce castor, dont les magazins, plus ou moins abondans indiquent au mois de Juin, le plus ou moins de durée des glaces de Janvier."†)

Fitzinger berichtet nach Exinger's in Wien Mitthei-lungen über die Lebensweise des europäischen Bibers. Exinger hatte sechs Jahre hindurch eine Biberzucht in Mödling bei Wien. Die Biber dulden in ihrem Bau, ihren Geschleifen oder Gruben nur Abkömmlinge derselben Familie, durchaus kein einer fremden Familie angehöriges Individuum. Sie sind in der Liebe ungemein zärtlich. Die Biber lebten bei Exinger halb wild und errichteten am Ufer ihres Teiches ähnliche Baue wie im Zustande der Freiheit, welche sie fast immer nur des Nachts verließen, da sie äußerst scheu und vorsichtig sind. Sie lebten fast ausschließlich von der Rinde von Weiden, Pappeln, Erlen oder Eschen und schleppten deßhalb fortwährend Zweige von diesen Bäumen in den Bau, den sie sehr rein und trocken hielten. Die Mündung der Gänge zum Bau machen sie immer unter dem Wasser. Die Bäume, welche der Besitzer, der ihr Treiben aus einem Versteck beobachten konnte, für sie fällen und an das Ufer des Teiches bringen ließ, schleppten sie, die Stämme voran, in die tiefsten Stellen des Teiches, so daß die Kronen mehr aufwärts gegen das Ufer lagen, und verflochten dann alle Zweige sorgfältig durcheinander, daß kein Sturm sie auseinander werfen konnte. Die zur Nahrung benöthigten Zweige schleppten sie immer unter dem Wasser (oder Eise) nach dem Bau. Im Jahre 1856, wo am 17. November die erste Kälte und zwar mit solcher Heftigkeit eintrat, daß binnen 24 Stunden das Wasser sich mit einer Eiskruste überzog, hatten sie am Abend des 16., wo einige aus dem Bau kamen, das bestimmte Vorgefühl hievon und arbeiteten nun rastlos die ganze Nacht, um Wintervorrath in den Bau zu schleppen,

---

†) Génie du Christianisme.

worauf sie sonst 2—3 Nächte verwandt hatten†). — Dem
Biber verwandt ist das Ondatra, die Biberratte, in Nordamerika, welche auch Wohnungen, jedoch einfacher Art, construirt.

Die Ordnung der Insektenfresser begreift kleine Säugethiere, welche mit dem Gebiß der Fleischfresser bei jedoch stets
spitzhöckerigen Backenzähnen die Körperform und oft unterirdische
Lebensweise der Nager vereinen. Der Igel, Maulwurf, die
Spitzmaus, welche hieher gehören, haben ein schwaches Gesicht
und Gehör, aber feinen Geruch, und bieten in pfychologischer
Hinsicht nichts besonders Bemerkenswerthes dar.

Anders verhält sich dieses bei den Fleischfressern, bei
welchen die Eck- oder Reißzähne vorzugsweise entwickelt und
von Sinnesorganen namentlich Geruch und Gesicht, manchmal
auch das Gehör, sehr vollkommen sind. — Eine Anzahl von
ihnen bewohnt das Wasser, namentlich das Meer, aus welchem
sie in die Ströme aufsteigen, und hat durch Schwimmhäute
verbundene Zehen, schwimmt und taucht vortrefflich. — Die
Robben oder Seehunde sind über alle Zonen verbreitet, stellen
große Wanderungen an, ruhen, gebären und säugen auf dem
Lande. Die zahlreichen Seehunde bei den Gallopagos kriechen
oft vom Strande weg in den Wald hinein, so daß es sich oft
ereignet, daß man, nichts ahnend, plötzlich durch ihr Grunzen
überrascht wird und dann sich von einer höchst sonderbaren
Figur angrinsen und durch eine ganz achtungsgebietende Zahn-
reihe bedroht sieht. Weil bei diesen Seehunden die Vorderbeine weit nach hinten sitzen, können die größten den Kopf bis
zwei Ellen hoch emporrichten††). ·Während der Tertiärzeit
lebte in Südeuropa und Nordamerika ein riesenhaftes Thier,
wohl 60.Fuß lang, zwischen Robben und Walfischen stehend,
mit manchen Eigenthümlichkeiten, die sich bei keinem anderen
Säugethiere sonst finden. Es ist Owen's Zeuglodon ma-
crospondylus (Squalodon, Basilosaurus, Hydrarchus sind

---

†) „Der zoologische Garten", herausgegeben von Bruch. b. Jahrg.
1864, S. 273 ff.

†) Erdumseglung der schwed. Fregatte Eugenie, Berlin 1856, S. 222.

Synonyme), aus dessen Knochen Koch seine fabelhafte See-
schlange, Hydrarchus, konstruirte, in einer Länge von 100 F.
„Hätten sich mehr Knochen gefunden, sagt ein Berichterstatter†),
so hätte Koch sie doppelt so lang gemacht; Nautiliten dienten
in Amerika als Krallen. Später hat J. Müller den aus
Stücken sehr verschiedener Individuen sinnlos konstruirten
Schädel zersetzt und den Wirbelhaufen zu deuten versucht, nachdem Carus die Verirrung seiner philosophischen Naturforschung
daran gezeigt." Das große Zeuglodon, was Koch zeigte, war
mehreremale in Amerika und Europa in höchster Gefahr; zum
letztenmale 1848 zu Dresden, wo ihm drohte, zum Barrikaden-
bau verwendet zu werden. — Die Seehunde sind etwas zähmbar, und einer von ihnen, der sogenannte Seemönch, kann
zum Hervorbringen von Tönen dressirt werden, die entfernte
Aehnlichkeit mit menschlichen Worten haben.

Die übrigen Raubthiere zerfallen in mehrere Gruppen, von
welchen die Katzenartigen, Hyänen, Hunde, die Marder- und
Bärenartigen die bekanntesten sind. Am vollkommensten sind
in ihrer Art die Katzenartigen, bei welchen sich Kraft und
Geschmeidigkeit mit scharfer Bewaffnung in Gebiß und Klauen
in wirksamster Weise vereinigen. Die Alten, auch Plinius,
erwähnen die zahme Katze nicht*), hingegen Albertus Magnus
und die Araber, weßhalb die zahme Katze sich erst im Mittelalter über Europa und einen Theil Asiens verbreitet zu haben
scheint, vermuthlich von Nubien und Aegypten her, wo sie
wahrscheinlich schon zu Herodot's Zeit Hausthier war. Rüppel's
F. maniculata von der Größe der Hauskatze ist schmutzig oker-
gelb, oben dunkler, Backen, Kehle, Vorderfüße weiß, Lippen
und Nasenspitze schwarz, Füße und Schenkel mit einigen dunkeln Querstreifen. Auf der Stirn sind 8 schmale Streifen, der
Schwanz ist länger als bei der Hauskatze, am Ende mit zwei
schwärzlichen Ringen**). F. Bubastis Ehr., von Hasselquist

---

†) Aus der Natur, VII, 22.

*) Es ist nicht ganz gewiß, ob das Thier, was die Griechen αΙουρος,
Wedelschwanz, nannten, wirklich die Hauskatze war.

**) Die jetzige Hauskatze Habeschs und des Sudans ist ein Nachkomme
der kleinpfötigen Wildkatze, Felis maniculata.

beschrieben, hat eine längere Schnauze und kürzeren Schwanz; diese beiden waren bei den Aegyptern heilige Thiere. Die ägyptischen Hauskatzen stammen von beiden; eben so unsere Hauskatzen von ihnen oder noch anderen südlichen Katzen, während die europäische Wildkatze eine ganz andere Art scheint. Griechen und Römer hielten zum Mäusefangen in den Häusern das halb wild bleibende Wiesel; daher sein Name mustela. — Bruhn†) führt unter den Thieren Neuhollands die „eingeborene Katze, dasgrus“, an; es ist mir unbekannt, was das für ein Thier sein kann, da, wie allgemein angenommen, das Katzengeschlecht in Neuholland fehlt. Unsere Hauskatze wurde erst seit dem 10. Jahrhundert n. Chr. in vielen europäischen Ländern eingeführt. Sie hat große Abneigung vor der Gartenraute, die größte Zuneigung für den Baldrian, auf dem sie sich mit ungemeinem Vergnügen wälzt; eben so für Katzenminze und Teucrium Marum. Ihr Spinnen oder Schnurren entsteht durch Bewegung des Gaumensegels beim Ein- und Ausathmen*). Obschon als ein nicht geselliges Thier nur halb zähmbar, hat die Katze doch durch den Anschluß an den Menschen psychisch gewonnen. Nicht bloß Hunde, auch Katzen kennen die Eßglocke sehr gut, und Hennings erzählt Beispiele, daß Katzen Klosterglocken anzogen, nachdem sie bemerkt hatten, daß dann für Arme Speise hinausgeschoben wurde. Eine Katze klingelte eine Zeit lang täglich an der Thüre, um den Koch wegzulocken und dann von den angerichteten Speisen zu stehlen. Ein Kater verstand die Küchenthüre zu öffnen, indem er auf einen nebenstehenden Koffer sprang, sich mit einer Vordertatze an die Klinke hing und mit der anderen so lange auf deren

---

†) Mittheilungen über d. austral. Kolonieen S. 14.

*) Beith (Naturgesch. d. nutzbaren Haussäugethiere, Wien 1856) führt als Hauptvarietäten der Hauskatze an: 1) Die getigerte Katze, F. domestica vulgaris, Chypernkatze, grau mit schwarzen Streifen, Cypern. 2) Die Karthäuserkatze, F. d. coerulea, Haare lang, fein, dunkelgrau, Lippen und Fußsohlen schwarz. 3) Die spanische Katze, F. d. hispanica, schwarz, weiß und rothgelb, die Weibchen meist nur mit zwei dieser Farben gefleckt, Lippen und Sohlen fleischfarbig. 4) Die Angorische Katze, F. d. angorensis, mit langen, silberweißen Haaren; Lippen und Sohlen wie bei voriger.

breites Ende schlug, bis sie aufging†). Eine Katze kannte die
Stunde, wo ihr Herr von der Stadt zurückkam und erwartete
ihn an einer Straßenecke, mehrere hundert Schritte von der
Wohnung. Eine Kätzin, die nicht leiden konnte, daß man sie
berührte, bot sich der Hand dar, wenn es ihr schien, daß man
sie nicht festhalten wolle. Es fiel ihr schwer, allein zu sein,
sie folgte ihrem Herrn in die Zimmer, sanft miauend. Ver-
reiste dieser auf einige Tage, so sah man das Thier nicht, welches gleich bei seiner Rückkehr erschien und lebhafte Freude bezeugte. Diese Kätzin hatte immer den gleichen Kater, der,
wenn sie geworfen, die Jungen pflegte und bewachte. Zwischen
jeder Tragzeit brachten die beiden Thiere jeden Tag einige
Stunden beisammen zu, ohne daß der Kater je in die Zimmer
kam, indem er nie den Speicher verließ und zu wissen schien,
daß er außer·demselben nicht zu Hause sei††). Katzen sind
der Anhänglichkeit in hohem Grade fähig, aber man muß sie
gewähren lassen, sie nicht zur Liebe zwingen wollen, die auch
leicht wieder verscherzt ist. Ich hatte in München eine hübsche
Katze mit blauen Augen, die ungemein zärtlich gegen mich war,
bis ich sie einmal, als sie den Kanarienvogel zu bedrohen Miene
machte, keineswegs hart züchtigte, wo dann nie mehr die vorige
Freundlichkeit vollkommen zurückkehrte. Eine andere führte in
der Küche sehr häufig mit dem Dienstmädchen, wundersam
miauend, förmliche Gespräche. Die Katze gebraucht ihre Klauen
nur, wenn man sie angreift und festhalten will, weil ihrer
Natur dieses zuwider ist; Katzen können friedlich aus einer
Schüssel fressen, während Hunde knurren und raufen. Katzen
sind manchmal so anhänglich, daß sie nicht vom Bette der Erkrankten oder vom Grabe der Verstorbenen weichen wollen,
daß sie die Mörder ihrer Herrschaft kennen. De la Croix
berichtet von einer Katze, welche, unter eine Luftpumpe gebracht,
das Loch entdeckte, durch welches die Luft entwich und dasselbe
beharrlich mit der Pfote zuhielt, aber diese sogleich und wiederholt wegzog, wenn man wieder Luft einströmen ließ. Daß die

---

†) Thierseelenkunde II, 192.
††) Fée, l. c. S. 157 ff.

Katze des französischen Predigers Mariette diesen im Schlafe
erwürgt, weil er, der sie sonst reichlich mit allen Leckerbissen
fütterte, sie einmal, als er viele Gäste bei sich sah, nicht beachtet hatte, beruht wohl auf einer falschen Deutung.

Tiger und Löwe theilen sich in die warmen Länder der
alten Welt, so daß der Tiger das östliche und einen Theil des
nordwestlichen Asiens, der Löwe das südwestliche und Afrika
einnimmt. Der Tiger kommt auch am Kur bei Lenkoron vor,
vielleicht auch in Kolchis nach M. Wagner. In Iran ist er
nicht heimisch, verirrt sich aber auf seinen großen Jagdzügen
öfters nach Persien. Tiger leben auch im nördlichen Asien,
im Sommer sieht man sie am Obi manchmal bis in die Breite
von Hamburg hinauf. Renthiere wandern manchmal südwärts
bis in die Gegend von Orenburg 51° 45′ n. Br. Nach
Capitän Butakoff lebten die Tiger im Winter von 1852 ganz
munter am Ostufer des gefrorenen Aratsees im Schilfe. In
einer Nacht, wo das Thermometer 20° R. unter 0 stand, fraßen die Tiger zwei Kirgisen und fünf Pferde. Im südlichen
Theile des Altai begegnen sich in manchen Jahreszeiten Elenn,
Tiger, Renthier und der langhaarige Panther; im Himalayah
steigt der Tiger bis an die Schneegrenze hinauf und der Löwe
hält sich im Aurezgebirge im Sommer in den hohen Regionen
auf und steigt nur im Winter gegen die Küste herunter. Der
Tiger ist das furchtbarste Raubthier und namentlich dem Menschen verderblicher als der Löwe und der Jaguar. Im Decem-
ber 1847 brach zu Pengalengan auf Java, während sich Junghuhn dort befand, ein Königstiger Nachts durch das Strohdach
einer Hütte, worin 8 Javanesen am Feuer saßen, und schleppte
einen davon fort. Der Tiger wurde zwar verjagt, aber der
Javanese starb an seinen Wunden. Tiger haben schon aus
einem Zuge Reiterei einen Mann vom Pferde gerissen und
sind im Gebüsch verschwunden, ehe man noch recht wußte, was
geschehen war, — in anderen Fällen, wahrscheinlich wenn sie
gesättigt sind, fliehen sie vor den Menschen. Vor Junghuhn
sprangen einst auf einer Bergfirste drei Tiger aus dem Gebüsch
auf, zwei flohen, der dritte, ein großer Königstiger, blieb, die
Zähne fletschend, dicht vor ihm stehen. Zwei Maduresen, die

bei Junghuhn waren, standen stumm vor Schrecken; Junghuhn
fühlte sich „durch eine Art von Instinkt" gedrungen, den Tiger
aus Leibeskräften anzuschreien, was die beiden Begleiter dann
auch thaten, worauf der Tiger aufsprang und mit Windeseile
floh, während Junghuhn und seine Begleiter eiligst den Rückzug antraten.

Auf der Insel Singapore, die etwa 4 Quadratmeilen groß
ist und 100,000 Einwohner hat, haben nach v. Martens auf-
fallenderweise die Tiger in neuester Zeit sehr zugenommen; sie
fallen Abends Wagen an und schleppen Chinesen aus denselben
fort, oder überfallen dieselben in den Pfefferpflanzungen. Der
Tiger naht immer von hinten seinem Opfer und tödtet es mit
einem Schlag auf den Nacken. Dann schleppt er die Leiche
eine Strecke weit fort, frißt davon, entfernt sich dann, um nach
24 Stunden wieder zurückzukehren und weiter zu fressen. Man
benutzt diese Sitte des Raubthieres, um es zu erlegen, indem
man auf den nächsten hohen Baum einen tüchtigen Schützen
postirt. Es werden auf Singapore sehr viele Menschen den
Tigern zur Beute, und obschon sehr viele Tiger erlegt werden,
schwimmen doch immer wieder andere von Malacca über die
Meerenge herüber, so daß ihre Zahl eher zunimmt. — v. Martens beschreibt†) den Kampf eines Tigers mit einem Büffel
auf Sumatra in einer kreisförmigen Umzäunung von Bambus,
der mit dem Tode des Tigers endigte. Er bemerkt: „Uebrigens
haben einzelne Malaien hier mit dem Tiger, wie anderwärts
mit dem Krokodil, einen eigenen Aberglauben; sie behaupten,
der Geist eines ihrer Vorfahren sei in dem Thiere, und wenn
ein Kind gefressen wird, so heißt es: der Großvater hat es zu
sich genommen, was man dann gar nicht so schlimm findet,
auch keinerlei Wiedervergeltung versucht. Die Begriffe der
Furchtbarkeit und der Heiligkeit fließen hier zusammen, und
dieser Aberglaube mag in dem mahomedanischen Fatalismus:
was Gott thut, das ist wohlgethan, eine Stütze finden. Dennoch ist er so bizarr und ferne liegend, daß man glauben
möchte, ein Traum habe die Idee dazu gegeben. Daß der

---

†) Der zoologische Garten, 5. Jahrg. S. 418.

Tiger von hinten angreift und der Europäer in Indien fast
nie allein über Feld geht, sondern stets von Eingeborenen begleitet, die hinter ihm gehen, mindestens von einem Diener,
der den tali-api (brennende Lunte für die Cigarre) trägt, erklärt die Vorliebe des Tigers für eingeborenes Menschenfleisch
wohl einfacher, als ein problematischer Unterschied im Geschmack
des Fleisches oder eine angeborene Achtung vor der geistig über-
legenen Rasse."

Der Löwe existirte in etwas früheren Erdperioden noch
nicht; Goldfuß' und Cuvier's Höhlenlöwe, Felis. spelaea, ist
ein Tiger, nicht größer als der jetzige, aber muskelkräftiger.
Der Löwe kommt in mehreren Varietäten vor, aus denen
Swainson†) fünf verschiedene Arten machen wollte*). —
Jonathan Franklin macht die Bemerkung, daß Dichter und
manche Zoologen den Löwen auf Kosten des Tigers erheben,
aus ersterem ein Symbol der Herrlichkeit, des Muthes, der
majestätischen Stärke, aus dem zweiten ein Symbol der Wildheit, Feigheit, Tücke machen — und doch sei es schwer, sowohl
im Physischen als Moralischen besondere Verschiedenheit zwischen
ihnen zu finden, indem beide in ihren Begierden, in ihren
Mitteln zur Erlangung der Beute, Lebensweise, Sitten sich
gleichen. Er hat nicht ganz Recht; beim Löwen tritt jedenfalls
ein edlerer, großartigerer Charakter auf, und nur von ihm sind
Züge der Dankbarkeit und Großmuth bekannt, wie ja schon im

---

†) Treatise on the geography and classif. of anim. 1835, p. 284.
*) A. Wagner unterschied beim Löwen 4 Rassen: 1) Den großen
Löwen der Berberei; graugelb, Männchen mit herrlicher Mähne und ge-
mähnter Bauchlinie. 2) Den senegalischen; weniger stattlich, mit schwächerer
Hals- und ohne Bauchmähne. 3) Den persischen; bloß isabellfarbig, mit
langer, schwarz und gelb gemischter Hals- und ohne Bauchmähne. 4) Den
Guzeratischen; groß, Halsmähne kaum angedeutet, Bauchmähne fehlt; hin-
gegen eine kolossale Schwanzquaste. (Weinland, zool. Garten 1861, 174
möchte als 5. beifügen den südafrikanischen; Mähne fast schwarz, Kopf und
Schnauze breiter, kürzer, fast bullenbeißerartig, Unterkiefer etwas vorstehend,
Ohren fast ganz schwarz.) Am Cap kamen wenigstens früher nach Lichtenstein drei Varietäten des Löwen vor: ein dunkelbrauner, starker, gefährlicher mit schwacher Mähne, und zwei größere, blässere mit starker Mähne.
Auf Madagaskar fehlt der Löwe.

Alterthum der bekannte Fall vom Löwen des Androkles erzählt wurde. Ein Löwe vom Senegal, der nach Frankreich gebracht und mit einem Spitz in einen Käfig eingeschlossen wurde, faßte zu diesem eine solche Zuneigung, daß er erkrankte, als der Spitz verendet war. Man brachte einen ähnlichen Hund in seinen Käfig, aber der Löwe tödtete ihn sogleich und starb zuletzt, nachdem er immer schwermüthiger geworden †).

Der Löwe leidet nach General Juffuf keinen Nebenbuhler in der Nähe seines Lagers; zeigt sich einer, so wird auf Leben und Tod gekämpft. Verwundet ist der Löwe fürchterlich, stürzt in unglaublich weiten Sprüngen auf die Verfolger; ein solcher tödtete bei einer Jagd in wenig Minuten 8 Jäger und verwundete 15 schwer. Junge Löwen sind sehr zahm und folgsam, aber immer mit einem gewissen Gefühl der Ueberlegenheit. Nach Gérard, dem berühmten Löwenjäger, ist der Löwe äußerst reinlich; man findet selbst im Winter auf seinem Fell nie einen Schmutzflecken. Der Blick des Menschen, sein Geschrei 2c. habe keinen Einfluß auf den Löwen; wohl aber könne der Mensch den Blick des Löwen nicht lange ertragen; ja Araber würden von diesem Blicke manchmal so gebannt, daß sie dem Löwen gerade in den Rachen liefen. Dann wird aber doch wieder erzählt, daß man Löwen, wenn sie nicht hungrig sind, durch Schimpfreden und neben, nicht auf sie, geworfene Steine zum Rückzug zwingen könne. In ein Zelt oder Haus geht der Löwe nie, auch bei offener Thüre nicht. Gewöhnlich verjagen die Frauen den Löwen; Gérard verweist hinsichtlich des Mittels auf Cap. 47 des IV. Buches im Pantagruel.

Der Panther ist nach Gérard weit gefährlicher als der Löwe und greift den Menschen an, auch wenn er nicht hungrig ist. Panther und Leopard (welcher letztere Name ganz zu verbannen ist, als aus einer abenteuerlichen Zusammenbeziehung von Löwe und Giraffe entsprungen) weichen, wenn sie überhaupt verschiedene Species sind, hauptsächlich nur durch die Länge des Schwanzes ab. Eine Art (oder Varietät) des

---

†) Geschichten aus dem Thierleben, herausgegeben vom Münchener Thierschutzverein.

Panthers scheint in Asien und Afrika zugleich zu leben, eine
zweite größere nur in Nordwestafrika. Auf den Sundainseln
giebt es eine schwarze Abart des Panthers, wie vom Jaguar
im heißen Amerika. In Abyssinien vereitelt der Panther alle
Hühnerzucht, ist nach Brehm beispiellos frech und kühn, raubt
am hellen Tage, hat aber auch die ganze Thierwelt, namentlich
die Vögel zum Feinde. Ein einziger Panther schleppte im
Dorfe Mensa während dreier Monate 8 Kinder, etwa 20 Ziegen und 4 Hunde weg. In Guinea und Congo ist der Panther
ungemein gefürchtet, und einige Stämme der Schwarzen sehen
in ihm wegen seiner List und Stärke ein übermenschliches Wesen.
Der Jaguar, Puma und kleinere Katzen werden in Mexiko
mit dem Lasso erlegt; das eine Ende befestigt man an einen
hohen Ast des Baumes, auf welchen das Thier durch die Hunde
getrieben und festgehalten wird, das andere mit der Schlinge
wirft man ihm über den Kopf; springt es dann herab, so
hängt es sich selbst auf. Nach Gerstäcker†) wird allgemein
behauptet, daß der Cuguar, so scheu er auch am Tage den
Menschen flieht, mit wilder Blutgier schwangere Frauen anfällt und zerreißt. Die angenehmste aller Katzenarten ist der
Gepard oder sogenannte Jagdtiger, der sehr zahm wird und
den man zur Jagd auf Gazellen abgerichtet, wobei man ihn
auf dem Pferde mit sich führt. — Dem Oberst Sykes gelang
es, die bis dahin für unzähmbar gehaltene Hyäne zu zähmen.
Er hatte sie aus Indien gebracht, sie lernte seine Person und
Stimme vollkommen kennen und spielte mit den Matrosen auf
dem Schiffe lustig wie ein junger Hund. — Die Herpestes
oder Ichneumons ergreifen die Vogeleier, von denen sie hauptsächlich leben, mit den Vordertatzen und schlagen sie gegen den
harten Boden.

Die bärenartigen Raubthiere sind plump gebaut und
weniger ausschließlich fleischfressend als die bis jetzt angeführten.
Früher als ächte Bären und Hunde erschienen auf der Erde
Bärenhunde, sogenannte Höhlenbären, Ursus spelaeus,
Thiere, die die Gestalt der Bären mit dem Gebiß der Hunde

---

†) Amerikan. Wald- und Strombilder, 2. Aufl. S. 115.

einten. Zwei Arten der Bärensippe sind allbekannt: der gewöhnliche Bär und der Eisbär. Von ersterem hat man auch in der Schweiz wie anderwärts größere, schwarze, mehr Vegetabilien fressende und kleinere, röthlich braune, reißendere, dann noch (sehr selten) silbergraue oder weißliche Bären. Auf jene zwei Varietäten haben zuerst Klein und Rcaczinsky aufmerksam gemacht†). Bei einem überaus prächtigen Aufzuge, den Ptolemäus Philadelphus zur Feier der Dionysien anordnete, figurirte unter zahllosen anderen Thieren ein weißer Bär. Da man bis in die neuere Zeit nur den Eisbären kannte, so begriff man nicht, wie bei diesem ägyptischen Feste ein weißer Bär vorkommen konnte, bis Rüppel entdeckte, daß weiße Bären sich im Libanon fanden. Die Sitten des Bären sind Jedermann bekannt; man würde sich aber sehr täuschen, wenn man dieser scheinbaren Gutmüthigkeit, diesem plumpen Humor unvorsichtig vertrauen wollte. Dr. Weinland bemerkt ganz richtig††), der Bär scheine nur gutmüthig; seine Augen, Stellung, ganzes Wesen habe für den Menschen etwas Sympathisches, jedenfalls mehr etwas Drolliges als Furchtbares. Daher naht man ihnen gern und sorglos. Aber ein Tiger, ein Löwe ist nicht grausamer als ein Bär, wenn dieser seiner Sache sicher ist. In Stuttgart hat vor kurzem ein brauner Bär ein Mädchen neben seinem Zwinger an der Hand gepackt, den Arm durch das Gitter gerissen und so zerfleischt, daß andern Tages der Tod eintrat. In einer Menagerie in Glasgow verwundete ein schwarzer Bär (U. americanus) einen Schlosser, der am Gitter seines Käfigs arbeitete, lebensgefährlich.

Bären und Kameele richtet man grausamerweise dadurch zum Tanzen ab, daß man sie auf eine erhitzte große Metallplatte bringt, wo sie gezwungen sind, beim Klange der Musik die Beine aufzuheben. Im Dorfe Smorgonia in Litthauen beschäftigte man sich früher fast einzig mit Abrichtung von Bären und brachte es sehr weit mit ihnen. Der polnische General Branizki wurde einst bei einem Litthauischen Großen

---

†) Treviranus, Biologie III, 299.
††) Zoologischer Garten, III, 237.

zwischen einem Spalier von zehn Bären aufgenommen, welche
bizarr aufgeputzt vor ihm das Gewehr präsentirten, gleich alten
Soldaten. — Der fahlköpfige Bär, Grisly-Bear, Ursus ferox
Derm. des westlichen Amerika ist nach Prinz von Neuwied eine
gute Species.   Vielen Indianern ist der Grisly Bear oder
irgend ein anderes Thier geheiligt, oder wie man dort zu sagen
pflegt, Medicine, und sie betrachten dasselbe alsdann als ihren
Schutzgeist, tödten es nie, essen weder sein Fleisch, noch benutzen
sie alsdann das Fell.  Der Grislybär ist nicht größer als der
gemeine, von Farbe dunkel schwärzlich braun, häufig mit heller
gelblichen Haarspitzen; Kopf hinten gewöhnlich heller gelblich;
Klauen bogenförmig, sehr lang, und er gräbt damit viel nach
Wurzeln†). — Der Eisbär endlich ist eine halbe Amphibie,
schwimmt trefflich, geht weit hinaus in die See auf den Robben-
und Fischfang und wurde schon manchmal mit Polareisbergen
in südlichere Breiten herabgetrieben.   Er ist stärker und listiger
als der gemeine Bär.   Der Walfischfänger-Capitän Hawkins,
der gern einen Eisbären mit unbeschädigter Haut gehabt hätte,
legte auf den Schnee eine Schlinge mit einem Stück Walfisch.
Ein Bär, durch den Geruch des gerösteten Fleisches angezogen,
entfernte das Tau mit seinen Pfoten und bemächtigte sich der
Beute.   Die Matrosen, welche das Thier beobachtet hatten,
legten zum zweitenmal die Schlinge, bedeckten sie mit Schnee
und steckten das Fleisch in ein Loch.   Sie glaubten ihrer Sache
sicher zu sein, als der Bär, nachdem er einige Augenblicke gewittert hatte, den Schnee wegmachte, das Tau zurückstieß und
sich zum großen Verdruß der Matrosen mit der Beute davon
machte.

Unter allen Raubthieren zuhöchst stehen in psychischer Hinsicht

## Die Hunde.

Sind die Hausthiere überhaupt durch die eigenthümliche
psychologische Beschaffenheit ausgezeichnet, durch welche sie fähig
werden, in der Gesellschaft des Menschen zu leben, so spricht

---

† ) Nova Act. Acad. Leop. Carol. XXVI, 2, 50.

sich beim Hunde dieser Moment in ganz besonderer, von keinem anderen Thiere erreichten Art und Stärke aus.   Es ge-
sellt sich hiezu ein mysteriöses Dunkel über die Abstammung
des Haushundes, welche sich weit in die vorhistorische Zeit verliert.   Walther hat vor vielen Jahren ein kleines Buch über
den Haushund geschrieben, in welchem er vom „zahmen (zahm
geborenen) Hunde" vierzehn Hauptrassen oder Stämme mit
zahlreichen Unterrassen unterscheidet.   Er führt an, daß der Hund
vermöge des Kieferzungenbeinmuskels (musculus mylo-hyoideus)
die Zunge herausstrecken und beim Saufen löffelartig biegen
kann, welchen Muskel das Volk den Wurm nennt und sich
irrig einbildet, der Hund bleibe von der Wuth verschont, wenn
dieser Muskel ausgeschnitten wird.   Er gedenkt auch der sehr
empfindlichen Nerven des Hundes, welche ihn bei Musik,
Glockengeläute, dem Vollmond zu heulen veranlassen.   Er
spricht von den verwilderten Hunden, z. B. denen in den Pampas, welche von den Doggen der Spanier abstammen, und von
den „Hundewildfängen", wozu er die zwar unter Menschen
aber herrenlos lebenden lästigen und gefährlichen Hunde der
Türkei, Aegyptens und der indischen Parias zählt.   In Amerika hatte man schon vor Ankunft der Europäer Hunde; viele
Varietäten des Haushundes kamen zwar aus Asien, aber andere
Erdtheile hatten schon ursprünglich Hunde.   In älterer Zeit
kannte man in Griechenland, Italien, Deutschland nur wenig
Hunderassen; sie vermehrten sich allmälig durch Ankunft neuer
oder Bastardirung.   Der erste Schriftsteller, welcher der Hunde
gedachte, war Xenophon; die Gesetzbücher verschiedener Völker
haben manche Bestimmungen über die Hunde†).

Ohne Zweifel sind auch wieder Hunderassen eingegangen;
in unserer Zeit ist der Mops verschwunden oder nahe am Verschwinden.   Die Varietäten des Haushundes leiten ihren Ursprung, wie die meisten Zoologen annehmen, nicht von einer
wilden Hundeart, sondern von mehreren ab; die verschiedenen
Völker zogen eben die Arten an, welche in ihrem Lande lebten

---

†) Walther, Der Hund.  Gießen 1817.  Eine kleine aber gute
Schrift mit fast vollständiger Literatur von der ältesten Zeit her.

und sich zähmen ließen, woraus dann zahlreiche Bastarde ent-
standen, die sich noch vermehrten, wenn ein Volk auf seinen
Wanderungen auch noch die Hunde anderer Völker aufnahm.
In schlechter bevölkerten und weniger cultivirten Ländern mag
die wilde Stammart der dortigen Hunde noch im Lande selbst
oder in dessen Nachbarschaft existiren; in Afrika sind mehrere
Hundearten gezähmt; in Unterägypten sind die Haushunde dem
Canis Anthus ähnlich, ein ganz verschiedener Hund kommt in
Oberägypten und Nubien vor*). Manche, besonders nordische
Hunde, gleichen sehr dem Wolf, andere dem Fuchs, Schakal,
sogar der Hyäne; viele Hunderassen sind aber so eigenthümlich
gestaltet, daß man vergeblich nach etwaigen Stammeltern für
sie unter den jetzt auf der Erde vorhandenen Hundearten sich
umsehen würde, wie z. B. der Bullenbeißer, Pudel, Ratten-
fänger, Dachs, Mops. Eben so verschieden ist die Psyche der
Hunde, obschon der Grundzug der Anhänglichkeit an den Menschen bei allen Varietäten, wenn auch nicht in gleichem Grade,
sich findet.

Die Eskimos sollen oft den Wolf fangen, um ihre Hunde
damit zu kreuzen, damit dieselben größer und kräftiger werden.
Ihre Aehnlichkeit mit dem Wolfe ist aber auch sehr groß, das
Geheul beider gleich; doch haben diese Hunde auch sehr verschiedene Farben und tragen den Schweif über den Rücken ge-
krümmt. Die meisten anderen gezähmten Hunde hegen hingegen die größte Abneigung und Feindschaft gegen den Wolf.
Der eingeborene Hund Australiens, der Dingo, stellt bloß
den Schafen und dem Geflügel nach, ist dem Menschen nicht
gefährlich. Man läßt Nachts die Schafe von einem treuen
Hunde gegen die Angriffe der Dingos bewachen. Die Hunde
der Neuholländer sind nur halb gezähmt, ohne Zweifel in
Folge des tiefen Standpunktes der Herren selbst. Sie stammen
vom Dingo, dem wilden Hunde Australiens, ab, sind wilden,

---

*) Der Hund in Aegypten ist nach Pruner verwahrlost und durch-
aus struppiger Fuchs- und Grauhund. Die Hunde, namentlich aus nördlichen Gegenden, leben dort schwer und sind weder als Wächter noch als
Jäger ausgezeichnet. Die Katze ist klein und kurzhaarig, ihr Kopf spitz;
die langhaarigen verlieren bald den Schmuck ihres Felles.

wolfsartigen, grimmigen Naturells und haben wenig Anhänglichkeit an ihre Besitzer.   Außer bem Dingo gehört zu den
Hunderassen, die am weitesten vom gezähmten Zustande entfernt sind, der Dhole Indiens, der wild in den Dschungeln
an der Westgrenze Bengalens in Rudeln lebt und der Schrecken
der Thiere, selbst des Elephanten und Tigers ist; bloß das
Nashorn soll ihm widerstehen können.   In Java gibt es ebenfalls einen wilden Hund, der dem Dingo sehr ähnlich ist. Die
zum Mästen und Verspeisen bestimmten Hunde in China und
auf den Südseeinseln fressen nicht Fleisch, wenn es ihnen auch
angeboten wird, so sehr sind sie seit Generationen von selbem
entwöhnt.   Ich will noch anführen, daß die herrenlosen Hunde
in der Türkei ꝛc. nie von der Wuth befallen werden und daß
dieselbe in Amerika unbekannt sein soll, so wie, daß verwilderte
Hunde schon in der zweiten Generation nicht mehr zu bellen,
sondern nur zu heulen vermögen.

Schon sehr alte Völker gebrauchten den Hund als Wächter,
als Jagdgefährten, als Zugthier.   Die Kelten sollen Schaaren
von Hunden mit Halsbändern bewaffnet haben, die mit spitzen
Nägeln versehen waren und mit Kürassen von Blech, um sie
im Treffen zu gebrauchen.   Die Hunde in Korinth thaten einst
ihre Schuldigkeit besser als die auf dem Capitol in Rom, welche
durch die Gänse beschämt wurden.   Ihrer neununbvierzig wider-
standen einem plötzlichen Angriff auf die Burg und fielen alle
bis auf einen, der dann die schnarchende Wache mit Bellen,
Beißen und Zerren erweckte, so daß die Burg durch die Allar-
mirung der Besatzung noch gerettet werden konnte.   Die Ko-
rinther setzten dem übriggebliebenen, dem „Retter", eine Säule,
auf der er mit seinen tapferen Genossen abgebildet war, schmück-
ten ihn mit einem silbernen Halsband und machten ihn zum
Staatspensionär. — Die Begabung der Hundevarietäten ist
sehr verschieben, ja nicht einmal die Geruchsschärfe ist bei allen
vorhanden, nur gering z. B. beim Windspiel und beim Schäfer-
hund, welcher ein scharfes Gesicht, treffliches Gehör und viel
Verstand hat, aber wegen seinem stumpfen Geruch fast nie zur
Jagd bressirt werden kann.   Von anderen Varietäten kennt
man hingegen zuverlässige Beispiele unglaublicher Geruchsschärfe.

Boyle†) erzählt ein solches. Ein Edelmann hatte von einem Bedienten einen Spürhund besonders abrichten lassen und wollte die Probe machen, ob der Hund dessen Spur ausspüren könne. Er schickt den Menschen vier Meilen weit an einen Ort und dann noch drei Meilen weiter in eine Stadt, wo eben Markt war. Einige Zeit darauf läßt er den Hund laufen und schickt einige Diener nach, welche dem Hunde überall hin folgen mußten. Der Hund läßt sich in seiner Spur durch die vielen anderen Spuren nicht beirren und kommt endlich in die Stadt und an das Haus, in welchem der Diener, der ihn abgerichtet, im oberen Stockwerke saß, wovon die Nachgeschickten nichts wußten. — Zwei Engländer ritten mit einem Hunde aus und der Herr desselben wettete mit dem anderen, daß sein Hund ein Schillingsstück, das er unbemerkt vom Hunde irgendwo niederlegen wolle, finden und wiederbringen würde. Nachdem das Geldstück abgelegt worden war, befahl nach einiger Zeit der Herr seinem Hunde, das Verlorne zu suchen, und beide Herren ritten weiter. Als sie nach Hause gekommen waren, fand sich der Hund nicht, kam jedoch am anderen Tage mit einem Beinkleide gelaufen, in dessen Tasche eine Uhr, Geld und unter letzterem auch jenes Schillingsstück sich fand. Der Eigenthümer des Hundes lud den Besitzer des Beinkleides durch eine Anzeige in der Zeitung ein, dasselbe abzuholen. Es war ein Pächter, der jenes Geldstück gefunden und zu sich gesteckt hatte. Bald darauf kam der Hund an die Stelle und da er nichts fand, folgte er der Spur des Pächters, schmeichelte sich an ihn an, so daß ihn der Pächter in sein Schlafzimmer im Wirthshause nahm, wo er Gelegenheit fand, das Beinkleid zu stehlen und mit ihm davon zu laufen ††). Ein Jäger in Wer-nigerode erhielt eine Försterstelle in Dänemark. Man gab ihm bei der Abreise einen vorzüglich dressirten Jagdhund mit, den er am Hofe in Kopenhagen abliefern sollte, und mahnte ihn zu aller Sorgfalt für das Thier. Mit der Post reisend und den Hund an einem Riemen haltend, kam er glücklich in Ham-

---

†) In s. Abhandl. „von den Eigenschaften der Ausdünstungen."
††) Thierseelenkunde II, 95.

burg an, wo er, das Entlaufen nicht mehr fürchtend, ihn frei
ließ. Der Hund entlief ihm jedoch und es blieb ihm nur
übrig, dessen Verlust nach Wernigerode zu melden; aber noch
vor seinem Briefe kam der Hund daselbst bei seinem früheren
Herrn an. Er mußte den Rückweg, so schwer dieses war, durch
den Geruch der Spur gefunden haben†). Günther berichtet,
daß sein Hund mit ihm aus Hannover nur einmal und zwar
auf dem, wegen eines dazwischen liegenden Gebirges in einem
großen Bogen gehenden und vier Meilen langen Wege, auf ein
Landgut gekommen und dort eine Hündin seiner Rasse gefunden
hatte; fünf Wochen darauf lief er allein aus der Stadt, kam
in zwei Stunden auf das Gut, paarte sich dort und lief in
zwei Stunden wieder zurück, und zwar beidemal über das mit
Hochwald bedeckte Gebirge, wo er früher nie war††). Ein
treuer Hund folgte seinem Herrn zwölf Tage nach der Abreise
vom Schlosse Altenklingen nach dem hundert Meilen entfernten
Paris. Unter zahllosen Spuren auf den vielen Straßen um
die wimmelnde Hauptstadt hatte das Thier die Spur seines
Herrn mit gleicher Sicherheit herausgefunden, wie dessen
Stimme oder Pfeifen aus den verworrenen Tönen einer großen
Menge.

Die Klugheit der Hunde erwähnten schon die Alten und
Plinius führt als Beweis derselben an, daß sie laufend aus
dem Nil trinken, um nicht von Krokodilen erfaßt zu werden.
Man sagt, daß Hunde in Amerika, wenn sie über einen Fluß
setzen wollen, zuerst an einer entfernten Stelle laut bellen, um
die Alligatoren dahin zu locken, und dann schnell nach der
Uebergangsstelle laufen. Leroy bemerkt, daß man auf der
Jagd den Hund beobachten müsse, um über seine Intelligenz
ein Urtheil zu gewinnen. Sehr schwer ist es für den Hund,
indem man immer den nämlichen Hirsch jagt, dessen Fährte
festzuhalten, wenn der Hirsch seine Listen anwendet; verlieren
die Hunde sie, so hält man sie auf und züchtigt sie. Nur die

---

†) Thierseelenkunde II, 84.
††) Untersuchungen und Erfahrungen in Anatomie, Physiolog. u. Thierheilkunde. Hannover 1837, S. 9.

alten Hunde von vollendeter Erfahrung sind fest auf der Fährte und wissen diese, ohne zu zaudern, von allen anderen zu unter= scheiden. Ein alter erfahrener Hund wird selbstständiger, ist dem Herrn oft zu dessen Nutzen ungehorsam. Wird z. B. ein Stück angeschossen und der alte Hund findet dessen Fährte, so läßt er sich von seinem Herrn durchaus nicht davon abbringen und widersteht fest der Furcht vor Schlägen und dem Drange der Gewohnheit. Die Hunde stehen in Beobachtungs= und Combinationsfähigkeit so hoch als die Affen, haben aber nicht gleich leichte Gliederbewegung. Dureau de la Malle[†]) hatte zum erstenmale einen Wachtelhund vom Lande nach Paris gebracht. Als dieser auf die Straße gekommen war und wieder in das verschlossene Haus zurückwollte, bemerkte er, daß einem Fremden auf das Pochen mit dem Klopfer die Thüre geöffnet wurde, und wendete fortan dasselbe Mittel an, wobei er über seine Erfindung solche Freude hatte, daß er am ersten Tage sechsmal davon Gebrauch machte. So meldete sich auch Abild= gard's Hund durch Klingeln an der verschlossenen Thüre. — Ein kleiner Hund, dem das Spielen auf der Violine sehr miß= fallen hatte, holte nach Beendigung desselben den Bogen vom Tische und trug ihn unter das Bett.

Ein Hund unterschied Sonntage und Sonnabende genau von einander, entfernte sich am Sonnabend von Paris und lief nach Charenton, wo sein Herr am Sonntag die Kirche be= suchte, nachdem man ihn einigemal, weil er nicht mitgehen sollte, am Sonntag eingeschlossen hatte. In einem Falle, den Reclam berichtet[††]), unterschied ein Hund Wochentage und Sonntage. Ein alter Herr in Leipzig speiste an Wochentagen um 12, am Sonntag um 1 Uhr zu Mittag, und ließ dabei regelmäßig einen Spitz des Hauses theilnehmen. Als der Herr des Spitzes auszog, kam der Hund doch regelmäßig zu den Mahlzeiten des Gönners, ohne zu irren, an Wochentagen um 12, jeden Sonntag um 1 Uhr. Nur während der drei Meß= sonntage kam er unpassenderweise schon um 12 Uhr. Reclam

---

†) Annales d. sc. natur. XXI, 65, XXII, 399.
††) Geist u. Körper in ihr. Wechselbezieh. S. 284.

meint, es habe der lebhafte Verkehr auf den Straßen Leipzigs
an den Wochentagen und die Ruhe am Sonntag den Hund
zur Unterscheidung von beiden befähigt, ein Merkmal, welches
aber für die Meßsonntage ausfiel, weil an diesen durch den
Handelsverkehr die Straßen ebenfalls sehr belebt sind. Ich
denke jedoch, der Spitz wird schon im Hause selbst, an dem
Benehmen, Thun und der Kleidung der Bewohner die nöthigen
Unterschiede von Sonntag und Wochentagen haben beobachten
können, ohne erst auf die Straße laufen zu müssen; an den
drei Meßsonntagen hingegen werden sich sein Herr und die
übrigen Bewohner ebenfalls mehr so benommen haben, wie
sonst an den Wochentagen. — Noch andere Hunde unterschieden
die Wochenmarktstage und jene, wo sie die Dienste des Braten-
wendens thun mußten. Ein schöner Neufoundländer in Dor-
setshire war gewohnt, jeden Morgen einen Korb mit einem
Pencestück zu einem Bäcker zu tragen, welcher für das Geld
Milchbrödchen einlegte, die der Hund in die Küche ablieferte.
Nie nahm er aber am Sonntage den Korb, weil man an diesem Tage keine Brödchen bedurfte; er unterschied den Sonntag
wohl durch den Anzug der Inwohner. Ein Freund Troegel's machte manchmal am Sonntag eine botanische Excursion,
wobei ihn stets sein treuer Griffon begleitete. Vom Morgen
an unbeweglich in seinem Winkel liegend, behielt der Hund
immer einen Bücherschrank mit Glasthüre im Auge. Nahm
der Herr das Gesangbuch heraus, so schloß der Hund die Augen
halb und rührte sich nicht, wohl wissend, daß er den Herrn
nie in die Kirche begleiten dürfe. Griff hingegen der Herr
nach der Flora, so sprang der Hund aus dem Winkel, außer
sich vor Freude, bellend und schrecklichen Lärm machend. —
Bastian kannte in San Francisco einen Pudel, der in den
dortigen belebten Straßen den Weg nach dem Wharf zur richtigen Stunde zu finden wußte, um mit dem Dampfer nach
San Sacramento zu fahren, wenn er, was häufig geschah,
einen dortigen Bekannten besuchen wollte†).

Leibnitz berichtet in den Denkschriften der Pariser Akademie,

†) Der Mensch in d. Geschichte I, 76.

daß er bei einem Bauer bei Zeitz in Sachsen einen Hund gesehen, den ein Knabe einige dreißig Wörter habe aussprechen
gelehrt, was er aber nur ungern und nachdem ihm der Besitzer
das Wort vorgesprochen, that.    Hunde richten häufig ihr Benehmen nach der Kleidung und dem Ansehen der Menschen
ein, sind gegen Arme und Schlechtgekleidete knurrig und bissig.
Diebe in England richten Hunde zum Stehlen ab; an der
französisch-belgischen Grenze hat man Hunde zum Schmuggeln
dressirt*). Ein Schleichhändler in Flandern nahm seinen großen
zottigen Hund über die Grenze, ließ ihn dort scheeren und um-
wickelte seinen Leib mit Brabanter Spitzen und zog ihm dann
ein ganz ähnliches Fell über. Dann lief der Hund dem Herrn
voraus durch die Thore von Malines oder Valenciennes und
erwartete den Herrn im freien Felde auf französischem Boden.
Endlich nach 5—6 Jahren denuncirte ein Neider diesen ge-
winnreichen Verkehr. Der Hund entging aber den Zollbedienten
noch einige Zeit, bis er endlich, eben im Begriff, mit Spitzen
beladen über die Gräben von Malines zu schwimmen, erschossen
wurde†). Ein englischer Hirte hatte nach Anderson's Bericht seinen Hund zum Stehlen von Schafen abgerichtet und
wurde deßhalb gehängt. Er besuchte mehrere Meilen entfernte
Heerden, besichtigte diese und gab seinem Hunde bei gewissen
Schafen ein Zeichen. Der Hund kehrte in der Nacht zurück,
sonderte diese Schafe ab und trieb sie seinem Herrn zu††).
Froville, der als Augenzeuge die Wahrheit seiner Erzählung

---

*) Um Hunde zu solchem Dienst geschickt zu machen, läßt sie der
Pascher von Leuten, die als Zollwächter gekleidet sind, prügeln und sie
dann über die Grenze nach ihrer Heimath laufen, wo sie dann den wirklichen Douaniers fortan sorgfältigst aus dem Wege gehen. Und um Hunde
in der russischen Grenzfestung Gagr zu guten Wächtern gegen die Ueber-
fälle der Tscherkessen zu dressiren, ließ man ihnen von Menschen, die als
Tscherkessen gekleidet waren, die Nahrung wegnehmen und sie prügeln.
Um einen Hund zum Kopfschütteln zu bringen, bläst man ihm in die
Ohren; macht später der Herr nur die Bewegung des Blasens, so schüttelt
der Hund schon den Kopf.

†) Thierseelenkunde, II, 62.

††) Museum des Wundervollen, III, 224.

heilig betheuert, berichtet von einem Hunde, der ſeinem Herrn, einem alten Officier, wie ein Diener diente, ihm Briefe an Perſonen trug, deren Namen ihm der Herr deutlich geſagt, ihm beim Nachhauſekommen den Stock abnahm, Pantoffeln brachte, die Schuhe zur Köchin trug, ihm auch Pfeife und Tabak herbeiholte. Einſt wollte der Herr vom Hunde wiederholt Feuer haben und wies auf die Kohlen im Kamin; der Hund ſprang zweimal an den Kamin, wich aber beidemal zurück; beim dritten Gebot hingegen zog er einige Reiſer aus einem Birkenbeſen, legte ſie ins Feuer und brachte dieſe dann, ſie am nicht brennenden Ende mit der Schnauze faſſend, dem Herrn. Ein Spitz⸗ hund eines ſächſiſchen Acciſeeinnehmers trug ſeinem Herrn die Kleidungsſtücke zu, kannte alle Hausgenoſſen beim Namen, ſo daß, wenn der Herr befahl, dieſen oder jenen zu holen, der Hund zu ihm ging und ihn beim Kleide herbeizog ꝛc. Der Herr verlor einſt den Knopf ſeines Stockes und gewahrte dieſes erſt ſpäter. Er zeigte dem Hunde den mangelhaften Stock und gab ihm durch Mienen ſeine Verlegenheit zu erkennen; der Hund läuft fort und bringt den Knopf, ganz mit Erde über⸗ zogen, und nach einem neuen Suchen auch noch einen ſchmalen ſilbernen Ring, der unter dem Knopfe geſeſſen†). Ein Hund eines Grafen Sparr von Rathenau, der, wenn der Herr aus⸗ ging, eingeſperrt wurde, weil er ihm durch ſein beſtändiges Bellen läſtig wurde, entfernte ſich, wenn der Herr Anſtalten zum Ausgehen traf, und ſtieß erſt in einer gewiſſen Entfernung vom Hauſe zu ihm; er entfernte ſich einſt augenblicklich, als ſein Herr dem Kammerdiener befahl, ihn einzuſperren, weil er beim General v. Reppert ſpeiſen werde; als der Herr in deſſen Wohnung trat, ſtand der Hund ſchmeichelnd hinter der Thüre, mußte alſo deſſen Worte verſtanden haben.

Der folgende Fall zeigt von ungemeinem Scharfſinn. Ein Jagdhund kommt eilends zu ſeinem Herrn geſprungen, läuft auf deſſen Zimmer von der Flinte zum Herrn, dann wieder zur Flinte, bis der Herr die Flinte nimmt und mit einem An⸗ weſenden dem Hunde folgt. Dieſer führt ſie gegen einen Berg

---

†) Muſeum des Wunderbollen, I, 373.

und gibt dann dem Herrn auf alle Weise, auch durch Andrücken
zu verstehen, er solle links um den Berg gehen, während der
Hund diesen rechts umkreist.    Derselbe hat den Weg gemacht
und kommt nun von der Höhe, laut gebend und einen Hasen
vor sich hertreibend, den Herren entgegen; der Hase wird er-
legt†).    Der Däne Smith in seinem werthvollen Buche:
„Versuch eines vollständigen Lehrgebäudes der Natur und Bestimmung der Thiere", Kopenhagen 1793, mit einer Titelvignette,
welche den Pudel Giordano darstellt, der einem Professor von
Bologna gehörte, berichtet von diesem Hunde, daß er einst mit
seinem Herrn auf einem Schiffe im Po, ein natürliches Bedürfniß zu befriedigen sich scheuend, die Nacht hindurch win-
selte, bei Tagesanbruch ins Wasser sprang, ans Ufer schwamm
und von dort nach verrichteter Funktion wieder zum Schiff,
das den Strom aufwärts fuhr, zurückkehren wollte.    Da er
aber zu schwach war, das Schiff einzuholen, schwamm er wieder
ans Land, lief auf diesem weit aufwärts und kam dann von
oben her leicht wieder auf das Schiff.    Christoph v. Schmid††)
erzählt von einem großen Jagdhunde Stieß, einem Pfarrer
Feneberg gehörend.    Dieser schoß einst auf einer Insel der
Wertach einen Rehbock und befahl Stieß, den Bock zu holen,
was die dichten Gesträuche unmöglich machten.    Auf einmal
wendete sich der Hund, schleppte den Bock auf die entgegengesetzte Seite der Insel, umschwamm sie und legte den Bock
zu den Füßen seines Herrn.    Eine in das Haus gehörende
Ente, der ein muthwilliger Bube ein Bein gebrochen, trug
Stieß sanft auf das Zimmer des Herrn, wie fragend, was mit
ihr zu machen.    Verweilte ein besuchender Geistlicher bis zur
Dunkelheit bei Feneberg, so sagte dieser zu Stieß: Du gehst
mit ihm! und der Hund begleitete dann denselben bis an die
Hausthüre.    Jonathan Franklin war gewohnt, alle Morgen
am Strande von New-Haven zu baden, etwa eine Meile von
seiner Wohnung entfernt; von da ging er dann in die botanische Vorlesung von Dr. Graham.    Alle Tage hatte er Lincoln,

---

†) Hennings, Von den Ahndungen und Visionen der Thiere.
††) Erinnerungen a. meinem Leben. 3tes Bdchn. Augsburg 1853.

eine gewaltige dänische Dogge, bei sich, welchen Hund er am
Eingange in den botanischen Garten fortschickte. Eines Tages
nach dem Bade auf dem Wege zu dem botanischen Garten
begriffen, bemerkte er, daß er am Strande sein Tuch vergessen
hatte; mehr um zu scherzen als ernsthaft wendete er sich an
seinen Hund: „Lincoln, ich habe mein Tuch vergessen, hole es
mir." Zu seiner großen Ueberraschung kehrte das intelligente
Thier, nachdem es zuerst die leeren Hände seines Herrn und
das Tuch eines Kameraden betrachtet hatte, eiligst nach New-
Haven zurück, und als Franklin den Garten verließ, erwartete
ihn das treue Thier mit dem Tuche im Maul. Ein Hund
auf einem schottischen Dorfe, wo Franklin seine Ferien zu-
brachte, hatte vorzüglich die Hühner des Pachthofes zu bewachen,
welche er muthig gegen Füchse, Wiesel ꝛc. vertheidigte. Jeden
Abend steckte er seinen Kopf in das Loch des Hühnerstalles
und zählte gleichsam die Häupter seiner Lieben, ob keines fehle.
Eines Tages verkaufte der Pächter drei Hühner an einen fremden Händler, während der Hund eben nicht da war.
Abends steckte dieser wie gewohnt seinen Kopf durch die Luke
und fand die ihm anvertraute Schaar zu seinem großen Verdruß vermindert. Wie ein Blitz rennt er fort aus dem Dorfe,
trifft eine englische Meile davon den Händler, wirft ihn über
den Haufen, ergreift auf seinem Karren den Korb mit den drei
Hühnern, befreit sie und jagt sie triumphirend zurück. Der
Pächter, der sie mit Staunen kommen sah, nahm sich vor,
künftig keine Hühner mehr zu verkaufen, ohne seinen Hund
zuvor in Kenntniß zu setzen. — Man kennt endlich auch Beispiele, wo Hunde die Mörder ihres Herrn noch nach langer
Zeit erkannt, sie angefallen und hiedurch die Entdeckung des
Verbrechens herbeigeführt haben. Guer†) erzählt, daß ein
Papierhändler 1718 zwischen Toulon und Marseille ermordet
wurde. Der Sohn hatte den Hund bei sich, der damals den
Vater begleitet hatte und allein nach Hause gekommen war,
und trat eines Tages mit diesem in ein Ballhaus, um dem
Spiele zuzusehen. Der Hund stürzte wüthend auf einen der

---

†) Hist. crit. de l'âme d. bêtes.

Ballspieler zu und richtete trotz Schlägen und Abhaltungen
wiederholt Angriffe auf denselben.   Daburch wandte sich endlich
der Verdacht auf diesen Menschen, er wurde verhaftet und bekannte den Mord.   Ein Hund, den König Pyrrhus beim Leichnam seines Herrn traf und zu sich nahm, erkannte später bei
einer Musterung die Mörder seines Herrn.   Plutarch erzählt
von einem Hunde, der einen Tempel zu bewachen hatte und
einem Tempeldieb auf allen Wegen und Stegen folgte, bis
dieser verhaftet wurde.   Die Athenienser trugen für die Erhaltung des Hundes sein Leben lang Sorge.   De la Croix
erzählt von dem Hunde eines Pächters, dem in Vauxhall seine
Uhr gestohlen worden war, daß er den Dieb aus einer Masse
von Menschen herausfand, nachdem ihm der Herr das Suchen
anbefohlen und der Hund den Herrn zuerst berochen hatte.

Die gemüthlichen Eigenschaften haben die Hunde vor
allen Thieren zu Begleitern und Gefährten des Menschen gemacht.   Froville hat aus Richer als Motto seines Werkes†)
den Ausspruch: „Das Naturell der Hunde ist so viel werth
als das unsere;" Fée meint, der Hund sei das einzige Thier,
welches so zu sagen ein Herz hat, und Brehm nennt den
Hund „den edeln treuen Hausfreund, das menschenähnlichste
aller Thiere, so weit es das geistige Wesen betrifft."   Dieses
Thier, welches mit viel Erinnerungsvermögen ziemlichen Verstand verbindet, dabei ungemein treu, dankbar und gehorsam
ist, muß nothwendig vielfach nützlich sich erweisen.   „Diese
ausgezeichneten Gaben", sagt Walther, „das dem Hunde
ganz eigene Bestreben, um den Menschen zu sein, seine unauf-
hörliche Sehnsucht, sich fest an ihn zu schmiegen, seine sichtbare
Begierde, ihm zu dienen, sich seinen Beifall zu erwerben, das
besondere Talent, seine Liebkosungen und seine Anhänglichkeit
auf so mannigfache Art an den Tag zu legen, sind so einzig
und charakteristisch, daß hier die Absicht der Natur unverkennbar wird, dieses Thier dem Menschen näher als jedes andere
zuzugesellen."   Hunde haben unaufgefordert verunglückte fremde
Kinder gerettet, haben Menschen zur Rettung ihrer verun-

†) Geschichte berühmter Hunde.   Aus d. Französ.   Leipzig 1797.

glückten Herren herbeigeholt, Diebe und Mörder ausgespürt, Hunde blieben ihren Herren noch nach dem Tode treu und starben auf ihrem Grabe. Andere bewahrten selbst mit Aufopferung ihres Lebens das ihnen anvertraute Gut; ein aus Versehen mit Wildpret eingeschlossener Jagdhund starb vor Hunger, weil er es nicht über sich brachte, etwas vom Wilde anzurühren. French†) erzählt von Sir Lee's Hund, daß er seinem Herrn das durch einen Mörder bedrohte Leben dadurch rettete, daß er sich unter das Bett desselben legte und dort liegen blieb, was er sonst nie zu thun pflegte. Eben so der von Dr. Battie erwähnte Hund, welcher seinem in dringendster Lebensgefahr schwebenden Herrn zu helfen suchte, obschon vergeblich, dann in das nächste Dorf eilte, durch sein auffallendes Benehmen endlich einen Mann bewog, ihm zu folgen und so seinen Herrn rettete. Ein junger Pächtersbursche in der Umgegend von Coutances hatte, über andere Bewerber siegend, die Tochter seines Meisters geheirathet, und man feierte die Hochzeit, als am Abend der an der Kette liegende starke Hofhund eigenthümlich zu bellen begann, weßwegen der Herr ihn loszumachen befahl. Der Hund stürzte wüthend gegen das Haus und zur Thüre des Brautgemaches, deren untere Füllung er zerbrach und unter das Bett fuhr, worauf die ihm Gefolgten einen Schmerzensschrei hörten und beim Nachsuchen einen erwürgten, mit zwei Pistolen bewaffneten Menschen fanden. Es war einer der Bewerber des Mädchens, der wohl sich rächen wollte ††).

Als 1816 das englische Transportschiff the Harponeer bei Terre neuve scheiterte, wurden von 380 Menschen nur 160 gerettet, wozu ein großer Neufoundländer viel beitrug, der mit einem Tau an die Küste schwamm. Ein Förster in Schwaben kaufte von einem herumziehenden Italiener einen Hühnerhund, der anfänglich um seinen früheren Herrn so sehr trauerte, daß er fast starb. Es gelang dem neuen Herrn indeß, ihn zu

---

†) Zoological Journal I, 7.

††) Piérart, Revue Spiritualiste, V, 113. Aus dem Journal d'Avranches 1862.

erhalten und an sich zu gewöhnen. Im nächsten Jahre, um die
Zeit, da sein früherer Herr diese Gegend gewöhnlich besuchte,
was jedes zweite oder dritte Jahr geschah, lief der Hund einige
Wochen hindurch täglich auf einen Hügel und sah nach der
Gegend, woher der ehemalige Herr sonst gekommen war. Auch
die beiden folgenden Jahre setzte er dies fort, eben so im Herbst
des vierten Jahres. Eines Tages hatte er sich vom Förster
entfernt und antwortete auf dessen Ruf durch schreckliches Geheul und Gewinsel. Der Förster gelangte nach etwa ½ Viertel-
stunde zu ihm und sah ihn beschäftigt, einem alten kraftlosen
Manne beizustehen, der bis unter die Arme in einer Lache
stand und dem der Hund, obwohl vergeblich, herauszuhelfen
suchte. Es ergab sich, daß es der Vater jenes Italieners war,
der den Hund kurz nach seiner Geburt aus einem Bache genommen hatte, worin man ihn ertränken wollte, und ihn aufgezogen hatte†). Eine trächtige Hündin begleitete ihren Herrn
auf einer Reise von Käsmark nach Eperies in Oberungarn,
etwa 7 ungarische Meilen, und warf dort 5 Junge. Einige
Tage darauf kehrte der Herr zurück und die Hündin schwankte
nun, ob sie den Herrn oder die Jungen verlassen solle, ent-
schied sich jedoch nach hartem Kampfe dem Herrn zu folgen.
Als dieser wieder in Käsmark angelangt war, machte sich die
Hündin auf den Weg nach Eperies und brachte in Zeit von
24 Stunden, indem sie den Weg fünfmal nach einander hin
und her zurücklegte, hiemit 65 ungarische Meilen machte, alle
5 Jungen nach Käsmark, welche aber sämmtlich starben, worauf in Folge der übermäßigen Anstrengung auch die Mutter
am folgenden Tage zu Grunde ging††). — Ein Ungenannter
bemerkt, daß Hunde große Anhänglichkeit an bestimmte Corporationen haben; Soldatenhunde seien jedem Civilisten feindlich
und verkehren nur mit der Waffe, der sie angehören, auch
wenn sie keinen persönlichen Gebieter haben, so daß sich ein
Batteriehund nie mit einer Schwadron oder Infanteriecompagnie

---

†) Müller's Magazin für allgemeine Natur- und Thiergeschichte
Göttingen u. Leipzig 1788, I, 52.

††) Museum des Wundervollen LI, 230.

abgibt. Auch das Pferd gewöhne sich so an Corporationen, und Pferde, die unverdrossen einen schweren 24 Pfünder ziehen, werden wild und widerspenstig, wenn man sie vor einen Sandkarren spannen will †).

Hunde sind auch unter sich der Anhänglichkeit, Freundschaft und Hülfeleistung fähig. Franklin erzählt: Ein Gentleman in Fife hatte einen sehr schönen, sanften und geselligen Neufoundländer. In der Nachbarschaft, jeder etwa eine Meile entfernt, befanden sich zwei andere mächtige Hunde, nicht so gutmüthig wie der Neufoundländer, der eine ein großer und starker Fleischerhund, der andere (in der Mühle) ein Bulldogg. Jeder dieser Hunde war Meister im Gebiete seines Herrn über die anderen Thiere; alle drei waren aristokratisch stolz und kriegerisch; nicht leicht begegneten sie sich ohne Ausforderung und Kampf. Der Neufoundländer leistete auch manchmal häusliche Dienste, holte z. B. täglich in dem eine Meile entfernten Dorfe das Brod. In diesem Dorfe gab es eine Anzahl nichtsnutziger und dazu sehr bösartiger Hunde, die der Neufoundländer in der Regel keines Blickes würdigte. Eines Tages kam er aber beschmutzt und mit zerrissenen Ohren zurück; jene Hunde hatten ihn in Masse angefallen, und mit seiner Ladung beschäftigt, hatte er sich nicht gehörig vertheidigen können. Statt nun, wie immer, das bei seiner Rückkehr für ihn bereitete Fressen zu verzehren und hierauf der Ruhe zu pflegen, legte er nur schnell seine Bürde ab und lief dann in der Richtung zur Pächterei fort, in welcher sich der Metzgerhund befand. Die Pächtersleute sahen den ungewohnten Besuch in Conversation mit ihrem Hunde und beide entfernten sich nach derselben in der Richtung nach der Mühle zu. Nach einer kurzen Unterhaltung daselbst gesellte sich ihnen der Bulldogg zu und alle drei liefen nach dem Dorfe, jedoch nicht auf dem geraden Wege, der beim Haus des Neufoundländers vorbeiführte, sondern auf einem wenig betretenen, gewundenen Querwege. In großem Zorn sprangen sie dann durch das Dorf und bissen alle Hunde des niederen Volkes, welche ihnen unter die Zähne kamen.

---

† ) Augsburger Allgem. Zeitung 1852, S. 3960.

Dann ſchwemmten ſie ſich in einem Graben und jeder kehrte
nach dem Hauſe ſeines Herrn zurück.    Begegneten ſie ſich
ſpäter, ſo beobachteten ſie wieder das gleiche kriegeriſche Verhalten wie vor dieſem Ereigniß. — Es gibt aber Fälle, wo
ein momentaner Dienſt dauernde Verträglichkeit oder beſſere
Freundſchaft herbeiführte.    In Donaghadee befanden ſich ein
Neufoundländer und ein Fleiſcherhund, jeder für ſich von gutem
Charakter, aber jedesmal im Kampfe, wie ſie ſich begegneten.
Eines Tages fielen ſie bei einer langen und heftigen Rauferei
beide zuſammen vom Hafendamme ins Meer.    Der Damm
war ganz ſteil und lang; ſie mußten ſchwimmen und zwar ſehr
weit.    Jeder that ſein Beſtes, das erſteigbare Ufer zu gewinnen.
Dem Neufoundländer wurde dieſes leicht; er kam ans Land
und ſchüttelte ſich das Waſſer aus dem Pelz.    Da ſah er den
Metzgerhund, deſſen Kräfte erſchöpft waren, im Begriffe zu ertrinken, und ſtürzte ſich, von edlem Gefühl ergriffen, aufs neue
ins Meer, ergriff den anderen am Halsband und brachte ihn
glücklich ans Land.    Hier folgte nun eine wahrhaft rührende
Dankesſcene; von jetzt an ſchlugen ſich die beiden Hunde nicht
mehr, man ſah ſie ſtets beiſammen, und als der Neufoundländer
ſpäter durch einen Steinwagen zerquetſcht wurde, war der
andere lange Zeit untröſtlich†). — Man kennt endlich einen
Fall, wo zwei Pudel einen Dachshund, der in einem Kaninchenbau ſtecken geblieben, hätte zu Grunde gehen müſſen, durch
Ausſcharren retteten.

Was andere wilde Arten des Hundegeſchlechtes betrifft, ſo
ſind die Sitten des Wolfes und Fuchſes ſeit Langem bekannt;
das perfide, liſtige, unedle Weſen des europäiſchen Wolfes hat
Tſchudi in ſeinem Thierleben der Alpenwelt eingehend geſchil-
dert.    Der amerikaniſche Wolf iſt nach Gerſtäcker††) weniger
ſchlau als der unſere und wird häufig in Fallen gefangen.    Er
ſei auch kleiner und ſchwächer und fürchtete anfänglich die aus
Europa gebrachten, ihm unbekannten Schafe, bis er durch pein-
lichen Hunger getrieben ihren Geſchmack kennen gelernt hatte,

---

†) Franklin, l. c. S. 177.
††) Amerikaniſche Wald- u. Strombilder, 2. Aufl. S. 117 ff.

worauf er dann fürchterlich unter ihnen aufräumte. Der nord=
amerikanische Fuchs soll „aufbäumen", d. h. auf Bäume klet=
tern, wie überhaupt daselbst das meiste Wild, sowohl vierfüßiges
als Federwild, Büffel, Hirsche und Wölfe ausgenommen, in
den Bäumen Zuflucht sucht. Vom europäischen Fuchse erzählt
Franklin†) eine artige Geschichte. Der Pfarrer von Kilmo=
rac, in einer romantischen wild= und fischreichen Gegend von
Inverneß wohnend, sah häufig Gäste bei sich. Zu ihrer Be=
wirthung waren auch Hühner und Eier nöthig, und endlich
gelang dem Pfarrer der Bau eines Hühnerstalles, in welchem
die Hühner vor den zahlreichen Füchsen des nahen Waldes
sicher waren. Eines Tages, als wieder Gäste da waren, wollte
Christiane, die Köchin, Eier aus dem Hühnerhause holen; ent=
setzt schaut sie beim Eintreten eine Mordscene; überall Blut,
Dutzende erwürgter Hühner, und in ihrer Mitte, regungslos
und ganz wie todt ausgestreckt, ein Fuchs. Zorn und Ver=
achtung des gefräßigen Räubers, der sich bis zum Platzen über=
fressen hatte, wie Christiane keinen Augenblick zweifelte, erfüllt
ihr Herz, sie ergreift den Fuchs beim Schwanze und schleudert
ihn auf einen nahen Misthaufen: „Das ist noch zu gut für
dich! Du verdienst nicht einmal das Begräbniß eines Hundes!"
Der Fuchs fällt auf den Misthaufen, rafft sich schnell auf, läuft
dem Walde zu und läßt Christiane in sprachlosem Erstaunen
zurück. Welchen Scharfsinn, Ueberlegung und Selbstbeherrschung
erforderte diese List! Nach Göze kletterte ein Fuchs zuerst
frei, dann mit einem Stück Holz im Maule auf einen Baum,
und als in der Dämmerung eine Bache mit Frischlingen vor=
überkam, raubte er einen und flüchtete mit ihm auf den Baum.
Der Schakal ist in Afrika, Südosteuropa und besonders in
Asien bis nach Ostindien hinein verbreitet; ein äußerst lästiges,
dreistes, schon in der Bibel wegen seines Geheules berüch=
tigtes Thier. Er schleppt Alles weg, verzehrt Alles, sogar
Pferdegeschirr und Stiefeln, ist fast nicht abzutreiben, bricht
Nachts in die Häuser. So wie einer zu heulen anfängt, heulen
alle in der ganzen Gegend. — Der sogenannte Coyote (abge=

---

†) l. c. S. 135.

leitet vom aztekischen Coijotl, Wolf) oder kleine Prairiewolf Neumexiko's heißt im zoologischen System Canis latrans. Der Prinz von Neuwied sah ihn immer nur einzeln oder paarweise, nie in Rudeln; fast in der Mitte zwischen Wolf und Fuchs stehend, ist er fast noch listiger als letzterer.

Die letzte Abtheilung der genuinen Säugethiere sind die Menschenähnlichen, Vierhänder oder

## Die Affen.

In der glühenden üppigen Tropenzone und den angrenzenden Gegenden, wo die Jahreszeiten nur geringe Differenzen der Wärme und des Lichts zeigen, eine mächtige Vegetation und Insektenwelt sich entwickelt, ist eine zahlreiche Gruppe wesentlich baumbewohnender Säugethiere erschienen, welche unter allen dem Menschen am ähnlichsten sind, so jedoch, daß sie als Verzerrungen und Carrikaturen desselben zum Theil bis zum äußersten Grade der Widerlichkeit sich darstellen. Man theilt die affenartigen oder vierhändigen Säugethiere in zwei Ordnungen: Halbaffen, Alles nächtliche, ausschließlich von Insekten lebende Thiere, welche durch Zahlenverhältniß oder Stellung der Schneidezähne, die Kralle am Zeigefinger der Hinterhände, die großen Augen, das behaarte Gesicht, den dicken, weichen Pelz von den eigentlichen Affen abweichend, in manchen ihrer Formen Raubthieren sich nähernd, bloß der östlichen Halbkugel angehören, und eigentliche Affen*). Bei diesen sind die Schneidezähne in Zahl und Stellung im Ganzen denen des Menschen gleich, ihr Gesicht ist nackt und sie genießen mehr vegetabilische als thierische Nahrung. Sie zerfallen wieder in drei unter einander sehr abweichende Familien, zuerst die Krallenaffen oder Sahuims, deren sämmtliche Finger statt Platt

---

*) Die Augen eines Lemur (L. tardigradus?) auf Ceylon sind nach Emerson Tennent so groß und glänzend, daß die Singhalesen diesen Maki fangen, um aus den Augen Zaubermittel und Liebesträuke zu bereiten, wobei sie so grausam sind, das Thier ans Feuer zu halten, bis die Augäpfel bersten.

nägel Krallen tragen, mit alleiniger Ausnahme des Hinterbaumens, der einen Plattnagel hat und wo das Gehirn nach Dareste keine gewundenen Furchen zeigt, sondern wie bei niedrigeren Säugethieren glatt ist: kleine artige Thierchen des heißen Südamerika's von der Größe der Eichhörnchen, von denen man einige, wie die Pinsel- und Löwenäffchen, zum Vergnügen in den Zimmern hält. Dann folgen die vollkommneren Affen, welche wieder in die zwei bedeutend abweichenden Familien der Plattnasen und Schmalnasen sich trennen. Die ersteren, das warme Amerika bewohnend, haben in jedem Kiefer 12 Backenzähne und da ihre Schneide- und Eckzähne an Zahl denen des Menschen gleich sind, im Ganzen 36 Zähne, also 4 mehr als der Mensch; ihre Nasenscheidewand ist breit, weßhalb die Nasenlöcher seitwärts stehen, sie haben nie Backentaschen und Schwielen am Hintertheil, ihr Schwanz ist meist lang und oft ein Greif- oder Wickelschwanz. Der Greifschwanz hat vor der Spitze unten eine kahle Stelle und wird zum Betasten der Baumäste und Prüfung ihrer Tragfähigkeit gebraucht, ehe das Thier sich ihnen anvertraut; der Wickelschwanz dient zum Umschlingen der Aeste, so daß, wenn auch alle Hände in der Luft schweben, das Thier sich noch mit dem Wickelschwanze an einem Zweige zu halten vermag, zum Verdruß des Jägers, der etwa einen solchen Affen erlegt hat, welcher dann statt herabzustürzen an dem Zweige hängen bleibt, den der Schwanz im Tode krampfhaft umschlungen hat. Die Schmalnasen, welche die Osthemisphäre bewohnen, haben das Gebiß des Menschen, eine schmale Nasenscheidewand, daher abwärts gerichtete Nasenlöcher, meist Backentaschen zum Bergen von Speisevorrath und Gesäßschwielen, nie einen Greif- oder Wickelschwanz und gleich dem Menschen an allen Fingern platte Nägel. Unter ihnen allein finden sich jene menschenähnlichsten Affen, welche rohe Völker veranlassen konnten, sie für verwilderte Menschen zu halten, die wohl sprechen könnten, aber nicht wollten.

Das Caricaturartige in der Erscheinung der Affen entsteht durch die Unregelmäßigkeit in der Bildung ihrer Körper- und Gesichtstheile und durch den Mangel an harmonischer Zusam-

menſtimmung derſelben; ſie ſind eine widerliche Miſchung von
menſchlichen und thieriſchen Charakteren.   Ihre Geſichter ſind
häßlich, manchmal auch bei jungen Individuen greiſenartig;
ihre Züge drücken nicht Freude oder Wohlwollen, oft aber Zorn
und Haß aus, und der Drang bleibt auch ernſt bei den Purzel-
bäumen, die er ſchlägt.   Die Muskulatur ihrer Hände iſt ſehr
unvollkommen, verglichen mit jener der Menſchenhand; ihre
Hinterhände ſind zu ſchmal zum aufrechten Gang, wenn auch
die anderen Bedingungen zu dieſem gegeben wären.   Manche
haben an der Luftröhre ſackartige Erweiterungen, wodurch ihr
grelles Geſchrei, ihr abſcheuliches Heulen oder Brüllen möglich
wird.   Bei den Affen der alten Welt allein kommt Menſtrua-
tion vor und ſie können das ganze Jahr hindurch ſich fortpflanzen, während die amerikaniſchen Affen hiebei an eine beſtimmte Zeit gebunden ſind.   Meiſt gebären die Affen ein
Junges, nur wenige Arten zwei; ſtirbt in der Gefangenſchaft
das Junge, ſo ſtirbt regelmäßig auch die Mutter.   Große
Aeffinnen zeigen Gelüſt nach Menſchenkindern oder jungen Thieren, welche nicht zu ſchwer ſind, um ſie tragen zu können.   In
der Gefangenſchaft genießen die Affen Alles, was der Menſch
genießt, auch Warmes und geiſtige Getränke; im wilden Zuſtande verzehren ſie außer Früchten, Wurzeln und Blättern
auch Schnecken, Inſekten, Spinnen, Eier und Junge von
Vögeln.   Sie durchſuchen die Rinden, welche ſie ablöſen, den
Boden unter den Steinen, welche ſie aufheben, nach Inſekten,
nicht wie der Entomolog, um ſie zu ſtudiren, ſondern um ſie
zu freſſen; ſie nehmen Vogelneſter unbarmherzig aus und verzehren die Eier und jungen Vögel mit leidenſchaftlicher Gier.
Dampierre behauptet auf der Inſel Gorgonia an der peru-
aniſchen Küſte Affen geſehen zu haben, welche Auſtern ſammelten
und ſie dann zwiſchen Steinen zerſchlugen, um das Thier zu
verzehren.   Die Affen, die man in Sierra Leona Borrys
nennt, freſſen außerordentlich gern Auſtern und bringen Steinchen zwiſchen die Schalen, um deren Schließen zu verhindern.
Die Affen auf den Philippinen ſollen Seekrebſe mit dem
Schweife fangen, den ſie ins Waſſer ſtecken und aufziehen
wenn ein Krebs ihn kneipt.   Cercopithecus cynomolgus Geoffr.

auf Java frißt unten am Strande in den Manglewaldungen Muscheln und Krebse, weiter oben bis zu 5000' Meereshöhe Früchte. — Obschon die meisten Affen die tiefen und warmen Gegenden lieben, steigen doch manche in hohe Regionen hinauf; das Dorf Lamteng in Sikkim liegt 8900 Fuß über dem Meere, an der Südseite fast ganz von einer Moräne verdeckt; in dieser hohen rauhen Gegend sah Hooker in einem Gehölze von Abies Brunoniana eine Schaar großer Affen herumspringen. Manche lieben mehr offene, sonnige, felsige Gegenden, andere das Dunkel der Wälder, welches sie nur selten, oft nur Nachts verlassen*). Das Hauptaffenland ist Afrika, wo sich die größten, stärksten, abscheulichsten aber auch zierlichsten Affen, nämlich die meisten Meerkatzen finden, unterhaltende Thiere, die immer beschäftigt sind, sei es mit Spiel oder sonstigem Zeitvertreib, welche unaufhörlich schwatzen, streiten, schäkern. Die amerikanischen Affen, eine Hauptnahrung der Indianer, welche sie meist durch das Blasrohr mit vergifteten Bolzen tödten, haben nicht die Kraft, Frechheit und Abgefeimtheit der Affen der Osthalbkugel, namentlich Afrika's, sind sanfter, schwächer, weniger rasch in ihren Bewegungen, ohne Vergleich unschädlicher den Pflanzungen. In Europa, überhaupt in kälteren Ländern, sterben die meisten Affen an Lungenschwindsucht, dann an Lungen= und Darmkatarrhen.

Die Schnelligkeit und Sicherheit der Bewegungen ist bei manchen Affen der alten Welt so unglaublich, daß Huxley, welcher die von Martin gegebene Schilderung derselben bei einem Hylobates agilis im zoologischen Garten zu London mittheilt, den Ausspruch thut, man könne diese Thiere eher unter die fliegenden als kletternden rechnen. Ein solcher Gibbon hält sich z. B. mit der rechten Hand an einen Zweig, gibt sich

---

*) Die Galeopitheken stellt man jetzt als „fliegende Maki's" zu den Halbaffen, und sie bilden ein Mittelglied zwischen Affen und Fledermäusen. Galeopithecus variegatus Geoffroy, wohl nur Varietät des gewöhnlichen G-rufus, lebt sehr einsam in den hohen Gebirgswäldern Java's und sitzt des Tages still und fast unentdeckbar zwischen den Moospolstern der Bäume. Seine Stimme ist widerlich, ängstlich krächzend, die Flughaut während des Fluges straff ausgespannt.

einen Schwung zu einem andern, den er mit der linken faßt,
hält sich auch an diesem nur einen Augenblick und schwingt
sich zu einem dritten, vierten, zehnten Zweige fort, immer in
Distanzen von 12—18 Fuß, stundenlang, ohne Unter=
brechung und Ermüdung; wäre mehr Platz, es würden
Entfernungen vielleicht von 40' durchflogen, wie Duvaucel
auch beobachtet haben will. Oft wirft er sich, einen Zweig
nur mit einer Hand haltend, radförmig um denselben herum,
augenblicklich wieder die Flüge fortsetzend, in denen er auch
augenblicklich anhalten und wie durch Zauber gebannt festsitzen
kann. Ein solcher Gibbon fing einen Vogel mit der einen
Hand im Fluge, während die andere bestimmt war, den Zweig
zu ergreifen, den er einen Augenblick darauf erreichte. Kitt=
litz beobachtete bei Manilla die dortigen Affen, eine Semno=
pithecus=Art, und wunderte sich über die ungeheuren Sprünge
von Ast zu Ast, von Wipfel zu Wipfel; mit größter Sicher=
heit stürzte sich ein solches Thier von einer der höchsten Ast=
spitzen auf eine viel niedrigere herab und nahm sofort auf letz=
terer in sitzender Stellung Platz. — Die Meerkatzen, welche
ebenfalls unglaublich schnell sind, noch im Sprunge durch
Steuern mit dem Schwanze die Richtung zu ändern vermögen,
und sich bei aller Beweglichkeit an den stark stachligen Mimosen
fast nie verletzen, schwimmen auch vortrefflich, während andere
Affen, wenn sie ins Wasser fallen, sogleich untersinken.

In den Seeleneigenschaften der Affen offenbart sich
dieselbe Widerlichkeit wie in ihrer äußeren Erscheinung. Bei
der geringsten Leidenschaft tritt bei ihnen das Boshafte, Vie=
hische, Scheußliche hervor, am meisten bei den Pavianen. Ihr
Gesicht durchläuft in wenig Augenblicken, der unsteten Beweg=
lichkeit der Seele angemessen, alle möglichen Ausdrucksformen,
und mit dem Wachsen des Verstandes und der Muskelkraft
nehmen auch alle ihre schlechten Eigenschaften, ihre Rohheit
und Wildheit zu. Brehm urtheilt mit den Arabern: am
besten seien die Affen bezeichnet als Mittelwesen zwischen Mensch
und Teufel, die Gott in seinem Zorn aus verworfenen Men=
schen gemacht habe. Ihre Plünderungs= und Zerstörungslust
ist unbegrenzt, so daß sie den Landwirth zur Verzweiflung

bringen. Neben ihren schlimmen Eigenschaften haben sie doch auch einige gute: unterhaltendes Benehmen, Theilnahme für schwache und kranke Thiere aller Art, große Liebe für ihre Jungen, und zwar nicht bloß die Weibchen, sondern auch die Männchen. Affen sollen die Wunden verletzter Genossen suchen und zur Stillung des Blutes Blätter darauf legen. Wer die Menschen aufmerksam beobachtet, findet diese Zuneigung für Weib, Kinder und Freunde, wohl auch Wohlwollen für Bedürftige auch bei manchen, selbst verbrecherischen Menschen, denen sonst die Wahrheitsliebe, der Sinn für Gerechtigkeit, mit einem Worte die höheren sittlichen Ideen eben so gut fehlen wie den Affen. — Die Affenliebe ist sprichwörtlich geworden; alle Beobachter erzählen von der Zärtlichkeit der Affenweibchen für ihre Jungen. Sie säugen, liebkosen, reinigen dieselben, sehen ihren Spielen mit Vergnügen zu, schlagen oder raufen sie aber auch, wenn sie boshafte Streiche machen. Ein Pavian, der sein Weibchen verloren und von diesem ein abgezehrtes, rhachitisches Junges hatte, hielt dieses jede Nacht in seinen Armen. Ein männlicher Abälandj-Affe, Cercopithecus grisco-viridis, den Brehm hielt, hatte die Neigung der Aeffinnen, junge Thiere zu pflegen, und adoptirte sogleich ein Junges, welches noch sehr der Hülfe bedurfte, pflegte es auf das Eifrigste, vertheidigte es mit aller Kraft. Der Pflegling starb nach einigen Monaten; der Schmerz des Pflegevaters war grenzenlos und glich nicht dem Schmerz eines Thieres, sondern dem eines tief fühlenden Menschen. Als ihm wiederholt der Leichnam entrissen wurde, verließ er das Haus, nachdem er die Nachbarschaft noch stundenlang durchsucht hatte, um nicht wieder zurückzukehren. Eine Aeffin darbte sich jeden guten Bissen ab, um ihn ihrem Jungen zu geben.

Die Affen sind klug, listig, gewandt, haben ein sehr gutes Gedächtniß, ihr Verstand schärft sich durch Erfahrung, aber ihr Gemüth und ihre Sitten werden mit dem Alter immer brutaler und sie zu völligen Sklaven auch der schmutzigsten Begierden und Leidenschaften. An die Stelle des leichten Begreifens, der Gelehrigkeit und Zutraulichkeit der jungen treten bei den alten Affen Apathie, Falschheit, Heftigkeit, Verlangen allein zu sein,

und sie verlernen, was sie in der Jugend gelernt haben. Sie
leben gesellig und ihre Rudel werden von den kräftigsten und
verschlagensten Männchen angeführt. Für die verschiedenen Gemüthsbewegungen haben sie ziemlich viele, sehr wechselnde Laute,
durch welche sie sich unter einander verständlich machen können
und deren Bedeutung auch der Mensch bald kennen lernt.
Manche wissen beim Angriffe nur zu fliehen, andere nehmen
den Kampf an und stehen sich tapfer bei, Steine, Früchte,
Holzstücke auf den Feind schleudernd oder sich mit Prügeln
wehrend. Als Tavernier im Wagen des englischen Präsi-
denten in Indien reiste und auf Verlangen desselben aus einer
Schaar Affen rings auf den Bäumen einen, ein Weibchen mit
Jungen, herunterschoß, kamen die übrigen, etwa 60, wüthend
von den Bäumen herunter, kletterten auf die Kutsche und
konnten nur mit Mühe durch die zahlreiche Dienerschaft zurück-
geschlagen werden. Kommt ein neuer Affe in den Pflanzengarten zu Paris, so wird er von den länger Daseienden geprüft, die ihm tausend Streiche spielen und ihn erst in Ruhe
lassen, wenn sie die Güte seines Gebisses kennen gelernt haben.
Orang, Chimpansé, auch der Cay-Affe, zeigen leidenschaftlichen
Eigenwillen und suchen andere Thiere zu beherrschen, von ersteren beiden hat man, wenn ihnen etwas verweigert wurde, die
heftigsten Ausbrüche beobachtet, sie stürzten sich von hohen Gegenständen herab, stießen mit dem Kopfe an die Wand, rauften,
verletzten sich, wobei es scheint, daß sie hiedurch den Menschen
willfährig machen wollen, wie wohl auch ungezogene Kinder
thun.

Die Affen sind in Folge ihrer freien Gliederbewegung,
ihrer Beobachtungs- und Nachahmungsgabe, so wie ihres Verstandes zu mancherlei Verrichtungen befähigt. Manche lösen
sehr geschickt Knoten auf und entwirren verschlungene Ketten,
an welchen sie angelegt sind, während Hund, Pferd, Elephant,
denen die Hände mangeln, bei solchen Vorkommnissen sich äußerst
ungeschickt benehmen. Das Lösen von Knoten und Schlingen
haben sie bei ihrem Leben im Dickicht und beim Oeffnen von
Früchten eingeübt; wenn sie aber auch Knoten lösen können,
verstehen sie nicht solche zu schürzen. Der Chimpansé lernt

sich auskleiden, aber fast nie sich ankleiden. Es fällt ihnen auch nicht ein, das Feuer, das ihnen so viel Lust macht, durch Zulegen neuen Holzes zu unterhalten. Ein Orang, von dem F. Cuvier berichtet, schloß Thüren auf, aus einem ganzen Bund Schlüssel so lange probirend, bis er den rechten fand, holte auch einen Stuhl, wenn ihm das Schloß zu hoch war. Ein rother Pavian im Regentspark bei London brauchte manchmal einen steifen Strohhalm, um ein Stückchen Brod oder Frucht, was er mit den Armen nicht erreichen konnte, herbeizuziehen. Macacus nemestrinus Desm., Maimon, Bruh= oder Schweinschwanzaffe, heißt Simia carpolegos bei Raffles, weil man ihn in Indien und seinen Inseln zum Brechen der Kokosnüsse braucht. Die Affen erkennen Abbildungen von Insekten und Vögeln und täuschen sich über deren Wirklichkeit, suchen sie zu ergreifen oder fliehen sie, je nach Umständen. Vor einem Spiegel machen sie Grimassen und gehen dann hinter denselben, um das Fratzen schneidende Thier zu sehen. Ein Eichhornaffe erkannte nach Humboldt auf schwarzen Kupferstichen Wespen und Heuschrecken, von welchen er sich nährt, und griff darnach, während er bei anderen Bildern gleichgültig blieb. Leuret berichtet von einem Sajou, der, aus seinem Käfig entwischt, in einen Corridor gelaufen war, die Thüre hinter sich verriegelt und sich in einem Schranke versteckt hatte, dessen Schlüssel er zuvor abgezogen. Als man einem Kapuzineraffen in die oft gereichten Zuckerdüten einst eine Wespe eingeschlossen hatte, die ihn stach, hielt er künftig die Düte immer erst an das Ohr und öffnete sie nur, wenn er keine Bewegung in selber gehört hatte. Das erste Ei, was er erhielt, zerschlug er, so daß es auslief, später öffnete er die Eier behutsamer, zuletzt pickte er ganz sachte die Spitze an einem harten Körper auf und entfernte die Schalenstückchen mit den Fingern. (Rengger.) Bei keinem Affen ist der Strecker des Zeigefingers ein getrennter Muskel, daher können sie nicht deuten, was nach Brolik zu der Unfähigkeit, abstrakte Ideen zu bilden, in Beziehung steht.

Levaillant's Affe Kees, ein Bärenpavian, diente ihm Nachts als Wächter, auf den sich sogar die Hunde verließen, begleitete ihn auf die Jagd, wo er für sich Honig der wilden Bienen und schmackhafte Wurzeln suchte. Eine gewisse Art letzterer fand auch Levaillant sehr angenehm und erfrischend, weßhalb er sie mit Kees theilen wollte. Sobald nun der Affe eine solche Wurzel gefunden hatte, suchte er sie in größter Eile aufzuzehren, wobei er den Herrn mit unverwandten Augen beobachtete, der meist zu spät kam. Wenn einmal Levaillant früh genug beim Affen war, suchte dieser die Wurzel zu verbergen und gab sie nur auf eine tüchtige Ohrfeige her. Sehr sinnreich war die Art, wie Kees die Wurzel aus der Erde zog, wenn sie auf sein Ziehen am Kraute nicht hervorkam; er faßte dann das Kraut mit den Vorderhänden dicht an der Erde und schlug einen Purzelbaum, wo sie dann immer nachgab. Wie alle Affen fürchtete auch Kees die Schlangen ungemein. Er stahl sehr gerne, besonders die frisch gelegten Hühnereier, indem er gleich auf das erste Gackern der Henne hinlief; sah ihn dann Levaillant, so stand er sogleich ganz unbefangen still, wiegte sich auf den Hinterhänden und blinzelte ganz einfältig mit den Augen, nur den Moment abwartend, wo er wieder sicher war. Weil Kees fast alle Eier raubte, richtete Levaillant einen der größeren Jagdhunde ab, so oft eine Henne legte, ihm das Ei zu bringen; der Hund und Kees sprangen zugleich hin, manchmal bekam der Hund, manchmal der Affe das Ei, der dann mit demselben eiligst auf einen Baum flüchtete und nachdem er es ausgeschlürft, auf den Hund die leere Schaale herabwarf. Levaillant macht die Bemerkung, daß man Affen zwar abrichten, aber ihnen durch keine Strafe ihre vielen Temperamentsfehler abgewöhnen kann. Vom Abälandj der Araber, Cercopithecus griseo-viridis, erzählt Brehm†), daß einer, den er nach Deutschland gebracht, viel lose Streiche beging. Er entdeckte meisterlich die Hühnernester, nahm trotz der Abwehr der Hühner die Eier weg und soff sie aus. Als er einst wieder mit dottergelbem Maule kam, schalt und züchtigte ihn Brehm's Mutter. Andern Tags brachte er ihr sittsam ein unversehrtes Ei, legte es vor sie hin, gurgelte beifällig und ging weg. Die Rahm-

---

†) Illustr. Thierleben I, 60.

töpfchen, die er gestohlen, nahm er auf den Baum mit und
leerte sie dort ganz ruhig. Weil er sie dann wegwarf und fast
immer zerbrach, wurde er bestraft und brachte nun zum Vergnügen der Mutter ihr regelmäßig die leeren, nun unzerbroche-
nen Töpfchen. Auf dem heißen Ofenrohre führte er oft die
drolligsten Tänze aus, verzweifelt von einem Bein auf das andere springend, war aber doch nicht klug genug, das Rohr eher
zu verlassen, bis er wirklich gebrannt war.

Die allerbösesten Affen sind die Hundsköpfe, überall eine
Landplage, ungemeinen Schaden anrichtend. Sie sind zugleich
so zornmüthig, daß ein einziges Wort, spöttisches Lachen, ja
schon ein schiefer Blick sie in rasende Wuth versetzen kann. Als
achtjähriger Knabe eine Menagerie besehend, spielte ich mit einem
kleinen Stöckchen an den Eisenstangen des Käfigs eines Pavians,
der scheinbar ruhig und arglos da hockte; als ich einen Augenblick etwas näher kam, fuhr er mit der Tatze blitzschnell nicht
auf das Stöckchen, sondern auf meine Hand, an der glücklicher-
weise der Handschuh locker und nur halb angezogen war, so daß
er statt Hand und Arm, die sonst verloren gewesen wären, nur
Handschuh und Stöckchen in den Käfig reißen konnte, welche er
voll Wuth zerbrach und zerriß. Raubthiere und Menschen
fürchten die Hundskopfaffen in ihrer Heimath; die alten Männchen des Mantelpavians, Cynocephalus Hamadryas, haben ein
Gebiß weit stärker als der Panther, fast wie der Löwe, und es
kommen in Abyssinien alljährlich Menschen durch diese Affen
um, deren Hauptfeind der Panther ist, obwohl weder er noch
selbst der Löwe es wagen, ein Rudel dieser Affen anzugreifen,
welche nur vor den Schlangen ungemeine Furcht hegen, da sie
über die Giftschlangen sicher böse Erfahrungen gemacht haben.
Der Mantelpavian war unter den Namen Thoth und Och schon
den alten Aegyptern bekannt und kommt unter dem Namen
Koph im alten Testament vor. Die alten Aegypter verehrten
ihn wohl aus Furcht, und noch heutzutage tragen alle Bewohner des innern Afrika's und ein großer Theil der Abyssinier
ihr Haar in derselben Art gekämmt und gescheitelt, wie der
Mantelpavian, den sie demnach als ihr Vorbild ansehen. Er
ist nach Brehm in Abyssinien sehr häufig, zieht in Rudeln von

100—150 Stück herum und ist ein wahres Gebirgsthier von sehr zähem Leben; die alten Männchen werden gewaltig groß, unbändig stark und den Frauen durch ihre Zudringlichkeit und Unverschämtheit im höchsten Grade lästig; in ihrer sinnlichen Liebe sind sie wahrhaft scheußlich und lieben leidenschaftlich geistige Getränke. Vor den Eingebornen fürchten sie sich gar nicht, greifen sie sogar mit Steinen und Gebiß an und überwältigen sie; holzsammelnde Mädchen wurden schon öfters getödtet, wenn sie sich widersetzten. In der abyssinischen Provinz Simen sah Heuglin einen starken Trupp dieser Affen, wenigstens 80 Stück, manche von ungeheurer Größe, auf die nächsten Häuser eines Dorfes zuschleichen, um sie zu plündern; sie wurden aber durch einen unerwarteten Angriff der Einwohner verjagt. — Der Mandril und Dril werden nun von Cynocephalus generisch als Papio Mormon und P. Leucophaeus getrennt. Ersterer ist der scheußlichste aller Affen, dessen Rudel oft in die Dörfer an der Goldküste einfallen und Frauen und Mädchen auf das äußerste mißhandeln. Die Wuth, Leidenschaft und Körperkraft dieses Affen sind dämonisch groß. In der Gefangenschaft müssen die Wärter ihn sehr fürchten und können sich nicht genug vor ihm in Acht nehmen.

Die menschenähnlichsten Affen sind der Siamang und noch mehr der Orang, der Chimpansé und der Gorilla. Der Siamang, Hylobates syndactylus Rafl., lebt auf Sumatra in von einem Häuptling geführten Trupps und begrüßt Sonnenauf- und Untergang mit entsetzlichem, meilenweit hörbarem Geschrei. Sonst ist er träg, schwach, sehr unbeholfen und leicht zu fangen, wenn man ihn beschleichen kann, da er weder zu fliehen noch sich zu vertheidigen vermag. Beim Orang, der auf Borneo und Sumatra lebt, wollten Manche 2—4 Arten unterscheiden, so Geoffroy St. Hilaire, Blainville, Joh. Müller, Wiegmann, Temminck, Owen, Fitzinger. Lucae†) suchte zu erweisen, daß die Pongo's von den Orangs zu trennen seien, und daß unter dem Orang Linné's sich junge Thiere befänden, welche nach der einen Seite sich zu Pongo's, nach der andern zu Orangs ent-

---

†) Abhandl. d. Senkenberg'schen Gesellsch. 1. Bd. 1. Lief., Frankf. 1854.

wickeln. Aber nach Dumortier sind die verschiedenen Arten
von rothen Orangs, welche manche Zoologen aufstellten, Pithe-
cus Satyrus, Pongo Abelii, Pongo Wurmbii, nur Altersver-
schiedenheiten, wenn gleich der Schädel (Dumortier konnte in
Brüssel 16 Exemplare vergleichen) so außerordentliche Verschie-
denheiten darbietet.    Im jüngern Orang ist der Schädel men-
schenähnlicher, runder, im alten thierischer, die Kieferpartie vor-
ragender.    Das Hinterhauptsloch rückt immer höher, so daß der
Kopf nach und nach die Richtung wie bei den Fleischfressern
annimmt, mehr horizontal wird; zugleich verlängert sich das
Gesicht, der Gesichtswinkel wird kleiner, alle Vorsprünge treten
stärker hervor.    Während sich der Mensch höher entwickelt, sinkt
der Orang zum mehr Thierischen herab, so daß hier eine Art
„rückschreitender Metamorphose" stattfindet, wie die Zoologen
analoge Vorgänge bezeichnen.    Die drei Arten von Orang, welche
nach Broole die Eingebornen von Borneo unterscheiden: der
Mias Pappan (Simia Wurmbii), Mias Kassar (S. morio) und
der Mias Rambi (wahrscheinlich Simia oder Pongo Abelii von
Sumatra), von welchen die beiden ersteren auf Borneo sehr
häufig, sind nur Varietäten derselben Art.    Broole hatte früher
die Größe des Mias Pappan zu 6—7' angegeben, aber das
größte, von ihm erlegte, wirklich gemessene Exemplar war nur
4' 1" hoch, während der Mias Kassar durchgängig kleiner und
schwächer ist.. Broole schildert die Orangs überhaupt als dumme
und träge, nichts weniger als gefährliche Thiere; sie machen sich
keine Hütten, sondern flechten nur die Aeste zu Sitzen ineinander.
     Man muß vom Orang, von welchem es nur eine Art gibt,
denn auch Owen's Simia Morio ist nicht specifisch verschieden,
eine borneoesische und eine sumatranische Varietät unterscheiden.
Salomon Müller sah auf Borneo keinen Orang über 4 Fuß
hoch; das Männchen ist ansehnlicher als das Weibchen, länger
behaart, mit Kinnbart und einer Backenschwiele.    Der Orang
ist ziemlich träg und furchtsam; verwundet wirft er abgerissene
Zweige auf den Verfolger; sein Fleisch ist bei den Wilden sehr
beliebt, und alte Männchen werden über 2 Centner schwer.
Der Orang macht sich ein Bett aus Blättern auf Bäumen
und bedeckt sich auch mit solchen.    Er schläft auf dem Rücken

oder der Seite, alle anderen Affen sitzend. Besonders ist sein
Gehör sehr entwickelt, der Tastsinn namentlich in den Lippen.
Er frißt Früchte, Blätter, Blüthen, und bewohnt nur die sumpfigen Wälder der Niederungen, nie die Gebirge. Die Ohren
sind kleiner als beim Chimpansé. — Von den menschenähnlichsten Affen wurde der Orang am meisten und am frühesten lebend
nach Europa gebracht, aber alle Individuen starben in kindlichem
oder ganz jugendlichem Alter, so daß wir nur ein unvollstän-
diges Bild von seinem psychischen Leben haben. Wenn der
Orang im Pariser Pflanzengarten nicht von einem Baume herunter wollte und nun Jemand hinauf stieg, ihn zu holen, so
schüttelte er den Baum mit aller Kraft, in der Voraussetzung,
dadurch den Menschen abzuhalten. Zur Tischzeit öffnete er die
zum Speisezimmer führende Thüre, mußte sich aber hierzu an
einem von der Decke herabhängenden Seile dahin schwingen,
weil der Drücker sonst für ihn zu hoch war; man machte in
das Seil drei Knoten, so daß es für diesen Zweck zu kurz
wurde; der Affe löste sie auf und fing hierbei mit dem obersten
an, weil er einsah, daß, wenn er mit dem untersten anfangen
und sich hierbei am Seile halten wollte, er die Knoten nur
noch fester ziehen würde. (Fr. Cuvier.) Wenn der Wärter
des immer frierenden Orangs im zoologischen Garten zu Ant-
werpen die Unterhaltung des Feuers bei Nacht vergaß, weckte
ihn der Affe; oft schlich er sich ins Bett des Wärters; häufig
lag er den Kopf gegen die Hand gestützt. Er starb schon drei
Wochen nach seiner Ankunft. Man hielt ihn für 2—3 Jahre
alt. Ein Orang begleitete bei der Ankunft in Bourbon die
Matrosen jeden Tag an das Land und besuchte jeden Morgen
eine Bude, wo man ihm auf sein Zeichen ein Frühstück gab.
Auf dem Schiffe verkehrte er gern mit Allen, nur dem Fleischer
näherte er sich furchtsam, und wenn er es unbemerkt thun
konnte, untersuchte er seine Hände und Finger, in denen er so
oft das Schlachtmesser gesehen hatte. (Josse.)

Chimpansé und Gorilla gehören Guinea an. Ersterer wird
fast 5′ hoch; er steht und geht bisweilen auf den Hintergliedern,
wenn er aber gesehen wird, fällt er sogleich auf alle viere und
entflieht; seine natürliche Stellung ist die auf vieren. Er klettert

und springt sehr geschickt, frißt Früchte, in der Gefangenschaft
auch Fleisch, macht Nester aus Aesten und Zweigen auf Bäumen, die Neger speisen ihn. Das Gehirn gleicht, die Größe
ausgenommen, täuschend dem menschlichen. Die Chimpansé's
gehen meist mit Stöcken bewaffnet und werfen manchmal Steine
auf Thiere und Menschen, die ihrem Aufenthaltsort zu nahe
kommen. Das Individuum, von dem Tyson berichtet, wollte
nur mit Menschen, nicht mehr mit Affen umgehen, und trug
menschliche Kleider, die er selbst sich anzog. Buffon's Chimpansé aß am Tische mit Messer und Gabel, holte Dinge, die
man wollte, herbei und versah bis zu einem gewissen Grade die
Dienste eines Kammerdieners. Ein anderer (weiblicher) Chimpansé lernte ganz ordentlich einen Backofen heizen und benach-
richtigte den Bäcker, wenn es Zeit war den Teig einzuschieben;
er half auch den Matrosen bei manchem ihrer Geschäfte, z. B.
dem Segelreffen und -binden. (Degrandpré.) Andere Individuen dieser Affenart gaben deutlich durch Zeichen zu verstehen
was sie wollten, und geriethen bei Versagung in heftigen Zorn;
als dem einen, der erkrankt war, ein Aderlaß gemacht worden
war, der ihm Erleichterung brachte, bot er, so oft er später sich
unwohl fühlte, den Arm dar. Nach Hamilton hätte ein
Chimpansé verstanden Feuer anzumachen und es mit dem Munde
anzublasen. Der Chimpansé im Hamburger Garten ahmt Alles
nach, was man ihm vormacht, steckt z. B. einen Schlüssel in
das bestimmte Loch, schließt die Thüre oder den Kasten auf,
bürstet sein Haar und streicht es glatt, wie es ihm der Wärter
gelehrt, führt ein Glas vorsichtig zum Munde, gießt auch den
Inhalt vorsichtig in Flaschen, weil er aus solchen am liebsten
trinkt, bedeckt sich Nachts sorgfältig mit seiner Wolldecke, benützt
ein Taschentuch in entsprechender Weise. Als beim Durchzug
der Bundestruppen 1864 viele Soldaten den Garten besuchten,
haftete sein Auge wohlgefällig auf den blinkenden Helmen und
da seine Sehnsucht nach solcher Kopfbedeckung keine Erfüllung
finden konnte, stülpte er sich den leeren Futternapf über den
Kopf und stolzirte hiemit in seinem Raume hin und her. Andere
Thiere ärgert und neckt er gern, reizt und verhöhnt sie, stört
besonders die Nachtaffen im Schlafe, packt und zwickt sie, ob-

schon ihm dieses oft derbe Bisse und Püffe einträgt. Er beobachtet Alles scharf und es entgeht ihm fast Nichts; seine Versuche, kleine Vögel zu fangen, nach deren Fleisch er, wie viele
andere Affen, äußerst lüstern ist, gelangen ihm nicht †).

Gorilla nannte der karthaginensische Seefahrer Hanno in
seinem Periplus eine Art angeblich wilder Menschen, die vermuthlich nichts anderes als die Affen waren, die man jetzt mit
diesem Namen belegt. Hanno's Mannschaft hatte einen Kampf
gegen diese ihr sehr zahlreich entgegentretenden Affen zu bestehen; die Gorilla's flüchteten sich auf Felsen und warfen von
da Steine auf die Karthaginenser, die sich keines einzigen Männchens, sondern nur dreier Weibchen bemächtigen konnten, deren
Felle sie nach Karthago brachten, da sie so wild und unbändig
sich geberdeten, daß man sie nicht leben lassen konnte. Dieser
Affe, unbekannt geblieben seit mehr als 2000 Jahren, wurde
1847 durch den Missionär S a v a g e am Gaboonflusse wieder
entdeckt. Aber schon 1846 war ein Schädel von ihm in die
Hände von L e i g h t o n  W i l s o n gekommen, der zuerst die
Aufmerksamkeit der Zoologen auf ihn lenkte, du C h a i l l u
brachte ganze Skelete nach Europa und Amerika, dann kamen
auch vollständige Exemplare nach Paris und Wien, in welch
letzterer Stadt ich im Museum 1856 diesen furchtbaren schwarzen Affen ausgestopft gesehen habe, gegen den sich das daneben
gestellte Skelet eines ungarischen Grenadiers sehr schwächlich
ausnahm. D u v e r n o y wollte neben dem Gorilla noch einen
Troglodytes Tschego unterscheiden, aber Tschego und Gorilla
sind ein und dasselbe Thier, welches unter allen dem Menschen
am nächsten steht, obwohl es gleich dem Chimpansé 13 Rippen-
paare hat, also ein Paar mehr als der Mensch. Der Gorilla,
Gorilla Gina Geoffr. St. Hilaire, wird über 5′ hoch, ist größer
und stärker gebaut als der Chimpansé, überhaupt der größte
Affe; die Schulterbreite bei manchen Individuen beträgt gegen 4′.
Der Chimpansé hat ein fleischfarbenes Gesicht und sehr große
Ohren, der Gorilla verhältnißmäßig kleinere und ein schwarzes

---

† ) B r e h m  u. Z i m m e r m a n n, Skizzen aus dem zoolog. Garten zu
Hamburg, 1864. S. 122.

Gesicht; im Zahnsystem gleicht er mehr den Orangs als dem Chimpansé, von welchem er auch in Schädel- und Skeletbildung generisch abweicht. Die Vorderglieder sind sehr lang; in der Handbildung zeigt er sich dem Menschen verwandter als der Chimpansé, die Orangs und Gibbons, hat nur 8 Handwurzelknochen, abgeplattete Nägel, die Länge der Hand ist geringer, ihre Breite relativ größer als bei anderen Affen. Das Männchen hat auf Scheitel und Hinterhaupt so stark vorspringende Knochengräten wie kein Raubthier, der Schädel des Weibchens ist glatt. (Auch beim Orang haben die Weibchen keine Knochengräte am Schädel.) Die vorderen Nasenlöcher sind fast quadratisch oder dreiseitig mit abwärts gekehrter Spitze des Dreiecks (beim Chimpansé dreiseitig mit aufwärts gekehrter Spitze) und an den hinteren Nasenlöchern ist der senkrechte Durchmesser nahe zweimal so groß als der quere, während beim Chimpansé der quere größer als der senkrechte ist. Du Chaillu's Nschiego-mbouvé, den auch Owen für verschieden vom Chimpansé hält, und sein Kulu-hamba, der das menschenähnlichste Gesicht und die größte Schädelhöhle haben soll, sind schwerlich vom Gorilla verschiedene Arten †).

Leigthon Wilson hat schon dessen gewaltige Stärke, die Scheußlichkeit seines Gesichtes, das ungeheure, mit starkem Gebiß versehene Maul, die großen abstehenden Ohren geschildert. Der Gorilla heißt in der Gaboonsprache Njena; die Eingebornen, selbst bewaffnet, fürchten sich, einem Njena zu begegnen, der einen Flintenlauf zwischen seinen Kiefern zerbrechen kann. Im Zorn schiebt er seine Kopfhaut mit dem Haarkamm ganz vorwärts, was ihm ein äußerst wildes Ansehen gibt. Er lebt in Polygamie; die Gesellschaften sind weniger zahlreich als die der Chimpansé's. Die Hütten, die er auf Bäumen aus

---

†) S. über den Gorilla: Savage u. Ford im nordam. Monatsber. f. Natur- u. Heilkunde. Philadelphia, Mai 1852. Annal. d. sc. natur. 1851, t. XVI, 3me série, Zoologie. Comptes rendus 1853, XXXVI, p. 925 sq. Owen in Transact. of the Zoolog. Soc. of London 1853, 1857, Zoolog. Proceedings 1859. Duvernoy, Archives du Mus. VIII, 1856. Du Chaillu, Adventures in Equator. Afr. London 1961.

einigen Reisern und Zweigen macht, sind oben offen und wer=
den nur bei Nacht benützt.

So verhalten sich also in psychischer Hinsicht die menschen=
ähnlichsten Affen. Der unbefangenen Betrachtung kann schwer=
lich die große Kluft entgehen, welche zwischen ihnen und auch
den niedrigsten Stämmen des Menschengeschlechtes besteht, und
wie der Mangel der höheren Seelenkräfte und das fast gänz=
liche Fehlen der sittlichen Ideen die Ursache ist, daß jene seit
undenklicher Zeit nicht über die Stufe hinausgekommen sind,
welche zu übersteigen ihre Beschaffenheit nie gestatten wird, und
daß selbst die Einwirkung des Menschen nur eine höchst geringe
Aenderung dieses Verhältnisses herbeizuführen vermocht hat,
während das Menschengeschlecht innerhalb der Grenzen seiner
Natur einer stets fortschreitenden Entwickelung fähig ist.